Barça olvidado

Barça olvidado

Manuel Tomás y Frederic Porta

CÓRNER

Primera edición: octubre de 2021

Av. Marquès de l'Argentera 17, pral.
08003 Barcelona
actualidad@rocaeditorial.com
www.rocalibros.com

Impreso por LIBERDÚPLEX, S.L.U

ISBN: 978-84-949807-7-0
Depósito legal: B. 13689-2021

RC80770

Índice

PRÓLOGO

Al final del camino

por MIGUEL RICO

Empecemos por el final. Se acabó. *Barça olvidado* completa la trilogía. Naturalmente los mismos autores y la misma técnica que ya nos presentaron en *Barça inédito* y *Barça insólito*. Martí Perarnau, en el primer tomo, lo entendió nada más verlo. Frederic Porta y Manuel Tomás habían aplicado al texto la técnica que Georges Saurat y Paul Signac impulsaron en sus lienzos. Miles de puntos diminutos usando de inicio colores básicos, en vez de la mezcla de majestuosos trazos, que una vez completados proporcionaban una imagen completa y deslumbrante.

Sergi Pàmies, en *Barça insólito*, vio otra forma de lo mismo. Los historiadores habían sido capaces de imaginar un enorme rompecabezas de 800 piezas que, una vez encajadas, reflejaban lo pretendido. Colocada la última porción de texto puntillista, la visión de la obra terminada unificaba lo primario con lo secundario para conjugarse en un todo que en este caso, en los tres volúmenes y desde distintas perspectivas, devora nuestra atención a medida que nos vamos viajando por escuetos episodios de los 122 años de historia del FC Barcelona.

En esta botica que ahora abrimos, también hay de todo. Hasta la medicina adecuada para enfermos esperpénticos que harían de Valle Inclán, como ese cura de Jaén que en 2017 echó de misa a un niño que vestía la camiseta de Leo Messi. Un atuendo que el celebrante interpretó inadecuado, digno de tarjeta roja, mientras otro chavalín, enfundado en la camiseta del Real Jaén, observaba atónito y bendecido por el oficiante semejante escena. Por cierto, por pura casualidad y en los primeros meses del primer mandato de

Joan Laporta, vivimos en Tenerife la otra cara de la moneda. Visitando La Candelaria con miembros de las peñas canarias, el presidente entró en la Basílica coincidiendo con la celebración de la Santa Misa. El oficiante, que reconoció desde el altar a Laporta, interrumpió el ritual para dar cuenta a los feligreses de «tan ilustre visita» mientras Laporta, petrificado como si fuera una estatua neoclásica, trataba de reaccionar a tan insólito saludo.

El Barça ha sido, es y será argumento y excusa para todo. Para lo mejor y para lo peor. O ambas cosas a la vez. Porta y Tomás lo saben todo y lo cuentan. Como en sus dos obras anteriores que, como ésta, como el puzzle que definió Pàmies, puede empezar a leerse por la primera página o por la última. En estas letras, que son números del 1 al 800, el orden de los factores tampoco altera el valor de un producto cien por cien blaugrana por más que incluso se atreva a entrar en las más privadas estancias de La Casita Blanca. Veamos.

Hablamos de otro tipo de santuario, también llamado meublé, que entre 1912 y 2011 solo cerró puertas el día que lo derribaron. Punto de encuentro de amantes clandestinos, muchos de ellos culés, que se iban de casa diciendo que iban al estadio y volvían desahogados con todos los detalles del partido porque La Casita Blanca ofrecía a sus clientes un panel con los resultados de la jornada. Y un apunte al respecto, en el libro de registros (una carpeta de anillas) que se conserva en el MUHBA se da fe de que el 21 de octubre de 2000, regreso de Figo al Camp Nou, se recaudaron en la casa de citas 721 550 pesetas entre 174 clientes. Fiesta grande: 78 750 en consumiciones y 6 900 en propinas. Buena cifra, sí señor, pero lejos del récord que se registró el 1 de enero de 2000. La noche de fin de año, con 120 parejas dale que te pego, se registró un ingreso de 1 061 110 pesetas.

Este episodio de pendoneo, etiquetado con el número 797, es el entrante del episodio final que se refiere a un texto del maestro Antonio Franco y que con el número 800 culmina el celebrado Triplete completado por Frederic y Manuel. Se dan por satisfechos. No habrá cuarto título de la saga y no pregunten por qué. No lo dicen, pero pueden estar seguros de que saben más, mucho más, de todo lo que han dicho. Callan. Y tampoco son capaces de explicar, acaso no quieran, por qué sus tres libros se han dividido en 800 porciones de menú Barça. Sin embargo, una leyenda urbana situaba el origen de la razón de los 800 en una conversación que escuchó Manuel Tomás en el restaurante La Caleta de Tarragona.

Dos veteranos comensales hablaban de la historia del acueducto de Les Ferreres, datado en el siglo I a. C.. En su detallada revisión, el alma de historiador que envuelve la mente privilegiada de Manuel Tomás, le obligó a tomar notas: 217 metros de largo, altura máxima de 27 metros y desnivel máximo de cuarenta centímetros para que el agua del río Francolí llegara sosegadamente a Tarraco. Y lo más importante, el cuerpo central, levantado sobre sillares sin argamasa, formó tres arcos particulares de ochocientas piedras cada uno (precisamente ochocientas) y que juntos sostenían, sostienen hasta hoy, el tránsito del vital elemento. Una obra inmortal que, más de dos mil años después si se confirmase la veracidad de esa leyenda urbana, habría convertido al acueducto en reservada, casi escondida, fuente de inspiración para Tomás y Porta. Pero, sinceramente, es mentira. Una licencia para introducir un párrafo de ficción entre 2400 de pura realidad.

1

40 años no son nada (1899-1939)

De parte de los autores, bienvenido a *Barça olvidado*. Nos tomamos la confianza de continuar tratando al lector con la proximidad que proporciona el camino conjunto, aquel que iniciamos con el *Barça inédito* y profundizamos en el *Barça insólito*, los dos precedentes de este volumen que tenéis en vuestras manos. Queríamos crear una trilogía y aquí la tenéis, y, de entrada, agradecemos vuestra complicidad. No nos cuesta deciros que el recibimiento a las dos primeras obras, las buenas críticas y que muchos amigos los consideren «libros de cabecera» para la consulta y gozo de este tesoro que conocemos como memoria histórica del barcelonismo nos han propulsado a perseverar, como diría nuestro admirado Pep Guardiola. Apenas alteramos algunos epígrafes de los once capítulos que ya son denominador común de nuestros libros, un equipo futbolístico presentado con el inequívoco deseo de divulgar, de ser fieles y rigurosos con el recorrido existencial del FC Barcelona, fuente inagotable de las anécdotas que tanto nos place compartir. No es necesario extenderse, pues estas líneas no pretenden convertirse en una «nota de los autores».

Empezamos, pues, con las introducciones, y lo hacemos con este primer capítulo, que hemos querido titular «Cuarenta años no son nada» en un guiño a Carlos Gardel, al fin y al cabo el primer embajador del barcelonismo de proyección mundial. No son los veinte de su célebre tango, sino cuatro décadas las comprendidas en esta parte, que cubre desde antes de la propia fundación del club hasta el final de la terrible guerra civil española. Y permitidnos una obligada recomendación: imposible leer las primeras anécdotas de este volumen con ojos contemporáneos, como si quisiéramos medir los balbuceos de aquel fútbol primario en el cambio hacia el siglo XX con las exigencias del profesionalizado deporte de hoy, cuando todo queda ya mil veces reglamentado y todo ya parece probado empíricamente. Era otro mundo, en el sentido más amplio del concepto. No existe recriminación posible en la mirada atrás depositada sobre aquellos días, no es nuestra voluntad. En cualquier caso, un lamento se nos hace palpable. Lástima que los pioneros no mostraran voluntad de proyección temporal para habernos documentado aún mejor, para no ir descubriendo todavía un montón de rincones y situaciones en las que ahora resulta difícil centrar el foco y arrojar luz tras tantos años transcurridos. Nos falta material, por citar un gráfico ejemplo, para conocer mejor la relación entre los *sportsmen* que importaron estas prácticas a nuestras tierras y la respuesta de los nativos, qué papel exacto representaron unos y otros en la implantación de la novedad. Sin ánimo de criticar nada a los pocos historiadores conscientes que se dedicaron a ello, mantenemos en relación con su legado la sospecha de cierta arbitrariedad, de actuar con filias y fobias, fruto de su entusiasmo, de su admiración por los protagonistas o, puntualizando, el deslumbramiento exento de crítica que mostraban, por ejemplo, hacia el poder y carisma del grandioso Joan Gamper. A quien, por cierto, continuamos convencidos de que el Barça y el barcelonismo no pagarán nunca la deuda emocional pendiente por haber realizado un papel tan altruista y generoso en buena parte de estos primeros cuarenta años de existencia.

Imposible entender desde el siglo XXI cómo nuestros antepasados podían escandalizarse al ver a un hombre en calzón corto, enamorado del deporte. Cómo podían, y recordamos aquí al pionero Morris, confundir un inofensivo balón con aquellas bombas Orsini que sembraron el terror en la convulsa Barcelona de entonces. Aquellos *sportsmen* en búsqueda continua de descampados urbanos donde practicar su pasión ya entendían el nuevo fenómeno, en preciosa definición, como «el equilibrador del trabajo mental de todo el día». Por ello habían quedado prendados sin remedio ni salvación del *foot-ball*. Más allá de los prejuicios sociales, incluso más allá de la intrínseca violencia y dureza de una práctica casi salvaje, salpicada de continuos incidentes. Tampoco «nuestro» fútbol tiene mucho que ver con aquel, tan primitivo. De aquellos días destacan el consustancial pintoresquismo, la radical carencia de organización, las jugarretas constantes, la necesidad de recurrir al ingenio que, en ocasiones, marchaba en doble dirección, arriba y abajo, creativo y positivo, o la pura picaresca.

Cuatro décadas que marcan el enraizamiento social del invento, la constatación flagrante de que el fútbol había llegado para quedarse. En especial, a partir de aquella huelga de La Canadiense del 1919 que consigue la jornada de ocho horas para las clases trabajadoras y las faculta para gozar de un tiempo de ocio que dedican a un sinfín de actividades. También, por supuesto, a la afición por el fútbol y por aquel Barça que Gamper refundó en 1908 para vincularlo a la Cataluña naciente, revitalizada, y que la generación de la Edad de Oro convirtió en pasión de masas. La Barcelona en la calle, en las Ramblas, en la fuente de Canaletes para seguir en las pizarras escritas con yeso cómo había quedado su equipo, el de los colores azulgrana. Los de toda la vida. De una existencia, de todos modos, que nace indirectamente en 1892 con la disputa del primer duelo del que tenemos constancia en la capital catalana y que llevaremos en estas páginas hasta los tiempos en que, mira por dónde, dos mitos del formidable calibre de Josep Samitier y Paulino Alcántara dejaban patente en público que no se llevaban tan bien como pensábamos. A partir de ahora, en homenaje al ideólogo Johan Cruyff cuando le recordemos para parafrasearlo, se trata de seguir, leer y disfrutar. Este es el objetivo con que hemos escrito los autores, si nos permiten expresarlo con la confianza a la que los lectores nos han acostumbrado.

1. LOS MORRIS

Tal como detallábamos en *Barça insólito*, el primer partido de fútbol documentado en Barcelona se disputó en 1892, en el hipódromo de Can Tunis, protagonizado por un equipo llamado «Sociedad Foot-Ball de Barcelona», con futbolistas ingleses que jugaban entre ellos, a falta de otros rivales.

Seis años antes, en el arranque de 1886, un inglés que había llegado a Barcelona desde las Filipinas hacía correr el balón arriba y abajo en los juegos con sus tres hijos, de cinco, doce y dieciséis años. El inglés se llamaba Samuel Morris, y sus descendientes, Samuel, Henry y John. Los tres, como sabéis, llegarían a jugar en el Barça de los pioneros. En aquel 1886, el padre Morris añoraba el *foot-ball* que había practicado en Inglaterra y por ello se había traído un balón de reglamento a Barcelona. Años después, el benjamín de la saga, John Morris, recordaba las prácticas familiares: «Los domingos por las mañanas, mi padre nos llevaba a los tres hermanos a las afueras de la ciudad. Cuando encontraba un lugar apropiado nos dejaba corretear mientras él se dedicaba a darle patadas a la pelota. Cuando se cansaba, hacía quitar los abrigos y americanas a mis hermanos, y con ellos y su ropa hacía dos montones que señalaban los límites de gol. Él se ponía de portero y enseñaba a chutar a mis hermanos».

2. EN CALZONCILLOS

Entre los parajes predilectos de Samuel Morris en este ritual familiar se hallaban unos campos anexos al hipódromo de Can Tunis, «llenos de surcos y rodeados de montañas de estiércol», según el recuerdo de John. Su padre los prefería porque eran «un lugar solitario donde se podía jugar libre de mirones y camorristas. Había tenido algunos disgustos porque la gente, al verle en mangas de camisa y pantalón corto hasta la rodilla, le tomaba por loco e inmoral. Creían que iba en calzoncillos».

Como ya hemos resaltado en diversas ocasiones, eso de hacer el futbolista por las calles de aquella puritana Barcelona te convertía en candidato para ingresar en el calabozo municipal, bajo acusación de escándalo público. El delito perpetrado, según una nota publicada en la prensa barcelonesa de comienzos de 1899, era «no tener ni decoro ni respeto a la moral al exhibirse en público poco menos que en paños menores, bajo el pretexto de practicar un deporte consistente en dar puntapiés a un enorme pelotón».

3. ¿UNA BOMBA?

Realmente, en aquel entonces, estar enamorado del fútbol representaba algo similar a una heroicidad. Según el pequeño de los Morris, incluso corrías el riesgo de que te tomaran por terrorista: «Un día iba mi padre con el balón en la mano en el tranvía y tuvo que deshincharlo para demostrar que "aquello" no era ningún artefacto explosivo». Nada de bromas, que aquella era la época de las célebres y redondas bombas Orsini. Para justificar el clima de terror, recordad que el 7 de noviembre de 1893 el anarquista Santiago Salvador Franch lanzó una Orsini en el Gran Teatre del Liceu, un atentado en el que murieron veinte personas.

4. VERSIÓN DE NACIMIENTO

El periodista deportivo Josep Elias i Juncosa (1880-1944) colaboró de modo destacado en la popularización del Barça en sus primeros tiempos gracias a sus artículos en *La Veu de Catalunya* y *Los*

Deportes. En mayo de 1911, en el primer número de la revista deportiva *Stadium*, Elias escribiría cómo conoció a Joan Gamper y en qué circunstancias se decidió el suizo a fundar un club de fútbol:

«Le conocimos boxeando en el Gimnasio Solé hará unos doce o trece años, cuando, recién llegado para aprender nuestra lengua, como tantos otros jóvenes extranjeros, frecuentaba con nosotros aquellas salas para buscar en el ejercicio físico un equilibrador del trabajo mental de todo el día. En cierta ocasión, descansando de una sesión de poleas, preguntó a su vecino:

> —¿Cuál es el mejor club de *foot-ball* de Barcelona?
> —¿*Foot-ball*? —le contestó extrañado.
> Apenas unos pocos sabíamos lo que significaba aquella palabra y le explicamos que aquí solo se había practicado un poco por la colonia inglesa, pero que no había llegado a salir de su pequeño círculo.
> —¡Pues hay que jugar al *foot-ball*! —dijo con entereza—. Vamos a fundar un club.

Así de fácil y sencillo, según Elias i Juncosa. Conviene recordar que Gamper llegó a Barcelona en octubre de 1898. Antes de dar el paso de fundar un club con cara y ojos, el suizo pasó unos meses reuniéndose de manera periódica con algunos amigos para jugar al fútbol de manera informal. Lo hacían en la vía pública y en los descampados de Sant Gervasi de Cassoles, el barrio donde residía. Tendría que pasar un año hasta que, el 22 de octubre de 1899, se decidiera a publicar aquel famoso anuncio en *Los Deportes* que constituiría el punto de arranque del «Foot-ball Club Barcelona».

5. UNOS BLANDENGUES

Cuando Joan (entonces Hans) Gamper fundó el FC Barcelona, el día de la festividad de San Saturnino de 1899, los nostálgicos ingleses del rudo y caótico *foot-ball* del siglo XIX se quejaban de que este deporte había perdido su esencia salvaje. Así, en aquel año, el veterano futbolista W. J. Oakley se refería amargamente a los «blandos jugadores de hoy en día». Quizá la referencia de Oakley era la brutal declaración de principios que había realizado F. W. Campbell en 1863: «Pisar al contrario, ¡ese es el fútbol auténtico! Antes ya era así y nadie tiene derecho de prohibirlo estableciendo nuevas reglas. La gente que se opone a darse puntapiés en la espinilla es demasiado vieja para el espíritu de nuestro juego». No hace falta subrayar que Gamper y sus amigos fundadores del Barça pertenecían a la categoría de los jugadores «blandos». Al fin y al cabo, si nos guiamos por las referencias históricas del *proto-foot-ball* (conocido por *hurling over country*), el mismísimo William Shakespeare ya deploraba la ferocidad incivilizada de los practicantes de esta disciplina, una excusa para dañar al rival.

6. AÚN MÁS DEL ESTRENO

8 de diciembre de 1899, fecha que queda grabada con letras de oro en la historia azulgrana: debut del Barça en un partido de fútbol. Escenario, el antiguo velódromo de la Bonanova. El rival, un once integrado por miembros de la colonia inglesa de la ciudad. El pulso acabó con derrota del *team* de Joan Gamper por 0-1, aunque, como resulta obvio, lo menos importante de aquella jornada fuera el resultado. Pesa y pesaba más el eco conseguido por aquel estreno. No solo la prensa deportiva, tipo *Los Deportes*, sino también un diario con la incidencia social de *La Vanguardia* se fijó en aquel nuevo y extraño deporte, «favorito de las naciones robustas», y los «incidentes cómico-serios» que provocaba, si seguimos la definición utilizada por Albert Serra, redactor de *La Vanguardia*.

Aquel primer éxito resultó meritorio si valoramos el panorama en la Barcelona que acababa el siglo XIX, donde las reticencias hacia el *foot-ball* alcanzaban a amplias capas de la sociedad. Así, durante aquellos tiempos heroicos, se llegaron a presentar denuncias contra los jugadores, en especial por el hecho de lucir pantalones cortos hasta la rodilla. Además, algunos sectores de la prensa más retrógrada orquestaron una campaña contra tan sufridos pioneros, fundamentada, como se llegó a publicar, en «la conducta moral y desordenada, y los tumultos que originan los concursos del nuevo juego de la pelota». Ya sabemos que comenzar no es fácil en ningún ámbito vital. Eso de ir corriendo por la vida en calzoncillos largos les debía parecer casi pornográfico...

7. CÉSPED IMAGINADO

El segundo partido del Barça se jugaría contra el Català en la víspera de la Navidad de 1899. Al día siguiente, el mismo redactor Albert Serra introdujo un nuevo elemento de pintoresquismo en las páginas de *La Vanguardia*. El antiguo jugador de la Sociedad Foot-Ball de Barcelona se distrajo con la descripción de unos peculiares e inesperados espectadores en el antiguo velódromo de la Bonanova: «Algunos jinetes, atraídos sin duda por lo vistoso del cuadro que formaban los variados trajes, en combinación con el verdoso césped del piso, detuvieron sus cabalgaduras contribuyendo inconscientemente a su esplendor y rindiendo el *sport* hípico justo tributo de admiración a este novel y gigantesco deporte que con tanto brío ha tomado ya carta de naturaleza entre nosotros».

«Verdoso césped del piso.» De la lectura del pasaje anterior se deduciría que el Barça disputó sus primeros partidos sobre una alfombra de hierba. Muy literario. En cambio, si nos fijamos un poquito en las fotos conservadas de aquel velódromo, sería más propio hablar de un irregular terreno de tierra coronado por algunos matojos de hierba. En cualquier caso, cuatro brotes de césped ya significaban una innovación. Más aún recordando que, por ejemplo, el campo de Les Corts era originalmente de tierra y no contó con ningún tipo de verde hasta cuatro años después de ser inaugurado, ya en 1926.

8. EL «PIEDRADOMO»

Además de algunos matojos de hierba, el antiguo velódromo de la Bonanova, abandonado por lo que respecta a la práctica del ciclismo desde el año 1898, tenía una gran cantidad de piedras diseminadas por todas partes. La explicación de tal extraño fenómeno resulta sencilla. Aquel paraje se había trocado en habitual campo de batalla entre bandas de niños, que allí se citaban tras la jornada escolar para dirimir sus diferencias a base de pedradas a mansalva. El historiador azulgrana Albert Maluquer recordaba cómo ni siquiera la celebración de encuentros rompía tal norma: «En pleno partido arreciaban las piedras, que eran lanzadas desde lo alto de los peraltes, que servían de parapetos, por aquellos pequeños salvajes». Por suerte, el progreso ha finiquitado ciertas tradiciones. Esta es un caso flagrante.

9. S, M, L y XXL

Dedicada a los amantes de los datos curiosos. Estas eran las medidas de los rectángulos de juego de los viejos y arcaicos estadios del

Barça: el campo del hotel Casanovas (1900-01), 100 x 50 metros; la carretera de Horta (1901-05), 110 x 80; la calle Muntaner (1905-09), 97 x 65; la calle Indústria (1909-22), 91 x 52; y Les Corts (1922-57), 112 x 70. Y si aún lo desconocéis, el actual Camp Nou mide 105 metros de largo por 68 de ancho. Como podéis comprobar, los contrastes son brutales. Indústria, para remachar con un simple ejemplo, hacía honor a su apodo de «La Escupidera», pequeño como una caja de cerillas.

Y antes de que protesten los tiquismiquis, no nos hemos olvidado del primer terreno de juego de la historia azulgrana, el del antiguo velódromo de la Bonanova (1899-1900). Si nos ponemos quisquillosos, no era en esencia un campo de fútbol, sino la vieja *pelouse* de la pista de ciclismo, y sus medidas son hoy desconocidas, aunque inmensas, si nos fiamos de las referencias. Dicen las crónicas de la época que allí cabían dos campos de fútbol. Así, llegamos a la conclusión de que el trabajo previo de los futbolistas consistía en delimitar el terreno de juego usando las rudimentarias herramientas a mano. Por lo tanto, las medidas variaban según el gusto de cada equipo consumidor.

10. ¿CRÓNICA O FILOSOFADA?

A los cronistas de antaño les pirraba lo churrigueresco. Al margen de estirar las frases hasta extremos indecibles, cuando podían despacharlas con brevedad, se liaban en filosofadas que apenas podían preocupar al autor. Como ejemplo, incluimos la curiosa, por tildarla de algún modo, reseña aparecida en el semanario barcelonés *Iris* el 3 de marzo de 1900, cuando el fútbol apenas interesaba a cuatro y el cabo:

> A los *sports* que pueden considerarse como ya arraigados en Barcelona hay que añadir los partidos de pelota *foot-ball*, habiendo sido muy interesantes los que se jugaron el domingo 18, en el velódromo de la Bonanova, ante numerosa y distinguida concurrencia.
>
> En dichos partidos tomaron parte separadamente los socios de los clubs Català y Barcelona, demostrando gran destreza sus equipos. El *sport* en sí es algo violento, a no dudar, pero es preciso reconocer que constituye un ejercicio que ha de influir grandemente en la formación o inclinación del carácter, siendo en pequeña escala un trasunto de la lucha por la vida, representada por la pelota, de manera que la cosa tiene su filosofía.

El balón, metáfora de vida. No está mal. De hecho, la idea ha cuajado bastante entre teóricos posteriores. Metidos en disquisiciones, podríamos decir que el problema surge cuando en la lucha por la vida el árbitro está en tu contra.

11. ¿ESTAMOS TODOS?

Un ritual de largo recorrido. Desde el año de la tos, los espectadores de fútbol conocen las alineaciones confirmadas de ambos equipos cuando, en la megafonía de los estadios, resuena la voz del *speaker* de turno proclamando los onces iniciales. Eso que parece eterno no guarda relación con los primeros tiempos del FC Barcelona. Entonces, y con desarmante sencillez, el delegado federativo se presentaba en el terreno de juego para gritar «¿quién falta?», pregunta a la que los respectivos capitanes contestaban «¡nadie!». Y los espectadores, a espabilarse para distinguir quien jugaba con los suyos. De los rivales, apostamos, ni se ocupaban, con excepción de singulares casos derivados de enfrentamientos anteriores no olvidados.

12. SIN MATARSE

Si lo observamos bajo parámetros contemporáneos, no nos lo podremos creer. Repasemos: ya que el club fue fundado el 29 de noviembre de 1899, la primera temporada del FC Barcelona, obviamente, fue la del 1899-1900. Por aquel entonces, no sabían qué demonios era eso de los calendarios apretados. El primer encuentro se disputó el 8 de diciembre y el total de la campaña constó de apenas siete amistosos, con cinco victorias, dos derrotas, trece goles a favor y siete en contra. Basta, que así evitaban esfuerzos excesivos. El máximo goleador fue Joan Gamper, con ocho goles en siete partidos. El suizo, pues, no entró en ninguna rotación para preservar fuerzas. No era necesario. Tan breve recorrido se redujo a tres partidos en diciembre, otro en enero, dos para febrero y el último del curso, disputado el 24 de mayo de 1900. Después, vacaciones prolongadas cuatro meses, pues el siguiente partido, ya en la campaña 1900-01, se disputaría el 23 de septiembre, vigilia de la Mercè. Resulta evidente que no podían justificar el largo descanso por el desgaste acumulado en la casi inexistente sesión de estreno.

13. TOILETTES

El semanario *Los Deportes* informaba así del primer *match* del Barça en el campo del hotel Casanovas, jugado el 18 de noviembre de 1900: «A presenciar el partido de desafío entre el Barcelona FC y el Hispania Atlétic Club acudió numeroso contingente de aficionados a los deportes ciclistas, automovilistas y caballistas, amén de un público selecto, que ocupó los alrededores del campo, entre el que figuraban espléndidamente por sus hermosuras y sus *toilettes* distinguidas damas y señoritas». Al margen del curioso espectáculo de ver un contingente de bicicletas, coches de época y caballos alrededor del terreno de juego, destaquemos que aquel era el noveno partido de la historia del Barça y el primero con constancia escrita de presencia de mujeres espectadoras. Lamentamos no aclarar a qué se refería el redactor con eso de que las damas llevaran la *toilette* encima.

14. LOS LINESMAN

Como ya sabéis, el primer derbi Barça-Espanyol de la historia se disputó el 23 de diciembre de 1900 en el campo del hotel Casanovas entre el Foot-ball Club Barcelona y la Sociedad Española de Football, nombre primigenio del club «perico». Bajo una terrible ventolera, ambos equipos presentaron idéntica disposición táctica: 2-3-5-1. No, no nos equivocamos. Dos defensas, tres centrocampistas, cinco delanteros... y un linier. Sí, tanto el Barça como la Sociedad Española alinearon sendos jueces de línea, cada cual aportó uno, Barrow por los azulgranas y Álvarez por los futuros blanquiazules (entonces amarillos). Imaginad los «fallos« que favorecieron a uno u otro equipo dependiendo del lado del campo. Por suerte, el árbitro, el señor Smart, era oficialmente neutral. Así, el empate final sin goles estaba cantado. Si a cada *linesman* le tocaba la banda donde atacaba el rival, nos podemos imaginar la desmesurada estadística en fueras de juego de aquel estreno.

15. SIN PEDRADA

Esta anécdota retrotrae a las paredes de la Inglaterra en los años sesenta, con aquella frase «*Clapton is God*» que no requiere traducción. Mucho tiempo atrás, cuando algún atrevido pintaba muros con consignas políticas sin saber que aquello sería conocido como *graffiti*, también habrían podido dedicar idéntica consigna al fundador del club. Más que nada, por la formidable y arrolladora unanimidad que despertaba el suizo-catalán. Durante aquellos primeros años del FC Barcelona, la figura de Joan Gamper conjuraba en los antagonistas de la entidad, idéntico ejemplo, valga la comparación, que en nuestros días ha suscitado Andrés Iniesta. Al manchego le ha aplaudido todo el mundo, algo que ha constituido una excepción a la evidente norma. Pues bien, salvando las distancias, en la época heroica de Gamper el panorama resultaba un poco más rupestre. Momento de ceder la palabra a Narcís Deop, ya entonces socio de la vieja guardia y amigo personal de tan gran personaje: «Joan Gamper era un perfecto caballero. Irradiaba una especial simpatía. Recuerdo que, a veces, cuando nuestros delanteros marcaban un gol, el público adversario los "obsequiaba" con una pedrada. Pero si Gamper era quien marcaba, nadie se atrevía a apedrearlo. Ni siquiera el enemigo más recalcitrante de nuestros colores». Todo un detalle que ahorra más comentarios. Aunque aquello pareciera una jungla por civilizar.

16. MARINERO POLÍGLOTA

El 23 de noviembre de 1901 tocaba inauguración del campo de la carretera de Horta, el tercero en la historia del Barça tras el del antiguo velódromo de la Bonanova y el del hotel Casanovas. El equipo barcelonista se impuso por 4-0 a un conjunto formado por los tripulantes del crucero inglés *Galliope*, entonces anclado en el puerto de Barcelona. Como procedía en aquellos comienzos, Joan Gamper se encargó de marcar un *hat-trick*, y el otro gol azulgrana llevó la firma de Joaquín Conarre. Los marineros británicos se quedaron sin batir al barcelonista Samuel Morris, entonces considerado el mejor portero de su tiempo, pese a que los escasos aficionados no pudieran compararlo con otros colegas foráneos.

Con el equipo del *Galliope* jugaba un delantero pelirrojo llamado Poke, encargado de darle a Miquel Valdés, el medio azulgrana de las loterías, una impensable sorpresa. En una acción del lance, Poke avanzaba hacia la portería defendida por Morris y le soltó a Valdés en un perfecto catalán: «¿Qué te apuestas a que le marco un gol?». Resultaba que el optimista marinero inglés había residido en Barcelona cuando era niño y había aprendido la lengua vernácula a pesar de su procedencia. A eso ahora se le llama integración...

17. PIONEROS GENEROSOS

Aquella época inaugural de la historia es un auténtico pozo de anécdotas, una mina rebosante de curiosidades y pintoresquismos. No debemos extrañarnos, comprobadas las precarias circunstancias de aquellos futbolistas pioneros. A inicios de 1902, los ingresos mensuales del FC Barcelona superaban por poco las cien pesetas. Tal era la cantidad de socios barcelonistas que aportaban la cuota de una peseta por barba, no había más. Las penurias de la caja azulgrana se atenuaban gracias a las aportaciones personales de los más generosos, que a veces permanecían en el anonimato. Cada cual sumaba con lo que podía, y así, muchas veces aparecía en los vestuarios de la carretera de Horta una pastilla de jabón sin necesidad de saber la identidad del generoso contribuidor a la higiene del grupo. En otro ejemplo de aquellos tiempos altruistas, Ernest Witty, jugador y copropietario de un negocio de material deportivo en Barcelona, explicaba sin exageración que, con el importe de todos los balones que había regalado al club, se hubiera podido comprar un automóvil. No es preciso realizar cálculos. Eran desprendidos por el bien de la causa.

18. LOS «MEDIÁTICOS»

6 de septiembre de 1903, artículo muy revelador en *Los Deportes* sobre cómo arraigaba el fútbol en nuestras tierras:

> Con motivo de los últimos partidos de *football* jugados en varias colonias veraniegas, y muy especialmente el de Pineda, que se reseña en la sección correspondiente, este atlético deporte va tomando de tal modo carta de naturaleza por todo Cataluña, que luego no va a quedar ciudad importante, villa ni villorrio en que no haya prójimos deseosos de andar a puntapiés con un balón cualquiera, así sea un queso de bola, una vejiga de manteca o un sombrero estropeado, a falta de proyectil más a propósito.
>
> En el Club de Sport de Mataró, el partido de Pineda ha dejado hondas raíces, y a los muchos aficionados que allí existen se han añadido otros, por lo cual se induce que dentro de muy poco lapso de tiempo, quizá ya en la próxima temporada, la bella ciudad de las flores de la costa catalana ocupará un lugar distinguido entre las poblaciones cuya juventud practica el

deporte de Gamper, Ponz, Witty, Hamilton, Astorquia, Black, Acha, y tantos otros, españoles y extranjeros confundidos, que han operado el milagro de que ya este juego no parezca exótico en España.

Al margen de sombreros, quesos o vejigas utilizadas de tan literario modo, el artículo detalla cuáles eran las figuras, digamos «mediáticas», del fútbol en Cataluña durante aquel verano de 1903: dos jugadores del FC Barcelona (Joan Gamper y Arthur Witty); dos del Espanyol (Àngel Ponz y José María Acha); dos del Hispania (John Hamilton y Joseph Black); y, como invitado «forastero», uno del Athletic Club (Juan Astorquia). Posteriormente, los dos cracs del Hispania, Hamilton y Black, ingresarían juntos en el Barcelona; fue en abril de 1905.

19. SIN PELOTA

Sorpresa en el lance disputado por el Barça y el Internacional en el campo de la carretera de Horta el 21 de febrero de 1904, correspondiente al Campeonato de Cataluña. En aquella época, el club que jugaba en casa tenía la obligación de disponer de dos balones para los compromisos de competición oficial, mientras que el equipo visitante debía llevar uno, por si acaso. En la primera mitad, los dos balones del Barça reventaron; cuando se solicitó al Internacional que cedieran el suyo, resultó que se habían presentado con las manos vacías. ¿Solución? Un voluntario fue corriendo al vecino campo del FC X a buscar una para poder reanudar el partido.

A pesar de que tal circunstancia no influyó en el resultado, el Barça presentó una protesta formal ante la negligencia rival, seguramente provocada por la derrota sufrida (1-2). La queja no fue atendida, pero no nos impide imaginar la cara del encargado del campo de los X al ver llegar un hombre a la carrera diciendo: «Hola, vengo del campo del Barcelona. ¿No tendrá una pelota para dejarnos? Es que nos hemos quedado sin bolas y no podemos seguir jugando...».

20. LA MITAD

Sí, aquellos tiempos románticos del fútbol generaron anécdotas a espuertas. O nos lo tomamos con una sonrisa o nos podríamos quejar, también, de que aquello no era serio, ni estaba bien organizado ni nada que se le pudiera parecer. El 6 de marzo de 1904, el Barça y el Català debían jugar en la carretera de Horta un duelo del Campeonato de Cataluña, finalmente suspendido porque el equipo azulgrana «a la hora de comenzar el partido, reunía escasamente la mitad del bando», como se indicó en *Los Deportes*. Total, que el visitante se quedó con los puntos en litigio y para pasar el rato se disputó un amistoso, «combinando los elementos de uno y otro bando y algún marino inglés del crucero *Calliope* que allí se encontraba». Y tan panchos.

21. QUÉ PANORAMA...

El 7 de enero de 1906, el Barça venció cómodamente al Català por 3-0 en partido del Campeonato de Cataluña disputado en el terreno de la Associació de Clubs de Foot-ball. Hemos escrito «cómodamente» a pesar de que el lance resultara pródigo en incidentes. Primero, no comenzó a las 15.00, como estaba previsto, sino a las 15.45 porque faltaba el balón (otra vez) y sufrieron de lo lindo para encontrar uno. Para mayor *inri*, el partido quedó interrumpido largo rato debido a que «la pelota hizo de las suyas», expresión de la que se deduce que el esférico se desinfló. Y para completar el cuadro, cuando ya oscurecía y aún quedaba un rato de juego, «dos jugadores, uno de cada bando, brindaron al público una contundente exhibición de boxeo. El público se animó con el número fuera de programa y el deporte del puñetazo se generalizó, forzando la suspensión del partido para dejar vía libre a los improvisados luchadores», según reflejó en su crónica el periodista Daniel Carbó, abonado a una ironía no exenta de mala uva.

22. ¿PERIODISMO?

Ya sabemos que el oficio permite licencias y, en ocasiones, algunos se las toman saltándose cualquier código. De todos modos, en el caso que nos ocupa, no sabemos si el autor tiraba de ironía, si era un jeta o un discípulo *avant la lettre* de André Breton y compañía surrealista. Observe el lector este párrafo de la crónica publicada en *Los Deportes* el 20 de enero de 1906: «Los segundos bandos del Barcelona e Internacional jugaron en el terreno cercado del primero, que salió vencedor por siete tantos a..., pero qué digo, si según me cuentan, el bando del Internacional principió incompleto y después por retiradas sucesivas quedó reducido a dos o tres jugadores. En fin, los puntos para el Barcelona». Si quería conseguir que no supiéramos qué narices había sucedido, artículo perfecto. Ya nos habría gustado presenciar el lance y las circunstancias que lo caracterizaron, pero nos hemos quedado con las ganas. Y, de paso, con un palmo de narices.

23. DISGUSTO POR GOLEADA

1906. Ya empezamos: el Barcelona vivía inmerso en una profunda crisis, deportiva y social. La mediocridad del *team* generaba que se extendiera el desánimo entre la depauperada masa social. Como botón de muestra, lo sucedido tras la espectacular paliza por 10-1 sufrida el 15 de abril contra el Athletic Club en el campo vasco de Lamiaco. La decepción vivida tras tamaño resbalón provocó que treinta y cinco socios se dieran de baja de golpe. Esta deserción colectiva queda aún más diáfana si comprobamos que, el 31 de diciembre de 1905, el número de asociados era de, solo, ciento noventa y ocho. De repente, casi el veinte por ciento de los fieles salió corriendo. Si no jugáis al nivel exigible, os quedaréis solos, tal parecía el mensaje.

24. EL VIEJO STEINBERG

El alemán Udo Steinberg ocupó plaza de delantero azulgrana en aquel funesto partido de Bilbao, y debió de quedar escaldado tras la experiencia. De regreso a Barcelona, el equipo se detuvo en San Sebastián para medirse al Recreation Club apenas dos días después de la debacle en Bilbao. Los locales también ganaron por 3-1 y el Barça alineó solo a diez jugadores porque Steinberg, aún traumatizado por el 10-1, decidió borrarse, alegando que «a mis años, no quiero hacer estos papelones». Gran enfado, sí, pero quizá pudo pensar una excusa mejor porque solo contaba con veintiocho años y no era ningún viejo. Máximo, un veterano mal bregado en mil batallas anteriores. Suponemos que no siempre debía ganar y algún repaso ya almacenaba en su bagaje de experiencias deportivas.

25. *FRIKISMO*

Hoy lo llamaríamos *frikismo,* entonces parecía, simplemente, pintoresco. 17 de junio de 1906, enfrentamiento de la Copa Salut, organizada por el club de tal nombre en su campo. El Barça y el FC X se enfrentaron con apenas nueve futbolistas por bando y con los azulgranas Romà Solà (portero) y Enric Barraquer (delantero) jugando vestidos de calle. Además, el campo del Salut FC no era plano sino que caía en pendiente, detalle nada banal que dificultaba el desarrollo del juego. Como escribían en *Los Deportes* con cierta lógica, «contra pendiente es cierto que se logran mejor los *goals*, pero a favor de la pendiente se domina más». Y se quedaban tan anchos.

Al final, el equipo de los *incógnitos* venció por 4-2, en una mala tarde de Solà, («pelota que llegaba a sus dominios, pelota que acababa en la red»). El hombre, vestido de calle, recordemos, prefería alejarse de su portería en los ataques rivales antes que ensuciarse la ropa. En cambio, Barraquer supo aprovechar la indumentaria para marcar su golito. Un pobre defensa del X lo confundió con el árbitro y le dejó pasar. Entonces, los jueces tampoco llevaban uniforme y, claro, aquello debía de ser un desmadre. Permitidnos insistir: eso era lo habitual en días remotos. De acuerdo, no parecía nada serio.

26. SALUD, GRACIAS

El siguiente compromiso del Barça en la Copa Salut le enfrentaba al Internacional en el primer día de julio de aquel 1906, otra vez nueve contra nueve. Los *internacionalistas* se presentaron con solo seis jugadores, por lo que el partido fue suspendido y el conjunto barcelonista se quedó con los puntos en disputa. Pero el miedo a la reacción hostil del numeroso público provocó que decidieran jugar un simulacro de partido, costara lo que costara. Con este panorama, el Internacional completó su once (perdón, queremos decir su nueve) con tres elementos del X que casualmente se hallaban entre el público y se ofrecieron voluntarios. Entre los incorporados destacaba la figura de Emili Sampere, quien lucía una camiseta del Salut FC y unos apretadísimos pantalones blancos de tenis, al margen de llevar un zapato blanco y otro negro. Por lo demás, el partido resultó bastante entretenido y acabaría con empate a tres goles.

27. ¡QUE NO SE VE!

Realmente, aquella Copa Salut podría pasar a la historia hilarante del fútbol. El partido del 12 de agosto entre el Barça y el Catalá arrancó pasadas las seis de la tarde, cuando el inicio se había previsto a las 17.30 horas. La razón de la demora, de nuevo, el maldito balón, que tardó en aparecer. Después, en el descanso, perdieron otro buen rato procurando hincharlo de nuevo. Y pasó lo que más temían en aquella época sin iluminación eléctrica en los campos de fútbol. Sí, anocheció. Cuando proliferaron las pifias y fallos de los futbolistas a causa de la escasa visibilidad y el público llegó a iluminarse con cerillas, el árbitro decidió cerrar antes de tiempo aquel impropio espectáculo con victoria azulgrana por 2-0.

28. COPA DE PELÍCULA

La última de la Copa Salut de 1906, sobre la que se podría rodar una película cómica, o de horror, titulada «Delirio futbolístico». El partido del 26 de agosto entre el Barça y el X, jugado con nueve integrantes por bando como ya resultaba habitual, apenas duró cuarenta y cinco minutos debido, una vez más, a la demora sufrida en la búsqueda de un balón en condiciones: «La pelota del X con que se estaban entrenando perdía aire por momentos y, por tanto, no podía pensarse en ella para el match. El Salud presenta las suyas y tampoco sirven, y como que el Barcelona no ha tenido a bien presentar la que le corresponde, no se puede empezar el partido». Mientras aparecía el ansiado esférico, los jugadores distrajeron la espera como pudieron «entreteniéndose con mayor o menor habilidad en lanzar piedras al aire; hay quien salta, otros duermen tranquilamente, otros charlan con sus amistades, todos se aburren soberanamente».

El partido debía comenzar a las cinco. Hacia las seis apareció un balón, pero tampoco funcionó, pues se desinfló de inmediato. A las 18.10, un espectador, buen samaritano, facilitó un cuero en condiciones de su propiedad. Parecía que ya estaba todo resuelto, pero entonces el capitán del X, Sampere, se negó a jugar el partido, alegando que pronto oscurecería, mientras el capitán azulgrana Quirante respondía que quedaba tiempo y debían jugar de todos modos. El árbitro Castaños, desesperado, pidió entonces un calendario para saber con exactitud a qué hora se ponía el sol. Finalmente se decidió la celebración del lance, aunque con la condición de que solo se jugaría mientras gozaran de luz diurna. Vaya con la Copa Salut, menudo prodigio de organización.

Por desgracia, aún no hemos concluido con el relato de incidentes. Antes de pitar el inicio del partido, Castaños se percató de que los jugadores barcelonistas Paco Bru y Francesc Sanz llevaban la camiseta del Salut FC, por lo que les ordenó abandonar el terreno de juego. Consiguientes protestas del Barça, que alegó que el reglamento de la Copa Salut permitía no usar el uniforme propio y que, además, ya existía el precedente del partido del 17 de junio, cuando Solà y Barraquer jugaron vestidos de calle sin problema. El juez de la contienda se mostró inflexible: Bru y Sanz tenían que irse. El Barça se negó a acatar el requerimiento y finalmente, para evitar un conflicto de orden público, se decidió jugar con todos los elementos cuando ya eran las seis y media pasadas, dejando la situación a la espera de lo que decidiera con posterioridad la Asociación de Clubs.

El equipo barcelonista ganaría aquel polémico partido por 4-2, pero a finales de octubre la Asociación (donde predominaban elementos hostiles a los colores azulgrana), terminó otorgando los puntos al X. Además, ordenó la repetición de un tercer partido entre azulgranas e *incógnitos* jugado el 14 de octubre, resuelto con 3-1 favorable al Barcelona, alegando que «el árbitro había cometido algunas faltas que perjudicaron al X». El Barça, muy indignado, se negó en redondo; a la postre, el premio de ganador de aquella surrealista Copa Salut fue a parar al Català FC. Carece ya de importancia. Total, solo lo recordamos nosotros...

29. ¿Y CÓMO SE LO MONTABAN?

Cuesta creerlo, sí, pero tendréis que confiar en nosotros. Parece mentira que, en los primeros tiempos del fútbol catalán, no se marcara la línea de gol entre los palos de la portería. Tal como suena: se ahorraban la cal en aquella zona tan sensible del campo. Tan anómala circunstancia fue denunciada, sin éxito, desde buen principio por Lluís d'Ossó en las páginas de *Los Deportes*. El 22 de diciembre de 1906, la misma publicación insistía en la carencia aprovechando la crónica del partido entre el Barça y los incógnitos del X, jugado en el campo de la calle Muntaner seis días antes:

> Aparte de que esto constituye una infracción, pues la ley primera dice que los postes se fijarán en la misma línea de *goal*, viene a dificultar más aún la misión del *referee*, pues a veces le es imposible determinar si la pelota ha entrado ya o no a *goal* y puede achacarse a mala voluntad lo que solo es imposibilidad material, debida a carencia de un punto de mira, agravada más aún por el desnivel común de nuestros campos.

No debe extrañar que el tópico se refiera a aquella época como «los tiempos heroicos del fútbol». Heroicos, sobre todo, para los pobres árbitros. Leer eso del desnivel habitual en los campos, que debían ser de patatas o casi, también genera escalofríos. Conformémonos pensando que apenas quedaban unos ciento diez años para inventar el «ojo de halcón», el VAR y otros progresos similares. Por cierto, aunque no venga a cuento, recordad que en aquellos tiempos se hizo indispensable la figura del asistente de fondo, encargado de colocarse al lado del portero y ayudar al árbitro con los goles fantasma. Goles o no goles que, claro, han existido desde la génesis del fútbol. Y aún siguen, mira por dónde.

30. ¿A QUÉ JUGAMOS?

29 de diciembre de 1907. Fecha en la que el Barça se fue, casi de manera literal, a la guerra contra el Olympique de Marsella. Por si no fuera bastante con topar con el campo francés hecho una piscina, completamente enfangado, resultó que los contrarios eran, en realidad, jugadores de rugby, nada de futbolistas. Y como la naturaleza tira, así se comportaron durante la brega. Tampoco el árbitro, *monsieur* Sanaud, tenía clara la diferencia entre ambos deportes. Bajo tal panorama, no extraña que el balance de esta sinrazón resultara terrible para los visitantes. Cuatro barcelonistas se retiraron lesionados de la inesperada batalla: Bru (rodilla), Durán (estómago), Sanz (cabeza) y Castillo (tobillo). El resultado, predecible en una época sin cambios: Olympique 9 - Barça 1. Y a callar, fuera rugby, fútbol o a lo que demonios jugaran, en definitiva.

31. ¡AY, LOS X!

El 22 de marzo de 1908, el Barça cayó derrotado en el partido decisivo del Campeonato de Cataluña: 1-0 adverso en Can Tunis, terreno del Club X, tras un gol marcado de penalti discutido. Esta victoria otorgaba virtualmente el título de campeón catalán al club blanco «incógnito», pero entonces el España se retiró de la competición. Con el reglamento en la mano, los partidos que hasta entonces había jugado el equipo rojo debían quedar anulados, lo que daba un punto más al Barça y posibilitaba un partido de desempate entre los azulgrana y la gente del X.

De todos modos, la Asociación de Clubs (descaradamente antibarcelonista) no aceptó la retirada del España y dio por perdidos los partidos que le quedaban por disputar. En consecuencia directa, el X se proclamó campeón de manera definitiva. Nada extraño, al fin y al cabo, ya que Isidre Lloret, presidente de la Asociación, estaba vinculado a los llamados incógnitos y se vanagloriaba sin pudor de su manía al Barça. Así, acabada la reunión de la asociación que proclamó campeón a los incógnitos, Lloret le soltó al representante azulgrana: «Somos más listos que vosotros, y el X tiene que ser campeón, pese a quien pese». Por si no quedaba claro. El endémico problema de las arbitrariedades federativas comenzó pronto, por lo visto...

32. ACABAMOS DE EMPEZAR

Por si aún no queda del todo registrada, marcad a fuego la decisiva asamblea del 2 de diciembre de 1908. Pocas veces se puede hablar tan propiamente de hacer historia: aquel día, Joan Gamper salvó el club de su disolución, cogiendo una presidencia que ya nadie quería. Nadie. En los meses siguientes, el entusiasmo del suizo transformó la situación. El 3 de enero de 1909 se jugó en el campo de la calle Muntaner un amistoso contra el Stade Helvetique, que gozó de gran trascendencia ciudadana. La presencia de destacados políticos de la Lliga Regionalista, como los diputados Francesc Cambó y Joan Ventosa, escenificó el cambio de paradigma. Seguimos con las novedades que marcaban un cambio de registro, un fortalecimiento de la entidad: el 14 de marzo se inauguró el campo de la calle de la Indústria y el 2 de julio se produjo el primer recibimiento masivo al FC Barcelona tras ganar una copa, la que había conseguido en el torneo de la Exposición en Valencia. Fue entonces cuando Gamper dijo en catalán su famosa y entusiasta frase, «y ahora apenas hemos empezado...», ante los socios congregados en el café Torino, ubicado en el paseo de Gràcia esquina con Gran Vía, entonces habitual punto de reunión barcelonista. Son solo tres ejemplos concretos de la refundación del club, fortalecido en presencia futbolística y más integrado en la vida ciudadana.

33. SÍMBOLO DE REDENCIÓN

Esta nueva era de un renacido Barça fue resumida por el periodista Daniel Carbó en 1924 con su conocido lenguaje grandilocuente: «Matizó el Barcelona su vida, durante todo 1909, con el gesto heroico, sublime, de una resurrección triunfal. Del periodo agónico con que cerró 1908, pasó a una lozanía de vida, a un florecimiento de actividades, a una cosecha de frutos que maravilló a propios y extraños; que dejó escrita en el libro de oro de la historia del club benemérito una página admirable, radiante de los fulgores deslumbrantes de un prodigio». E insistía dando nombre al *factótum* del prodigio: «Gamper..., hete aquí el símbolo de redención...».

Por su parte, el también periodista Josep Elias i Juncosa, en un artículo ya mencionado, escrito en 1911, también había resaltado el enorme carisma de Joan Gamper como factor decisivo en el resurgimiento del FC Barcelona: «Sencillo y afable en extremo, Gamper es de los hombres que poseen la rara habilidad de convertir en amigos a las personas que acaba de conocer, y esta gran simpatía, secundada por valiosos elementos, es la razón de los grandes éxitos del club».

34. GÉNESIS DE CANALETES

En volúmenes anteriores, ya os hablábamos del enclave donde el fútbol se hizo palabra apasionada: la fuente de Canaletes, al inicio de Las Ramblas. Muy pronto, allí se consagró la afición futbolera y barcelonista. De hecho, todo empezó en 1901, cuando el empresario Esteve Sala Canyadell (1881-1939) alquiló al Ayuntamiento una barraca de madera dedicada a la venta de bebidas, justo al lado de tan mítica fuente. Sala se aplicó en la inversión hasta convertir aquel precario establecimiento en flamante quiosco modernista. Al tiempo, las tradicionales bebidas de agua con horchata, anís o azúcar fueron sustituidas por refrescos de estilo *yankee* mezclados con sifón. Más allá de las innovaciones, recalquemos que Sala era un forofo culé, de los militantes de primera hora.

En 1909 instaló el bar del campo de Indústria y acto seguido encargó a su gestor que le llamara a Canaletes, una vez concluido cada partido del Barça. Si se confirmaba la victoria azulgrana, los clientes lo celebraban con consumo extra de bebidas, euforia que llenaba los bolsillos de Esteve Sala. Con motivo de la celebración de la Copa de los Pirineos del 2 de mayo de 1910, una gran multitud acompañó a los vencedores, llegados desde Toulouse, hasta el quiosco de Canaletes, donde quedó expuesto el trofeo conquistado. Mitad por devoción, mitad (suponemos) por agradecimiento, Sala llegaría a ser directivo en 1915 e incluso ocupó la presidencia en 1934.

35. LAS PIZARRAS

No dejamos aquellos días. Rápidamente, los ancestros lograrían que el ambiente azulgrana de Las Ramblas no quedara limitado al quiosco modernista. Así, ya en la década de los veinte, se incorporaron las «pizarras de Can Roldós» que reflejaban los marcadores del Barça y eran colgadas en la fachada del diario *Las Noticias*, llamadas así en referencia a la familia Roldós, propietaria de la publicación. Más tarde, a partir de 1930, en la puerta del semanario *La Rambla* de Josep Suñol se mantendría la tradición. A los más jóvenes, les recordaremos en lección de historia que nuestros bisabuelos no podían enterarse de los resultados por otra vía.

Aún más, en el café restaurante Continental, enfrente del quiosco de bebidas de Esteve Sala, solían reunirse los directivos barcelonistas. Como conocían el ritual, los clientes culés se acercaban para preguntarles sobre las novedades y posibles incorporaciones del equipo. Situado en el entorno, tampoco debemos olvidar la legendaria cervecería Baviera, fundada por Sala en 1921, muy cerca de la fuente de Canaletes, donde los jugadores del Barça de la Edad de Oro iban a tomar cerveza tras los encuentros, a menudo en compañía de futbolistas del once rival.

36. EL DETALLE CON «SAMI»

Metidos en harina, recordemos que la anécdota más conocida de Esteve Sala i Canyadell fue el extraordinario detalle que tuvo durante toda su vida con Josep Samitier. Propietario como era del hotel Oriente, Sala asignó a «Sami» una habitación y la correspondiente manutención en su establecimiento de manera vitalicia. Oficialmente, el empresario fue tan generoso con el jugador porque era un enorme admirador suyo, aunque las leyendas urbanas de aquellos días, un tanto malévolas, aseguraban que, en realidad, lo hacía porque era su padre.

37. SIN ALGUER

El 18 de abril de 1909 estaba anunciado un amistoso en el campo de la calle Indústria entre el Barça y el Arleguins Club de Alguer, ciudad de la isla italiana de Cerdeña donde se habla catalán desde la Edad Media y cuyos propios habitantes conocen como «Barceloneta». Como es natural, la visita de tan hermanado equipo suscitó gran expectación, y el campo estaba lleno a la hora fijada para el partido. Por desgracia, los *arleguins* no comparecieron, a pesar de haber prometido por mensaje telegráfico que llegarían a la hora estipulada.

38. SEMANA TRÁGICA

Como sabéis, entre el 26 de julio y el 2 de agosto de 1909, Barcelona vivió la histórica Semana Trágica, una revuelta obrera y sin líderes que estalló como reacción espontánea y desesperada al embarque de tropas en el buque *Cataluña* con destino a Melilla para combatir en la sangrienta guerra de Marruecos, un matadero donde solo iban los reclutas de pocos recursos económicos, ya que los ricos evitaban el reclutamiento pagando mil quinientas pesetas. En el puerto de Barcelona, ante la hipocresía de ciertas «distinguidas damas» burguesas de la alta sociedad, que se dedicaban a repartir medallas y estampillas religiosas entre los soldados, la chispa se encendió cuando algunos gritaron «¡abajo la guerra!», y otros tiraron al suelo y pisaron las medallas y estampillas. La revuelta, iniciada el 26 de julio tras una huelga general, no contaba con líderes ni planificación previa, y degeneró de inmediato en una quema generalizada de iglesias y el levantamiento de barricadas. El Gobierno español decretó el estado de guerra y calificó la rebelión popular barcelonesa de «separatista», aunque no lo fuera en absoluto, con el objetivo de conseguir la inhibición de los políticos republicanos ante la represión de la sublevación por parte del ejército y la Guardia Civil. Finalmente, murieron ciento seis rebeldes, tres religiosos y ocho militares. Además fueron detenidas 1967 personas, doscientas más fueron desterradas y se ejecutaron cinco penas de muerte, entre ellas la del creador de la libertaria Escuela Moderna, Francesc Ferrer i Guàrdia, que no había tenido ninguna participación en la revuelta.

No esperéis aquí ningún relato de la reacción del FC Barcelona y de su presidente Joan Gamper ante hechos tan dramáticos. Seguramente no se produjo, aunque no tenemos certeza de ello, al no disponer de las actas de juntas directivas de aquella época. Bastantes quebraderos de cabeza tenía y tendría ya Gamper con su progresiva vinculación a los postulados ideológicos de la catalanista, conservadora y burguesa Liga Regionalista, partido que, al fin y al cabo, brindó un apoyo implícito a la represión de la revuelta popular de Barcelona. En cualquier caso, ¿qué culpa tenía el *sportman* suizo de haber caído en un país tan secularmente injusto como este?

39. PISTOLERISMO

Pasaron los años y la situación sociopolítica en Barcelona entró en dramática espiral. Entre 1918 y 1923, las luchas que trastornaban la capital catalana provocaron la muerte violenta de 424 personas, víctimas de la guerra abierta entre el sindicato anarquista Confederación Nacional del Trabajo (CNT) y el ultraderechista Sindicato Libre, protegido por la policía y por la patronal. Entre los muertos se contabilizaron cuarenta patrones y veintinueve encargados de industrias catalanas, 168 sindicalistas y anarquistas, 82 obreros inocentes (confundidos con miembros de la CNT), treinta agentes de la autoridad, tres abogados de la CNT y 42 pistoleros del Sindicato Libre, entre otros.

Ante este panorama, era forzoso que el pistolerismo y la conflictividad sindical repercutieran negativamente en el FC Barcelona. Así se hizo constar en la memoria presentada por la directiva en la asamblea de socios del 27 de junio de 1920: «Huelgas, cuestiones sociales, *lock-outs*, atentados, de todo ha sufrido nuestra capital y todo ha repercutido entorpeciendo nuestros planes. Contactos establecidos con equipos españoles, suizos, ingleses, han sido apenas ilusiones. Ninguno de ellos quería venir, temerosos por el estado anormal mencionado, a pesar de haberles asegurado el hospedaje en casas particulares y garantizado la seguridad de estancia y retorno. Si no... ¡Cuántos partidos más se habrían dado!». De hecho, todas las invitaciones tramitadas para jugar el amistoso de Navidad de 1919 fueron denegadas «por el peligro del estado social en Cataluña».

40. FRANJAS HORIZONTALES

Toca realizar un gran salto en el tiempo para recordar una polémica reciente. La causada en la temporada 2015-16 cuando el Barça, por vez primera, lució las franjas características de modo horizontal, en lugar de vertical. En palabras del propio club, las nuevas e innovadoras camisetas, similares a las del equipo de rugby, se inspiraban «en las barras horizontales de las banderas azulgranas que los aficionados ondean los días de partido en el Camp Nou». De hecho, las rayas horizontales no constituían ninguna novedad en la indumentaria azulgrana, ya que las secciones barcelonistas de baloncesto y atletismo las llevaron hasta inicios de los setenta. Y la sección de rugby aún las luce puestas desde el primer día. Una historia bien distinta es la de la camiseta del Barça 2019/20, la de los inéditos cuadros azules y granas, inspirada en los bloques del barcelonés barrio del Eixample.

Volviendo a las tradicionales rayas, si revisamos la historia comprobaremos que las franjas verticales en la indumentaria de los futbolistas no fueron adoptadas hasta la temporada 1909-10. Antes, en principio, la camiseta había sido mitad azul, mitad grana. El estreno de las rayas llegó, concretamente, tras el partido que el Barça jugó el 31 de octubre de 1909 en Marsella ante el Stade Helvetique, equipo de aquella localidad. El conjunto local llevaba camisetas de rayas verticales amarillas y azules, un detalle que encandiló al futbolista del Barça José Quirante. La propuesta de Quirante de cambiar la distribución de los colores en el uniforme fue aceptada por directivos y futbolistas. De este modo, el centrocampista alicantino compró en Toulouse quince zamarras ya confeccionadas con las rayas verticales azules y granas que encontró por casualidad en un almacén. El resto, como reza el tópico, es historia.

41. VESTIR A GUSTO

Y ya que hablábamos de la polémica del 2015, certificaremos que el dicho «nunca llueve a gusto de todos» es dogma vigente desde tiempos inmemoriales. El 31 de octubre de 1921, *La Jornada Deportiva* publicaba esta acerada crítica: «Sentimos decir a los directores del FC Barcelona que poseen el peor de los gustos al vestir a sus jugadores. ¿Queréis nada más antipático, más ñoño, que estos jerséis listados que luce el club? Mucho más airosa, de una mayor gracia, resulta la camisa a grandes cuadros, que vio sus primeros triunfos. Y sentimos esta ausencia de buen gusto, porque quisiéramos que el equipo, genuina representación de nuestra ciudad, fuera representación de lo que es en definitiva: la belleza». Así debía arrancar el ritual de cada año, consistente en criticar el diseño de la nueva camiseta, hoy en día decidido según sople la inspiración de la multinacional de ropa deportiva que las fabrica.

42. POR AGOTAMIENTO

Quizá sea un caso único en la historia, cuando menos por lo que respecta al fútbol de competición oficial. Nos referimos a lo sucedido el 24 de abril de 1910, en la semifinal de la Copa de los Pirineos Orientales jugada en el campo del Olympique Cettois (el club de la localidad de Sète) entre el propietario del terreno y el Barça. Partido duro, disputado, con los franceses prodigándose de manera violenta, «con cargas y zancadillas que ya nos van indignando», según la crónica transcrita en *El Mundo Deportivo*. Resuelto el lance con empate a un gol, se debía jugar una prórroga de media hora, pero «Bayron, capitán del Olympique, en vista del notorio cansancio de sus *coequipiers*, se declara vencido, por lo que el Barcelona queda clasificado para la final». Insólito, eso de que un equipo renuncie a seguir jugando por agotamiento...

43. ASIENTO DE BALÓN

Durante los primeros tiempos del campo de Indústria, allá por 1912, existía un tipo de abono especial para los partidos del Barça. Un tanto incómodo, debemos precisar. Se trataba de un árbol situado al lado del campo, lugar privilegiado donde los niños culés se encaramaban para seguir las evoluciones en *L'Escopidora* de los Forns, Massana, Peris, Irizar, Amechazurra y compañía. Y cuando el balón saltaba a la calle, el más listo y rápido de todos la pillaba y corría con él hasta la entrada para devolverlo al conserje Manuel Torres. Como premio, el afortunado zagal podía ver el resto del choque en el interior del campo. No diremos que se pegaban entre ellos, pero sí que más de un chaval se doctoró como especialista en la materia.

44. GAMPER PACIFICA

Disculpad la tozudez, pero insistiremos en que el FC Barcelona le debe un reconocimiento infinito y eterno a Joan Gamper, más allá de los puntuales homenajes ya realizados. Al margen de otras virtudes, el fundador era capaz, incluso, de arriesgar su integridad física en defensa de la buena imagen de su estimado Barça. El detalle es del 23 de abril de 1913, cuando ejercía la presidencia por segunda vez. En un campo de Indústria lleno hasta la bandera, se disputaba el segundo encuentro de desempate en la final del Campeonato de España entre el Barça y la Real Sociedad. Con 0-0 en el marcador y en un ataque donostiarra, la pelota rebotó en el brazo de Alfred Massana, que se hallaba en el área azulgrana. El árbitro Angoso decidió que aquello era penalti. En cambio, el público consideraba que Massana no había mostrado intención de tocar el balón. Ya veis: ciento ocho años después seguimos discutiendo sobre manos involuntarias...

En esas estábamos cuando una parte del respetable invadió el campo con la intención de evitar la ejecución de la pena máxima contra el Barça y, ya puestos, agredir de paso al pobre Angoso. Ante la ausencia o inhibición de las fuerzas de orden público, la barbaridad fue impedida gracias a la valiente decisión de Gamper, quien, encabezando a su directiva como líder, saltó también al campo para convencer a los revoltosos, a base de paciencia y sangre fría, para que desistieran en su violenta actitud. Gamper defendía a Angoso diciendo a la turbamulta que las decisiones del árbitro eran inapelables, y su figura, intocable. Finalmente, los fanáticos volvieron a las gradas y la Real pudo transformar el 0-1. Desde una perspectiva culé, la historia tuvo un final feliz gracias al triunfo del Barça por 2-1, victoria que le procuraba el título de campeón de España. Ahora bien, pongámonos castizos para lanzar un tardío olé a los bemoles demostrados por Gamper.

45. GAMPER, EL ESMERADO

El 17 de julio de 1913, aprovechando la ocasión de un desplazamiento a la ciudad gerundense de Olot, el *Diari de Girona* publicó una entrevista con Joan Gamper. En aquel preciso instante, el fundador del Barça era solo presidente honorario, ya que había renunciado a su segundo mandato al frente del club diecisiete días antes, harto de los problemas internos y externos del club. Ninguna novedad, todo sea dicho. En cualquier caso, Gamper se limitó a responder preguntas de estricto cariz futbolístico, por si las moscas.

El periodista gerundense demostraba estar al corriente de lo que se cocinaba en Can Barça al expresarle su temor por un debilitado futuro deportivo, en el que pesaran demasiado las bajas de futbolistas tan significados como Forns, Reñé y Amechazurra. Gamper se lo sacó de la cabeza, casi metido en el papel de entrenador: «¡No, no! Vuelve con nosotros Perci [Wallace], tenemos a Pomés que no deja de ser un buen centro, y preparamos a otros jugadores que causarán la admiración del público, y en total sabemos crear *foot-ballistas*; ¡a qué más decir, si somos sobradamente cuidadosos de lo nuestro!». O sea, había cantera para asegurar recambios.

46. APÓSTOL DEL *FOOT-BALL*

En la misma entrevista y por su parte, el periodista, que firmaba con el alias sajón de *Hampton*, demostraba incondicional admiración hacia Joan Gamper. En el texto, tras exclamar, «¡qué amor tan grande tiene [Gamper] a Cataluña!», dedicó este panegírico en honor del Barça y del fundador suizo:

> Siempre he notado cómo el Barcelona sabe crear adeptos, y no

es nada extraño que sea el primer club de España; no hay nadie que pueda negarle esta supremacía; el nombre este, lleva en sí el fiel de toda la vida *sportiva* de Cataluña; maestro de todas las sociedades deportivas; ¿qué quiere más? ¿Qué obra más grande podría esperarse de un club cuyo presidente era Hans Gamper, si su solo nombre no necesita ningún reclamo para ser reconocido como un verdadero apóstol del *foot-ball*?...

Bueno, lo que decíamos: un admirador incondicional.

47. SARDINAS EN LATA

Antes, para describir algún lugar lleno hasta los topes, se hablaba de estar «como sardinas en lata» o «como piojos en costura». Históricamente, el Barça ha podido aplicar tan gráfico concepto en múltiples ocasiones, en especial cuando Les Corts se llenaba a reventar. En ocasiones, de todos modos, la situación saltaba del campo a otros habitáculos. Así, en abril de 1916, el Barça se desplazó a Madrid para disputar las semifinales del Campeonato de España. La expedición quedó alojada en la modesta Pensión Brazal, ubicada en una céntrica calle paralela a la Puerta del Sol. No calcularon bien porque el local era reducido y no quedó más remedio que instalar a cuatro jugadores en cada habitación. Sí, como sardinas en lata.

Por capricho de una organización poco avezada en el cálculo, se les compensaría de tanta incomodidad trasladando el equipo al terreno de juego como si fueran reyes. Un impresionante carruaje faetón tirado por dos caballos y con unas quince personas a bordo sirvió de vehículo. Era tan aparatoso que, en su recorrido por pleno centro de Madrid, muchos ciudadanos, un tanto despistados, aplaudieron a la comitiva, convencidos de que transportaba a toreros famosos. En aquella época, la llamada «fiesta nacional» aún ganaba al fútbol por goleada. Seguro que los protagonistas habrían preferido mejorar las habitaciones a cambio de sacrificar tal pompa en el desplazamiento.

48. MIRAR LA PELA

Como es sabido, la sección de atletismo del Barça se fundó el 12 de diciembre de 1912, fue disuelta temporalmente cinco años más tarde y reaparecería de manera definitiva en 1921. La decana de las secciones azulgranas vivía así imitando al Guadiana, máxime cuando, en julio de 1916, la directiva del momento decidió cerrar la sección de modo rotundo. ¿Razón? Unos atletas viajaron a San Sebastián y, por lo visto, estiraron más el brazo que la manga, superando el presupuesto previsto en unas seiscientas pesetas; un dineral, por entonces. Por suerte, los protagonistas corrieron, nunca mejor dicho, a dar todo tipo de explicaciones y sus superiores en la junta decidieron revocar tan drástica decisión. Mirar la pela para no desaparecer del mapa, simplemente.

49. SANCHO, EN BERLINA

Agustí Sancho debutó con el Barcelona el 27 de agosto de 1916. El portentoso centrocampista de perfil barrigudo se estrenaba en el campo del Internacional contra el Espanyol, en partido organizado para celebrar la fiesta mayor de Sants. Aunque se tratara de un amistoso, «la serie de mamporros que se repartieron» y «la actitud estridente del público», según expresiones extraídas de las crónicas de la época, provocaron que el duelo quedara suspendido a falta de quince minutos, con el marcador registrando un empate a un gol. Por lo tanto, la copa en disputa, donada por el teniente de alcalde Josep Grañé, fue cedida a la Federación Catalana. Aun así, el recuerdo que guardaría Sancho de su primer encuentro con la camiseta azulgrana sería imborrable, ya que el equipo se había trasladado desde el campo de la calle Indústria hasta el del Internacional montado en una impresionante berlina tirada por ocho caballos. Encima, con el medio castellonense sentado en un lugar de honor, junto al cochero. Impresionante puesta en escena. Lástima que no tomaran fotos.

50. DOBLADOS

Llamadlo *marketing* de la época o reclamo a la movilización general, como si fuera la guerra. El caso es que, durante septiembre de 1916, en el campo de la calle Indústria se colgaron carteles que decían: «Fútbol Club Barcelona. Actualmente somos unos mil cuatrocientos socios. Si cada uno de vosotros trae a otro, doblaremos la cantidad». Evidente, que diría aquel, las matemáticas no suelen fallar. Un año después, no sabemos si motivados o no por el llamamiento, el Barça ya contaba con 2330 socios. No era el doble, pero seguro que ayudaban a cuadrar las cuentas y a vivir un poco más holgados.

51. DE HANS A JOAN

Esta sería la típica pregunta de historia digna de figurar en un Trivial, de aquellas que te hacen ganar un quesito en caso de acertar: ¿sabéis cuándo catalanizó su nombre Hans Gamper en los documentos oficiales del Barça? La respuesta correcta es el 5 de julio de 1917, cuando puso Joan Gamper en el acta de la junta directiva. Dos días antes, aún había firmado como Juan, en castellano. Su nombre original, el germánico Hans, lo usó en los papeles internos del club hasta 1913.

52. CALDERILLA EN LA CUENTA

A mediados de la década de los 1910, el club no debía atravesar una época próspera. Basta con repasar los fríos números. El remanente en caja del 31 de diciembre de 1913 era de 2479,44 pesetas. Al cabo de seis meses, en la caja de caudales ya solo quedaban 1464,45. Bueno, aún podían respirar, y más si valoramos que entonces no había dispendios ni en sueldos de jugadores (todavía aficionados), ni en ningún tipo de fichajes. Aunque, cuidado, que a 29 de junio de 1915 el club solo disponía de 31,82 pesetas en metálico, lo cual era alarmante. Aquel gráfico chiste de las telarañas en la caja estuvo a punto de convertirse en realidad, a pesar de que el club ya contara con unos mil trescientos socios.

53. NO DEBER NADA

Como eso del *parné* va a su aire, al cabo de cinco años, se había girado la tortilla en Can Barça y reinaba la euforia económica. En la asamblea general del 27 de junio de 1920, el entusiasmo era general: la entidad ya contaba con 3217 socios, con una media mensual de 131 altas y 44 bajas. Además, la directiva ya había enjuagado una deuda, heredada de la junta anterior, que ascendía a 16 110 pesetas. Por aquel entonces, las existencias en caja eran de 1656,15 pesetas.

Aquel día, el tesorero Manuel Casabó desató la euforia de los presentes con su balance económico. Casabó redondeó la presentación con estas palabras y expresiones de júbilo: «¡Albricias! El Futbol Club Barcelona no debe nada a nadie». Fue un grito que provocó el entusiasmo general. Ya veis, qué tiempos aquellos. En cambio, muchos años después, en septiembre de 1976, el presidente Agustí Montal Costa manifestó, breve y conciso, en otro cónclave azulgrana, que «es una suerte que el club pueda deber dinero». Maneras distintas de concebir cómo tiene que funcionar la economía, qué se valora en cada momento y a qué demonios se puede aspirar cuando tratamos de números.

54. PEQUEÑO Y ESMIRRIADO

Bajo la garantía de tales condiciones financieras, en aquella misma asamblea, Ricard Graells, presidente saliente, propuso la creación de una ponencia que estudiara la adquisición en propiedad de un campo nuevo. Graells argumentaba textualmente que el de la calle Indústria se había quedado «pequeño y esmirriado», y constituía «una vergüenza para el mismo club en sí y mucho más queriendo ser como somos la representación patria del fútbol». Otra razón para disponer de campo propio y dejar el alquiler consistía en que el terreno de *L'Escopidora* andaba amenazado por futuras edificaciones «y llegaría el día en que nos veríamos en la calle por desahuciarnos el propietario». Como ya dijimos en el *Barça insólito,* desde mayo de 1919, la sociedad Gamper i Mir, formada por el fundador del FC Barcelona y Enric Mir, era la propietaria del campo de la calle Indústria. Aquel día, a Joan Gamper le pitaron los oídos.

55. HACIENDA ERAN TODOS

Después os quejaréis de hoy día. Pensad que, como dicen los sajones, en la vida solo existen dos certezas: la muerte y los impuestos. Por lo tanto, ya lo sufrían décadas atrás. En aquella temporada 1919-20, justo en medio de la recuperación económica, la directiva de Ricard Graells recibió un inesperado mazazo cuando Hacienda reclamó al club la cantidad de 8470 pesetas en concepto de impuestos pendientes tras calcular los ingresos de las dos temporadas anteriores. Ya podéis imaginar cómo decidieron enjugar la deuda. Exacto, rascándose el bolsillo, a razón de 847 pesetas por directivo. Y listos. Nada como tener dinero, y en aquella época, los burgueses, potentados y altruistas dirigentes del club, en el fondo no se complicaban la vida con estas tonterías de dineros. No sabemos si el socio era consciente del gesto o envidiaba a los mandamases.

56. MEDIA DOCENA Y BASTA

Alrededor de la Navidad de 1919, el Barça pagaba la nómina a seis personas. Media docena de empleados del club y basta, que los futbolistas aún eran *amateurs*. En la categoría de trabajadores se incluía al entrenador Greenwell, a quien se añadían Gimeno, Baonza, Torres, Vives y Bellver. Un año después, a finales de 1920, se había producido un mínimo incremento en la plantilla de empleados, que ya se componía de siete miembros: Greenwell, Gimeno, Landri, Baonza, Torres, Vives y Socías. De hecho, no hacían falta más.

Si realizamos un salto arbitrario en el tiempo, en julio de 1978, el FC Barcelona ya contaba con 111 empleados, aunque, un año después, la cifra quedaba reducida a 93. Entonces la junta justificó el recorte por una «reorganización de servicios para un mejor rendimiento y una notable reducción económica».

57. PIQUE CON EL FUNDADOR

El 11 de diciembre de 1919, cuando el pistolerismo y los conflictos sociales ensangrentaban las calles de Barcelona, el presidente azulgrana Ricard Graells recibió esta curiosa carta de Joan Gamper, entonces alejado de cualquier cargo en la directiva barcelonista:

> Mi distinguido amigo:
>
> El Zúrich deja entrever en su último telegrama que si la cuestión social en Cataluña no se arregla en lo que resta de semana, prefieren aplazar para mejor oportunidad su excursión a Barcelona. Como, por ahora, no se vislumbra la posibilidad de que la paz retorne la tranquilidad perdida y con ella la vuelta al trabajo, y por otra parte todavía perduran dolorosos recuerdos, he tenido el impulso de telegrafiar al Zúrich aconsejando que momentáneamente desista de su proyectado viaje a Barcelona.

Por lo visto, Graells se enfadó de veras al leer esta misiva. Convocó con urgencia una reunión extraordinaria de la junta para el día siguiente, en la que los asistentes aprobaron el envío de esta cáustica respuesta al fundador del club:

> Distinguido amigo:
>
> He recibido su carta de ayer, de cuyo contenido he dado cuenta a la junta directiva al completo, que por este motivo se

ha reunido extraordinariamente, habiendo acordado por unanimidad tomar buena nota, lamentando que haya tomado una determinación de tanta importancia, sin consultarnos ni esperar a nuestra última decisión (...). Asimismo, lamentamos que una de las causas que le hayan influido a tomar la antes citada determinación sean dolorosos recuerdos que aún perduran, no sabiendo a qué recuerdos se refiere, pues al haberle molestado sabe mal no pedir explicaciones y hacerlo pagar al club, al cual todos apreciamos tanto.

Esta marejada evidente entre Joan Gamper y la directiva azulgrana aún se agravaría con la siguiente respuesta del suizo, que prácticamente suponía romper sus relaciones con el FC Barcelona. Así las cosas, el 29 de diciembre un espantado consejo directivo decidió contemporizar, acordando «comunicar al señor Gamper que nunca entró en los cálculos de esta junta dejarse de ver honrada con su valiosa cooperación y reiterándoselo nuevamente». Y aquí no ha pasado nada.

58. GAMPER ERA ASÍ

Dejando al margen estas trifulcas transitorias, con la amplia perspectiva que nos permite el tiempo, podemos afirmar que Joan Gamper fue, en general, una bendición para el FC Barcelona. Fundador del club en 1899, salvador en 1908 y siempre dispuesto a tomar sus riendas a pesar de las tremendas incomprensiones y ofensas, internas y externas, que sufriría por sistema.

Por ejemplo: estamos en la asamblea de socios del 2 de junio de 1924, el día en que Enric Cardona deja la presidencia azulgrana. Hay mal ambiente, con la dictadura de Primo de Rivera sembrando miedo en el mundo catalanista y los *ismos* minando a la familia culé, detalle que ya empezaba a ser habitual. Así, el cónclave de los socios se desarrolla entre apasionadas discusiones estériles que no conducen a nada, hasta que Gamper toma la palabra y «recomienda a los socios que tengan moderación, previniendo contra los enemigos del club, porque el espectáculo que está dando la asamblea es poco serio y lo que urge es que se trate de todas las cuestiones que aún están pendientes». Moderación, concordia, unidad y pragmatismo, la sencilla receta de Joan Gamper que, finalmente, es elegido presidente del Barça por quinta ocasión en su vida. Quizá Gamper conocía los famosos versos de José Hernández, el autor de *El Gaucho Martín*

Fierro: «Los hermanos sean unidos / porque esa es la ley primera, / tengan unión verdadera / en cualquier tiempo que sea, / porque si entre ellos pelean / los devoran los de afuera».

59. MEDALLA CON RETRASO

El 3 de julio de 1924, pocas semanas después de aquel llamamiento de Gamper a la sensatez, los directivos le entregaron la Medalla del Mérito del Club. Digamos que lo hicieron con cierto retraso, ya que tal distinción había sido otorgada a Joan Gamper más de un año antes, según acuerdo de la asamblea de socios del 25 de junio de 1923. Aquel día, el fundador había dejado la presidencia y el nuevo máximo mandatario, Enric Cardona, no halló un momento libre en todo un año para entregar la medalla a su antecesor. Cuando Gamper recuperó la poltrona, entonces le dieron la medalla. Curioso, ¿verdad? Lo que decíamos de los *ismos*...

60. SI CUELA, CUELA...

Debe de ser que, desde el arranque del invento, ha existido gente dispuesta a confundir al Barça con una ONG encargada de paliar cualquier tipo de carencia humana. Ya hemos detallado algunos ejemplos y aún quedan bastantes por describir. Por ejemplo, el 24 de abril de 1920, el club no tuvo más remedio que rechazar una peculiar petición surgida de El Amparo del Vigilante, institución benéfica que velaba por la vejez y el riesgo de invalidez de los vigilantes nocturnos de Barcelona. Por aquello de probar y que el «no» ya lo tenemos, esta gente se había dirigido al club pidiéndole que organizara todo un Barça-Espanyol y les entregara la taquilla completa. Si cuela, cuela... El Barça declinó la propuesta, claro. Bien pensado, hubiera estado bien marcar por escrito los límites de hasta dónde podía y tenía que llegar un club deportivo. Pensando en los vigilantes y en cuantos quisieran emularlos.

61. TEJEMANEJES

Vaya con los tejemanejes que se perpetraban en aquella época, a menudo con luz y taquígrafos, a la vista de todos. Este se produjo el 30 de enero de 1921, día de partido del Campeonato de Cataluña entre el FC Barcelona y el España. Jornada final de la competición, y el Barça ya era campeón, pero los españistas necesitaban los puntos para evitar la promoción de descenso a la categoría B del fútbol catalán. Ningún problema, porque previamente el presidente azulgrana, Gaspar Rosés, ya había tranquilizado a la directiva del España; les había dicho que el Barça les regalaría el partido. ¿Y cómo se hizo? Muy fácil: solo se presentaron en Indústria siete jugadores azulgrana, número insuficiente para poder jugar. Así pues, el árbitro señor Ollé decretó que el equipo barcelonista había perdido el choque por incomparecencia. Para no perder totalmente la velada, minutos después, unos y otros disputaron una pachanga ya sin transcendencia, con el Barça alineando a diez futbolistas. Vaya, de repente se presentaron tres jugadores cuando ya no era necesario. Si, digámoslo claro: a veces, aquel fútbol era un cachondeo absoluto...

En cualquier caso, la historia no terminaría bien para el España. A pesar de los dos puntos conseguidos sin lucha, la victoria del Sabadell ante el Internacional hizo que el equipo rojo no pudiera evitar la promoción, que finalmente perdió ante el Avenç.

62. RECEPCIÓN UNIVERSAL

No se puede ser ni más receptivo, ni más demócrata, ni más... lo que queráis añadir. En agosto de 1921, el boletín oficial del FC Barcelona informó de que la directiva había tomado la decisión de «recibir a todos los socios en las oficinas del club, todos los días laborables, de ocho a nueve de la tarde». O sea, que los 4300 asociados que el Barça tenía entonces podían pasar, si lo deseaban, por la sede social, situada en un entresuelo del número 21 de la calle Aribau. Allí se encontrarían al presidente Joan Gamper y a sus trece compañeros de junta dispuestos a pegar la hebra sobre el temario que quisieran presentar. A eso se le llama, aún hoy, una oficina de atención al barcelonista como Dios manda, de una transparencia extrema. ¿Os imagináis esa iniciativa trasladada ahora? Nosotros tampoco.

63. ESTRENO CON TRAMPA

Debemos repasar siempre la historia con el máximo cuidado, todo el rigor posible y como si, gráficamente, pisáramos huevos. Un nuevo hallazgo, un detalle, puede alterar la creencia mayoritariamente compartida. En clave azulgrana, cualquier aficionado a la trayectoria pretérita del club te dirá que el estadio de Les Corts se realizó en solo tres meses, un tiempo récord, y más aún, pensando en las limitaciones de construcción propias de aquellos tiempos, ciertamente rudimentarios. Pues bien, habrá que corregir levemente esta idea preconcebida para señalar que la vieja catedral no estaba plenamente concluida en el día de su inauguración, el 20 de mayo de 1922.

En las fotos oficiales de la primera época de Les Corts, la impresión del conjunto resulta inmejorable, con unos acabados que parecen perfectos. En cambio, si repasamos la imagen que adjuntamos en este libro, correspondiente a un partido de diciembre de 1922, quedan patentes las carencias de aquel estadio en sus primeros meses de vida. Así, detrás del llamado «gol de abajo», se puede apreciar un enorme terraplén de tierra, rematado con una escalera bastante precaria en el centro que representaba la única y peligrosa vía de acceso de los espectadores a sus localidades de cemento armado. No hace falta imaginar siquiera el barro que se debía formar en los días de partido con lluvia.

64. VISTA ALEGRE

El 29 de junio de 1922, el Barça de Joan Gamper y Pep Samitier inauguró el nuevo estadio de la Unió Esportiva Girona, llamado Vista Alegre, en un partido terminado con victoria visitante por 2-5. Aquel día, Gerona entera se lanzó a la calle para recibir a la expedición azulgrana. Ocho años después, la U. E. Girona desaparecería por problemas económicos, y en su lugar surgiría el Girona FC, equipo que heredó Vista Alegre. Cuatro décadas después, en 1970, en la noche del 14 de agosto, se celebró la inauguración del nuevo estadio Montilivi con un partido entre el Girona FC, que entonces militaba en Tercera, y el FC Barcelona, resuelto con triunfo azulgrana por 1-3. Resulta fácil concluir que el Barça es el invitado obligado en el estreno de los estadios gerundenses.

65. PONED ORDEN Y DISCIPLINA

Algo fallaba en la organización del fútbol base azulgrana durante la temporada 1922-23. Por aquel entonces, el club contaba con más de un millar de socios que también eran jugadores, pero el descontrol resultaba notorio entre los equipos inferiores que, en palabras del directivo Lluís Torres Ullastres, «se regían como querían, sin disciplina y sin entrenamiento ordenado». Tanto era así que algunos de estos equipos funcionaban como agrupaciones autónomas, con reglamento, caja y directivas propias. Incluso llegaban a contratar partidos por su cuenta, al margen de la directiva.

La junta terminaría reaccionando con un duro plan de choque para poner fin a tal anarquía. Así, se sometió a todos los socios-jugadores a una revisión médica y a un entrenamiento obligatorio controlado por un entrenador y un ayudante. De modo automático, se fueron eliminando todos aquellos que jugaban como futbolistas para pasar el rato, como era el caso (extremo y grotesco) de un hombre de edad madura que figuraba como integrante del cuarto equipo, de categoría infantil. Además, la revisión permitió aconsejar a diversos jugadores para que dejaran la práctica del fútbol al no permitirlo su estado físico. Una vez realizada la criba, la junta directiva fijó la clasificación de futbolistas por categorías y equipos, así como las normas de entrenamiento, dejando el campo de Les Corts liberado dos días (lunes y sábados) para los socios que quisieran practicar educación física.

66. LA CAJA DE LOS AMISTOSOS

Los ingresos no sobran jamás, claro. Fácil imaginar que el Barça necesitaba sacar dinero de hasta debajo de las piedras tras estrenar Les Corts. Se debía afrontar el enorme gasto originado por una obra de tan magna envergadura, realizada, encima, en apenas tres meses de plazo. En ausencia de ingresos atípicos, como diríamos hoy, la solución solo pasaba por disputar gran cantidad de amistosos y obligar a que el aficionado pasara siempre por taquilla. A los números nos remitimos: una vez concluida, en marzo de 1923, la campaña oficial 1922-23, el Barça disputó un total de quince partidos de este tipo entre el 7 de abril y el 22 de junio. Imaginad el ritmo. Los rivales, de todo tipo y venidos del extranjero: croatas, checos, belgas, ingleses, escoceses y franceses. Y venga, a abrir Les Corts en más una ocasión por semana durante aquellos tiempos, tan distantes al enloquecido calendario actual.

Después, con el afán recaudador por bandera, entre el 24 de junio y el 5 de agosto, distintos equipos azulgranas partieron de gira por Cataluña y Baleares, con catorce partidos en Sabadell, El Vendrell, Sant Andreu, Vilassar, El Masnou, Premià, Arenys, Vic, Palma de Mallorca, Palafrugell y Sant Feliu de Guíxols. Necesitaban dinero como fuera. No hacía falta decirlo. Bastaba con repasar tan frenética actividad.

67. SESIÓN DIARIA... DOBLE

Antes hemos escrito «diversos equipos azulgranas» al referirnos a esta gira estival por la geografía catalana y balear, recién estrenado Les Corts. Nos explicaremos: en aquella época resultaba bastante habitual que el Barça jugara dos partidos el mismo día. Normalmente, el primer equipo disputaba un choque oficial, y el once de los suplentes afrontaba un amistoso. Pero en aquel verano de 1923, decidieron complicar un poco el asunto. El mismo día de San Juan, los equipos, de la misma categoría, mezclados con titulares y suplentes, jugaron en Sabadell y El Vendrell. En idénticas condiciones, el día 29 repetirían en Sant Andreu y Vilassar de Mar. El récord llegaría el 8 de julio, cuando tres extraños onces del Barça, mezcla de futbolistas reconocidos y otros que solo conocían en su casa, jugaron el mismo día en Premià, Arenys y Vic. Y todos, por supuesto, se presentaban al público llamándose FC Barcelona. Una lástima que aún no existieran las transmisiones radiofónicas. Hubiera resultado bastante curioso realizar un «carrusel» simultáneo con los tres partidos del Barça. Ni el más fanático de los seguidores hubiera resistido tal empacho.

68. NÚMERO 1 DEL MUNDO

La publicación escocesa *The Athletic News* publicó el 16 de abril de 1923 una entrevista con Joan Gamper en la que se manifestaba orgulloso de que su club fuera entonces «el más grande del mundo». Gamper argumentaba que el Barça contaba con unos siete mil quinientos socios, mientras facilitaba interesante información sobre la actividad del club en el campo de Les Corts durante los fines de semana. El fundador detallaba que los sábados llegaban a jugar cincuenta equipos de diversas categorías. Los domingos, los equipos júniors empezaban a dar puntapiés a las siete de la mañana (que ya son ganas de madrugar) y jugaban hasta la una del mediodía. La tarde quedaba reservada al primer equipo. A eso se le llamaría hoy explotación salvaje del antiguo coliseo.

69. INGRESAR COMO SEA

Gamper se había trasladado a Escocia para negociar con el Dundee y el Glasgow Rangers la disputa de algún amistoso en la capital catalana. En aquella época, insistimos, el Barça necesitaba urgentemente ingresos para hacer frente al gasto por la construcción de Les Corts. De hecho, en la entrevista, el fundador desvelaba que el nuevo estadio, inaugurado once meses antes, había costado dos millones de pesetas, cuando las cifras oficiales hablaban de 991 984,05 pesetas. También aseguraba que ya tenían previsto ampliar su capacidad desde los veintidós mil espectadores del estreno hasta los treinta y cinco mil. Aquí fue demasiado deprisa, ya que las grandes ampliaciones de Les Corts no se producirían hasta la década de los cuarenta, unos cuantos años después de esa visita a tierras escocesas.

70. LA BERTINI

El delantero barcelonés Josep Julià (1895-1973) era conocido popularmente como «la Bertini» por su parecido con Francesca Bertini, actriz italiana del cine mudo. Tómenselo como quieran, pero el apodo le venía de eso, a pesar de las evidentes distancias fisonómicas entre hombres y mujeres. Juliá jugó en el Barça entre 1921 y 1923; después recaló en el Europa. Con el once de Gràcia protagonizaría un buen jaleo el 10 de febrero de 1924. En el minuto treinta y ocho de un Barça-Europa en Les Corts, correspondiente al Campeonato de Cataluña, Julià fue expulsado tras insultar al árbitro. El delantero escapulado se negó a abandonar el terreno de juego, forzando la suspensión del choque con 1-0 favorable al Barça. Cuatro días después, la Federación Catalana dio este resultado como definitivo, castigando duramente a Julià con un año de suspensión por su rebeldía. La Bertini, hombre de recio carácter, replicó abandonando el fútbol para siempre, a pesar de que solo tenía veintiocho años.

71. DERBI FILMADO

El Espanyol-Barça del 16 de febrero de 1925 es aquel histórico desempate del Campeonato de Catalunya jugado en el campo del Europa que decidió un gol extraordinario de Samitier. Además, tuvo otra singularidad excepcional, de cariz histórico, al convertirse en el primer derbi filmado. Al día siguiente se proyectó en el cine Catalunya, en la plaza del mismo nombre, y en el Kursaal, que estaba ubicado en la Rambla de Catalunya, entre las calles Consell de Cent y Aragón. No es preciso ni recalcar que fue todo un acontecimiento.

72. EL *FAIR-PLAY*

Hablando de casos insólitos, situémonos en Les Corts el 1 de marzo de 1925. Aquel día, Barça y Valencia se enfrentaban en partido del Campeonato de España, organizado entonces en sistema de liguilla. El resultado fue contundente (7-3), aunque el tema no vaya por aquí. En el minuto 43, ya con 5-0 en el marcador, al defensa y capitán del equipo azulgrana, Josep Planas, se le cruzaron los cables y le dio por propinar una alevosa patada en la cara a Peral cuando el delantero del Valencia estaba caído en el suelo. ¿Qué pasó después? Cedemos la palabra al cronista de *El Mundo Deportivo*:

> El censurable hecho (y nos place hacerlo constar) fue protestado unánimemente y de modo espontáneo y patente, por el público congregado en el terreno, en forma tan digna que su actitud constituye un gesto que honra a la Cataluña deportiva. Fue tan imponente la reprobación que puede decirse que, más que el árbitro, fue el público el que expulsó del terreno a dicho jugador. Al ordenarlo así el señor Steinborn, una ovación probó que el público de Barcelona es, ante todo, eminentemente deportista.

Sí, señor, extraordinaria demostración de *fair-play* de la afición barcelonista de 1925. Incluso, por encima de los propios colores, que ya es decir.

La escena debía ser de aúpa, porque Peral fue retirado del campo entre el temor y el convencimiento de que tenía la mandíbula rota. Afortunadamente, se quedó en una contusión de la región maxilar derecha. Acabado el choque, el árbitro José María Steinborn elogió públicamente al público de Les Corts, «tan sincero como exquisito y, sobre todo, con tan elevado concepto de la justicia deportiva». Por su parte, Planas, consciente de la salvajada que había cometido o siguiendo los consejos del club, envió una carta de disculpa a Peral, encabezada por un formal «muy señor mío», en la que manifestaba hallarse «desesperado y arrepentido» por su «momento de obcecación que solo usted puede disculpar». Por desgracia, la testosterona de Planas debía andar por las nubes porque, apenas tres días después, agredió en plena calle a José Torrens, periodista de *El Mundo Deportivo*. El futbolista estaba indignado por una crónica de Torrens en la que defendía que le retirasen la capitanía del Barça. Se armó un jaleo considerable, con eco mediático de mil demonios, pero el escándalo se saldaría con una leve sanción de un mes al pendenciero Planas.

73. POR SI ACASO

Conviene ser previsor, ya saben. Atención a la fecha: 23 de junio de 1925, apenas veinticuatro horas antes de que el club fuera clausurado seis meses por la pitada al himno español vivida en el campo de Les Corts. Aquella víspera, un empleado anónimo, actuando por iniciativa propia, se preocupó de salvaguardar todo cuanto consideró importante, por si acaso. En unas cajas que el desconocido personaje adquirió en el estanco situado en la entrada del local social, en la plaza del Teatro, introdujo dos máquinas de escribir, una de imprimir carnés de socio, diversas copas de calidad, banderines y libros de actas y de socios. Todo ello fue trasladado al piso principal del número 21 de la calle Aribau, antigua sede social del Barça en los años 1919-21, y escondido en una oscura habitación donde una verdulera guardaba su mercancía. Seis meses después, terminada la clausura del club, todo se retornó a su lugar. Ningún directivo se dio cuenta de lo que había sucedido. Qué intuición. O para ser más precisos, el hombre ya imaginaba que pronto estallaría la tormenta, tal como se comportaba el club y tal como las gastaba la dictadura.

74. EL DRAMA DE GAMPER

Cuando Joan Gamper regresó de su exilio temporal de tres meses en Suiza, en el otoño de 1925, el hombre andaba con la moral por los suelos. La dictadura de Primo de Rivera lo había convertido en el chivo expiatorio de la pitada al himno español en Les Corts y subsiguiente clausura del club durante medio año, por lo que le prohibieron expresamente volver a formar parte de la directiva azulgrana. Por dictado oficial, ya no podía ser parte integrante del club de su vida. En una lúgubre carta dirigida a un tal «señor Bensemann» el 18 de diciembre de 1925, Gamper escribía telegráficamente: «He recibido vuestra carta y debo comentaros que Hans Gamper ha muerto para el fútbol. Actualmente solo me ocupo del golf». Y firmaba Hans Gamper, no Joan. El fundador del FC Barcelona, solo y decepcionado tras las experiencias sufridas, vivió sus cinco últimos años muy desengañado.

75. LOS ÚLTIMOS DÍAS DE GAMPER

El 1 de diciembre de 1929, Joan Gamper se dejó ver por el palco presidencial de Les Corts. Se jugaba el partido de Liga Barça - Real

Sociedad, y además se celebraba el trigésimo aniversario del club que había fundado. Entonces el suizo ya se hallaba arruinado como consecuencia del crac de la bolsa de Nueva York, contratiempo que agravaba su depresión originada por no poder involucrarse en la vida del Barça tras la decisión tomada por la dictadura de Primo de Rivera. A pesar de todo, Gamper aún tendría ánimo para declarar a la prensa que «estoy orgulloso del Barcelona, que nació hace treinta años y se ha convertido en el gran club de hoy».

Finalmente, el 30 de marzo de 1930, Gamper apareció en público por última vez para entregar uno de los premios de la V Vuelta a Pie a Barcelona, organizada por la sociedad recreativa Nova Germanor (Nueva Hermandad). Cuatro meses después, el fundador del FC Barcelona se suicidaría.

76. LOS «MARRONES»

En el mundo futbolístico español, el profesionalismo no fue oficialmente instaurado hasta 1926, aunque llevara años existiendo de modo soterrado, en forma del llamado «amateurismo marrón». Todos los futbolistas de los clubs principales cobraban bajo mano, y el Barça no era una excepción. Obviamente, entonces surgía el problema de la imposibilidad de reflejar en la contabilidad un gasto aún no legalizado, aunque ya sabemos que hecha la ley, hecha la trampa. En el caso del FC Barcelona hablamos de los primeros años del campo de Les Corts, que fue de tierra hasta (casualmente) el mismo 1926. De este modo, cada vez que se jugaba un partido bajo la lluvia se usaba serrín para tapar los charcos formados. Si se necesitaban un par de sacos de este material, se contabilizaba el importe de diez, doce o los que hicieran falta, y así se justificaba el agujero que había dejado en caja la secreta ayuda a los jugadores. ¿Que eso no bastaba? Pues recurrían a otros gastos inexistentes. Picaresca latina, vaya. Hubieran podido bautizarlo como «amateurismo de serrín». O beis, que es su color característico.

77. PROFESIONALIZADOS

Conste también que, a principios de los años veinte, los jugadores del Barça ya cobraban doscientas pesetas mensuales en concepto de gastos de tranvías y compensación por jornales perdidos a causa de entrenamientos o partidos. Acertados eufemismos, si pensamos un poco. Antes, y durante bastante tiempo, cuando el amateurismo prohibía el mínimo afán de lucro entre los jugadores, en el club imperaba una norma no escrita. Consistía en celebrar un partido de homenaje a cualquier jugador que sumara seis temporadas en el equipo, aunque no podía recibir ningún beneficio económico. A partir de aquel 1926, la pauta cambiaría reduciendo la estancia a cinco campañas y asegurando en diez mil pesetas el beneficio que se llevaba el homenajeado por el lance disputado en su honor. Y que conste que diez mil pesetas de aquellos tiempos resultaban un buen pico...

78. EL SOL DE BAIX

Como ya comentábamos en *Barça insólito,* los terrenos del Sol de Baix, ubicados cerca del campo de Les Corts, se convirtieron en la zona deportiva del club entre 1926 y 1932. Mucho más tarde, en junio de 1958, el periodista Alberto Durán, que había jugado durante su infancia en las categorías inferiores, se dejó llevar por la nostalgia en las páginas de la revista *Barça.* Durán recordaba que, en el Sol de Baix, los infantiles del Barça jugaban en cuatro campos de manera simultánea y que aquellos chavales madrugadores estaban habituados a rutinas de entrenamiento rematadas de modo muy agradable: «Ejercicios gimnásticos, *driblings* a unas sillas, unas carreras atléticas y de vez en cuando una valla para el salto, y al final, partido. El córner y el remate a puerta eran los ensayos más practicados. Recuerdo que los entrenadores eran los señores Forns, Torres Ullastres y Castells. A las ocho a la ducha de agua caliente y también fría a golpe de manguera. A la salida del entrenamiento, a las ocho y media de la mañana, venía la sorpresa: cuando estábamos dispuestos a salir a la calle se nos daba un *llonguet* (panecillo) con una tortilla recién hecha y veinte céntimos para que fuéramos al colegio o al trabajo (algunos ya trabajaban) en tranvía, un tranvía de vía estrecha a quince céntimos el billete (sobraban cinco céntimos) que empezaba su trayecto a la misma puerta del Sol de Baix y terminaba en la plaza de la Universidad». Otros tiempos, sí, señor. Tortilla en mollete. Como una magdalena de Proust versión fútbol.

79. SUDAR LA CAMISETA

En la misma recreación de los viejos tiempos, Durán recordaba cómo sudaban la gota gorda en el Sol de Baix deportistas de las más variadas disciplinas: «En aquellos tiempos se vivía el deporte con una intensidad insospechada. Mientras los infantiles del fútbol se entrenaban, un grupo de atletas hacía sus ensayos junto a la "casa pairal" del recinto (había un francés llamado Laffite que creo se pasaba el día allí) y un hombre en solitario daba vueltas, horas y horas, en torno a unas magníficas vallas protectoras del campo de hockey sobre hierba haciendo marcha (era el voluntarioso Gerardo García); en el campo de rugby, único de hierba que había en el gran recinto, se organizaba cada *melée* que era un primor. En fin, que el FC Barcelona tenía a su disposición a verdaderos entusiastas del deporte que lo prestigiaban, quizá más por voluntad que por clase. Futbolistas, atletas, *ruggers* (jugadores de rugby), *basketbolistas, hockeymen*, etcétera, se reunían allí».

80. MADRUGADORES POR LA CAUSA

Cabe decir que Durán acertaba en su recuerdo personal. Era precisamente en 1930 cuando el Barça inició oficialmente la tarea de buscar nuevos valores del fútbol entre los escolares catalanes. Quien deseaba una prueba para aspirar a ser captado por el club podía inscribirse en unas oficinas de vía Laietana; solo se pedía que el joven no hubiera cumplido aún los dieciséis años.

Tras diversas cribas, el llamamiento sirvió para crear seis equipos de fútbol base, de infantiles y aficionados, que entrenaban dos veces por semana en los terrenos del Sol de Baix. El único pero era que los pobres chicos tenían que madrugar, ya que tres autobuses esperaban a las 5.45 de la mañana en el paseo de Gràcia, esquina plaza Catalunya, ante la Casa Comas, desde donde se desplazaban al campo para entrenarse un par de horas. Todo sea por el fútbol. No sabemos si, de aquella remesa, surgió alguna celebridad azulgrana.

81. PELOTA VASCA

Otro dato hoy desconocido: conste que el Barça intentó crear una sección de pelota vasca. Fijémonos en la decisión de junta tomada el 7 de agosto de 1929: «Dirigir un llamamiento a los socios para constituir una sección de pelota vasca para saber si puede tener vida propia». Tal cual se hizo en el boletín del club de septiembre, con un artículo que arrancaba así: «De un importante núcleo de socios entusiastas de nuestro club ha nacido la idea de crear, junto a las secciones deportivas en funcionamiento, una especialmente destinada al fomento de la pelota vasca», un deporte que era descrito como «fuerte, bello, sano y espectacular». Los autores añadimos que la pelota vasca gozaba de gran popularidad en la capital catalana, con frontones llenos cada vez que se celebraban partidos. Casualmente, entonces el Barça contaba en sus filas con dos campeones de pelota vasca como Ramon Campabadal y Severiano Goiburu, dos futbolistas que dominaban también esta disciplina.

El llamamiento se dirigía a los socios interesados en realizar aportaciones para que la nueva sección pudiera tener vida económica propia, ya que no querían gastar dinero en una sección que se preveía deficitaria. Al final, la respuesta popular fue insatisfactoria y nunca más se removió la cuestión.

82. PUROS PARA SASTRE

El delantero azulgrana Josep Sastre, del que volveremos a hablar, vivió su particular jornada de gloria el 24 de noviembre de 1929. Aquel día, el Barça se proclamó campeón de Cataluña al vencer en Les Corts al Espanyol por 3-2, gracias en buena parte a los dos goles de Sastre conseguidos en la primera mitad. Al descanso, con 3-1 en el marcador, un eufórico aficionado culé bajó a los vestuarios locales y le regaló a Sastre un fajo de puros atados con una cinta azulgrana. Aunque no era fumador, se sabe que el detalle emocionó al delantero.

83. PAN BARATO

Anécdota breve aunque reveladora de la situación social en los oscuros años treinta, cuando el mundo vivía bajo una descomunal crisis económica, consecuencia directa del crac de la bolsa de 1929. Los futbolistas también padecían este estado de calamidad general, y así, Josep Obiols, medio del Barça (1928-29), del Europa (1929-31) y del Júpiter (1931-32), recordaba que, en aquellos tiempos, los jugadores eran capaces de recorrerse media Barcelona hasta hallar una panadería que vendiera el pan más barato. Como cualquier ciudadano, sin privilegio alguno.

84. PIEL FINA

Diríamos que la plantilla del Barça de la campaña 1929-30 denotaba una piel muy fina. El 21 de marzo de 1930, los futbolistas se quejaron a la directiva de Tomàs Rosés, apuntando con el dedo a los empleados Gandásegui y Torres Ullastres, bajo la acusación de haber proferido contra ellos algunas «manifestaciones injuriosas» durante un partido. Días más tarde, el 15 de abril, la junta, sin mojarse, recomendó a los trabajadores denunciados «que guarden la debida compostura en todos los casos, sobreponiéndose a los naturales apasionamientos, si es que alguna vez han dejado de comportarse con arreglo al buen concepto que por su cultura merecen». O sea, que un trabajador en nómina tenía prohibido comportarse como un fanático.

85. LIMPIEZA NADA INOCENTE

El 28 de diciembre de 1932, Josep Samitier fue despedido del club. Por desgracia, no se trataba de ninguna inocentada al mito del barcelonismo. La decisión formaba parte de una auténtica operación limpieza ya que, al margen de Sami, la directiva también declaró «en libertad» a otros jugadores como Vicenç Piera, Enric Mas, Victorio Cruz, Samuel Escrits, Fausto dos Santos, Albert Porrera, Fernando Diego, Miquel Gual y Manuel Vidal de Cárcer. La razón, según manifestó en primera instancia de modo ambiguo el presidente Joan Coma, consistía en «corregir la marcha deportiva del equipo».

Para muchos barcelonistas, en contraste, tan drástica decisión obedecía a motivos puramente disciplinarios, tal como se desprendía de las siguientes declaraciones efectuadas por el propio Coma para justificar el terremoto: «Los propios socios deberían denunciar a los jugadores que vean los viernes o sábados pasadas las doce de la noche». Y aún quedaba otra explicación, más sencilla: antes del despido masivo, la plantilla sufría una inflación disparada, pues contaba con treinta y nueve miembros, una barbaridad. Fue cuando Piera, otro mito de los años veinte, dijo aquello de que al dejar el Barça se sentía como si lo hubiera abandonado su mujer.

86. APLAUDIR DE ESPALDAS

Tan radical decisión generó una gran polémica sobre la auténtica edad de Samitier. La directiva alegaba que era viejo, a sus treinta y cuatro años, sin importar que el interesado, que algo debía saber al respecto, replicara que apenas había cumplido los treinta. Para demostrar que no estaba acabado, Samitier aceptó la oferta de su amigo Santiago Bernabéu, entonces directivo blanco, y fichó por el Real Madrid, un contrato que firmó el 7 de enero de 1933. Como el destino es caprichoso, el 1 de enero, el equipo merengue se había enfrentado al Barça en Les Corts en partido de Liga. Aquel día, un anónimo futbolista visitante se quedó de piedra al comprobar que, en apariencia, las jugadas de su equipo eran aclamadas por el público barcelonista. Luego confesaría que «no creo que sea pitorreo», a pesar de que se repitiera la ovación mientras se retiraban en el descanso. Tan agradecido como sorprendido, levantó la cabeza para corresponder al afecto y se dio cuenta de que los espectadores aplaudían vueltos de espaldas. La cara que debía poner el hombre para provocar que un seguidor le sacara de dudas: «Aplauden a la directiva, que está en el palco, por lo del despido de Piera y Samitier. Ya la aplaudieron también al comenzar el partido. Mire, cosas del fútbol. ¿Qué le vamos a hacer?». Como bien sabemos, el fútbol se ha movido siempre por parámetros distintos a los de la lógica tradicional.

87. VAMOS MAL

En la temporada 1933-34 tocaba crisis deportiva grave. El equipo acabaría clasificado en noveno lugar de una Liga con diez participantes. Por suerte, nadie descendió en aquella campaña, ya que, de manera providencial, se había decidido ampliar el campeonato a doce clubes. El 11 de diciembre de 1933, cuando ya se intuía el desastre, el semanario *As* recogió las opiniones de tres antiguos azulgranas, Ángel Arocha, Josep Castillo y Pepe Samitier. Como si se hubieran puesto de acuerdo, el trío fue demoledor a la hora de juzgar a Paulino Alcántara, vieja gloria que entonces era directivo y entrenador *de facto* del equipo, por encima de Jack Domby, el técnico oficial. Para Arocha, Alcántara era «un amargado». El delantero canario opinaba que el goleador filipino «lo ha sido todo como jugador y no se resigna ahora a perder su popularidad. Como preparador, no tiene un sistema propio, y se limita a hacer con los demás lo que él vio que hicieron con él». Castillo tampoco se quedaba corto: «No todo el que sabe jugar al fútbol sabe dirigir un equipo. Alcántara se ha terminado; es inútil que él se empeñe en lo contrario». Por último, Samitier remataba al que había sido compañero en la delantera azulgrana: «De Alcántara no quiero ni hablar. Los que le han tratado... ya lo conocen bien». Vaya, menudo afecto le tenían...

88. CALLE GAMPER

Una efeméride histórica: la calle Joan Gamper de Barcelona fue inaugurada, por primera vez, el 24 de junio de 1934, mientras una banda de música tocaba *Els segadors*. El acto contó con la asistencia del presidente de la Generalitat, Lluís Companys; el presidente del Barça, Joan Coma; el cónsul de Suiza y diversas autoridades municipales. La celebración estuvo teñida de exaltación catalanista. Companys, llegado el momento de dirigir un breve parlamento a la numerosa concurrencia, resultó diáfano: «Este acto demuestra que los catalanes estimamos no a quienes vienen a sujetarnos, sino a los que vienen a honrarnos con su trabajo. No debemos descuidar la obra deportiva. Cataluña es un alma fuerte y con los músculos en tensión por lo que pueda venir».

Una preciosa placa de mármol conmemorativa del acto, con un escudo azulgrana y el nombre de Gamper, quedó fijada en la pared durante casi cinco años. Después, en 1939, la dictadura decidió que la calle adoptara de nuevo su denominación anterior, Crisantemos, y la placa desapareció. No sería hasta el 15 de junio de 1947 cuando volvería el nombre de Joan Gamper a la calle, aunque la placa entonces descubierta fuera ya vulgar, como cualquiera de las que todavía hoy pueden verse en las calles de Barcelona. Ni rastro de aquella gran placa de homenaje de 1934. Nadie sabe si fue destruida o si quizás aún descansa, completamente olvidada, en algún oscuro almacén.

89. RECLUSOS EQUIPADOS

El 15 de mayo de 1935, la directiva de Esteve Sala complació una petición de los reclusos catalanes de las prisiones de San Miguel de los Reyes y Ocaña, y les envió cuatro cajas de material deportivo. Esos regalos se repitieron al año siguiente, bajo la presidencia de Josep Suñol. Por desgracia, no sabemos si los presos llevaban los colores azulgranas, hecho que, a buen seguro, habría comportado más de una mofa y, también, seguramente, complicaciones.

90. CLASE DE GIMNASIA

Durante los meses de junio a septiembre de 1935, el FC Barcelona ofreció a los socios masculinos que lo desearan un cursillo gratuito de verano de gimnasia, todos los días laborables de 6 a 9 de la mañana, en los baños de La Deliciosa, en la playa de la Barceloneta. Pese a su nombre, aquellos baños eran para uso exclusivo de hombres. Bueno, nos ronda una pregunta capciosa por la cabeza: ¿acudía mucha tropa a la clase que empezaba a las seis de la mañana? En los papeles no queda constancia, lástima.

91. FCB - UGT - CNT

También conocéis estos hechos sobradamente. El 15 de agosto de 1936, con la guerra civil en curso y nueve días después del asesinato del presidente Suñol, un comando de la CNT-FAI se presentó en el campo de Les Corts para intentar la confiscación del FC Barcelona. No lo consiguió gracias a la rápida formación de un comité de empleados, en teoría vinculado a la UGT y al CADCI, que paró momentáneamente la pretensión anarquista. Solo por el momento.

En el local social del club, en el número 333 de la calle Consell de Cent, se colocó este cartel: «Estas oficinas, así como los campos de Les Corts y de entrenamiento del Fútbol Club Barcelona, han sido requisadas por la UGT, entidad a la que pertenecen sus empleados». Justo enfrente de la sede barcelonista, un miliciano se encargaba de la vigilancia de una tienda especializada en recambios para automóvil. Se hizo amigo del conserje azulgrana, nuestro viejo conocido Josep Cubells, a quien confesó que él era barcelonista de toda la vida y que no se preocupara, que si alguna vez pasaba algo, llegaría rápidamente para ayudarlo. Y sí, pasó algo. Otra vez, miembros de la CNT-FAI intentaron la confiscación del FC Barcelona, presentándose ahora en Consell de Cent, donde arrancaron el papel colocado por los empleados ugetistas para poner el suyo. Cubells, alarmado, llamó a su amigo, que apareció en el momento más oportuno. El miliciano culé, una vez comprobado lo que había sucedido, apuntó con su fusil ametrallador a los anarquistas y les dijo: «O arrancáis vuestro papelucho y ponéis el de antes, o seréis todos cadáveres». Los intrusos no tuvieron más remedio que largarse y el club continuó siendo aparentemente gobernado por aquel testimonial comité de empleados que, en realidad, dirigía el exdirectivo y futuro presidente Francesc Xavier Casals. En cualquier caso, los anarcosindicalistas ya no volvieron a molestar nunca más.

92. EXTRAÑO BILINGÜISMO

Con las tropas de Franco ocupando Cataluña, un decreto del 16 de febrero de 1939 prohibió el uso público del catalán. Sin embargo, el impreso oficial del Barça donde se escribieron los datos técnicos del patriótico partido de reapertura de Les Corts, disputado el 29 de junio, estaba escrito en la lengua vernácula de Cataluña. Para no mosquear a ningún inquisidor franquista, en el texto estamparon un sello donde se especificaba que el documento, aunque no estaba impreso en el idioma del imperio, se había habilitado para ser manuscrito en castellano, tal como Franco mandaba. La medida, que en principio debía ser provisional, se prolongó bastante en el tiempo. De hecho, hasta una fecha tan avanzada como junio de 1946 las fichas oficiales de los partidos del Barça se caracterizaron por este curioso bilingüismo (impresión en catalán y redacción en castellano), y desde junio de 1943 ni siquiera llevaban el sello exculpatorio. La laxitud de los funcionarios azulgranas ante ciertas leyes coercitivas resultaba evidente.

Curiosamente, en el Libro de Caja del Barça, que era manuscrito al completo, el contable, llevado por la inercia, escribió en catalán hasta el 28 de enero de 1939, dos días después de la ocupación fascista de Barcelona. Enterado de su error, el día 31 el FC Barcelona ya llevaba sus cuentas en castellano. Por desgracia, este no era, ni de lejos, el peor de los problemas que el club sufría entonces.

2

La posguerra y Kubala (1939-1961)

Aún hoy nos preguntamos cómo habría evolucionado este país sin el trago amargo de aquella terrible guerra civil, en qué nos hubiéramos convertido. En la inútil cavilación, tampoco conduce a nada práctico esbozar el deseo de habernos ahorrado aquella siniestra y prolongada posguerra, marcada por la miseria moral del franquismo y la nula generosidad del régimen dictatorial hacia los perdedores. El Barça, y Cataluña por extensión, no escapan a la digresión, aunque sepamos que los ancestros optaran por el último remedio: aferrarse a la esperanza representada en un par de luces situadas allá, al final de tan interminable túnel. Repasado el panorama con la perspectiva del tiempo, resulta evidente que el club, pese a la represión, se erigió en el último refugio de la identidad arrebatada, con un formidable aumento de asociados y asistentes al viejo campo de Les Corts, tácitamente entendido como templo consagrado a ejercer cierta resistencia, de un espíritu rebelado contra las penurias. También, once años después del último comunicado de guerra, la llegada del fenomenal *Laci* Kubala significaría un punto y aparte, una inyección de ánimo, de creer en la posibilidad de sentirse, pese a todo y por fin, nuevamente ganadores, aunque solo fuera por la simbólica vía del fútbol. Los tiempos que ahora relataremos resultan, evidentemente, duros, fieros, y así quedan reflejados en el alma de algunas de las anécdotas compiladas en este capítulo.

¿Imaginaban nuestros predecesores que las penurias vitales se eternizarían, rodeados de pobreza y privaciones? A buen seguro, no eran conscientes del valor y protagonismo del fútbol, interpretado como una vía de escape, la mejor manera de distraer el tributo constante que debían pagar ante la cruda y dura realidad. En aquellos años de eternos desplazamientos por la geografía española, los jugadores no habitaban mundos paralelos, mejores y de privilegio. Ellos, ciudadanos como el resto, también soñaban con cubrir las necesidades primarias de un pan blanco, de unos buenos embutidos de pueblo, émulos de aquel hambriento Carpanta, creación del dibujante José Escobar, erigido en símbolo de un tiempo de absoluta escasez. Repasaremos héroes olvidados, como aquel Balmanya del que nadie recuerda cómo salvó al equipo del descenso. O las consecuencias, casi infinitas, de la inmensa sacudida que conocemos como el «caso Di Stéfano», con el frustrado fichaje de Ernst Ocwirk, figura austríaca hoy desconocida. En el repaso de trazo grueso por el costumbrismo de aquella era, nos detendremos en figuras como Manuel del Arco, el periodista convertido en celebridad, o, de nuevo, en la descomunal figura de Kubala, de quien ampliamos, aún más, la devoción que todavía hoy sentimos hacia él, por todo lo que significó y representó. En tiempos sin fiscalización televisiva, ni tampoco de los medios de comunicación, nos abruma el recuerdo de los marcajes que sufrió el mito húngaro. Defensas que gozaban de absoluta impunidad cuando el líder de aquel equipo no jugaba en Les Corts, su refugio personal, estadio que parecía empequeñecer conforme avanzaba y crecía de modo exponencial la pasión por el equipo. ¡Cuán incómoda era aquella catedral de la fe barcelonista!

Quizá por esa estrechez, la década final de nuestro repaso en las próximas páginas se presenta marcada por el anhelo colectivo de estrenar una casa en condiciones, un Camp Nou acorde a la dimensión ganada por la entidad. Toparemos así con los abusos de poder, las triquiñuelas, la picaresca del presidente Miró-Sans a la hora de esconder la realidad al barcelonismo. La economía del club no podía permitirse la construcción de aquel monumento sin fiscalizar, de presupuesto disparado hasta extremos increíbles que pondría en un brete la continuidad y la mismísima existencia del que aún era y quería ser, casi a escondidas y como símbolo, el representante deportivo de los catalanes. Un repaso de dos largas décadas que es, al mismo tiempo, monumento a la resistencia, a la tozuda perseverancia, entre un panorama tan limitado que no se prestaba, ni de lejos, a soñar. Tal vez la pelota significaba la mejor manera de escapar durante noventa minutos a todo cuanto ahogaba a los coetáneos, de sentirse vencedor cuando todo negaba tal aspiración.

93. CAMP DE LA BOTA

Siempre resulta saludable situar al Barça en el contexto sociopolítico que le ha tocado vivir. Guste o no la contemplación de cada realidad puntual. Por lo tanto, repasamos ahora un momento triste, rodeado de un marco especialmente brutal y sangriento, el de la posguerra española acabada de estrenar, ya bajo la dictadura franquista.

El cocinero Jaume Marcet Folguer (militante de la UGT de 49 años), el comerciante Valentí Galcerán Simón (de militancia política desconocida, 46 años), el tornero Josep Benages Carella (PSUC, 38 años), el matarife Josep Cortada Ros (militancia desconocida, 47 años), el ferroviario Ramon Pascual Camarasa (UGT-PSUC, 48), el campesino Miquel Oliveras Vives (militancia desconocida, 51 años), el peón camionero Domènec Gardenyes Artigas (CNT-FAI, 40), el ferroviario Domènec Jorba Griñó (PSUC, 51 años), el campesino Josep Millan Llop (militancia desconocida, 35 años) y el ferroviario Joan Casadesús Duran (UGT, 44 años) no llegaron a enterarse jamás de que el 22 de abril de 1939, a partir de las 19.30 horas, se celebró la primera reunión de la comisión gestora que iba a regir los destinos del FC Barcelona tras la guerra civil. Y no lo supieron porque esa misma madrugada habían sido fusilados en el Camp de la Bota por «rojos». Desconocemos si alguno de ellos era socio o aficionado del Barça, pero en cualquier caso no pudieron proclamar, como en aquella reunión, «fervientes votos por el brillante y próspero resurgimiento del FC Barcelona para mayor gloria y prestigio del fútbol español».

Los recordamos como víctimas de un día señalado para la nueva época del FC Barcelona. Tiempos en que, por imperativo de los mandatarios, nuestros ancestros tenían que escapar de aquel mundo sórdido con la única salida a mano, la de la salida que representaban el fútbol, los toros, el cine o los seriales radiofónicos. Yendo por la vida como perdedores democráticos, la cabeza gacha y procurando no morirse de hambre. El país vivía en las antípodas de este brillante y próspero resurgimiento del que tanto se jactaban unos ganadores carentes de toda compasión.

94. YA LO PAGO YO

El olvidado portero azulgrana Lluís Miró (1913-1991) había defendido la portería del Murcia durante la temporada 1935-36, pero al terminar la guerra civil se hallaba residiendo en Barcelona. Entonces, Ramon Llorens, antiguo portero barcelonista y miembro de su cuerpo técnico, le convenció para ingresar en el Barça valiéndose de su amistad. Todo parecía a punto, pero, de repente, el Murcia se descolgó con la reclamación de tres mil quinientas pesetas para darle la baja y dejarlo jugar en Les Corts. Una respetable cantidad para aquel tieso Barça de posguerra, que debía vigilar cada real gastado. Como los murcianos no aflojaban y los catalanes no podían, Miró optó por la tercera vía: pagó de su bolsillo tras unas cuantas sumas. Ya que el Barça le ofrecía un sueldo de quinientas pesetas al mes, Miró dedicó los siete primeros meses de estancia a amortizar su baja. A partir de entonces, pudo contar el sueldo como beneficio económico estrictamente personal.

95. TAXI COMPARTIDO

En la tarde del domingo 6 de octubre de 1940, Miró vivió una situación peculiar. Se acercaba el inicio del Barça-Valencia de Liga y, vete a saber la razón, nuestro hombre se hallaba muy lejos de Les Corts. Encima, ni un taxi a la vista y nervios en aumento. De repente, vio uno libre. Aliviado, lo llamó, pero otro ciudadano más hábil (como es costumbre) se le adelantó. Pam, en un santiamén, el hombre ya había subido. La discusión entre el pillo y Miró llevaba camino de degenerar en pelea cuando el otro cayó en la cuenta: «¿Tú no eres el portero del Barça?». El aludido respondió a la evidencia con otra: «Pues sí, y por eso necesito el taxi, porque llego tarde». El interlocutor resolvió rápido: «¡La Virgen! Sube rápido, no te entretengas, que no llegamos. Yo también voy a Les Corts». Al final, el aficionado pagó el taxi y todo acabó bien, con Miró en la portería, a pesar de la bronca del entrenador Josep Planas, y victoria del Barça por 4-3 ante el Valencia.

96. BRAZO EN PAZ

Nos gusta, lo confesamos, revolver viejas fotos para ilustrar nuestros libros. Resultan testimonios formidables. Una de las incluidas en este *Barça olvidado* corresponde a los prolegómenos del amistoso disputado en el campo de la Hípica entre el Atlético Tetuán y el Barça. Era el 17 de junio de 1941 y se puede ver a los dos equipos situados ante la tribuna de aquel pequeño estadio, donde se sentaban jerarcas, militares y funcionarios de aquel antiguo protectorado español en Marruecos. Como era preceptivo en aquellos días de posguerra, los futbolistas quedan inmortalizados con el brazo en alto, realizando el obligado saludo a la romana típico del *fascio*. ¿Todos? Pues resulta que no, fijaos. En el extremo izquierdo de la foto, lejos pero inconfundible, podemos ver a Pepe Nogués, el portero aragonés del Barça, en una pose peculiar y el brazo completamente horizontal, como si permaneciera ajeno a la puesta en escena. Su cabeza parece gacha, dirigida al suelo, claramente compungido. Nogués no parecía comulgar en demasía con los ideales de los vencedores. La resistencia, de todos modos, representaba una clara manera de complicarse la existencia. Extraña que, cuando menos, no tuviera que dar explicaciones por haber huido de la rutina. Este es el valor de la instantánea, si la situamos en el asfixiante contexto de la época.

97. SUBSIDIO

Situémonos en la oscuridad de 1941, cuando cada apertura de Les Corts en partido oficial incluía forzosamente una partida hoy delirante y entonces asumida sin rechistar, como casi todo. Consistía en el pago obligado del veinticinco por ciento de la recaudación por venta de entradas al equipo visitante. No conocemos el porqué de tal deferencia, ni quién la había impuesto. Al mismo tiempo, el régimen exigía el tributo de 11 955 pesetas en cada lance de competición, bajo el epígrafe «Subsidio al combatiente nacional» en favor de aquellos que habían luchado en la guerra civil junto con los militares sublevados.

98. CERRAR LOS OJOS

5 de abril de 1942, última jornada de la Liga 41-42. En Les Corts, el Barça se enfrentaba al Castellón en circunstancias extremas: tenía que vencer forzosamente si quería evitar el descenso automático a Segunda División, aunque la promoción era ya inevitable. Minuto 53, todavía empate a cero en el marcador y un ambiente de ataque al corazón generalizado. Por suerte, como los héroes de tebeo, el gerundense Domènec Balmanya, medio de buen físico, decidió que tocaba coger el toro por los cuernos. Él mismo lo explicaría años después, como quien recuerda una proeza, orgulloso de ser el protagonista: «Agarré el balón, y a mi lado, mientras avanzaba, iban cayendo tipos».

Tal cual. Según relataban las crónicas, el popular Mingo se deshizo sin contemplaciones de tres contrarios antes de pasar el esférico a Mariano Martín. El delantero centro, con un toque, asistió a Bravo para estrenar finalmente el marcador. Balmanya lo rememoraba con lenguaje más bélico: «Eran aquellos días en que, como decía yo, me liaba el pañuelo a la cabeza y embestía gente, uno tras otro». Además, literal, porque Domènec era de los que aún lucía tela en la frente para evitar heridas con el zurcido del balón. Sin embargo, como casi siempre, la épica tiene truco en el relato. Por lo visto, el árbitro de tan tensa situación, señor Crespo, fue incapaz de ver nada ilegal en las cargas a la brava de Balmanya: «Pobrecito, cerró los ojos. En Les Corts no cabía ni un alfiler...». No es preciso añadir nada, nos imaginamos el ambiente. Al final, 3-1 para los locales y puertas abiertas para salvar la categoría en aquel partido único de promoción contra el Murcia jugado en Madrid, prueba superada de sobra por 5-1. Bien está lo que bien acaba.

99. FIESTA EN EL CASABLANCA

Una semana antes de superar el partido de promoción, aquel Barça se había encargado, contra todo pronóstico, de ganar la Copa de 1942 derrotando al Athletic Club por 4-3. Tras el largo sufrimiento acumulado en una campaña digna de montaña rusa, y a la espera del decisivo *match* contra el Murcia, la alegría se desató entre la expedición azulgrana. Y así, en la noche de aquel 21 de junio, acabada la cena de celebración, todos juntos (jugadores, directivos, técnicos y un selecto grupo de seguidores) decidieron que rematarían la fiesta en el Casablanca, la típica sala de fiestas que entonces estaba muy de moda, como dirían los contemporáneos. Casualmente, aquel día, en el local actuaba una orquesta catalana. Sin recordar que estaban en la capital del Estado, los eufóricos futbolistas pidieron a los músicos que tocaran alguna sardana. Imaginad la situación y la escena: Raich, Escolà, Balmanya y compañía, entusiasmados con el corro. Una sala de fiestas madrileña de 1942 con unos eufóricos catalanes bailando su danza tradicional, tan mal vista por los ganadores de la guerra. Increíble, pero así fue.

100. EXPOSICIÓN RESUMEN

Una vez terminada aquella campaña, el club organizó en su sede social del pasaje Méndez Vigo la llamada «Exposición-resumen de datos administrativos y deportivos 1941-42», que quedó a disposición del socio durante cierto tiempo. La muestra consistía en veinte plafones informativos dedicados a los diversos aspectos y actividades del club durante el ejercicio concluido. ¿Por qué, en vez de montar una exposición, la junta no distribuyó sencillamente una memoria general entre los socios? La respuesta, en el primer plafón: «En la imposibilidad material de publicar un boletín o editar folletos, hemos creído oportuno instalar esta exposición gráfica». Pues aún peor, menos se entiende. ¿No había bastante papel en aquellos días? ¿O no querían que se lo pudieran estudiar en casa para hallar pegas?

101. SECCIONES DEL 42

De todos modos, los paneles contenían información interesante. Por ejemplo, que las secciones del club en aquella temporada, enumeradas en el plafón por estricto orden de importancia, eran el atletismo, el rugby, el baloncesto, el hockey tierra, el hockey patines, la natación y el ciclismo. Las dos últimas quedarían disueltas al año siguiente: la natación tras una vida muy efímera (se había fundado en 1941), y el ciclismo tras ser creada en 1925. Por lo que respecta al resto de las secciones de 1942, no es necesario comentar que el paso del tiempo se encargaría de alterar este *ranking* de importancia.

102. PIEDAD CRISTIANA

Otro dato curioso explicado en la muestra del chalé de Méndez Vigo. En el curso de aquella temporada 1941-42, el Barça envió invitaciones a los niños asilados de San Juan de Dios, Casa Provincial de Caridad, Orfanato Ribas y Junta Provincial de Menores en todos los partidos no oficiales jugados en el estadio de Les Corts. Una especie de piadosa caridad cristiana en tiempos de Inquisición...

103. VIANDAS RIBAS

El defensa Francesc Ribas ingresó en el Barça poco después de terminar la guerra, en enero de 1940. Ya no es preciso insistir en los pormenores de aquella triste época. Solo recordaremos que se sufría una terrible hambruna y que los futbolistas, en apariencia una clase privilegiada, no quedaban exentos de sus estragos. Cuando iba a su pueblo, Les Masies de Roda (Barcelona), Ribas solía traer de regreso a Barcelona un montón de viandas de su tierra, generalmente pan blanco y embutidos en cantidades industriales. Solo entrar en el vestuario, sus compañeros irradiaban felicidad, conscientes de que el generoso Ribas compartiría con ellos el sabroso contenido de la pesada bolsa que cargaba. El entrenador Josep Planas, que también se sumaba al banquete, una vez reconfortado por los alimentos, le solía decir al defensa barcelonés: «Chico, el domingo jugarás. ¡Ni lo dudes!».

104. PARADA FAMILIAR

Seguimos con más ejemplos de hambre futbolístico, tomado el concepto en su estricta literalidad. El gran César Rodríguez recordaba que, en cierta ocasión, durante la década de los cuarenta, mientras el Barça se desplazaba para jugar un partido en Galicia, el tren se detuvo un rato en su León natal. Y allí, en el andén, estaba su familia al completo esperando la llegada del convoy para obsequiar a la expedición azulgrana con un montón de viandas. Desde chorizos a longanizas, pasando por quesos, membrillos, pan de hogaza y otras delicias de las que hoy designaríamos con denominación de origen leonesa. Otra vez en marcha, todos los futbolistas despacharon los manjares en un improvisado banquete de cariz pantagruélico. Lo volvemos a decir: aunque fueran jugadores de todo un Barça, también pasaban penurias en aquellos tiempos protagonizados por las cartillas de racionamiento, cuando el hambre estaba siempre presente entre tantas miserias y privaciones. En *Barça insólito* ya desvelamos la decisión tomada por la directiva en diciembre de 1940, cuando se optó por obsequiar a los futbolistas con dos comidas a la semana. Para remachar el clavo, Vicente Martínez Alama, defensa azulgrana de la temporada 1941-42, recordaba que en aquella época «el Barça nos invitaba a los jugadores a cenar a escondidas al Mercado del Ninot para que no perdiésemos la forma física».

105. EL GRAN BANQUETE

Todavía más sobre aquellas penurias alimentarias de los cracs del fútbol de la posguerra. Recordemos a Mariano Martín, aquel formidable goleador de Palencia que fue capital en el Barça de posguerra hasta que en el año 1944 una grave lesión en la rodilla cortó su trayectoria radicalmente. El febrero de 1990, el propio Martín confesaba a la prensa que ellos también pasaban hambre, como cualquier ciudadano: «En aquellos tiempos de penuria, el club nos invitaba a comer una vez por semana en el restaurante El Porvenir para que, por un día, estuviéramos mejor alimentados.

El menú consistía siempre en unas butifarras con alubias, y no tengo ni que decir que esperábamos la cita semanal con verdadera impaciencia».

106. VIAJES DE NUNCA ACABAR

Saltando de la mesa a los viajes, también Mariano Martín explicaba las complicaciones que implicaba en aquellos tiempos cualquier desplazamiento con el equipo: «A Madrid íbamos en autocar, y mientras entrábamos en el viejo Chamartín los aficionados merengues nos tiraban arena. A la vuelta, nos quedábamos a dormir en el camino, en Alhama de Aragón, para proseguir al día siguiente». Y hablamos de Madrid, la capital y centro de cualquier comunicación. Los viajes dignos de odisea griega se pueden ilustrar con un ejemplo muy concreto: el domingo 10 de mayo de 1942, Miró, Zabala, Benito, Raich, Rosalén, Franco, Sospedra, Escolà, Martín, Balmanya y Valle jugaron un partido de Copa ante el Sevilla en Nervión. Pues bien, la expedición barcelonista no regresó a casa hasta el miércoles por la mañana con el expreso de Madrid. Agotados por el viaje, los jugadores se dirigieron directamente a sus domicilios para ducharse y descansar, y no volvieron a los entrenamientos hasta el jueves. Y así, constantemente.

107. LA CASA EN EL TREN

Insistimos en lo que representó, durante tantos años, el desplazamiento del equipo a lugares tan distantes en la geografía de la piel de toro como La Coruña, Vigo, Oviedo, Gijón o Sevilla. Recordamos a las nuevas generaciones, acostumbradas al *low cost* y a las facilidades cuando desean ver mundo, que en las décadas de los cuarenta y cincuenta la inmensa mayoría del transporte era estrictamente ferroviario.

Justo Tejada, aquel gran extremo del Barça de los años 1953-1961, lo recordaba así: «Para nosotros, eso de ahora de salir el domingo, jugar el partido y volver el mismo domingo a casa en cuestión de horas era absolutamente impensable. Por ejemplo, si íbamos a Galicia, salíamos el jueves a las nueve de la noche. Llegábamos el viernes por la mañana a Madrid y a las cinco cogíamos el tren que iba a La Coruña o Vigo..., y llegábamos el sábado. En aquella época, la federación te obligaba a estar veinticuatro horas antes en el escenario del partido. De regreso, salíamos el lunes por la tarde y llegábamos el martes. Después, cuando ya utilizábamos el avión, podíamos salir el viernes y regresar el lunes». Media vida con la Renfe, vamos. Y pasabas más tiempo con tus compañeros que con tu familia, eso seguro.

108. EN EL QUINTO PINO

Durante aquella época, el gran temor de los futbolistas del Barça se llamaba Balaídos. Y no por el potencial futbolístico del Celta. Sí, lo que les espantaba eran las treinta y siete horas de viaje en tren entre la capital catalana y la ciudad gallega. Con otras tantas de regreso, claro. Cierto que la alternativa consistía en tomar el avión, pero entonces el único aeropuerto cercano era el de Santiago de Compostela, que no tenía pista de cemento sino de tierra y cerraba a menudo a causa de las inclemencias meteorológicas.

109. AY, ÁRBITROS...

El 14 de octubre de 1945, el colegiado valenciano Tamarit Folguera consumó una fechoría contra el Barça de las que deberían salir en el manual del perfecto abuso arbitral. Se disputaba un partido de Liga en el Metropolitano entre el Atlético Aviación y el equipo azulgrana bajo un ambiente de extrema hostilidad hacia los visitantes. En el minuto veinte, el delantero colchonero Óscar le pegó una sarta de patadas a Velasco cuando el portero barcelonista estaba en el suelo con el balón entre las manos. Rápidamente, Curta empujó a Óscar para impedirle que continuara agrediendo a su compañero. Entonces, Tamarit Folguera expulsó a Curta, dejando sin sanción al agresor de Velasco. Total, que el Barça acabó perdiendo por 2-0, con el público despidiendo al árbitro entre ovaciones. Dos días después, el FC Barcelona, entonces presidido por el muy acomodaticio coronel Josep Vendrell, se limitó a enviar un aséptico informe a la Federación Española en el que se indicaba que el arbitraje de Tamarit Folguera «no bastó para reprimir el juego violento, dejándose, además, influir por el público y cometiendo, por último, deficiencias en el orden técnico». Y basta, mejor no ir más allá, pensarían los dirigentes del Barça, escarmentados por la experiencia de 1943, cuando, tras sufrir la ignominia del 11-1 de Chamartín, el club fue sancionado con veinticinco mil pesetas por los incidentes de los que había sido víctima.

110. LOS LISTOS

Ay, la picaresca, tan bien situada en lo esencial de nuestro ADN... Perdonad el suspiro y la filosofada, ahora lo entenderéis, cuando leáis las próximas líneas. A mediados de la década de los cuarenta, cuando el aforo de Les Corts era de unos cuarenta y cuatro mil espectadores, la directiva debía estar tan harta que decidió actuar. Se puso manos a la obra para cuantificar, de manera empírica, el número de personas que entraban gratis al recinto mediante la exhibición de pases de favor, invitaciones, placas de policía y la larga retahíla de recursos que permitiesen ver fútbol por la cara, como siempre se ha dicho. A tal fin, los mandamases del momento instalaron unos torniquetes en la puerta de acceso de pases e invitaciones. Realizada la prueba, la consecuencia en forma de disgusto. Cuando todo quisque acabó de pasar por el invento, descubrieron estupefactos que los privilegiados ascendían hasta las cuatro mil personas. O sea, cerca del diez por ciento del aforo no pagaba. Sí, una absoluta exageración. Por suerte, los «legales» ignoraban la existencia de tanto espabilado. De haberlo sabido, habrían montado una sublevación que ríete de la Bastilla. Cómo somos. O cómo se pasa el personal...

111. UN SOPLO DE AIRE

En otras ocasiones ya hemos escrito sobre el soplo de aire fresco que, dentro de las obvias limitaciones que la dictadura franquista imponía, supuso la llegada de Agustí Montal Galobart a la presidencia del Barça, el 20 de septiembre de 1946. Montal alcanzó el cargo gracias a los votos de los directivos barcelonistas y no directamente desde la Delegación Nacional de Deportes, como se había marcado desde el fin de la guerra. En abril de 1948, ante la perspectiva de la primera asamblea de socios bajo la directiva, que debía celebrarse el 28 de julio, la candidatura oficialista pro-Montal publicó un escrito donde dejaba patente el talante moderno y liberal de los hombres que entonces regían el Barça y eran capaces de realizar acciones como estas: «Se han efectuado unas preliminares reuniones de socios entusiastas pertenecientes a todos los sectores del club, consultando previamente las opiniones de los más antiguos, cuyo cariño al club ha sido palpablemente demostrado, confeccionándose unas candidaturas de compromisarios que representan unidad, garantía y seguridad de que se llevará a cabo la labor emprendida, consolidando la lograda y preparando la futura, incluida asimismo la elaboración de unos nuevos estatutos en consonancia con los derechos de los socios a regir sus propios destinos, sujetando a las juntas directivas con nuevas normas, por las cuales nunca se puedan vender, hipotecar o poner en peligro los bienes adquiridos a costa de tanto sacrificio». Resulta obligado pensar en Montal Galobart como la excepción a la norma dictada por una época totalitaria. Bendita excepción.

112. EN PLENA MADRUGADA

Aquella candidatura oficialista contaba con el apoyo casi unánime de la masa social barcelonista, satisfecha como estaba con la buena gestión de Montal Galobart. La elección del presidente del Barça se realizaría a través de elecciones en las que podían votar todos los compromisarios, con la excepción de las mujeres socias. A la postre, obviamente, algo insólito en el año 48, en plena dictadura. Montal sería elegido por aclamación de los doscientos compromisarios que representaban a los 14 687 socios masculinos que gozaban de derecho a voto. La reelección del presidente fue el último punto del día de una asamblea que comenzó a las 22.30 horas del 28 de julio y terminó a las 3.15 de la madrugada siguiente. La aclamación se debía producir entre bostezos, suponemos. A quien se le ocurre, a aquellas horas...

113. PALCOS DE LUJO

En los años 40, detrás del gol sur (o «gol de abajo», como se llamaba popularmente a esa zona de Les Corts), existía un inmueble que gozaba de un extraordinario privilegio: desde sus tres últimos pisos se veía perfectamente el rectángulo de juego. Digamos que el propietario hizo valer tal atractivo con los inquilinos, ya que, con la excusa del fútbol gratuito, les cobraba un alquiler astronómico, más propio de las señoriales mansiones del paseo de Gràcia. A los residentes, ese trato ya les iba bien. Al margen de ver al Barça sin pasar por taquilla, también aceptaban «invitados» en sus balcones a cambio de cinco pesetas por barba. Por desgracia, tan próspero negocio entre ambas partes se fue al traste con la ampliación del gol de abajo en enero de 1949, que dejó sin visibilidad a los balcones más altos. En *Vida Deportiva* tiraron de ironía con el tema: «El propietario, desesperado, se debate en un dilema: levantar tres pisos más, iniciando con el Barcelona algo así como la carrera del cemento, o bajar los alquileres».

Curiosamente, mientras el crecimiento de la grada del gol sur tapaba la visibilidad del edificio de delante, se erigió una casa en la otra punta, tras el gol norte, gracias a la perspicacia de alguna inmobiliaria. Como resulta natural, también en este caso los balcones se llenaron rápido de espectadores exentos de pagar entrada. Con un inconveniente: estos veían el marcador por detrás.

114. LES CORTS, A REBOSAR

La situación de Les Corts en las postrimerías de los años 40 era de absoluta precariedad. Aquel estadio había sido construido en 1922, con capacidad para apenas veintidós mil espectadores. Años después, las ampliaciones sucesivas en la posguerra doblaron su aforo hasta dejarlo en unas cuarenta y cuatro mil almas en 1945, cuando la nueva y espectacular tribuna de Eduardo Torroja fue inaugurada. Un fenómeno comprensible, ya que el *boom* del fútbol sustituía el interés proscrito por la política y evadía de miserias y represiones. Entonces parecía que las costuras de Les Corts ya no podían dar más de sí, pero en enero del 49 se ultimó la ya mencionada nueva extensión en el gol sur, que comportó cuatro mil localidades extra. El Barça había ganado la Liga 47-48 y la afición desbordaba las gradas del vetusto estadio, que se había quedado pequeño, apedazado y cada vez más inseguro. Y atentos, solo tres meses después la junta aún soñaba en seguir ampliando el gol sur. Pero con un aforo de cuarenta y ocho mil espectadores ya se había llegado al límite, y Les Corts resultaba insuficiente para acoger la enorme masa social que lo llenaba incluso en los amistosos.

115. ¡NO CABEMOS!

De hecho, ya desde 1948 se alzaban voces que indicaban la conveniencia de construir un Camp Nou, a pesar de que, en septiembre de aquel mismo año, el presidente Agustí Montal aún aspiraba a realizar una última y fantástica ampliación que elevara la capacidad hasta los sesenta mil espectadores: «Es indispensable ampliar la lateral y el gol norte. Actualmente estamos pendientes del acuerdo del Ayuntamiento que nos cede una faja de terreno en la calle Tarragona, lo que permitirá ampliar debidamente el lateral, incluso con vistas a montar sobre esta un piso, al estilo del estadio de Riazor. El gol de arriba también puede ser ampliado, pues hay terreno para ello. Pero hay que meditarlo, por ser unas obras que ascienden a millones». Meses más tarde, el 30 de noviembre del 48, un clarividente articulista de *Vida Deportiva* escribiría: «Los entendidos aseguran que si el Barcelona sigue la marcha actual, para el año 1970 precisará de un terreno para cien mil espectadores».

116. ESCALOFRÍOS DE PENSARLO

Ahora sabemos que la construcción del Camp Nou resultó un descontrol que dejó la caja fuerte sin un duro, al club al borde de la bancarrota y al equipo inmerso en una profunda y larguísima crisis deportiva, sin posibilidad de renovación. Pero ello no empaña que, ya desde los años cuarenta, el Barça necesitaba urgentemente ese nuevo estadio. Con la perspectiva que nos ofrece el tiempo, sentimos escalofríos con solo imaginar qué habría pasado si, finalmente, el deseo de Montal de llegar hasta las sesenta mil localidades en Les Corts se hubiera cumplido. De haber sido así, el vetusto coliseo se habría convertido en una ratonera, con repetición constante de las ya habituales avalanchas humanas y tragedias mortales como la padecida el 14 de diciembre de 1952, cuando en un infausto Barça-Espanyol una valla cedió ante el exceso de público.

117. EL NÚMERO

Parece como hablar de la prehistoria, francamente. Ya sabéis que, muchos años atrás, los futbolistas no llevaban número en la camiseta. El fútbol español no adoptaría la innovación, que permitía identificar a los protagonistas cuando estaban de espaldas al espectador, hasta la temporada 1948-49. Y debemos precisar que, durante casi cuatro décadas, vestían del 1 al 11, desde el portero al extremo izquierdo. Por los números, además, sabías en qué posición jugaba cada cual, detalle inamovible que iba de perlas cuando repasabas a los rivales. El lateral derecho era un 2, el interior de aquel flanco el 8, y de eso nadie se movía. Todo el mundo se daba por enterado, todos respetaban tales reglas no escritas.

Había una excepción: los Mundiales de fútbol. Las selecciones nacionales asignaban un número del 1 al 22 a los futbolistas elegidos y lo mantenían durante todo el torneo, fueran titulares o suplentes. No fue hasta la campaña 1995-96 cuando se estableció que los jugadores llevaran números personalizados, cada cual con su nombre de guerra incluido, durante toda la temporada. No podemos prescindir de recordar ahora una anécdota casi clásica de los primeros tiempos: cuando el 8 distinguía al interior derecho y el 9 era distintivo del delantero centro, a veces César y Kubala se intercambiaban las camisolas para despistar a las defensas rivales con ese sencillo truco. Si César llevaba el 9 y jugaba aquel día de ariete, el central se confundía y los pillos sabían aprovecharse de su duda. Hoy que el 23 puede ser carrilero y todos estudian al adversario, ay, aquella añagaza sería imposible…

118. ¿QUÉ QUIERE DECIR?

La visión de un número en la espalda de cada futbolista fue una novedad para todos durante el año 1948, máxime cuando el Barça fue de los primeros equipos en apuntarse a la norma. Y algunos niños, bendita inocencia, no entendían a santo de qué venía aquello. Así, el 26 de septiembre, en un Barça-Deportivo jugado en Les Corts y según recogió un periodista que captó la anécdota al vuelo, un niño le preguntó a su padre qué significaba aquel 10 que Florencio Caffaratti llevaba al dorso. La respuesta de papá, antológica: «Esto es el número de goles que ha de marcar…».

119. NO ERA ÉL, NO…

En la séptima jornada de la Liga 48-49, disputada el 24 de octubre de 1948, en el partido Celta-Barça (2-2) se registró un estratosférico récord Guinness. Aquel día, Paulino Alcántara vio superada su marca del gol anotado de disparo más lejano conseguido en el fútbol español, vigente desde los años veinte, ya que Josep Seguer (el bueno de *Patetis*) logró a los treinta segundos el 0-1 con un tiro desde 1133 kilómetros de distancia. Sin moverse de Barcelona, vamos. Al menos, así fue para Radio Nacional de España y para la agencia informativa Alfil, y se llegó a publicar el supuesto gol de Seguer con todo lujo de detalles por los periódicos que utilizaban los servicios de la citada agencia. Seguer no había viajado a Vigo, con el consiguiente ahorro de tren, y el autor del primer gol azulgrana fue Josep Canal. Conste en acta para sonrojo de aquellos presuntos informadores.

120. PAGAR POR NO JUGAR

El 24 de abril de 1949, Barça y Girona se enfrentaron en los octavos de final de la Copa del Generalísimo. La eliminatoria se disputó a partido único en Les Corts, sin ninguna emoción, ya que el Barça venció por 9-0, con goles de Nicolau (3), Seguer (2), Canal (2), Marcos Aurelio y Basora. De hecho, el Girona había renunciado al partido de vuelta en Vista Alegre a cambio de ciento cincuenta mil pesetas, una verdadera fortuna en aquella época, ya que equivalía a los ingresos medios anuales de un jugador del primer equipo del Barça. A cambio de la taquilla, los gerundenses aseguraban la economía del curso y evitaban exponerse a otro ridículo. Sorprendentemente, la federación aceptó tal componenda.

121. SIN OJO DE HALCÓN

El 12 de febrero de 1950, Real Sociedad y Barça se enfrentaban en Atocha en partido de Liga. En el arranque del segundo tiempo, los hombres que entrenaba Ramon Llorens ganaban por un exiguo 1-2, y la Real achuchaba en pos del empate, con el público encima, tal como era característico en aquel inolvidable campo, tan inglés en su estructura. En esas que, en el minuto sesenta y tres, un ataque azulgrana fue culminado por el delantero gallego Juan Rodríguez Aretio con un potente remate que dio en la parte inferior del travesaño antes de volver al campo. El árbitro García Fernández, a pesar de hallarse a treinta metros, creyó que el rebote se había producido en uno de los hierros de apoyo de la red y concedió gol ante las protestas de los aficionados locales, que se pasaron cinco largos minutos tirando almohadillas al campo y mostrando pañuelos blancos. También chillaban «¡Echave, Echave, Echave!», nombre de un árbitro de la época, conocido por su discutible calidad y convertido en grito de protesta, tal como Guruceta lo fuera en el Camp Nou durante largos años. A la postre, el Barça acabaría ganando aquel polémico partido por 2-4. Por lo menos, si sirve de consuelo, se ahorraron la polémica del VAR y debatir sobre el ojo de halcón, que aún tardaría seis largas décadas en aplicarse.

122. LA RUMBERA CUBANA

En el complemento fotográfico de este libro encontraréis una vieja imagen en la que se ve al crac azulgrana César Rodríguez saludando a una chica sentada en las gradas de Les Corts. La foto es del 19 de febrero de 1950, con ocasión del partido Barça-Oviedo, y la atractiva moza era conocida como «Canelina», una artista rumbera cubana, «auténtica embajadora del alegre colorido antillano», por decirlo según la propaganda de sus actuaciones. Canelina desplegaba sus dotes artísticas en el cabaré Bagdad de Barcelona, con la Bella Dorita como compañera de cartel, y también en el Casablanca. Era la típica mulata caribeña con la sensualidad a flor de piel, para horror del nacionalcatolicismo imperante en la época y ante la permisividad de la censura franquista. La canción característica de Canelina era una que interpretaba con las piernas arqueadas y comenzaba así: «Por aquí ha pasado un tranvía, por aquí ha pasado un camión...». Como diría el gran César con su muletilla habitual: «¡No veas...!».

Fácil deducir que la artista cubana mantenía un *affaire* amoroso con el delantero leonés; era *vox populi* en aquella Barcelona. Ningún problema, de todos modos, ya que el célebre Pelucas pertenecía al restringido y selecto club de futbolistas azulgranas a los que la afición perdonaba cualquier pecado de juventud. Básicamente, por su enorme rendimiento en el campo, siempre asegurado. Tiempo después, el club se ampliaría con Ladislao Kubala, compañero de César en escapadas noctámbulas.

123. INCLUSO PERROS

Miembro de una importante saga de fotoperiodistas, Carlos Pérez de Rozas Arribas era hijo del famoso fotógrafo y periodista Carlos Pérez de Rozas y Sáenz de Tejada (1920-1990). Nacido en Barcelona en 1948 y fallecido en Madrid en el 2019, Carlitos vivió sus primeros años de vida bajo el influjo del fenómeno Kubala. En julio de 2006, dejaría escrita en las páginas de *Mundo Deportivo* esta deliciosa y significativa anécdota referida a unos tiempos formidablemente marcados por la figura del mito húngaro:

> Recuerdo que una vez, cuando era niño, acompañé a mi padre en una de sus salidas de cacería por los alrededores de Santes Creus. Sus amigos de escopeta eran los payeses de la zona, que tenían unos perros formidables, fundamentales para levantar las perdices y buscar las liebres y los conejos. Uno de los cazadores tenía tres perros que se llamaban Kubala, Chuta y Gol. El espectáculo era increíble. Hasta el monasterio llegaban los gritos que movían a los magníficos animales al son de Kubala, Chuta y Gol. Era la manera de demostrar a Laszi el cariño que le profesaban los catalanes.

Si nos dedicáramos a coleccionar anécdotas de este tipo de aquella Cataluña entregada sin reservas a Kubala, seguro que no bastaría con una enciclopedia.

124. DEVOTAS

Siguiendo con la inconmensurable figura de Kubala, el prestigioso economista Fabià Estapé (1923-2012), directivo del Barça en los años 1959-61, escribió esto sobre él en el año 2007, echando la vista atrás: «Las actuaciones del fichaje húngaro pasaron a ser un mito, incluso para las mujeres: lo supe porque mi novia, la que sería después mi mujer, María Antonia Tous, que empezó viendo el fútbol para complacer un deseo mío, le bastó ver dos partidos de Kubala para exigirme que la llevara de nuevo a Les Corts "para ver a Kubala, el hombre que de un juego había hecho un arte"». No era la única embelesada ante el personaje, seguro. La devoción de las señoras por el húngaro formó parte de aquel incomparable *boom* de adoración popular.

125. CACERÍA IMPUNE

Como es de dominio público, durante sus largos años entre las filas azulgranas (1951-1961), Ladislao Kubala padeció una auténtica caza al hombre por parte de los defensas contrarios leñeros, impotentes ante la excelsa clase del crac húngaro, al que a menudo solo podían detener con un juego violento, con frecuencia con la aquiescencia del colegiado de turno. Kubala debutó en partido oficial el 29 de abril de 1951, y hasta dos años después, el 25 de abril de 1953, cuando ya había disputado cuarenta y cuatro partidos oficiales, sus coetáneos no escribirían un artículo como este, obra de Carlos Pardo en las páginas de *Destino*:

> En un momento en que el asunto Kubala está que arde, con la tensa polémica en torno a este jugador, el excelente y en general limpio marcaje que le hizo el valencianista Monzó el domingo, sin anularle totalmente, mas haciéndole mucho menos peligroso que en otros encuentros recientes, es toda una lección de la que cabe sacar algunas consecuencias.
>
> Una de ellas, que Kubala puede ser anulado por puros medios futbolísticos. Una vez, en el mismo césped de Las Corts, el bilbaíno Nando [el 13 de mayo de 1951] hizo una demostración de ello, y ahora Monzó, sin repetirla totalmente, ha dado, en cambio, una idea clara de

las posibilidades de un defensa central ágil, rápido y con sentido de la anticipación, para sujetar a ese rápido y potente tanque futbolístico. Por ejemplo, yo creo que sería un espectáculo digno de verse un encuentro en serio y con rivalidad por medio, que enfrentase a Kubala como delantero centro y a Biosca como defensa central del equipo contrario. La forma y la clase de Biosca, que es uno de esos defensas centrales rápidos y eficaces, serían, sin duda, una valla muy alta que saltar para Kubala, incluso en su mejor tarde.

Lo importante es que desaparezca de la mente de los jugadores que han de marcar a Kubala el complejo de que solo con *faults* y patadas puede y debe ser anulado. Siempre nos quitaremos el sombrero ante defensas como Monzó, que van a la pelota y no al hombre, y en tal caso celebramos muy justamente su éxito de anular a esta pieza maestra del Barcelona.

El fútbol, aun cuando su expansión parezca haberlo hecho olvidar a algunos, es un deporte. El simple hecho de su profesionalización ni excluye en ningún modo la obligación de actitudes deportivas y caballerosas. Los ingleses lo inventaron para darle patadas, con la mayor ciencia posible, a un balón de cuero. No para pegárselas a los tobillos del contrario, como no fuera por casual accidente...

De la lectura de este artículo deducimos que, de los cuarenta y cuatro marcajes realizados a Kubala hasta entonces, apenas dos, los de Nando y Monzón, habían sido limpios. Menudo porcentaje...

126. TÍTULO CON TEATRO

Como ya es sabido, la Copa del Generalísimo de la campaña 1950-51 significó el primer título de la era Kubala. Llegaría el 27 de mayo de 1951 tras vencer a la Real Sociedad por 3-0 en la final disputada en Chamartín. En aquella época de escasas alegrías, las deportivas se exprimían hasta la última gota. Y así, un mes después de la victoria en Madrid, la capital catalana aún seguía celebrándolo. La noche del 26 de junio, el teatro Romea fue escenario de un homenaje a los campeones de España, con la representación del sainete en catalán «*Ha guanyat el Barça!*», de Valentí Castanys, Xavier Regàs i Celestí Martí Farreras; era una obra que ya había sido estrenada en noviembre de 1949 con motivo de las bodas de oro del FC Barcelona. En aquella reposición participaron los jugadores barcelonistas Ramallets, Biosca, Calvet, Segarra, Basora, César y Seguer y el dibujante Muntañola. Todos, por cierto, bordaron sus papeles ficticios como clientes de un café. Básicamente, porque solo hacían acto de presencia y casi no decían ni pío. Eran otros tiempos, sí. Imaginadlo ahora. Imposible eso de ver a Pedri, por ejemplo, plantado en un escenario teatral como reclamo de taquilla para aficionados curiosos.

127. EL ADIÓS DE SAGI

El 27 de mayo de 1951, el Barça ganó en Chamartín ante setenta mil espectadores el primer título de la era Kubala, al derrotar en la final de la Copa del Generalísimo a la Real Sociedad por 3-0, con dos goles de César y uno de Gonzalvo III. Apenas una semana antes de ese éxito, los hombres que entrenaba Ferdinand Daucik habían superado una difícil semifinal al vencer en San Mamés por 1-2 a un Athletic Club que en la ida había empatado sin goles en Les Corts. Tras aquel importante triunfo en terreno de los leones, Emili Sagi-Barba, el mítico extremo izquierdo de los años veinte, soltó con vehemencia a sus familiares que el Barça ganaría la final a la Real por 3-0, afortunado vaticinio que fue repitiendo en días siguientes. A sus cincuenta y un años, Sagi-Barba se hallaba en el lecho de muerte, pero su acendrado barcelonismo lo hacía vivir más pendiente de la suerte de su estimado equipo que de su propia existencia. Cuando se produjo su fallecimiento, el 24 de mayo, tres días antes de la final de Madrid, su hijo Víctor Sagi estuvo tentado de cursar un telegrama a César exponiéndole el pronóstico póstumo de Sagi-Barba. Finalmente no lo haría, al considerar que la confidencia se podía considerar inoportuna y perturbadora.

128. DEL ARCO

Antes que nada, situemos al personaje: Manuel del Arco (1909-1971) era un periodista y caricaturista que alcanzó la fama con sus entrevistas cortas en *La Vanguardia Española*, planteadas como un cuestionario punzante de preguntas y respuestas. Bajo su pluma, siempre afilada y con un punto de vista muy personal, pasaron durante décadas todo tipo de famosos y celebridades, locales o internacionales. Como se decía entonces en Barcelona, era tan célebre como *La Monyos*...

Vamos con la anécdota. Seguro que Del Arco no olvidó en la vida el derbi entre Espanyol y Barça jugado en Sarrià el 9 de septiembre de 1951. Apuntemos que el duelo ciudadano cayó a favor de los pericos por 1-0. Poco tiempo antes, el chalé situado en el gol sur de aquel estadio (llamado popularmente *Can Poc Oli* (Casa Poco Aceite, si somos literales), había sido derrocado para construir un nuevo graderío. Tal innovación provocó que Del Arco perdiera la silla que le reservaban junto a la portería, donde hasta entonces ejercía su tarea profesional, siempre buscando el lugar más original y distintivo. Algún superdotado decidió colocarlo junto al banquillo del equipo visitante. Y así el periodista se halló sentado entre el masajista Ángel Mur y el entrenador Ferdinand Daucik. Sí, aquel era otro fútbol, no hace falta insistir.

Plantado en tan privilegiado espacio, Del Arco publicaría después que Daucik gritó tres veces «¡gol!» antes de tiempo al presenciar grandes oportunidades protagonizadas por César, en dos ocasiones, y por el interior Nicolau. Las tres, cabe señalar, frustradas finalmente por Trias, el excelente portero españolista. Por lo visto, el técnico esloveno, si atendemos a la crónica posterior de Del Arco, estaba como un flan en su lugar de trabajo. O de tortura, para entendernos.

129. PENALTI CON SANGRE

Continuamos con Del Arco, aquel emocionante partido y la nueva ubicación del periodista. De repente, cuando faltaban seis minutos para el final, con 0-0 en el marcador, Segarra incurrió en penalti al tocar el balón con la mano dentro del área. Automáticamente, Del Arco recibió un tremendo golpe en la frente y la cara se le llenó de sangre. ¿Qué había pasado? En palabras del propio periodista, «el bueno de Mur al oír el silbato del árbitro señalando la grave pena, en un movimiento impulsivo de rabia ha lanzado contra el suelo una botella que llevaba y ha hecho carambola conmigo. Algodones, toallas, alcohol, vendaje y el doctor Cabot en mi auxilio. Mientras dura la cura de urgencia, ni veo ni oigo nada. Acaba el partido. Llego a los vestuarios en plan de víctima. El primer gol de la temporada lo tengo grabado en la cabeza...». El Espanyol se impondría en tan disputado derbi gracias al penalti transformado por Celma, pero Del Arco se llevó más puntos que el equipo blanquiazul. Profesión de riesgo, ya se sabe.

130. ENCONTRONAZO CON EL MITO

No acabaron aquí las peripecias del famoso periodista. Por lo que parece, el pobre Manuel del Arco cargaba con algún gafe en su vinculación con el Barça. En julio de aquel 1951 había tenido un buen encontronazo con el mítico Josep Samitier, a la sazón secretario técnico azulgrana, de quien llegó a escribir que era «un "hueso" que tenía alguna que otra vez un cuarto de hora bueno». Precisamente, aquel día le debió pillar en un momento amable y el periodista aprovechó la ocasión para hacerle algunas preguntas sobre los futuros fichajes del Barça. Sami, perro viejo, cerró rápido sus quince minutos de amabilidad cuando del Arco le insistió en que revelara los nombres de esos refuerzos: «Pero ¿te crees que yo te lo voy a decir? ¿Nombres, yo?». Y remató el desplante con un sonoro «¡vete a paseo!». Si uno era periodista famoso, el otro vivía como un mito del fútbol. Ambos con personalidad y, por lo comprobado, de las fuertes.

131. OBSTRUCCIONISMO

La acusación más corriente contra Kubala por parte de sus adversarios argumentaba que, por su característico estilo, retenía en demasía el balón («obstruía el juego», se decía) y que además utilizaba los codos demasiado. Contra la segunda acusación, Laci se defendía en acción cruzando los brazos sobre su pecho de manera ostentosa mientras esperaba un lanzamiento de córner. Por lo que respecta a su presunto «obstruccionismo» del juego, nada mejor que leer las declaraciones que le hizo a Manuel del Arco el 16 de septiembre de 1951 tras el partido contra el Athletic Club en Les Corts (1-0):

> —Los del Bilbao están indignados contra ti y contra el árbitro.
> —Porque hemos ganado nosotros.
> —Pero dicen que obstruías, y eso no es jugar al fútbol.
> —Yo jugar por toda Europa así.
> —De todas formas, me parece peligroso abusar del virtuosismo y reírte de un contrario que no te puede quitar la pelota.
> —Yo ganar tiempo, mejor para mi equipo; ellos enfadarse.
> —Pero estás muy expuesto fuera del campo de Las Corts y vas a recibir muchos golpes.
> —Ya he recibido.

A pesar de su entonces exiguo dominio del castellano, a Laci se le entendía todo, vamos.

132. EN LA DIAGONAL

En el proceso de construcción del Camp Nou, los años 1951-1953 se convirtieron en tiempo absolutamente perdido. Tras un plebiscito entre los socios que aprobó la compra de los terrenos junto a la Maternidad (hecha efectiva el 19 de diciembre de 1950), el 9 de febrero de 1951 la directiva cambió de opinión para mostrarse ahora partidaria de levantar un nuevo estadio en la zona terminal de la avenida Diagonal, entonces del Generalísimo Franco. Una decisión funesta, ya que solo comportó que el club se enfangara en un largo y complicado proceso burocrático de pesadas negociaciones con las autoridades municipales y universitarias de Barcelona con el fin de permutar los respectivos terrenos. Un proceso, a la postre, terminado en un eterno punto muerto. De hecho, el impulso definitivo a la construcción de un nuevo estadio no llegaría hasta el 16 de noviembre de 1953, día en que Miró-Sans ganó las elecciones a la presidencia del FC Barcelona. Francesc Miró-Sans acabó con estas complicaciones y apostó por construir el Camp Nou en los terrenos originales. Al fin y al cabo, para eso se habían comprado.

133. ¿BARÇA DE ESPLUGUES?

Uno de los episodios más curiosos en aquella etapa de estancamiento se produjo en mayo de 1953, cuando la Junta de Obras de la Universidad de Barcelona propuso como posible emplazamiento del futuro coliseo azulgrana un terreno enclavado en su mayor parte en la vecina ciudad de Esplugues de Llobregat. La directiva azulgrana rechazó la propuesta, alegando los inconvenientes que implicaría emplazar el nuevo estadio fuera del término municipal de Barcelona y desplazar al Barça de su lugar de nacimiento, «pensando siempre en los altos intereses de la ciudad y en el nombre de nuestro club, que tan vinculado está a la ciudad de la cual lleva su nombre», por ponerlo tal como quedó escrito en un documento interno.

Evidentemente, querían evitar que, en el futuro, nadie se refiriera al club azulgrana como «Barça de Esplugues», ya que todo queda escrito en la historia, la situación recuerda en paralelismo el comentario de Gerard Piqué, el 25 de enero del 2018, con su polémico y reiterado «Espanyol de Cornellà». Y antes, en la misma idea aliñada con otras palabras, cuando el presidente Joan Laporta calificó como «derbi metropolitano» el enfrentamiento entre Barça y Espanyol jugado en el Camp Nou el 12 de diciembre de 2009. El riesgo consistía en que, tal como escribió Jordi Puntí en pleno caso Piqué, los pericos podrían contraatacar llamando a su máximo rival «Barça de

Collblanc» o, incluso, «Futbol Club Tabàrnia», «antes que sean los aficionados culés quienes hagan circular la opción del "Espanyol de Tabàrnia", y quien tenga oídos, que escuche».

134. NATIVOS Y BASTA

El 22 de agosto de 1953, la Delegación Nacional de Deportes, el órgano deportivo con mayor poder en la España franquista, prohibió la contratación de futbolistas extranjeros. Esta decisión se tomó únicamente para evitar el fichaje de Alfredo Di Stéfano por el FC Barcelona, el único club que tenía sus derechos legales, según el acuerdo definitivo al que había llegado con el River Plate dos semanas antes. A la postre, ya sabéis cómo terminó el célebre «caso Di Stéfano»: con el crac argentino fichando por el Real Madrid y estrenando la época gloriosa del club blanco.

En el clima de férrea censura que rodeaba aquel desventurado caso (y del que ya hemos repasado anécdotas en otros libros), la única voz discordante consistió en una hoja clandestina que circularía por las calles de Barcelona. Ni prensa, ni personalidades con ascendente, ni prohombres ni nada. Una simple octavilla, como si habláramos de propaganda comunista o anarquista. El panfleto, dirigido genéricamente «a la afición deportiva barcelonesa», se explayaba con ganas: «La Delegación Nacional de Deportes, para satisfacer y hacer el juego a la prensa madrileña que rebosa hidrofobia antibarcelonista, ha tomado un acuerdo respecto a los jugadores extranjeros de fútbol que es un descarado ataque a un club catalán en particular, y en general, un borrón para el fútbol, tanto si este se considera un espectáculo como un deporte».

135. COMO SI FUERA HOY

Continuamos con el texto, tan deliciosamente libre en tiempos de dictadura. En la misma hoja puede leerse un párrafo, ya mencionado en Barça insólito, de cariz atemporal. Vaya, que lo podrían repescar hoy mismo: «Además, como provincianos que somos, hemos exagerado demasiado la nota al acaparar los títulos deportivos, y esto no puede ser. Los títulos de campeón hay que dejarlos en Madrid aunque sean por Real orden. Así lo quiere la Real Federación porque le da la real gana. Y en verdad hay que admitir que por lo menos la prensa madrileña ya tiene ganado un título muy prometedor: ¡CAMPEONES DEL RIDÍCULO!». Conviene subrayar que esta octavilla anónima fue redactada a finales de agosto de 1953, después de que el Barça de Kubala firmara dos dobletes consecutivos de Liga y Copa. Ah, y las mayúsculas corrían a cuenta del autor original, se supone que para dejar su indignación aún más patente.

136. (OTRO) AGRAVIO

Partido de Navidad de 1953 en Les Corts, justo antes de la sopa, los canelones y el pavo. El Barça venció por 3-2 al Austria de Viena y los espectadores quedaron boquiabiertos con las evoluciones de un centrocampista rival de veintisiete años llamado Ernst Ocwirk. Lo tenía todo: colocación, visión de la jugada, precisión en el primer toque y potencia en el chut. Inmediatamente, los servicios técnicos azulgranas iniciaron las gestiones para ficharlo, aunque enseguida toparon con la prohibición federativa de contratar jugadores extranjeros, vigente desde el mes de agosto anterior como consecuencia del caso Di Stéfano. Nada que decir, era la norma y se tenía que acatar. El agravio, de todos modos, llegaría tres años después, en 1956, cuando la Federación Española hizo una excepción y permitió al Real Madrid fichar al extremo francés del Stade de Reims, Raymond Kopa, alegando que, como el equipo blanco jugaba la Copa de Europa y por tanto representaba a España, era lógico que se le permitiera reforzarse con estrellas foráneas. Para el Barça, aquello resultó una arbitrariedad más, otra que añadir a la lista. Y nunca disfrutó del juego de Ocwirk.

137. PRIMER PENSAMIENTO

En tiempos de rígido nacionalcatolicismo podían suceder episodios así. Poco después de que Ramón Guzmán, futbolista azulgrana entre el 28 y el 35, falleciera por infarto en un homenaje a Rini en Les Corts, el 1 de abril de 1954, el club recibió una carta peculiar. La firmaba «un sacerdote barcelonés y barcelonista» que explicaba cómo reaccionó al conocer la muerte de Guzmán. Su primer pensamiento consistió en preguntarse si, antes de abandonar este mundo, el exjugador había recibido «la asistencia espiritual debida y administrada por un sacerdote católico». La respuesta del FC Barcelona debió tranquilizar al remitente: el propio presidente Miró-Sans se había encargado de buscar un capellán para lograr que Guzmán muriera en paz con Dios. Vaya con el mosén, más preocupado por el alma del finado que por la desgracia vivida.

138. CEMENTERIO INDESEADO

Y ya que nos hemos metido por lúgubres derroteros, citaremos otra carta dirigida al club, también fechada en abril de 1954, procedente de un socio preocupado por el desastroso efecto que causaría la visión de las paredes del cementerio de Les Corts desde el futuro Camp Nou, entonces aún en proyecto. La respuesta de la directiva, digna de un político en plena campaña electoral: «Ante estas paredes que usted cree que verá siempre, se construirán una serie de altas casas que taparán totalmente el cementerio, y en lugar de ver las paredes de hoy, contemplará alegres y modernas casas de variado colorido». Ignoramos por qué la junta se metió en tal jardín, ya que el tema, en todo caso, correspondía al Departamento de Urbanismo del Ayuntamiento de Barcelona. En cualquier caso, el socio de marras todavía estará esperando la construcción de tan alegres y modernas casas.

139. EL PRECIO DE LA INSIGNIA

Esta es buena y curiosa. El 15 de enero de 1955, el consejo directivo de Francesc Miró-Sans instauró las insignias de socio que querían premiar los veinticinco años de fidelidad al club. Una idea acertada, de no ser por algunos condicionantes que pervertían tal iniciativa. Hoy en día, las insignias de «las bodas de plata» (si nos ponemos románticos y pensamos en vínculos de boda) son iguales para todos. De plata y gratis, solo faltaría. Pero entonces, en el arranque de la distinción, no podían resultar más clasistas. Encima, te tocaba rascarte el bolsillo.

Y como si se tratara de mercancía en un comercio, si las querías, había de diversos precios, según los metales preciosos empleados. Deliciosa curiosidad: este es el listado de precios de las insignias de las bodas de plata como socio que facilitó la mercantilista junta de Miró-Sans. Imaginad cuál escogeríais hoy si os tocara decidir:

- Insignia de oro, platino, brillante y diamantes, rubíes, zafiros y esmalte, con rosca patentada: 1300 pesetas.
- Insignia de oro, platino, diamantes, rubíes, zafiros y esmalte, con rosca patentada: 1200 pesetas.
- Insignia de oro y esmalte, con rosca patentada: 630 pesetas.
- Insignia de oro, plata y esmalte: 265 pesetas.

- Insignia de plata dorada y esmalte sintético opaco: 55 pesetas.
- Insignia de plata y esmalte sintético opaco: 55 pesetas.
- Insignia de plata dorada y esmalte: 85 pesetas.

Pues, mire, póngame una de cada, podía argumentar el socio sobrado. O, si continuamos con la broma, una vez comprobado que los precios no eran ninguna ganga en aquellos tiempos de suma precariedad económica, también hubieran podido ofrecerlas en baratas versiones de cartón o de chapa de gaseosa. Disculpad la irreverencia, pero eso de certificar que existen clases hasta en materia de medallas conmemorativas subleva un poco, la verdad.

140. AÚN HAY CLASES

Pues sí, unas insignias perversamente clasistas, sin lugar para los sentimientos. Y muy personales, según se encargaba de recordar la nota redactada desde la propia directiva: «será perseguido quien la ostente indebidamente». La represión, presente por sistema. Aun así, para compensar, también dejaban caer esta obviedad: «Las diferentes clases de metales empleados en la confección de la insignia no influyen en la categoría, ya que existe una solamente, sea de plata, oro o con los brillantes. El honor será el mismo para todos los que puedan tener el orgullo de ostentarla». Pues menos mal, oiga.

141. POR CORREO

Aún le podemos sacar más partido al episodio de las medallas de los veinticinco años. Desconocemos el grado de éxito de aquella iniciativa y si tuvo continuidad temporal, aunque su corolario llegaría años después. En mayo de 1972, el presidente Montal i Costa aceptó una propuesta del socio Josep Giménez, aplicada dos largos años después. El 1 de octubre de 1974, con motivo de las bodas de platino, el club decidió la entrega gratuita y por correo de las insignias de oro y plata para los socios con más de veinticinco y cincuenta años de antigüedad. Fue un acto puntual, inscrito dentro de la celebración del septuagésimo quinto aniversario, y, en consecuencia, no se volvió a realizar. Posteriormente, en septiembre de 1984, la directiva presidida por Núñez instauró la entrega presidencial de las insignias de oro y plata en las instalaciones del club. Más adelante, a partir del 8 de diciembre de 1985, también se empezaron a conceder las insignias de oro y brillantes a los socios que hubieran cumplido una antigüedad superior a los setenta y cinco años para premiar a los fieles veteranísimos. Qué suerte conseguirla...

142. ¿ME OÍS?

Albert Maluquer fue el predecesor del añorado Manel Vich como voz del estadio. El historiador y secretario general del club cumplía horas extra dos domingos al mes, leyendo por la megafonía de Les Corts las alineaciones y los avisos que se difundían en los noventa minutos de partido. En una entrevista concedida al boletín del club en febrero de 1955, Maluquer recordaba que, en los años veinte, antes de su debut como *speaker*, en la vieja catedral del barcelonismo se comunicaban las incidencias al público gracias a una pizarra que daba la vuelta al rectángulo de juego cargada por dos empleados, tal como habréis visto en alguna instantánea de época. En 1924, aprovechando las bodas de plata del club, probaron con un megáfono manual, pero, según él, «se oía poco y mal». Ese experimento frustrado provocaría la instalación de unos altavoces dignos, los primeros de la historia.

143. MÉDICOS PILLOS

En la entrevista, Maluquer detallaba una constante: los numerosos mensajes para médicos presentes, hipotéticamente, en Les Corts, que eran llamados de urgencia a causa de presuntos problemas de salud. En realidad, los enfermos no existían y apenas pretendían dar publicidad gratuita al galeno de turno, nunca mejor aplicada la frase hecha. O sea, exactamente igual que lo que sucedería con Manel Vich ya instalados en el Camp Nou. Maluquer, perro viejo, se limitaba a citar el nombre del señor en cuestión, sin llamarle doctor ni especificar el motivo del llamamiento, y rogar que acudiera a tribuna. Al fin y al cabo, el médico solía hallarse ausente del campo, total...

144. LOS NIÑOS PERDIDOS

Sigamos con la entrevista de 1955 concedida por Maluquer. En el texto confesaba que, últimamente, se perdían bastantes niños menos de los que se acostumbraban a extraviarse en Les Corts. Como anécdota, recordaba que, el 27 de noviembre de 1949, «el día de las bodas de oro del club, para que no faltara nada, se estableció una guardería infantil con una *nurse*, para casos de pérdida de niños y... fue un fracaso: no se extravió ni uno». Pues bienvenido sea el fracaso, ¿no?

145. ÁRBOLES Y ÁRBOLES

En la primavera de 1955, Francesc Mitjans, uno de los arquitectos del futuro Camp Nou, viajó por media Europa con el objetivo de estudiar los estadios de fútbol más destacados. En su gira, Mitjans visitó Roma, Berlín, París, Londres, Zúrich, Copenhague, Basilea y Helsinki antes de cruzar el Atlántico y ver el impresionante Maracaná de Brasil. La justificación del viaje, buscar ideas e inspiración para aplicarlas al nuevo coliseo azulgrana, que había colocado su primera piedra un año antes, el 24 de marzo de 1954. El arquitecto informaba puntualmente de sus impresiones sobre los grandes estadios a su primo, el presidente Francesc Miró-Sans, a quien enviaba postales de cada lugar. De regreso a Barcelona, Mitjans parecía convencido de dos aspectos primordiales. El primero, que el Camp Nou tenía que ser único, distinto a cuanto había visto. Y el segundo, el estadio debía «respirar», que los coches llegaran con facilidad y se dispusiera de suficiente terreno para crear la zona deportiva. En consecuencia, lejos de la idea de un campo encajonado entre edificios próximos que posibilitara la visión de los partidos desde los balcones y las terrazas, tal como pasaba en Les Corts. Mitjans daba la clave de lo que había decidido al pie de una postal enviada a su primo desde Roma: «Secreto: árboles, árboles, árboles».

146. HAY QUE VIAJAR

En cualquier caso, no deja de resultar curioso que, a aquellas alturas del proyecto, Mitjans aún realizara una gira tan completa en búsqueda de ideas aplicables. En principio, llegados a la primavera del 55 y en situación de contrarreloj, no procedía dedicarse al turismo, sino afrontar la construcción sin demora. Al fin y al cabo, el equipo de arquitectos compuesto por el propio Francesc Mitjans y Josep Soteras ya había presentado su proyecto al consejo directivo del club en junio de 1954. Incluso la junta había decidido organizar una exposición pública de este proyecto y construir una maqueta. La exposición fue inaugurada el 11 de octubre de aquel

1954 en un local situado en el cruce de la calle Viladomat con la Gran Vía, junto a la pista que usaba entonces la sección de hockey sobre patines. Todo estaba, pues, decidido, y ya solo faltaba contratar una empresa constructora para comenzar las obras del Camp Nou siguiendo los planos del proyecto, paso realizado en el verano de 1955. Entonces, ¿a santo de qué venía este deseo viajero de Mitjans, si todo estaba ya cerrado? Si tuviéramos la respuesta, aquí la expondríamos.

147. EMPINANDO EL CODO

El 5 de enero de 1956, el presidente Francesc Miró-Sans y los miembros de su junta directiva celebraron un banquete de hermandad en el palco de Les Corts, dispensado por la empresa Prats Fatjó. La alegría era general ya que, cuatro días antes, el Barça había vencido al Espanyol en Sarrià por 0-3. Y el alcohol corrió a destajo. O mejor dicho, a raudales. Leyendo el menú de tan etílico ágape, comprobaréis que no exageramos. Para acompañar el caviar ruso, el consomé, la langosta, los langostinos, el turnedó, el *foie-gras*, el helado 0-3 (sobran comentarios), la fruta variada y el café, los directivos del FC Barcelona pudieron gozar de manera consecutiva entre plato y plato de estas delicias alcohólicas: «Wodka Wyborowa Polonaise, Jerez Pando de Williams & Humbert, Viña Tondonia Cosecha 1914, Viña Tondonia Cosecha 1920, Champaña Perelada Rosado Reserva 1940 y Champagne G.H. Mumm & C.º Cordon Vert». Y por si fuera poco, barra libre de coñac «Courvoisier Le Petit Caporal, Martell Cordon Bleu, Carlos I y Larios 1866», además de «licores surtidos». No consta en el menú que hubiera prevista agua mineral por si algún abstemio despistado acudía a tan copiosa velada. Sí, huelga decir que no se privaban de nada. Alguno, seguro, salió de la velada a gatas o casi...

148. SAMI REGATEA

Queda confirmado que los periodistas debían armarse de paciencia para charlar con Pepe Samitier. Ya sabéis cómo se las gastan los divos, y Sami era muy suyo. El 24 de abril de 1957, tras complicadas negociaciones con el Flamengo, Evaristo de Macedo llegaba a la capital catalana con un contrato de cuatro años bajo el brazo. El delantero brasileño cumplía así la palabra que le había dado al secretario técnico azulgrana de llegar a Barcelona en la segunda mitad de abril. Cuando le tocó contestar sobre la novedad, Samitier no tuvo contemplaciones con la canallesca:

—¿Contento, Pepe?

—¿Contento, yo? ¿Por qué?

—Evaristo ha llegado en la fecha que tú fijaste.

—Que yo fijé, no. Que fijó él.

—Había mucha gente que decía que no vendría.

—Los mismos, seguramente, que en su tiempo dijeron que no vendría Kubala.

—¿Qué es lo mejor de Evaristo?

—Que haya venido.

Y Samitier se calló. Total, no había dicho nada. O sí, apenas un par de dardos envenenados para los críticos.

149. CAÑA A LA OPOSICIÓN

Los *ismos*, ya lo sabéis, han estado muy presentes en la historia azulgrana prácticamente desde primera hora. Polémicas, peleas, ataques despiadados lanzados desde las diversas trincheras... Muchas veces, más que un club de fútbol, el Barça ha parecido un matrimonio malavenido, contrario al divorcio y apañado por la fuerza de la responsabilidad: nos mantenemos juntos por el bien de nuestros hijos. O sea, perdonad la metáfora, solo nos une que el Barça gane.

Hecha esta digresión de pacotilla, leed ahora el cáustico y feroz artículo que el 19 de junio de 1958 la revista oficialista *Barça* publicó contra los opositores a la controvertida presidencia de Francesc Miró-Sans: «El peligro que tiene para nosotros la presidencia de un club se concreta en los siguientes extremos: 1. Los resentidos y los despechados; 2. Los traidorzuelos de guardarropía; 3. Los falsos prestigios que, generalmente, son el tonto del lugar; 4. Los que no supieron hacer en su tiempo lo que debieron, y ahora les gustaría cabalgar con la deuda consolidada; 5. Los desagradecidos y endiosados; 6. A los que se les dio la mano, sacándolos del pozo del olvido. Y ahora nos preguntamos: contra todas estas fuerzas coligadas, ¿habrá suficiente gente honesta para hacerles frente?». Una bandera nos hermana. Dicho de otro modo, en este club siempre ha habido jaleo. Y el peor, en clave interna...

150. H. H. Y LAS ESPOSAS

Avisamos que esta historia es políticamente incorrecta y que conviene leerla en el contexto social de la época, a años luz de la igualdad de género, por decirlo suavemente. El protagonista es Helenio Herrera, siempre una inagotable fuente de anécdotas, hecho a la suya como pocos. Por lo que parece, y hay testimonios, en vigilia de partidos trascendentales, H. H. acostumbraba a charlar con las esposas de jugadores destacados con un tono entre amenazador, paternalista, jerárquico o como deseen calificarlo entrados ya en el siglo XXI: «Oye, ahora hay un partido muy importante. Cuidado, a tu marido en una semana ni me lo toques. Lo quiero entero, no me lo toques. Luego ya haré que cobre una prima sustanciosa. Porque tú querrás comprarte algo caro, ¿verdad?». Que el lector exprese libremente sus comentarios ulteriores.

151. ÉL, H. H.

Otra de Helenio Herrera, mina y tesoro eterno para cualquier anecdotario del Barça. En cierta ocasión, H. H. le preguntó a Martí Vergés: «Usted, ¿de qué prefiere jugar, de interior o de medio?». Y el de Vidreres cometió el error de contestar: «Yo, de interior». A partir de aquel instante, Vergés perdió la titularidad en el equipo, porque Herrera no admitía que un jugador mostrara preferencias en el momento de ocupar un lugar en el equipo. O sea, para caer bien y jugar, la respuesta correcta consistía en algo similar a un «Me da igual, míster. Donde usted me diga».

152. AUMENTO DE PRIMA

El 1 de febrero de 1959, la expedición azulgrana regresaba desde Bilbao a Barcelona en autocar. El ambiente general era de alegría, pues se había vencido en San Mamés por 1-2, gracias a un gran gol de Segarra desde fuera del área, logrado a cinco minutos del final. En el transcurso del viaje, el portero Ramallets, como representante del equipo, gestionó con el directivo Jaume Ribera un aumento de la prima pactada. Ribera era hombre de trato amable, cercano, y las negociaciones resultaron rápidas. Una vez alcanzado el acuerdo, Ramallets se dirigió en voz alta a los compañeros con un parlamento sencillo y nada discreto: «El señor Ribera me acaba de comunicar que la prima por haber ganado en Bilbao, en vez de las tres mil pesetas que teníamos acordadas, será de cuatro mil». Queda claro, y viva el señor Ribera, por supuesto.

153. LIBRO BLANCO

En los estertores de la temporada 1959-60, los persistentes rumores sobre la calamitosa situación económica provocaban un ruido enorme. De hecho, este runrún era indirectamente alimentado por la enojosa ambigüedad mostrada por la junta de Miró-Sans cuando tocaba referirse a los números del Barça. Con el propósito de acabar con tal jaqueca, la directiva aprovechó la asamblea de compromisarios del 29 de julio de 1960 para editar el llamado «Libro blanco», un compendio exhaustivo y pretendidamente riguroso de las maravillas conseguidas en el ámbito económico, en especial durante el último ejercicio.

154. LOS RENCOROSOS

Tras la celebración de la citada asamblea, Francesc Miró-Sans pretendía dar vuelo y difusión al «Libro blanco» y envió un montón de ejemplares a diversas personalidades, incluidos jerarcas del régimen como José Solís Ruiz, José Antonio Girón de Velasco, Raimundo Fernández Cuesta, Agustín Muñoz Grandes, Luis Carrero Blanco o el propio dictador Francisco Franco. En las cartas adjuntas, el presidente azulgrana aprovechaba para desahogarse contra su oposición interna, a la que denominaba «grupo reducido lleno de rencor que solo busca obtener sus apetencias personales y sembrar la calumnia y la confusión», a través de, siempre según él y el texto de la misiva, «subterfugios y engaños del peor estilo electorero de antes del 36, un estilo definitivamente desterrado gracias a la energía y buen sentido de nuestro caudillo». Ya puestos, a dorar la píldora a los jefes y buscar la solidaridad entre camaradas, pues Miró-Sans llegó a la presidencia, básicamente, por su condición de falangista e integrante de la casta del poder. Por otra parte, teniendo en cuenta el talante de las personas a las que Miró-Sans dirigía estas amargas quejas, imaginad sus respuestas y cómo serían los expeditivos métodos propuestos para enmudecer esa tan rencorosa oposición.

155. PANORAMA IDÍLICO

En definitiva, Miró-Sans anhelaba enmudecer las numerosas voces críticas con su gestión y convencer a todos de que el Barça era un club modélico y saneado. Por ello quiso convertir el «Libro blanco» en una especie de Biblia del barcelonista. Un dogma de fe generado desde una argumentación tramposa: la construcción del Camp Nou había posibilitado la existencia de un patrimonio potente, un supuesto que representaba una garantía de estabilidad económica. Bajo tan discutible premisa, las cifras parecían irrefutables: el activo del club había pasado de 10 461 426,81 pesetas en el año 1950 a 315 352 710,33 diez años después. Además, se indicaba que el ejercicio 1959-60 se había cerrado con el beneficio récord de 15 297 538,32 pesetas. En resumen, como se decía en el «Libro blanco», «la marcha del Club de Fútbol Barcelona es totalmente normal, y salvo en el aspecto referente a la financiación inmediata, podemos asegurar que es una marcha próspera como nunca lo había sido antaño». Pues ya empezábamos mal, porque esta «financiación inmediata» hacía referencia a la imperiosa necesidad de obtener ingresos rápidos para poder afrontar la gigantesca deuda generada por el nuevo estadio, que amenazaba con la ruina inminente del club.

156. ... AUNQUE DESOLADOR

La cruda realidad convertía el panorama económico en desolador. Además, la junta pretendía engañar sin manías a su propia masa social. Un documento interno secreto, difundido el 20 de julio de 1960 bajo el epígrafe «Consideraciones acerca del balance del C. F. Barcelona a presentar en la asamblea de compromisarios del día 29 de julio de 1960», reconocía que algunas partidas (primas a jugadores, pagas extra a empleados, impuestos, facturas atrasadas, etcétera) no habían sido contabilizadas en el balance económico de la temporada, lo que podría generar «situaciones embarazosas» en caso de que algún atrevido compromisario pidiera datos y explicaciones concretos sobre el balance de pérdidas. En total, según el propio club, el importe de las partidas no computadas ascendía a un mínimo de dieciocho millones de pesetas. Un dineral en aquellos tiempos, barrido bajo la alfombra para preservar la deteriorada imagen de tan manirrotos gestores.

157. CUENTAS MAQUILLADAS

De hecho, un socio compromisario del Barça, Samuel Gómez Alonso, no se fio de las informaciones aparecidas en el «Libro blanco» y encargó al titular mercantil Joan Sureda Castellví la elaboración de un informe independiente sobre el estudio y revisión del balance de cuentas del ejercicio 1959-60. El veredicto señaló que, en realidad, la temporada se había cerrado con un déficit de 3 891 217,22 pesetas. Tres años después de estrenar el Camp Nou, Miró-Sans y los suyos aún mareaban la perdiz y negaban la tozuda realidad. Hasta que la entidad se estrelló contra ella quedando prácticamente en siniestro total.

3

La travesía por el desierto (1961-1973)

Al final, el término ha cuajado. Una de las pequeñas satisfacciones de los enamorados de la historia azulgrana pasa por popularizar conceptos que acaben, bajo el peso de razonamientos y contenidos, aceptados por la mayoría. Y este resulta un caso flagrante, meridiano: aquellos trece años que van desde la final perdida en Berna hasta la llegada del Cruyff futbolista ya se conocen como «la travesía del desierto». Una época muy complicada, pozo económico y moral generado a partir del presupuesto estratosférico invertido en la construcción del Camp Nou. Llegamos tarde a pedir responsabilidades, nunca sabremos con certeza hasta dónde llegaron las corruptelas de picaresca y las negligencias alocadas que situarían al club al borde de la bancarrota. Se secó el rendimiento deportivo y, de paso, los culés debieron soportar una tremenda prueba de carga para conocer de qué pasta estaban hechos, hasta qué punto podían resistir sin rendición.

En las próximas páginas, repasaremos quejas y fuertes disensiones internas en, no lo olvidemos, época de dictadura, cuando contar con amigos en lugares oportunos de poder significaba un salvoconducto para eludir la presión popular. Los responsables de esta inmensa chapuza quedaron impunes, mientras tipos como Enric Llaudet se las veían y se las deseaban para rescatar aquel Titanic a la deriva, tocado y medio hundido. Más allá de su etiqueta pública, reduccionista y de caricatura, se impone reivindicar la figura de Llaudet, el capitán de la nave en el peor momento de su historia. Un personaje singular, único, que, entre otros méritos, instauró el Trofeo Joan Gamper, incomparable en sus inicios, contrastado con la decadencia que arrastra hoy. Seguro que hallaréis ahora anécdotas descriptivas de aquella fase de penurias extremas. Repasaremos después, una vez conseguida la eternizada venta de Les Corts que implicó el tan anhelado respiro, la progresiva *recatalanización* del club de modo casi subrepticio. Cómo Jordi Pujol podría reclamar el *copyright* de la célebre frase *més que un club* y cómo se tejió la estrategia para situar al frente de la simbólica entidad a alguien como Agustí Montal, eslabón que conectaba con un pasado identitario que empezaba a parecer remoto a causa del franquismo, régimen que también parecía infinito, de nunca acabar en sus imperativos y restricciones a cualquier brizna de libertad.

Como veis, la delicada situación del FC Barcelona ponía forzosamente el foco de atención en sus gestores, a falta de una vertiente futbolística que no podía presentar, ni lo hacía, la competitividad, la ambición, el nivel que tanto deseaban sus seguidores, conformados a una esporádica alegría que no menudeaba. Tal como nos gusta, recuperaremos personajes absolutamente relegados, que ya nadie recuerda. Valga como ejemplo Albie Grant, el primer extranjero que jugó en el baloncesto azulgrana y que, con franqueza, más vale no glosar una vez comprobado la lamentable hoja de servicios que el buen señor perpetró entre nosotros. Años en los que entrenadores del primer equipo escondían sus limitaciones bajo arbitrariedades y caprichos, sin dejar huella en el palmarés de la entidad.

Cuando la decepcionante década de los sesenta, prodigiosa para el resto de la humanidad, gris para los sufridos culés, estaba a punto de expirar, el barcelonismo vivió el durísimo pulso entre Montal y Baret para sustituir a Narcís de Carreras en la presidencia del club. No era un simple pulso de liderazgos y programas, no. En la trastienda se mantenía la lucha para comprobar si el Barça volvía a ser coherente con los mejores años de su pretérito, con su alma forzada y perturbada bajo el franquismo o, por el contrario, sacaba definitiva bandera blanca de rendición limitándose a ser un equipo más de fútbol, un club polideportivo como otros. La década acabaría fatal, igual que empezó, con el «caso Guruceta», enésimo símbolo de la gota que colmaba el vaso de la infinita paciencia azulgrana. ¡Qué años! Diríamos que para olvidar, aunque mejor tenerlos muy presentes para evitar que se repitan. Horas bajas, años duros.

158. EL SOCIO HONORARIO

23 de agosto de 1961. Por si no lo hemos subrayado lo suficiente, época de vacas flacas. En Can Barça resultaba obligatorio estrujarse las meninges para encontrar dinero rápido si se quería evitar la caída en bancarrota, inmenso lastre generado por la construcción del

nuevo estadio. Aquel día, la Comisión Económica del club decidió crear la categoría de socio honorario, con el atractivo de convertirse en compromisario y disfrutar de modo vitalicio del abono de la localidad. Lo que fuera para ingresar dinerillo fresco. ¿Qué requisitos se precisaban para ganarse tan notable distinción? Fácil: ser ya socio y aportar a fondo perdido doscientas mil o doscientas cincuenta mil pesetas, sin que la cifra definitiva quedara aún clara. Un fortunón, en cualquier caso. Solo conviene recordar que, por ese precio, en la Barcelona de entonces te comprabas un piso de los de cuatro habitaciones. Más que amor incondicional a los colores, debías lucir un bolsillo de categoría.

159. AYUDAR AL CLUB

Aquel cónclave de la Comisión Económica fue convocado para dar con vías que aligerasen la formidable carga del club. Al margen del recurso fácil de aumentar las cuotas de socios y lo comentado sobre socios honorarios, también se estudiaron otros incentivos, recompensas o distinciones que pudieran concederse a los asociados que hicieran entrega de cualquier cantidad, la que fuera, a fondo perdido. Y en el acta, lo justificaban así: «Ya que debe facilitarse a toda la gran familia barcelonista la posibilidad de ayuda al club en la actual coyuntura económica». Solo les faltaba añadir que estaban desesperados.

160. BANDERA DE UNIDAD

La asamblea de compromisarios del 28 de septiembre de 1961 resultó bastante distraída. Obsesionado por recobrar la cohesión de la muy dividida familia barcelonista, el presidente Llaudet soltaría en su discurso una de aquellas frases nacidas para ser titular: «Nosotros queremos ser abogados de la unidad del Barcelona, no fiscales de su desintegración». Poco después insistía en la cuestión: «Para que haya unidad tiene que haber buena fe por parte de todos. Hay que desterrar la maledicencia, la discrepancia, el rencor y la lucha de banderías, con la que el Barcelona ha sido en los últimos tiempos el hazmerreír de España». En aquella época de dictadura, el modelo organizativo óptimo y envidiable en el fútbol estatal lo encarnaba el Real Madrid, donde reinaba Santiago Bernabéu, un presidente que no sufría la menor oposición interna y había convertido al equipo merengue en «el mejor embajador de España» a base de Copas de Europa. O sea, mejor que democracia participativa, el ejemplo radicaba en un régimen autoritario sin réplica posible. Qué curioso, igual que lo que sucedía entonces en España...

161. TODOS CULPABLES

Aquel día, el ambiente de la asamblea estaba realmente cargado. El presidente quería solicitar a los compromisarios la aprobación de un aumento de las cuotas de socio para hacer frente a la grave crisis económica, pero era *vox populi* que los asistentes solo darían su aprobación si, a cambio, se exigían responsabilidades a la anterior junta por el monstruoso gasto generado en la construcción del Camp Nou. El siempre pasional Llaudet no rehuyó el combate: «¿Exigir responsabilidades? De acuerdo, pero hay que exigírselas a todos los compromisarios que pasaron por las asambleas, a todos los socios que actuaron de censores de cuentas y a todos cuantos pasaron por las juntas directivas, incluido yo. Una cosa es la liberalidad y la alegría en ciertos gastos, y otra es decir que esa liberalidad supone malversación de fondos, y que quien gasta dinero del club, sin regatearlo, es un ladrón. Es muy sencillo decir que se ha robado, y si bien ello entra dentro de lo posible, en tal caso hubiera sido conocido por mí, y yo les juro, como que estoy aquí presente, que a estas horas ustedes ya sabrían quién es el ladrón. La obra realizada ha sido muy grande, y cuanto más grande es, más propicia es a cometer errores. No es lo mismo hacer un gallinero que un estadio. Pero cometer errores, a los que todos estamos expuestos, no es robar».

El problema consiste en que «los errores» se podían cuantificar al saltar desde un presupuesto inicial de 66,6 millones de pesetas a una formidable factura definitiva de 288 millones que dejó al club arruinado. Conviene no olvidar la historia para no repetirla. Y es necesario recordar también que nadie se hizo responsable de aquel desastre histórico, con el que cuesta superar la sospecha de enriquecimiento ilícito, difícilmente denunciable en tiempo de dictadura. Para situarlo en palabras de Llaudet, aún hoy desconocemos quién fue el ladrón sin escrúpulos, capaz de comprometer el futuro de una entidad que no empezaría a respirar tras tan monumental batacazo hasta la venta de Les Corts, consumada en 1966..., nueve largos años después de la fastuosa inauguración del estadio, construcción que situó al club al borde de la suspensión de pagos durante casi una década. Imaginad qué larga desazón.

162. DE MISA

Parece ser que el 25 de noviembre de 1961 se produjo una especie de sobrenatural aparición mariana en el cónclave de la comisión de secciones deportivas del Barça, formada por el presidente Enric Llaudet y los directivos Joan Piera y Antoni Riera. O se les apareció la Virgen o no se comprende bien la beata decisión que tomaron aquel día: «Aprobar el proyecto de celebrar una misa los domingos en el Estadio del C. de F. Barcelona, fijándose la hora a las 10.30, ya que una vez consultados los delegados de las secciones consideran que es esta la más oportuna». Ese aprovechamiento de la capilla del Camp Nou habría entrañado mayor sentido si se pretendía rogar por la intervención divina para superar las crisis deportiva y económica del momento, que resultaban literalmente infernales. Al margen de ironías, un inequívoco signo de sumisión a la muy católica España de entonces.

163. INMOBILIARIA FCB

Tras la espiritualidad religiosa, el crudo materialismo. Pocas semanas después, el 31 de diciembre de 1961, el club organizó un referéndum entre los socios centrado en el criterio que se debía seguir en la inacabable crisis suscitada por la venta pendiente de Les Corts, cuestión totalmente prioritaria vista y comprobada la desesperante falta de liquidez económica. Aquel día, de los cincuenta y cuatro mil socios con los que contaba el club votaron unos escasos 4956, cifra que, la verdad, no resultó muy representativa. Entre las tres opciones por escoger, el resultado fue el siguiente: creación de una inmobiliaria del FC Barcelona, «para construcción de viviendas de renta limitada, reservadas a los socios del C. de F. Barcelona, que podrán adquirirlas en propiedad en varios plazos», 4031 votos; venta del terreno edificable, una vez aprobada por el Ayuntamiento de Barcelona, 540 votos; y, finalmente, conservación sin más del estadio de Les Corts, 12 votos. También se registró la desorbitada cifra de 373 votos nulos. Según palabras del presidente Llaudet, con esta inmobiliaria azulgrana, «no es aventurado suponer que mil viviendas serían cubiertas, en el acto, desde nuestras propias filas. Podrían albergar cuatro mil socios de nuestro amado club, a menos de quinientos metros de nuestro gran estadio».

Naturalmente, primero había que pasar por la condición indispensable de la recalificación de los terrenos de Les Corts desde zona verde a zona edificable, trámite que no se consiguió hasta el 13 de agosto de 1965, según decreto aprobado en consejo de ministros. La calificación de verde privado se reconvirtió en ensanche intensivo, la máxima edificabilidad posible según las ordenanzas, aunque a aquellas alturas el club ya había abandonado la idea de crear una inmobiliaria propia y lo que quería era vender los terrenos de Les Corts como fuera, meta que se alcanzó finalmente en mayo de 1966.

164. DESESPERADOS

A finales de 1961, la directiva estaba desesperada, incapaz de encontrar salida a la asfixiante crisis económica generada por el coste del estadio, agravado entonces por la acumulación de intereses y amortizaciones de las obligaciones hipotecarias y bonos de caja emitidos para afrontar la terrible factura. Atado de pies y manos, en diciembre de aquel año, el presidente Llaudet lanzaría un «proyecto de ayuda social» para salvar las cuentas del club, que sería también conocido como «Operación Estadio». Tal como se publicó en el boletín del club, el momento era de «realidades constructivas» y no «de lamentaciones, de lanzar la vista atrás o de pedir responsabilidades». La Operación Estadio, digamos que nada original, consistía en que el club aceptaría hasta el 30 de junio de 1962 aportaciones económicas voluntarias de los socios y simpatizantes barcelonistas. Las cantidades sugeridas oscilaban entre un mínimo de cien y un máximo de cien mil pesetas por cada aportación individual. Estos donativos podían ser a fondo perdido o a reintegrar sin intereses cuando el Barça vendiera el campo de Les Corts.

165. DÁDIVAS A CAMBIO

Como premio a tan altruista modo de rascarse el bolsillo, el club estipuló una serie de contrapartidas honoríficas. Así, quienes aportasen cien mil pesetas, poca broma, eran nombrados compromisarios vitalicios. A partir de aquí, se había diseñado la figura de socio protector en distintas versiones, que podían ser de mérito, de honor, preferente o protector sin más, en función de la cuantía de la aportación económica. Conste, si es necesario, que cien mil pesetas de aquellos tiempos significaban una barbaridad, imposible alcanzar para cualquier economía de clase media.

166. OPERACIÓN FRACASADA

A pesar del encomiable y desinteresado esfuerzo económico de muchos socios y aficionados, la Operación Estadio acabó siendo una gota de agua en el desierto y su trascendencia en las cuentas azulgranas resultaría prácticamente nula. Así, la deuda del club, que el 30 de junio de 1961 era de 281 millones de pesetas, había aumentado a 289 un año después, a pesar de los cuatro millones y medio de pesetas recaudados entre la sufrida masa social barcelonista. Solo Gamper, por citar la máxima divinidad azulgrana sin caer en irreverencias, sabe el calvario que pasó el pobre presidente Llaudet en aquellos negros tiempos de desolación económica. Encima, la gente continuaba exigiendo un equipo competitivo, y eso, claro, implicaba renunciar a recortes drásticos.

167. CADA CUAL, LO QUE PUEDA

En cualquier caso, esta terrible coyuntura dio lugar a algunas anécdotas pintorescas, como aquella enternecedora imagen, recogida en este libro, en la que se ve a tres niños de la Peña Barcelonista de Premià de Mar que, acompañados por Llaudet y Kubala, esgrimen sendas huchas de barro con el escudo azulgrana, dispuestos a realizar su humilde óbolo al FC Barcelona. O el caso de aquella «estudiante jovencísima», Núria Archs, que enviaba cinco pesetas reservadas «de la subvención familiar que se le otorga para la adquisición de revistas infantiles». Vaya, que la chica se privó durante una temporada del *TBO* y el *Pulgarcito* semanales. Todo por la causa azulgrana. Después dirán de los viejos aficionados, dispuestos al sacrificio altruista.

168. DEBER DE RIVAL

La aportación más original de aquella conmovedora Operación Estadio, por lo que tiene de insólita, llegó de un aficionado del Espanyol llamado Jorge Valdés. Esta es la carta que el señor Valdés dirigió al presidente Llaudet aquel diciembre de 1961:

> Soy españolista acérrimo desde los cinco años. Y cuento ya cincuenta y seis. Me han pegado y he pegado, en los legendarios «carruseles» que, con intervención de los romanones a pie o a caballo, se organizaban en el campo de la Escupidera (calles Industria y París) y en el

terreno del Español (en las calles de Muntaner y Casanovas) por un quítame allá ese *offside*.

Pero considero que cumplo un deber de catalán y deportista contribuyendo con algo a aliviar la crisis económica del eterno rival, por lo que con esta fecha impongo a favor de este club un giro postal por el importe de cien pesetas, lamentando solo que mi aportación no pueda ser más cuantiosa.

Quiero hacer constar que esta aportación se hace con la condición de «no simpatizante» y, naturalmente, a fondo perdido.

El señor Valdés nos ha dejado sin palabras ni comentarios.

169. APAÑOS VARIOS

La situación provocó que muchas personas, barcelonistas o no, se dirigieran al presidente Llaudet para plantearle sus particulares soluciones a tan grave problema. Así, el 26 de diciembre de 1961, un socio del Real Madrid, conmovido por la terrible crisis de su gran rival, escribió una carta al FC Barcelona para exponer su idea: la emisión de unos sellos oficiales de correos «Pro C. de F. Barcelona», por valor de cincuenta céntimos y una peseta, que se unirían (voluntariamente, claro) al sello normal en las misivas enviadas. La carta del socio merengue acababa con este tierno y bienintencionado discurso, aparentemente desprovisto de cualquier tipo de ironía: «Existen muchos simpatizantes fuera de su región que verían con este sistema la manera de aportar su grano de arena. Todos los clubs españoles se darían la mano con este buen fin, porque es mucho lo que hay que agradecer a su club en varios sentidos. [...] Un problema deportivo afecta a todos los deportistas, sin distinción de bandería. Sé que muchos socios de mi club no desatenderían esta idea, porque todos nos sentimos unidos en la gran familia del fútbol». Francamente, no estamos tan seguros. Pero esa solidaridad toca la fibra: la buena gente abunda, por suerte.

170. BANCO BARÇA

Pocos días después, el 6 de enero de 1962, un socio entregaba su regalo de Reyes al club en forma de propuesta para superar el marasmo económico. En este caso, la idea consistía, directamente, en convertir el FC Barcelona en una caja de ahorros. Para defender su ocurrencia, el hombre planteaba esta pregunta retórica: «¿Por qué no organizar nuestro club, con la colaboración de alguna entidad bancaria, como una gran caja de ahorros para que sus socios y simpatizantes pudieran depositar las modestas o grandes economías en las libretas expedidas al efecto, abonando, como cualquier otra entidad, el dos por ciento de interés?». Ay, señor, si Gamper hubiera levantado entonces la cabeza... Bien pensado, y ya en este siglo XXI tan mercantilizado, mejor no dar ideas, no sea que alguien las crea brillantes y aplicables en la praxis.

171. EL NARCISO KUBALA

Ay, Laci, menudo personaje... Único, irrepetible... y también muy suyo. Cuando Llaudet le nombró entrenador del FC Barcelona en noviembre de 1961, Ladislao Kubala tenía treinta y cuatro años y apenas cumplía cinco meses con las botas colgadas. Aunque su declive físico fuera evidente, el crac húngaro conservaba intactas sus inmensas cualidades técnicas. De hecho, durante su efímera etapa al frente de la Escuela de Futbolistas del club, a menudo obsequiaba a sus jóvenes y admirados alumnos con demostraciones gratuitas de su magistral toque de balón. Pero una cosa son los chicos, y otra, gente madura, de los que ya se afeitan y viven de eso.

Aterrizado en el banquillo del equipo, le tocó mandar a veteranos que acababan de ser sus compañeros. Y así, con los Gràcia, Villaverde, Evaristo, Segarra, Kocsis, Gensana, Vergés y selecta compañía convertidos en discípulos, al mito reciclado en míster se le ocurrió una idea para continuar como protagonista absoluto. En los entrenamientos con público de Les Corts, Kubala repartía un esférico a cada jugador para que hiciera malabarismos, con la excusa de mejorar su toque. Allá iba él primero, naturalmente. Aún era el más hábil con el balón, con la diferencia de que ya era el entrenador. Lo pretendiera o no, el ejercicio terminaba por sistema con el público aplaudiendo a Kubala y burlándose de los futbolistas a base de comentarios tipo «menudo baño os está pegando el míster». Este ejercicio de narcisismo nada disimulado cayó fatal en el vestuario. Claro, y el domingo, ¿quién jugaba, Kubala o los futbolistas? ¿A qué venían tales exhibiciones para dejarlos con las vergüenzas y limitaciones técnicas a la vista cuando eran los chicos quienes debían sacarle las castañas del fuego? Por lo tanto, la cosa acabó como acabó: fatal.

172. Y CÉSAR, IGUAL

Ya que estamos en esas, César Rodríguez, otro de los mitos sagrados del barcelonismo, guardaba cierto paralelismo con su amigo Kubala, pues llegaría a ser técnico del Barça, en la temporada 63-64, cuando aún añoraba su etapa como jugador. El Pelucas se encargó del primer equipo azulgrana con cuarenta y tres años, apenas tres después de abandonar el fútbol profesional en las filas del Elche. Por lo tanto, aún tenía el gusanillo vivo. Cuando terminaba los entrenamientos en el estadio, César organizaba un partidillo entre sus pupilos, y él se alineaba en uno de los dos equipos. Era tan competitivo que los partidos duraban media hora si su equipo ganaba. En caso de derrota momentánea de su bando, seguían adelante hasta remontar el marcador, costara lo que costara. César solo señalaba el camino de las duchas si había vencido. ¡Cómo son los divos!

173. HOMBRE, LLAUDET...

Entre las virtudes del presidente Enric Llaudet no figuraba mostrar buen ojo clínico cuando tocaba fichar refuerzos. Para ratificarlo, fijémonos en lo que comentó en la reunión del Senado azulgrana celebrada el 12 de marzo de 1962: «Creo que si nosotros tenemos un jugador que promete debemos conservarlo, pero comprar promesas, no. Las compras deben ser de jugadores hechos, realidades. Que se preocupen de formar jugadores otros equipos de segunda línea. Para el Barcelona tienen que ser cosas hechas, no como un Amancio, por ejemplo, que nos ofrecía el Coruña por la nimiedad de diez millones y medio de pesetas. Con el agravante, encima, de que estos muchachos, cuando vienen a Barcelona, creen que ya han llegado a la cumbre y que ya es el momento de descansar. Por otra parte, la ciudad les viene grande, llevan una vida más o menos normal, pero la promesa no se confirma y no llega a ser realidad. No, la Escuela de Jugadores para los nuestros, para los de aquí. Los de fuera que se adquieran deben ser ya jugadores hechos, realidades».

Hombre, tampoco se podía asegurar que el Barça sacara futbolistas de la cantera como churros... Por cierto, este Amancio Amaro, extremo derecho de veintidós años que destacaba en el Deportivo de La Coruña, acabaría fichando por el Real Madrid en junio de 1962 por doce millones de pesetas. Fue una apuesta personal del presidente Santiago Bernabéu, quien acertó de lleno en la diana. El Brujo se retiraría en el Madrid catorce años después, con 471 partidos jugados y 155 goles con la zamarra blanca. Otro más para añadir a la larga lista de figuras que hubieran podido gozar de un destino distinto en su vida deportiva.

174. TEMPERAMENTAL ES POCO

Por si alguien aún desconoce el carácter de tan peculiar personaje, Enric Llaudet hacía honor a su bien ganada fama como el presidente más desinhibido y temperamental de la historia azulgrana. No mostraba ningún tipo de manía para soltarlas tal cual. Según reza el dicho, «quien dice las verdades, pierde las amistades». Poco le importaba eso al ya fallecido empresario textil, hombre de gran fortuna, generoso con el club y a menudo menospreciado pese a que le tocara capitanear la nave en tiempos muy difíciles, los de la incesante tempestad que los amantes de la historia culé conocen como «la travesía del desierto», la infausta década de los sesenta.

Esta franqueza extrema aún era peor cuando se hallaba rodeado por gente de confianza. En una ocasión, en 1963, Llaudet desayunaba con algunos profesionales de la información y se iba calentando, enfadado por alguna crítica que consideraba injusta. De repente, soltó a tan selecta concurrencia «Sois unos muertos de hambre. Sois periodistas porque no servís para nada más, y en lugar de bolígrafos deberíais llevar pistolas». Y se quedó tan ancho.

175. CONCENTRADOS AL MINUTO

A comienzos de los sesenta, el Barça tenía planificada una agenda inamovible de concentración antes de los partidos en casa. Un hotel del Tibidabo servía como nido de reclusión, y los horarios de cada actividad, según consta en el boletín de noviembre de 1962, eran estos:

SÁBADO:
Salida hacia la concentración desde el Camp Nou 12.30
Comida 13.30
Paseo por los alrededores 14.15
Siesta-descanso 15.00
Charla de fútbol teórico 16.30
Ajedrez-lectura-ocio 17.30
Sesión cinematográfica 18.30
Cena 21.00
Paseo 22.00
Descanso 22.30

DOMINGO:
Levantarse 10.00

Desayuno 10.15
Libre 10.30
Misa 11.15
Comida 12.00
Siesta-descanso 12.45
Salida hacia el estadio 14.15
Precalentamiento 15.30
Salida al terreno de juego 15.55
Inicio del partido 16.30

Sí, dormían once horas y media y, al día siguiente, aún se recreaban con una siestecilla de hora y media. Así pues, el grito del aficionado culé cabreado, «¡Estáis dormidos!», tan habitual en aquella época, no se correspondía con la realidad. En teoría, habiendo dormido tanto debían andar bastante despiertos.

176. PALCO LLENO

En la noche del 15 de octubre de 1963, el Camp Nou ofrecía una imagen sorprendente. Las gradas estaban casi vacías, con apenas 18 694 incondicionales que se habían acercado a presenciar un poco atractivo Barça-Shelbourne, partido de vuelta en los dieciseisavos de final de la Copa de Ferias con escasos alicientes. Y más si valoramos que, en la ida disputada en Dublín, los hombres entrenados por César Rodríguez ya habían doblegado al conjunto irlandés por 0-2. El vacío en el panorama contrastaba con el entonces reducido palco presidencial, lleno a reventar, con multitudinaria presencia de franceses, holandeses, ingleses, belgas, austríacos e incluso polacos y rusos llegados desde el otro lado del Telón de Acero. Esta invasión extranjera estaba formada por ochenta y ocho delegados de la UEFA que arrasaron las existencias de canapés del estadio mientras presenciaban la victoria azulgrana por 3-1 a la espera del sorteo para las siguientes eliminatorias europeas, que se celebraría en Tarragona tres días después. Ya que andaban de turismo, aprovecharon la ocasión, solo faltaría.

177. INVITACIÓN DE PASEO

El arquetipo humano de Enric Llaudet, ya lo sabéis, puede ser el de un hombre que encarnaba arrebato y desinhibición. No mostraba reparo en autoproclamarse campeón de la honradez y la buena gesción, virtudes imprescindibles para mantener la supervivencia del club tras el desenfreno vivido en la etapa anterior. Cuando se trataba de lucir sus puntos fuertes, Llaudet usaba una anécdota que repetía, muy orgulloso, mil veces en público. Según el presidente, a mediados de 1964, un socio de la zona de general de pie le había explicado que sentía mareos y malestar desde tiempo atrás. Él lo interpretaba como consecuencia de la sensación de agobio que padecía al verse rodeado por tanta gente en el Camp Nou. Un especialista sospecharía hoy que era agorafobia, pero entonces se desconocía su existencia.

Pues bien, este buen hombre le pidió a Llaudet el favor de proporcionarle una invitación de paseo, ya que, de este modo, vería los partidos con mayor tranquilidad. Llaudet accedió, aunque con la condición de que cada vez que fuera a las oficinas para recoger el pase, dejara su carné en depósito. Entonces, el hombre, complacido, le dijo al presidente: «Usted, señor Llaudet, vigila cualquier posibilidad de trampa que se le pueda hacer al Barcelona. Eso me gusta y me convence de que, muy pronto, pagaremos las deudas y seremos nuevamente los mejores. ¡Qué magnífica administración debe llevar usted!». La anécdota convertida en categoría a voluntad del interesado.

178. LOS FENÓMENOS

¿Otro ejemplo del famoso arrebato de Llaudet? Situémonos en el 17 de octubre de 1965. El Barça de los Sadurní, Benítez, Olivella, Eladio, Müller, Gallego, Rifé, Pereda, Re, Montesinos y Seminario pierde en el Camp Nou ante el Atlético de Madrid de manera estrepitosa por 1-4. Es la séptima jornada de Liga y los hombres que entrena Roque Olsen caen a la octava posición, a cuatro puntos del líder, el Valencia. Dos días después, un furioso presidente azulgrana, aún en caliente, carga de mala manera contra sus propios futbolistas: «Casi estoy por decir que, hoy por hoy, algunos de nuestros jugadores prefieren que no los llamen para jugar. ¡Así están más tranquilos! No pueden darse casos como los de jugadores que, al acabar el partido, piensan más en sus negocios particulares que en su rendimiento deportivo. ¡Así no se puede rendir en el campo! El interés que demuestran a la hora de cobrar deben demostrarlo, también, a la hora de jugar. Los fenómenos que se califican en el momento de pedir aumento de sueldo han de demostrarlo ante el contrario. Y la realidad es que, siendo buenos, no son los fenómenos que se creen». Llaudet era de los que no se generan mala sangre. Antes, prefieren soltarlo todo.

179. EL APÓSTOL ALIADO

Visto el calvario deportivo y económico sufrido por el Barça durante la maldita travesía del desierto, no quedaba otra que encomendarse a los santos. Y lo probaron, por si caía alguna ayuda celestial. El 27 de septiembre de 1965 se pusieron directamente en manos del apóstol Santiago. El equipo, entrenado por Roque Olsen, había perdido el día anterior en el campo de Pasarón contra el Pontevedra por 2-0 ofreciendo una imagen penosa. Encajado el mal trago, la desmoralizada expedición barcelonista se dirigió a Santiago de Compostela para ganar el jubileo del Año Santo Jacobeo. Ya ante el apóstol, el vicepresidente Josep Maria Gibernau se arrodilló humildemente y realizó la ofrenda con un discurso asaz rancio, en el que usó el fútbol como excusa hacia caminos sobrenaturales: «Nos individualiza una finalidad deportiva, pero el ideal perseguido (competitivo y pedagógico a un tiempo) debe subordinarse al supremo valor religioso». Como si el santoral marcara goles, perdonad la irreverencia.

Gibernau, un acérrimo tradicionalista militante de Falange y que había luchado en el bando franquista durante la guerra, deseó también que no menguara «la caridad evangélica» del Barça y que la gente fuera «más pura y santa». Ya en camino de lo que interesaba, el entonces vicepresidente también rogó al patrón de España su «sobrenatural auxilio» para perseverar en la fe católica del FC Barcelona. En cualquier caso, el apóstol Santiago no escuchó las piadosas palabras de Gibernau, ya que, en la siguiente jornada de Liga, el Barça volvería a tropezar, esta vez en el Camp Nou por 1-2 ante el Valencia. Desconocemos si así aumentó la nómina de ateos y agnósticos entre la parroquia culé.

180. CLAVOS ARDIENDO

Proseguimos en la época de durísimos mendrugos para los culés. Entonces, cualquier indicio positivo, por leve y débil que fuera, podía servir como clavo ardiente donde agarrar la esperanza, aquello que, según el tópico, es lo último que perdemos. Fijaos, pues, en la alegre afirmación publicada en la revista oficialista *Barça* el 30 de septiembre de 1965: «Desde la tribuna tenemos ocasión de ver a Ángel Mur y a Claudio Pellegero con rostros más confiados que en la temporada pasada». Vaya, que si el masajista y el cuidador lucían mejor cara, el Barça estaba salvado e iba a ganarlo todo.

Quizás acababan de cobrar el sueldo y punto, vete a saber. Cuando menos, un detalle bastante significativo sobre el estado de ánimo colectivo, prensa propia incluida.

181. SUEÑOS IMPOSIBLES

Los «rostros confiados» de Mur y Pellegero habían resultado vana ilusión, ya que una ristra de derrotas en la Liga provocó que, a finales de noviembre de 1965, el equipo azulgrana deambulara por la parte baja de la clasificación, ya sin aspiraciones de nada. Como la sufrida afición culé necesitaba urgentemente un revulsivo moral, la dirección de la revista *Barça* alumbró una idea genial: el 24 de noviembre y el 1 de diciembre publicó sendos reportajes consecutivos fabulando sobre los posibles fichajes de dos figuras mundiales del momento como Eusébio y Pelé. Ya puestos a pedir, como la frustrada dupla Kubala-Di Stéfano en versión años sesenta.

Los ánimos de los lectores de la revista oficialista azulgrana mejoraban por fuerza cuando leían como Eusébio, la perla negra del Benfica, declaraba en sus páginas: «El Barça me gusta, se trata de un gran club. No tendría la más mínima duda en jugar en el Barcelona». Claro que salivaban, los pobres, teniendo en cuenta que el delantero portugués de origen mozambiqueño había marcado con el Benfica 48 goles en 36 partidos de la temporada 1964-65. El nivel de endorfinas barcelonistas daría un salto exponencial una semana después al leer que el mejor jugador del mundo, *O Rei* Pelé (64 goles en 48 partidos con el Santos en 1965), confesaba: «Si me fichara el Barcelona me sentiría satisfecho y honrado». En realidad, tan amables palabras apenas eran fraudulentas cortinas de humo, ya que, en aquella época en España, estaban vetados los fichajes de futbolistas extranjeros (recordad el caso Da Silva). Encima, aquel arruinado Barça de los años sesenta nunca habría tenido la menor posibilidad de fichar a figuras tan rutilantes como aquellas. ¿Y por qué lo publicaban, pues, sabiendo que eran refuerzos imposibles? Recurramos al tópico: dicen que de ilusión también se vive…

182. IR COBRANDO

Desconocemos si la venta de los terrenos del antiguo estadio de Les Corts, que se produjo finalmente el 18 de mayo de 1966, generó entre la masa social barcelonista algún tipo de euforia económica desmesurada, como aquella sensación de poder bañarse en enormes montañas de dinero a la manera del Tío Gilito de Walt Disney. Si así fue, la letra pequeña de la operación tenía que, por fuerza, enfriar el ambiente de euforia, meter cierta sordina al ruido. El contrato de compraventa, firmado por el presidente Enric Llaudet y la inmobiliaria Habitat, estipulaba la entrega en ese preciso momento de 20 millones de pesetas, 10 millones más dentro de los treinta días hábiles siguientes, y los restantes 196 en 49 plazos mensuales de cuatro millones de pesetas cada uno. Es decir, 226 millones de pesetas, aunque no al contado, sino en un teórico plazo de cuatro años, a pequeños sorbos y con algunas ulteriores demoras en el cobro, todo hay que decirlo. En cualquier caso, suficiente para ir tirando y un gran alivio para las sufridas finanzas del club, ya que así se pudieron ir amortizando las obligaciones hipotecarias y bonos de caja emitidos en la década de los cincuenta para sufragar la construcción del Camp Nou. Mirándolo desde la distancia, igual el socio vio la histórica foto de Llaudet blandiendo el primer talón y creyó que los compradores lo pagarían todo de golpe, de ahí tanta felicidad. Pues no, volvamos a precisar: como dicen los ganadores de la lotería cuando recurren al tópico, dinero para tapar agujeros y basta.

183. UN MONUMENTO CLÁSICO

Quizás influido por esta tendencia a considerar que el Barça nadaba en la abundancia pecuniaria tras la venta de Les Corts, en septiembre de 1968, el aficionado Juan Muntané presentó al club el esbozo del faraónico anteproyecto de un «edificio cultural, museo y exposición» del FC Barcelona. El dibujo de la idea de Muntané, que reproducimos en este libro, venía a ser una especie de enorme palacio grecorromano, de un tamaño capaz de causar envidia al propio Kim Jong-Un, el dictador de Corea del Norte. Situado en la zona verde de los terrenos de la Masia del Camp Nou, sus cuatro plantas y subterráneo tenían que albergar salas de conferencias, cines, oficinas, museo, exposición de esculturas, pinturas y fotografías, bar, restaurante y aparcamiento. Para rematar la imagen de magnificencia, a un lado se podía ver un grandioso monumento al *Avi del Barça,* de una envergadura similar a la del Coloso de Rodas. ¿Y cómo iban a pagar aquel delirio arquitectónico? Muy fácil. El ideólogo aseguraba que se convertiría en real gracias a las entradas, los aparcamientos, los permisos de los expositores, las consumiciones en el bar y el restaurante. Y dos huevos duros, que diría Groucho Marx.

184. EL INCANSABLE MUNTANÉ

No nos consta que el señor Muntané recibiera respuesta por parte del club, pero al parecer este hombre no era de los que se desaniman fácilmente. En febrero de 1973 volvió a contactar con el Barça, esta vez para presentar un anteproyecto de hotel residencia de alta montaña, destinado a los «directivos, empleados, jugadores, entrenadores, deportistas, socios y simpatizantes» del FC Barcelona. La familia azulgrana al completo podría alojarse en esta grandilocuente edificación, imaginamos que ideada a nivel de cinco estrellas. Otro proyecto irrealizable, aunque el incansable Muntané aún persistiría en su pasión azulgrana, ya que, en julio de 1974, ideó una especie de megapuente colgante que, sujetado por dos inmensos pórticos, debía cruzar el Camp Nou desde el gol norte hasta el gol sur para, según parece, protegerlo del calor, el frío y la lluvia. Y una vez más, la misma orden desde arriba: «Haced el favor de archivarlo».

185. NO A GAMPER

Tras largos años de vivir bajo un horizonte negro como el carbón, en el verano de 1966 reinaba, por fin, cierto optimismo en el FC Barcelona. Gracias a la venta de los terrenos de Les Corts, la situación económica se había estabilizado. En consecuencia, la mayoría absoluta de los culés creía (de manera errónea, por desgracia), que los éxitos deportivos llegarían pronto.

En tal contexto, el presidente Llaudet decidió la creación de un torneo veraniego que llevara el nombre del fundador, Joan Gamper. Entonces era habitual convocar a la afición a grandes amistosos estivales, como los clásicos Ramón de Carranza en Cádiz o el Teresa Herrera gallego. Así, a falta de televisión, las aficiones conocían los nuevos refuerzos, renovaban ilusiones ante la inminente temporada, mataban el gusanillo de fútbol tras una larga espera y las instituciones ingresaban buenos dineros, entre la larga colección de evidentes ventajas.

En este caso y de este modo, la directiva del club realizaba una especie de desagravio hacia la figura de Gamper. Al margen del ostracismo del personaje por parte del franquismo, esta reivindicación parecía casi obligada en orden interno. En septiembre de 1965, un referéndum entre los socios barcelonistas, llamados a escoger nombre oficial para el Camp Nou, había dado como ganadora la opción «Estadio del C. F. Barcelona», con 12 434 votos, muy por delante de «Estadio Juan Gamper», que solo obtuvo 9389 sufragios y quedó incluso en tercer lugar, superado por «Estadio Barça», con 10 484 votos. Ironías de la vida culé: diez años después, el socio azulgrana apoyaba así al jerarca franquista José Moscardó, quien en 1955 prohibió a Miró-Sans que el nuevo estadio del Barça llevara el nombre del fundador del club. Precisemos que, bajo la dictadura, cualquier nombre debía ser forzosamente en castellano.

186. LA «Y» MANDA

Curioso, realmente curioso lo que le sucedió a una peña barcelonista fundada en los años sesenta, según publican en su web: «Aunque nuestra peña está activa desde 1961, no fue hasta 1966 cuando se constituyó oficialmente a causa de que la letra «i» y la palabra «*penya*», que aparece en nuestro nombre (Gran Penya Barcelonista de Tarragona i Província), no fueron admitidas como nombre fiscal según el régimen franquista, por lo que se tuvo que cambiar por la "y" para que se pudiera constituir». Y así quedó aprobada con el nombre, en castellano por imperativo legal, «Gran Peña Barcelonista de Tarragona y Provincia», que en Madrid se entendía mejor, por lo visto.

187. PUJOL, EL PADRINO

Hijo del presidente azulgrana Agustí Montal Galobart (1946-52), Agustí Montal Costa inició su trayectoria directiva en el FC Barcelona el 17 de enero de 1968, cuando formó parte de la nueva junta de concentración de Narcís de Carreras con el cargo de vicepresidente. Tanto él como el directivo Raimon Carrasco fueron apadrinados por Jordi Pujol, a la sazón joven activista nacionalista que mantenía una intensa actividad social y cultural. Así, Montal y Carrasco, que con posterioridad alcanzarían la presidencia del Barça, representaban el sector más netamente catalanista en el equipo de Narcís de Carreras. En palabras del propio Jordi Pujol, según escribió en una carta dirigida a su amigo Montal el 3 de diciembre de 1967, «intento dibujar este núcleo netamente "montalista" que, por un lado, pueda ir fortaleciendo tus, y en general nuestras, posiciones dentro del club, a años vista. Decíamos que a través de este departamento se debería actuar sobre las peñas, sobre los filiales, sobre los deportes que no son el fútbol (secciones), sobre los equipos catalanes (de pueblo y de barrio), que sea posible. Deberíamos incluir las "relaciones públicas" y las publicaciones del club. Lo ideal, además, consistiría en que esta acción fuera responsabilidad directa del vicepresidente primero (es decir, tuya) o de un vocal especialmente encargado (para tal caso, sería oportuno que el cargo pudiera ser ocupado por Raimon)». La estrategia quedaba clara.

188. HACER PAÍS

Podemos colegir, pues, que en aquella época la afinidad del futuro presidente de la Generalitat con el Barça se basaba más bien en el interés por el fenómeno sociológico azulgrana, muy permeable a su proyecto de «hacer país», de fomentar la catalanización de una sociedad desmembrada por la dictadura franquista. La afición puramente futbolística de Jordi Pujol quedaba en segundo término, como lo demuestra significativamente que escribiera la citada carta dando consignas a Montal un domingo por la tarde, mientras el Barça jugaba un partido de Liga en el Camp Nou ante el Pontevedra. De hecho, en el mismo texto de la misiva, Pujol se veía en la necesidad de justificarse: «Aunque también me gusta que el Barça gane. Hace poco, la radio ha dicho que el Barça ha marcado un gol espléndido: es el 3-0». En efecto, el tercer gol azulgrana (el partido acabó 4-0) fue sensacional, en jugada personal de Jorge Alberto Mendonça. Aquella tarde, tanto el delantero angoleño como Carles Rexach hicieron las delicias del Camp Nou, aunque al final la Liga 1967-68 fue para el Real Madrid, como era costumbre.

189. LA FAMOSA FRASE

Y ya que hablamos del expresidente de la Generalitat, apuntemos de paso que Jordi Pujol podría arrogarse la autoría de la mítica frase «*El Barça és més que un club*», ya que la redactó casi seis años antes de que la pronunciara Narcís de Carreras en su discurso de toma de posesión como presidente azulgrana del 17 de enero del 68. En efecto, Pujol escribió la famosa sentencia en una carta enviada a su esposa Marta Ferrusola desde la prisión de Torrero en Zaragoza, el 3 de marzo de 1962: «Tú me dirás que el fútbol ya no es un deporte, y tendrás en parte razón: el fútbol de alto nivel se ha convertido en una merienda de negros y en un instrumento de masificación. Pero hay otros aspectos que no podemos obviar. El Barcelona es más que un club de fútbol». Sí, Pujol aún podría pedir derechos de autor. ¿Sorprendidos? No hay para tanto: desde los años veinte, un puñado de personalidades ya iba dándole vueltas al concepto que acabaría haciendo fortuna en certera definición.

190. FIEL AL LEMA

La corta etapa presidencial de Narcís de Carreras, desde enero de 1968 hasta noviembre de 1969, caracterizada por la proverbial irregularidad del equipo y las también habituales disensiones internas, estuvo marcada además por una sincera voluntad de catalanizar el club. Este anhelo de volver a las raíces en el uso de la lengua chocaba, obviamente, con la cruda realidad de una dictadura franquista en la que él participaba como «procurador en Cortes». En cualquier caso, esta fidelidad a la idea del «más que un club», concepto expresado en su discurso de toma de posesión, le valió el reconocimiento de la masa social barcelonista. El 5 de agosto de 1968, treinta socios enviaron una carta colectiva a De Carreras en la que se congratulaban porque «desde el inicio, su mandato se ha marcado por una voluntad de reencontrar la autenticidad del club con un sentido realista y colectivo en todos sus aspectos, entre los que hemos notado el uso de nuestra lengua, que va tomando carta de normalidad en muchos actos sociales».

191. DE MANERA NATURAL

Los firmantes se mostraban agradecidos a De Carreras por «esta noble actitud» y animaban al presidente «para que de una manera natural y progresiva el catalán se convierta en medio de expresión normal y habitual en todas las manifestaciones sociales del club, desde los actos íntimos hasta las palabras dirigidas a los socios, desde los altavoces del campo cuando se den avisos y anuncios, así como también desde las páginas de la revista *Barça*, cuya edición catalana será una prueba de atención que el socio recibirá de vuestra gestión presidencial el día que pueda ser una realidad».

A pesar de esta esperanza, las buenas intenciones de Narcís de Carreras apenas consiguieron plasmación práctica, ya que el catalán no recuperaría la oficialidad en el club hasta julio de 1975 y la revista oficialista *Barça* desapareció en julio de 1976 sin haber tenido nunca una edición catalana.

192. REGLAMENTO DEL 68

El reglamento interno de los jugadores profesionales del FC Barcelona en la temporada 1968-69 contiene interesantes detalles. Sin ir más lejos, el capítulo de las primas por partidos ganados establecía que los triunfos ante el Real Madrid, el Atlético de Madrid, el Espanyol y la U.D. Las Palmas se gratificarían con el doble de la cantidad estipulada para los otros equipos. Puede sorprender la inclusión del equipo canario en este selecto grupo de temibles rivales, pero debemos tener en cuenta que la Unión Deportiva disponía entonces de un equipo formidable que había quedado tercero en la Liga 1967-68 y que acabaría segundo en aquella campaña.

Repasando el texto se desprende que, en aquella época, la disciplina era férrea y estricta, cuando menos sobre el papel: «Durante los entrenamientos y los partidos, tanto en el descanso como al final, quedan terminantemente prohibidos toda clase de comentarios desfavorables o reproches sobre las actuaciones del equipo y de los compañeros. Igual prohibición subsistirá durante los viajes, concentraciones, estancias y demás. Se prohíben, también, las bromas pesadas o de mal gusto, así como cuantas palabras puedan perturbar la buena armonía entre los jugadores».

Por lo que respecta a las relaciones con la prensa, radio y televisión, la consigna a los futbolistas era clara: accesibilidad total, pero vigilad lo que decís. «Los jugadores procurarán atender amablemente las peticiones que les sean hechas por los periodistas deportivos de cualquier tipo de información, pero nunca en sus opiniones deberán juzgar a sus compañeros o entrenador propio y compañeros o entrenador contrario, árbitros, directivos del club propio o ajenos, miembros de la organización deportiva del país o del que se hallen circunstancialmente con motivo de un partido, etc. Los infractores serán castigados por el propio club o incluso lo podrán ser, también, por la Real Federación Española de Fútbol, según la gravedad de la falta que puedan cometer.» O sea, hablad con tópicos y frases hechas, tradición inalterable que ha llegado hasta hoy.

193. CUESTIONARIO ÍNTIMO

Tela con el cuestionario íntimo que, por orden del *staff* técnico del club, los veinticinco jugadores del filial Condal tuvieron que rellenar obligatoriamente en la temporada 1968-69, cuando el equipo militaba en tercera división. Por cierto, de aquella plantilla, Mora, Laredo, Sanjuán y Alfonseda acabarían en el primer equipo. Conviene repasar con atención tan interesantes preguntas. Y disculpad la extensión, pero preferimos no dejarnos ni una. De entrada, un puñado de cuestiones sobre la rutina de sueño de los jóvenes futbolistas: «¿A qué hora acostumbra a acostarse? ¿Le gusta leer en la cama o bien oír la radio o la televisión? ¿A qué hora se despierta usted corrientemente? ¿Y a qué hora se levanta? ¿Su sueño es generalmente tranquilo, es decir, se acuesta y no se despierta durante la noche, sino ya en horas de la mañana? Si no es así, ¿a qué atribuye eso? ¿Suele dormir la siesta? ¿Cuantas horas, según su experiencia, debe usted dormir durante el periodo de intensos entrenamientos y competiciones?». Vaya, ignorábamos que, en aquellos tiempos, los estudios sobre el sueño estuvieran ya tan avanzados.

194. UN TERCER GRADO

Continuamos el interrogatorio. Turno para diversas indagaciones sobre gustos gastronómicos y vicios, rematadas por un par de cuestiones finales que llegaban al meollo de la cuestión: «¿Qué tipo de alimentación prefiere: ¿a base de verduras, de pescados, de carne o mixta? Describa la alimentación corriente de un día de su vida (desayuno, comida, merienda y cena). ¿Qué líquidos acostumbra a beber en las comidas y qué cantidad? ¿Le gusta a usted el alcohol? ¿Qué clase de bebidas alcohólicas prefiere? ¿Fuma usted? ¿Cuántos cigarrillos al día? ¿Qué clase de tabaco, rubio o negro? ¿Cuál es su sincera opinión sobre las concentraciones de fin de semana? ¿Las cree usted de valor positivo o por el contrario piensa que rendiría mejor si le dejaran permanecer en su casa viviendo al ritmo diario de siempre?». Vaya con el tercer grado… Por fortuna, ninguna pregunta sobre sexo. Solo hubiera faltado eso.

195. CURIOSAS CONCLUSIONES

Como ya nos ha picado la curiosidad, ofrecemos las conclusiones de tan exhaustiva encuesta. Al margen de que la mayoría de los jugadores eran unos dormilones capaces de roncar diez horas o más al día, ocho eran partidarios de las concentraciones antes de los partidos, doce se manifestaban en contra y cinco no sabían o no contestaban. Y ya que estamos en modo cotilla, señalamos que diez de los veinticinco eran fumadores habituales y solo tres no probaban nunca el alcohol. Entre los restantes veintidós futbolistas que sí lo consumían, la bebida más popular era el vino rebajado con gaseosa y siempre en las comidas. Eso sí, dos no se cortaban y reconocían que le pegaban al whisky… Cuidarse, lo que hoy entendemos por cuidarse, tampoco se excedían en demasía, francamente.

196. BROMAS PESADAS

Recalquemos que los chicos del Condal cargaban con una merecida fama de gamberretes. Antonio Belenguer, el popular Chato, fue masajista del filial barcelonista desde 1942, en los primeros tiempos del España Industrial. Los jugadores le querían como a un padre y él, a causa de su carácter jovial y sencillo, acababa por ser la diana predilecta de sus bromas. En 1974, Belenguer recordaba, con la sonrisa en los labios, una de las más pesadas: «Una vez, volviendo de Oviedo, mientras iba yo dormido en el tren me ataron los cordones de los zapatos a la parte baja del asiento y me llenaron los bolsillos de ranas. Al despertarme, aquello era una juerga: atado de pies y con ranas saltando de mis bolsillos». Comprobado que Antonio Belenguer emulaba al santo Job como alumno aventajado en paciencia.

197. UN EGO DESMEDIDO

Durante aquellos tristes años de decadencia azulgrana, la falta de brújula se contagiaba del fútbol al baloncesto. Como muestra, el ejemplo del pívot Albie Grant, llegado a la sección en la temporada 1968-69 por recomendación del técnico vasco Xabier Añúa. Grant fue el primer jugador norteamericano profesional fichado por el baloncesto barcelonista, pero decepcionó por completo. Encima, el personaje era un bocazas de manual. Apenas aterrizado, una de sus primeras declaraciones lo dejaba bastante claro: «Conmigo y con siete juveniles buenos, ganaremos la Liga con facilidad». Cabe señalar que Grant era un gran jugador, aunque pronto sufrió graves problemas de convivencia con sus compañeros, que no aceptaban sus insoportables ínfulas de superioridad. Vaya, que el chico no tenía abuela. Con este panorama de enfrentamiento directo en el vestuario, Añúa decidió confinar perennemente a Grant en el banquillo, a pesar de que el Barça se jugaba el descenso a Segunda. Más que reforzar, el primer extranjero debilitaba, qué cosas más extrañas…

198. ¡LÁRGATE, ANDA!

La tensa situación con Grant estallaría el 9 de febrero de 1969, cuando el Barça jugaba en La Coruña contra el Bosco, otro de los equipos que luchaba por no perder la categoría. Las lesiones de Aíto García Reneses y Lluís Costa, así como las eliminaciones de Javier Sanjuán y Xavier Marcó por cinco faltas personales, obligaron a que Añúa pusiera a Grant en pista porque ya no quedaba otro jugador en danza. En lugar de aprovechar la situación y convertirse en salvador, el pívot americano optó por una rastrera venganza. Grant montaría un vergonzoso *show*, fallando intencionadamente dos bandejas fáciles y cuatro tiros libres consecutivos, detalle imposible de creer cuando aquella era su especialidad. Y aún remataría el oprobio al desaprovechar dos tiros libres más sin lanzar a canasta, dejando transcurrir el tiempo de que disponía. Los hombres de Añúa perdieron aquel partido por 63-58, y Grant, como no podía ser de otro modo, fue despedido al instante. Por fortuna, el Barça acabaría manteniéndose en Primera, logro que entonces se consideró un rotundo éxito.

199. ENCIMA, ESPÍA...

Esperad, que el personaje aún dejaría mayor huella. Ya fuera del club, alguien descubrió que Albie Grant trabajaba para la CIA y pasaba informes a Estados Unidos sobre la situación política española, en plena época de conflicto interno en el régimen franquista entre los tecnócratas del Opus Dei y los falangistas de la vieja guardia. Espía y jugador de baloncesto, para alucinar. En aquellos días, la tensión en el panorama político español escalaría con el protagonismo de ETA, que ya había causado sus primeras víctimas mortales en diversos atentados. Y ahora, cerramos el bucle: tras abandonar los banquillos de baloncesto, Xabier Añúa se convertiría en abogado de muchos militantes etarras. Las vueltas que da la vida. Entre Grant y Añúa.

200. ¿Y EL BALÓN?

Mañana del 28 de julio de 1969, primer entrenamiento de la temporada. El entrenador es Salvador Artigas, de cincuenta y seis años y en un estado físico envidiable por su condición de atleta. En la grada, tres mil espectadores curiosos, de esos que no pueden vivir sin fútbol y han contado los días de espera desde el ya lejano último lance de la pasada temporada. Sobre el césped, alguien del club ha colocado un cartel que reza: «Rogamos silencio. Gracias». Los obedientes culés lo respetan, aunque el calor sea de canícula y les gustaría, seguro, comentar al menos la jugada meteorológica. Más que la jugada inexistente: no hay ningún balón a la vista.

Artigas ordena a los veintiún miembros de la plantilla que le sigan. Se ponen a dar veinticinco vueltas corriendo sin parar al rectángulo de juego. Al final, solo llegan Josep Sanjuán, Juan Carlos

Pérez, Pau García Castany... y el propio entrenador. El resto ha abandonado por el camino, incapaces de culminar esta relativa proeza física, seguramente por culpa de los excesos de las vacaciones estivales. ¡Corcho, que era el primer día de trabajo! Antes y después del palizón, los futbolistas tuvieron que pasar por la báscula. Alguno, como el portero Miguel Reina, llegó a perder 2,1 kilogramos en aquella agotadora matinal. El menos deshidratado fue Narcís Martí Filosia, quien solo adelgazó novecientos gramos.

A la mañana siguiente, la prensa deportiva no hablaba de otra cosa y todos aplaudían el magnífico estado de forma del señor Artigas y la paliza que había dado en la sesión inaugural, señal de que sabría dominar a los futbolistas bajo sus órdenes. Mano dura, eso hacía falta. Nadie reparó en un pequeño detalle: ¿dónde estaba el balón si hablamos de futbolistas? En ninguna parte, ya contestamos la pregunta retórica. Otro gesto fútil de cara a la galería, como tantos y tantos que hemos vivido en Can Barça.

201. BASTA, POR FAVOR

De hecho, Artigas ponía en práctica tan rupestre método desde su llegada a la dirección técnica del Barça en 1967. El delantero Lluís Pujol, que estuvo a sus órdenes, explicaba cómo en las concentraciones de Vallvidrera cogían el autobús hasta el monte y desde allí corrían casi una hora hasta el campo de entrenamiento: «La gente iba a ver aquello y, al llegar al campo, ovacionaban a los primeros y pitaban a los últimos. Yo lo pasaba muy mal. A veces bajaba las cuestas de culo, porque no podía más. En ocasiones, Artigas montaba circuitos por el bosque. Martí Filosia y Rexach se escondían una o dos vueltas y se volvían a meter cuando ya había pasado el grupo». Pujol reconocía que los jugadores aguantaban el calvario porque el míster «era muy buena persona, un hombre muy correcto que siempre estaba alegre». Pues menos mal.

202. HAI QUE ROELO

El locutor Joaquim Maria Puyal lo pasó fatal en uno de los primeros partidos que retransmitió, un Pontevedra-Barça disputado el 28 de septiembre de 1969. Él mismo lo explicaría con elegancia en julio del 71 en las páginas de la *Revista Barcelonista*: «Que no se enfaden los aficionados gallegos, pero recuerdo que una vez en Pasarón tuve que transmitir el partido entre la hinchada del Pontevedra; el campo es pequeño, yo iba transmitiendo para Barcelona, ellos querían que ganara su equipo, y así las cosas me vi en una situación un poco confusa, pero al final 0-0 en el marcador, y todos tan amigos». Por suerte, los Pellicer, Marcial, Zaldúa, Castro y Pujol no supieron perforar la portería gallega. De haber acertado y si Puyal hubiera tenido que cantar el preceptivo gol del Barça, vete a saber qué habría pasado... Y conste que Pontevedra no figuraba entre las peores plazas del repertorio.

203. MUJERES EN PRECARIO

Parece que hablemos de hace siglos cuando fue hace cuatro días, como quien dice. Durante el franquismo, entre otras muchas injusticias de género, las mujeres no podían heredar. Tampoco emanciparse y salir de la casa paterna hasta los veinticinco años, si no era por matrimonio o para hacerse monjas. No podían disponer de sus bienes sin permiso del marido y, por lo tanto, no podían comerciar con ellos. No podían trabajar sin consentimiento del padre o del marido, ni cobrar su propio sueldo, que pasaba a manos masculinas. Y encima tenían que aguantar textos presuntamente graciosos como este, publicado en la revista *Barça* en referencia al sorteo de compromisarios para las elecciones presidenciales del Barça celebrado el 18 de noviembre de 1969, un mes antes de los comicios: «Se seguía con expectación los nombres correspondientes a las señoras. Han salido 24 [de 200], que, más o menos, es el número que viene apareciendo en cada sorteo. 24 señoras, 24 votos que serán muy buscados, como todos. Pero estos votos femeninos son más complicados porque en los mismos interviene el criterio del marido, que también es socio del club. Y ya se sabe lo que ocurre en estos casos, que, a última hora, y como siempre, la que impera es la voluntad de la esposa...». Hombre, pues si vale de consuelo, menos es nada...

204. CUATRO GATOS

Hablando de aquellas elecciones del 18 de diciembre del 69, que enfrentaron a las candidaturas de Agustí Montal i Costa con Pere Baret, debemos recordar que fueron realizadas por sufragio restringido. Esta modalidad implicaba que solo disfrutaban del derecho a voto los 200 compromisarios elegidos por sorteo, los socios de honor, los expresidentes y los directivos de la anterior junta de Narcís de Carreras. En total, podían votar 286 personas de una masa de socios que ascendía a 54 769 miembros. O sea, un porcentaje de cuatro gatos, cosas de vivir bajo una dictadura que abominaba el voto universal.

Bajo tales coordenadas, ambas candidaturas optaron por idéntico procedimiento, ya que un sistema tan restringido y asumible les procuraba la oportunidad, organizaron visitas a los domicilios de todos los compromisarios para pedirles el voto. Vaya, un agresivo sistema de captación equiparable a las prédicas de los testigos de Jehová o a los «señora, permítame recomendarle esta enciclopedia» que tanto interrumpieron las siestas en la época pre-Wikipedia. Los autores hemos podido echar un vistazo a los informes redactados por los «comerciales» de la candidatura Montal. Un total de doscientos, cifra que implica no haber dejado ni un solo domicilio sin visita.

205. PUERTA A PUERTA

La lectura y el repaso de tales informes daría para redactar un estudio sociológico dedicado al perfil del compromisario de aquellos días. De entrada, sorprende por fuerza que todo el mundo les abriera las puertas del hogar, incluso aquellos socios enfermos en cama, detalle que explica el grado de expectativa suscitado en aquellas elecciones. O quizá se debiera a la educación intrínseca del barcelonista de la época, vete a saber. Parece que no les importaba tampoco que las visitas del encuestador pudieran hacerse pesadas y reiterativas, ya que insistían en una segunda, tercera e, incluso, una cuarta ocasión, y a las horas más intempestivas, desde buena mañana hasta entrada la noche.

El objetivo parecía diáfano: se trataba de convencer al socio de que votara a Montal por insistencia y agotamiento. En última instancia, el propio Agustí Montal había visitado en persona a más de un compromisario que mantenía serias dudas sobre el sentido de su voto. Y si algunos de los partidarios confesos de *l'Agustinet* eran personas impedidas, ningún problema, el día de la votación se les recogía en coche y listo. Otra cosa fueron los compromisarios fallecidos que no habían sido dados de baja como socios, que también eran unos cuantos. Imaginamos la vergüenza que pasarían los visitadores ante familiares de los finados tras un chasco tan flagrante.

206. VOTA CONTINUIDAD

Al fin y al cabo, lo sorprendente del cuadro radica en que la gran mayoría de los compromisarios visitados por los miembros de la candidatura Montal dieron su teórico apoyo al candidato, representante de la continuidad ante la renovación, encarnada, también en teoría, por Pere Baret. De hecho, las frases «muestra sus simpatías hacia el señor Montal» y «votará Montal, seguro» fueron las más repetidas en los informes. Sin embargo, a la postre, la victoria en las urnas de Agustí Montal resultó muy ajustada, apenas 126 votos contra 112. Y fue gracias al apoyo de los antiguos directivos de Narcís de Carreras, que se pronunciaron en masa a su favor.

207. PROPAGANDA

Ya hemos subrayado que las elecciones a la presidencia del 18 de diciembre de 1969 resultaron extraordinariamente tensas. Por ejemplo, circuló un panfleto con propaganda favorable a Baret, el otro aspirante, que acusaba de manera visceral al candidato Agustí Montal de ser un simple lacayo del fracasado expresidente Enric Llaudet. La carga es tan fuerte que no nos ha quedado otro remedio que respetar el lamentable redactado, por si acaso:

> Otra vez Llaudet y toda su camarilla de expresidentes y directivos fracasados y corrompidos quieren imponer su dictadura, apoyando a un «bebé» (Sr. Montal). ¿Qué dotes de mando puede tener este joven que solo ha demostrado ser un *bluff*? De tener vergüenza ya no tendría que presentarse, para evitar tener que hacer el papel de bailarina a las órdenes del dictador (Sr. Llaudet), que después de tantos años de ridiculizar el nombre del Barça, habiendo fracasado en todos los aspectos, habiendo gastado millones y millones en fichajes inútiles, y habiendo agotado la paciencia de todos los socios.
>
> Como no se puede aguantar más esta situación, un grupo de barcelonistas os piden que se apoye al Sr. Baret, que es el único que actualmente ha demostrado tener capacidad suficiente para regir los destinos del club.
>
> Montal, Montal, eres el perrito del Sr. Llaudet, qué pena, qué pena, un apellido tan digno y tan bajo que lo dejas.

Maravilloso ejemplo de *fair-play*, si se nos permite la ironía. Imaginad cómo estaba el patio entonces.

208. JOAN GICH

Joan Gich Bech de Careda (1925-1982) es un personaje destacado en la historia del Barça. Franquista declarado, fue administrador general del club entre los años 1958 y 1968, y después, gerente hasta el 11 de septiembre de 1970, cuando ocupó el cargo de delegado nacional de Deportes en sustitución de Juan Antonio Samaranch. Gich facilitó que la DND brindara al FC Barcelona una subvención a fondo perdido de 18 millones de pesetas (y no 43, como siempre se ha dicho) para la financiación del Palau Blaugrana y la Pista de Gel, inaugurados en octubre del 71. Tras conocer al detalle los engranajes del deporte como pieza fundamental del club, Gich ascendió en las esferas del régimen y queda patente que echó alguna manita a la causa barcelonista, aunque algo relativizada.

209. ¡QUÉ BIEN VIVE!

En julio de 1969, Joan Gich, secretario general y gerente del FCB., manifestó en público su propósito de no tomarse unas vacaciones en aquel verano, determinación que fue aprovechada por la revista *RB* para publicar este despiadado comentario: «Los hay que al cinismo unen la perversidad, y dicen que Gich entre viajes y comilonas veranea durante todo el año… En fin, a nosotros lo que nos preocupa es que Gich no haya organizado un equipo de colaboradores que serían una reserva para el club, y de paso le permitirían veranear e incluso enfermar, cosa que no deseamos, sin que el club se resintiera por ello. Los imprescindibles siempre nos han causado pavor». En cualquier época han existido periodistas con la escopeta preparada, pero parece que, ya entonces, tiraban con mortero…

210. UN BUEN PURO

Como Gich fue pieza clave en el engranaje del club, resulta del todo coherente que, en diciembre de 1969, algunos miembros de la nueva directiva de Agustí Montal Costa, vencedora en las últimas elecciones, le rindieran visita para conocer cómo funcionaban los recovecos y pliegues del club. La respuesta del exgerente, curiosa, cuando menos: «Lo primero que debéis hacer es ir al estanco a comprar una buena caja de puros, y los domingos que haya partido os los fumáis en el palco». Los directivos se quedaron atónitos ante tamaña declaración de principios. Y aquellos que no fumaran, ¿qué? Bromas aparte, la respuesta venía a ser una manera harto ingeniosa de aconsejarles que no metieran las narices en los asuntos del club más allá de ver los partidos.

211. ¿USTED SABE DE FÚTBOL?

Lo que explicaremos ahora sucedió una vez terminado el desgraciado Barça-Madrid del 6 de junio de 1970, el del tristemente célebre «caso Guruceta». Habían transcurrido unas horas y la tensión ya se había enfriado levemente cuando un grupo de directivos barcelonistas hablaban en improvisada tertulia sobre los aspectos meramente deportivos del polémico partido. Y en esas estaban cuando, de repente, un directivo muy importante, cuyo nombre ha quedado en el anonimato, aseguró que el jugador más destacado había sido Prieto, cuando en el Madrid no militaba nadie con ese nombre... La sorpresa entre los presentes fue general; cuando uno de ellos le sugirió que quizá se refería a Pirri, el directivo, tozudo, aún insistía: «No, no, Prieto. El que llevaba el número 5 en la espalda». En realidad, se refería al defensa Goyo Benito. Cualquiera puede sufrir un lapsus, pero preferimos creer que ese señor no era el encargado de gestionar los fichajes del Barça. O quizá sí, detalle que explicaría toda una época de calamidades...

212. APENAS HA CAMBIADO

El diario *Dicen...* publicó el 27 de junio de 1970 unas interesantes declaraciones del vicepresidente azulgrana Xavier Millet. Entre otras cuestiones, Millet confesaba su deseo de un cambio de mentalidad en los jugadores barcelonistas para convertirlos en plenamente responsables, tanto dentro como fuera del terreno de juego. También denunciaba un problema recurrente en la historia contemporánea del Barcelona, afirmando que, al ser el club que mejor pagaba de España, «muchos jugadores prefieren ser reservas en el Barcelona que titulares en otro equipo, y eso nos ha sucedido en los casos de [los fichajes de] Asensi y Dueñas, a cuyos clubes, Elche y Rayo Vallecano, nadie quería ir». Casi medio siglo después, podríamos ampliar la lista denunciada por Millet sumando nombres muy actuales. No, el panorama apenas ha cambiado.

213. EN FAMILIA

Una de las asambleas generales más tristes y desangeladas en la historia del FC Barcelona se celebró el 4 de septiembre de 1970. Un total de 280 compromisarios estaban convocados a las 19.30 horas en el Palacio de las Naciones de Montjuïc, pero a falta de veinte minutos para la hora fijada solo habían aparecido 10 personas. Finalmente, el acto arrancó a las 19.45, con la presencia de 84 compromisarios. El presidente Agustí Montal comenzó su parlamento agradeciendo la asistencia a las señoras compromisarias (un total de cinco), porque con su presencia demostraban «que las cosas del club interesan a toda la masa social», lo cual parecía una exageración. O mentira piadosa, si preferís.

214. EL PRESIDENTE RECHAZADO

Uno de los aspectos de aquella asamblea que podía generar polémica, aunque finalmente quedó en nada, radicaba en las «propuestas reglamentarias de socios». Se sabía que había llegado la petición de un grupo de cincuenta asociados en la que se solicitaba que el Camp Nou se llamara, a partir de entonces, «Estadio Miró-Sans», aunque la concurrencia ni se molestó en debatirla. Montal tomó la palabra para comunicar que había recibido una carta del propio Francesc Miró-Sans en la que el expresidente manifestaba su deseo de que fuera retirada la propuesta, ya que «he comprobado que esta no ha contado con el calor y buena acogida que yo deseaba». Era de esperar, ya que entonces Miró-Sans resultaba tremendamente impopular entre la masa social barcelonista. Desconocemos si él u otros acólitos cercanos habían iniciado tal campaña. Lo que sí sabemos es que, a las oficinas del club, habían llegado un montón de cartas de socios indignados que amenazaban con darse de baja en caso de que el Camp Nou adoptara el nombre del presidente que había arruinado al Barça.

215. MUDOS POR AGOTAMIENTO

A la postre, esta asamblea en familia apenas duró cincuenta y tres minutos. En el último apartado, tradicionalmente el más distraído e interesante, definido bajo el epígrafe «ruegos y preguntas», ningún compromisario haría uso de la palabra, a pesar de las reiteradas peticiones realizadas por el presidente Montal. Algo insólito, realmente. Sobre todo, si repasamos cuanto sucedió en la temporada 1969-70: dimisiones del entrenador Salvador Artigas y del presidente Narcís de Carreras, tensas elecciones ganadas por Montal, escándalo Guruceta... Sin caer en licencias literarias, parecía que el socio del Barça, de tan angustiado como andaba, incluso había perdido las ganas de hablar.

216. BARRETINA MULTADA

En agosto de 1971, el Barça realizó el *stage* de pretemporada en la localidad gerundense de Olot. Como es natural, la presencia en la capital de la Garrotxa de Rexach, Gallego, Marcial, Asensi, Rifé, Fusté, Eladio, Torres y compañía se convirtió en el acontecimiento del verano. Así, en el semanario local *Olot-Mission* prepararon un extenso reportaje sobre el FC Barcelona, usando por primera vez el catalán en la prensa de la comarca. Para redondearlo, los redactores titularon el reportaje con una frase de Carles Rexach por aquel entonces muy popular: «El Barcelona representa más que un equipo de fútbol. Es como... ¡¡¡la barretina!!!». No parecía una proclama especialmente subversiva, ¿verdad? Pues las autoridades impusieron a los editores de la publicación una multa de 50 000 pesetas, posteriormente reducida a la mitad. Y era 1971. Cuando se metían a reprimir, no tenían freno...

217. JUGAR EN EL ULSTER

Partido de ida de los dieciseisavos de final de la Recopa 71-72, jugado el 15 de septiembre de 1971 en Belfast, capital de Irlanda del Norte. En el aspecto futbolístico, ningún problema: victoria de los azulgranas por 1-3 ante el modesto Distillery FC, nada del otro jueves. Si nos situamos en contexto de la época, el problema radicaba en que el Ulster era prácticamente un país en guerra, con graves enfrentamientos armados entre los católicos irlandeses, miembros o simpatizantes del IRA (Irish Republican Army), por un lado, y los unionistas protestantes y el ejército británico en el otro lado. La situación era tan tensa que, una semana antes del choque, el hotel donde debía alojarse la expedición barcelonista hizo llegar al club esta curiosa recomendación: «Es aconsejable que no abandonen el hotel después de las siete de la tarde». Vaya, no hubo manera de acatar tal consejo, ya que el partido comenzaba a las 19.45 horas. Al final, por suerte, no pasó nada pese a los fatalistas augurios que apuntaban que el IRA había amenazado con «una acción espectacular» aprovechando la visita del Barça. Poca broma con el Ulster de aquellos días. De hecho, aún hoy no nos permitimos ni una.

218. CHICOS AL BARÇA

En la temporada 1972-73, el club organizó una escuela de futbolistas dirigida a los jóvenes jugadores desde ocho a catorce años, con el objetivo de impulsar el entonces débil fútbol infantil azulgrana. ¿Y qué pedían para ingresar en tal escuela? Simplemente, cualquier chico de ocho años (no era preciso ser ni socio ni hijo de socio) podía remitir una carta a las oficinas del FC Barcelona (Masia, calle Juan XXIII, s/n), indicando su nombre y apellidos, domicilio, altura y el puesto en el equipo donde le gustaría jugar. Así de fácil. Absolutamente todos los solicitantes eran convocados para realizar una prueba. Y el interesado ya disponía de una anécdota para contar durante el resto de su existencia.

219. ¿NADAR CON BALÓN?

Y una vez que los niños eran convocados, ¿qué pasaba? Cedemos la palabra a Javier Comenges, organizador del fútbol infantil barcelonista, quien declararía a la revista *Barça* en octubre de 1972: «En primer lugar, les someteremos a un control y seguro médico. Luego, en colaboración con diversos clubs, se enseñará a nadar (*sic*) al que no sepa, se le enseñarán las reglas de juego y, claro está, participarán en diversos torneos, pues deseamos que todos los niños jueguen, que ninguno esté en el banquillo». Sí, habéis leído bien: en 1972, el Barça enseñaba a nadar a sus jugadores de ocho años. ¿A santo de qué? Igual pensaban que era una especie de servicio público. Si no saben jugar al fútbol, al menos que no se ahoguen...

4

Los años Cruyff (1973-1996)

«La suma de cosas negativas que Cruyff ha hecho por el Barça es una minucia comparada con las positivas». La definición corresponde a Sergi Pàmies, uno de los mejores y más sutiles observadores de la realidad azulgrana. No puede condensarse mayor contenido en menor número de palabras. O sí, caso que el lector nos permita una confesión: uno de los autores ya lleva largo tiempo que abandona cualquier tertulia improvisada de las que, a diario, genera la pasión culé cuando sale a escena la aportación de Guardiola a la causa, y el interlocutor, quien sea, saca de paseo a Chigrinsky o Hleb con la clara intención de discutir aquello que resulta radicalmente indiscutible. Por lo tanto, para no llegar a ninguna parte ante gente incapaz de separar grano de paja, mejor no entrar en un inútil dispendio de energías. Aplicad aquí aquella bonita imagen de señalar la Luna con el dedo y el tipo de personajes que solo se quedan pendientes del índice. Si hasta aquí aún no se dieron cuenta, ya llegan tarde, no vale la pena topar contra paredes. Lo mismo vale en el caso de Johan Cruyff, de quien hemos agrupado en este capítulo las dos etapas de mayor protagonismo en su relación con el club. Ya dejamos escrito que, joven y sensacional futbolista, representó el advenimiento democrático con aire de libertad largos meses antes de que en el país terminara la dictadura franquista. Naturalmente, no olvidamos los contrastes, el irregular rendimiento de la segunda fase de su etapa de corto, marcada por la dosificación personal de fuerzas y el miedo intenso a la dureza ajena que pudiera dañar su carrera. Pero como ideólogo, Cruyff merece un reconocimiento eterno, una gratitud ilimitada. Los genios son especiales. Apreciamos, por tanto y en primer lugar, su obra, formidable al completar la revolución, el diseño de un estilo y una personalidad admirables que, por fin, comportaron el éxito deportivo, el reconocimiento mundial. Aquello con lo que siempre había soñado el Barça. Y era propio de soñadores catalanes hasta que él lo convirtió en realidad palpable.

Al margen de Joan Gamper y su altruista aportación, otros mitos han realizado dobles y triples tareas de histórica efectividad. Cruyff es uno, como también Guardiola, y tampoco olvidamos a Josep Samitier, otra leyenda de rasgos geniales, no exento de fallos humanos, que llegaría a ser futbolista de fama europea, entrenador de éxito en momentos complicados y artífice de un equipo sensacional cuando le tocó trabajar como secretario técnico. En este capítulo, volveremos a una fecha imborrable, el punto de inflexión de aquel 0-5 de colosal simbolismo que cerraba una larga época de privaciones y derrotismos. Repasaremos aspectos de la explosiva relación del Holandés Volador con entrenadores como Weisweiler o árbitros como Melero Guaza. Nos daremos cuenta, por si era necesario, de que cualquier crac de cualquier época estuvo a punto de fichar por el FC Barcelona, y ahora toca referirnos al gran Franz Beckenbauer. También aprenderemos lecciones sobre diplomacia, la sutileza que le faltó a un referente como Marinus Michels para conseguir que su gran trabajo no quedara diluido entre temperamentales prontos.

Y, ya que estamos, repasaremos la sucesión a Montal, los convulsos años ochenta, en los que no pasaba día sin disgusto, escándalo o peripecia, cuando el club aumentaba su dimensión como ininteligible olla de grillos durante los primeros y vacilantes años de la égida Núñez, el presidente longevo y encargado de matizar la personalidad propia del club, en exceso ideológica para su gusto. Entre un festival de técnicos y nombres rutilantes en la hierba que no rendían a satisfacción, aparece otro trauma difícil de superar, aquella final de la Copa de Europa en Sevilla que, literalmente, se hubiera podido comprar a la Rumanía del sátrapa Ceaucescu. Terminaremos con un giro de guion, un cambio sustancial de carácter. De repente, gracias al Dream Team, dejamos de ver el vaso eternamente medio vacío para darnos cuenta de que se hallaba medio lleno. Un detalle revolucionario que adjudicamos a Johan Cruyff. De su mano pasamos de derrotados a vencedores. Con todo lo que esa metamorfosis comporta, que no es poco.

220. SECUESTRAR A JOHAN

En cierta ocasión, un antiguo miembro del MIL (Movimiento Ibérico de Liberación), organización armada antifranquista de cariz anarquista, explicó durante una charla en el Ateneu de Gavà que tenían planeado secuestrar a Johan Cruyff en cuanto aterrizara en

Barcelona, en agosto de 1973, una vez consumado su fichaje por el Barça. Explicaba que disponían de un escondite en la Cerdanya, pero que, finalmente, tras un largo debate y ante el rechazo social que la acción podía generar, decidieron no llevarla a cabo, a pesar de que una fracción del grupúsculo anarquista valoraba el enorme impacto internacional que tal rapto habría logrado.

Un mes después, el 25 de septiembre, el militante del MIL Salvador Puig Antich fue detenido tras una acción en la que falleció un policía. Condenado a muerte, Puig Antich fue ejecutado en la prisión Modelo el 2 de marzo de 1974, pasadas dos semanas del 0-5 del Barça en el Santiago Bernabéu. Como epílogo de esta historia, y sin querer establecer vínculo alguno, el 17 de septiembre de 1977 Cruyff sufrió un intento de secuestro en su casa, afortunadamente frustrado.

221. TENED PIEDAD

28 de octubre del 1973, día del debut oficial de Johan Cruyff con la camiseta azulgrana, partido de Liga Barça-Granada disputado en el Camp Nou. Aquel día, entre los culés existía auténtico pánico al Granada, y no por su calidad futbolística, sino por la reconocida extrema dureza de su defensa, formada por tipos tan patibularios como el argentino Aguirre Suárez, el paraguayo Fernández y el uruguayo Montero Castillo, tres terrores para los delanteros rivales. Tanto era el pavor ante las previsibles «caricias» de la defensa nazarí a la rutilante estrella del FC Barcelona que el exjugador barcelonista Rodri se acercó al hotel del Granada para charlar con Fernández, que en la temporada 1968-69 había jugado en el Barça, y rogarle que tuvieran piedad de Cruyff, «que ha costado mucho dinero». El defensa paraguayo, genio y figura, no le hizo caso, coherente con la franqueza que, en cierta ocasión, le hizo confesar que era tan duro con los rivales porque aprovechaba que se televisaban pocos partidos. Aquel día, casi obviamente, Fernández fue amonestado tras arrearle una patada alevosa al delantero holandés. Con todo, Cruyff tuvo la gran suerte de que el temible Aguirre Suárez estaba sancionado. Conviene recordar, ya que estamos, que este personaje había pasado un mes en la cárcel en Argentina tras una inolvidable final de la Copa Intercontinental de 1969 contra el Milan cuando se alineaba con Estudiantes de la Plata. Y decimos inolvidable por los extraordinarios grados de violencia experimentados. Al final, como declararía Johan tiempo después, este era el recuerdo principal que le quedaría de aquel estreno: «Hubo una falta y fui al área a rematar.

Y Rexach y Asensi me empezaron a decir que no me metiera ahí. "¡Tú no entres porque igual no sales!, y con lo que has costado solo faltaría que te lesionen el primer día"». Salvad al soldado Cruyff...

222. *BEST SELLER*

No descubrimos ningún secreto al afirmar que la llegada de Johan Cruyff al FC Barcelona desató una especie de locura colectiva entre la afición. El 3 de diciembre de 1973, el diario *Dicen...* informaba sobre la publicación de un libro titulado simplemente *Cruyff*, obra de un señor apellidado Climent, «que habla de la vida de este famoso jugador», con «190 páginas, 50 fotografías y cubierta a todo color», a un precio de 125 pesetas (0,75 euros). Según decía el texto de la noticia, entonces ya estaba a la venta la segunda edición. La primera, de 22 000 ejemplares, se había agotado en diez días. Un promedio de 2200 libros diarios, que no está nada mal.

223. CONSEJOS A MONTAL

El 17 de enero de 1974, al mes de cumplirse la victoria de Agustí Montal ante Lluís Casacuberta en las elecciones presidenciales gracias a los votos de los compromisarios, el directivo Joan Vives dirigiría una nota confidencial a Montal. En el texto, Vives ofrecía una serie de consejos a su presidente de cara a las próximas elecciones, previstas para 1977, dando por hecho que Montal se presentaría. Así, por ejemplo, le recomendaba la apertura inmediata de una oficina de información al socio sobre los asuntos internos del club. Curiosamente, Vives reconocía en su informe que tal oficina «será utilizada en forma mínima, pero lo importante es que se haya creado el instrumento de información; el grado de su utilización es secundario». Y añadía de manera descarnada: «Y si viéramos que esa oficina de información no tiene ningún movimiento deberían buscarse personas amigas que la utilizaran alguna vez durante el año, y que quedara de ello constancia documental con el fin de aprovechar esta circunstancia en el futuro». Deseo de perpetuación en el poder, consustancial, por lo que parece, a la condición humana...

224. POPULISMO DE BALÓN

Más dedicado al jugoso informe de Joan Vives. El directivo también insistía a Montal que cumpliera de manera inmediata su populista promesa electoral de abrir su despacho, cada viernes por la tarde, a todos los socios que le quisieran plantear consultas o sugerencias. Y ya puestos, el ingenioso Vives sugería la posibilidad de organizar visitas periódicas para los socios a las instalaciones del club, una política de puertas abiertas con el fin de hacerles sentir «más en su casa, más considerados». Aquellas visitas no admitirían comparación con el actual *Camp Nou Experience* (la visita guiada por el museo y las instalaciones del estadio), ya que tratarían sobre los complicados aspectos técnicos y administrativos del club y serían dirigidas por un miembro de los servicios técnicos, acompañados, quién sabe la razón, por un par de azafatas. Según Vives, el colofón de la visita consistiría en un breve encuentro con el presidente azulgrana para que los socios pudieran estrecharle la mano y hacerse fotos con él. A la salida, y aquí radica el *quid* de la cuestión, el visitante tomaría conciencia espontánea «del valor que tiene la experiencia para la dirección de un club tan sumamente complejo». *Marketing avant la lettre*, podríamos llamarlo.

225. LA FUNDACIÓN, YA

Como última propuesta a su presidente, Vives sugería crear una Fundación del Barça de carácter benéfico y cultural, subvencionada desde el propio club y mediante aportaciones de los socios, que serviría «para llevar a cabo determinadas finalidades del club que no es oportuno quizá realizar directamente por el propio FC Barcelona». Entre estos fines (y aquí la comparación con la actual Fundación resulta obligada), figurarían la concesión de premios a personas relevantes del deporte; el ofrecimiento de becas a los hijos de los socios en determinadas ocasiones; ayudas a instituciones deportivas; presencia en manifestaciones culturales; auxilio a personajes históricos del barcelonismo con problemas económicos, etc.

En definitiva, según palabras de Vives, «con la Fundación podría alcanzarse una multiplicidad de objetivos que contribuirían a la gloria del nombre del FC Barcelona y a materializar con hechos lo que "es" (*sic*), además de un club de fútbol». Eso sí, «sin olvidar que, en el futuro, la Fundación podrá ser un instrumento jurídico muy eficaz para el club, en determinadas circunstancias, para instrumentar operaciones jurídico-económicas que fiscalmente podrían quizá ser prohibitivas». En cualquier caso, este informe quedó en papel mojado, ya que Montal, a la postre, no estudió las propuestas de Vives. No se presentó a las siguientes elecciones, simplemente. Y lo de la presencia en manifestaciones culturales catalanas ya lo llevaba incorporado por convencimiento.

226. MÁS SOBRE EL 0-5

Parece mentira, pero el histórico 0-5 del Bernabéu del 17 de febrero de 1974 aún ofrece vertientes inéditas. Para empezar y como resulta fácil imaginar, la fiesta de celebración en el hotel Barajas fue de las épicas. El propietario del establecimiento, barcelonista de toda la vida, pagó las cuatro cajas de botellas de cava consumidas en la celebración. En un rincón del *hall* del Barajas, el periodista Àlex Botines redactaba la crónica del partido cuando el vicepresidente Raimon Carrasco se le acercó. En aquellos momentos, Botines cavilaba qué tipo de titular triunfalista podría coronar su artículo y dudaba entre «Pentagoleada al hexacampeón» y «Una mano de goles», aunque le preguntó a Carrasco: «Oiga, ¿qué le parecería titular "El Barça vistió de azulgrana la Cibeles"?». Solo le faltaba eso al eufórico vicepresidente, quien, aquel día, en feliz coincidencia, cumplía cincuenta años. Sin pensarlo dos veces, Carrasco organizó en pocos minutos un *comando* nocturno, formado por más de veinte personas, con la misión de vestir a la diosa símbolo del madridismo con la camiseta del FC Barcelona. Pero todo quedó en nada cuando llegó el presidente Montal, que, horrorizado, les sacó de la cabeza tan arriesgada travesura. Si hubieran llegado a culminar, aún hoy se hablaría de eso, seguro.

227. AGASAJOS CON SORDINA

Más sobre tan histórica jornada. Miguel Ángel Valdivieso recordaba el peligro que vivieron en el Bernabéu los locutores catalanes cuando algunos energúmenos intentaron entrar en las cabinas de transmisión con intenciones nada amistosas: «Primero, solo nos miraban con mala cara, pero con la *pentagoleada* se pusieron muy nerviosos». Vaya, aquello tan viejo de matar al mensajero.

Y hablando de intolerancia, el también locutor de radio José Luis Fernández Abajo vivió en carne propia una de las anécdotas más surrealistas. Eufórico como andaba, pidió a través de los micrófonos de Radio España que la afición se desplazara masivamente al aeropuerto de El Prat para recibir a la expedición azulgrana y celebrar así la gran victoria. Hoy parecería lo más normal del mundo, pero en aquellos tiempos de dictadura la espontaneidad de Fernández Abajo le granjeó una bronca terrible del gobernador civil de Barcelona,

Rodolfo Martín Villa, quien, a pesar de todo, era culé. En aquella época no existía derecho de manifestación, ni siquiera de reunión, y era obligado pedir permiso incluso para exteriorizar alegría colectiva.

228. LOS REYES MAGOS

El 26 de febrero de 1974, la revista *RB* desvelaba la satisfacción que sentían los jugadores del FC Barcelona al tener como compañero a una estrella de la dimensión de Johan Cruyff. Una obviedad, naturalmente. Al margen de ganar más partidos y primas al lado del mejor del mundo, la revista apuntaba otra razón, bastante materialista: «Siempre por una causa o por otra están recibiendo numerosos obsequios por parte de las firmas comerciales en las que Cruyff "presta" sus servicios. Un día y otro también en sus correspondientes taquillas se encuentran con la sorpresa de ver jerséis, corbatas, pantalones, objetos decorativos, etcétera». Y *RB* apostillaba: «Con Cruyff llegaron los Reyes Magos».

229. EL ARREPENTIDO VILLAR

Como es de dominio público, el 24 de marzo de 1974, el durante tanto tiempo presidente de la RFEF, Ángel María Villar, entonces jugador del Athletic Club, fue expulsado de San Mamés por una flagrante agresión (un puñetazo) a Johan Cruyff que captaron nítidamente las cámaras de televisión. En aquel preciso instante, Villar no esperó a ver la tarjeta roja y se fue directamente a la caseta. Arrepentido como estaba, al final del partido expresó unas sentidas disculpas al crac holandés con estas palabras: «Siento de veras lo ocurrido. Espero que me perdones, porque estoy arrepentido de lo que hice. Ya sabes, son los nervios...».

230. POR LA BOCA...

En relación con este caso, escribimos ingenuamente en el *Barça insólito:* «Por suerte, la agresión se vio nítidamente por pantalla. Tal como iba entonces la cosa, sin tal testimonio se hubiera dicho que el holandés había hecho teatro y que el vasco ni le había tocado...». Vaya, aunque parezca mentira, esto acabó pasando en realidad hace poco tiempo. En noviembre del 2016, la revista oficial de la Federación Española de Fútbol publicó un artículo firmado por Miguel Vidal en el que el periodista, hablando del «supuesto puñetazo del actual presidente de la RFEF Ángel María Villar al ya desaparecido Johan Cruyff», soltaba una burrada como la que sigue: «Todo fue una exageración de los periodistas. La agresión no fue tal y Cruyff solo se tiró al suelo como hacen la mayoría de los jugadores ante el más mínimo golpe». Hombre, una cosa es hacerle la pelota al jefe, y otra bien distinta, caer en el más espantoso de los ridículos. Con razón dicen aquello de que quien paga, manda... Manda desvirtuar la realidad al servicio y en beneficio de quien ostenta el poder. Posverdad, lo llaman ahora.

231. APROVECHANDO

El 14 de mayo de 1974, fiesta mayor en Barcelona: catorce años después, los culés volvían a la plaza de Sant Jaume para celebrar un título de Liga. Aquel día, a pesar de la expresa prohibición de exhibir en público la bandera catalana, media docena de *senyeres* aparecieron entre los congregados mientras la plantilla y los directivos azulgranas eran recibidos por el alcalde, Enric Masó. Según parece, las telas cuatribarradas proscritas habían sido escondidas en una tienda de monedas de la calle Ferran. Para redondear la fiesta de reivindicación catalana, Masó, que había arrancado su discurso en castellano, cambió al catalán cuando los aficionados le reclamaron a gritos que hablara el mismo idioma utilizado antes por el presidente barcelonista, Agustí Montal.

232. EL ALCALDE MASÓ

De todos modos, el alcalde Masó, quién sabe si para no enfadar más a los franquistas radicales, que ya debían estar con la mosca detrás de la oreja con tantas *catalanadas*, dejó caer esta perla patriótica: «Los jugadores barcelonistas han dejado muy arriba el nombre de Barcelona y de España». Hombre, eso habría quedado más oportuno en caso de ganar la Copa de Europa, no la Liga española. A continuación, habló el técnico Marinus Michels, quien cerró su parlamento con el apasionado grito «¡Viva Holanda y viva el Barça!», tal vez para compensar el españolismo del señor alcalde.

233. FAMA EN AUMENTO

Aunque a la postre no muy brillante en cuanto a títulos conseguidos, la época de Cruyff como jugador azulgrana hizo aumentar el prestigio internacional del club hasta niveles antes impensables. Así, en octubre de 1975, el presidente Agustí Montal tenía sobre la mesa una propuesta de gira por Japón, Filipinas y Hong Kong, y otra por Estados Unidos «en condiciones económicas muy ventajosas». De todos modos, las propuestas quedaron en agua de borrajas. El Barça no volvería a Estados Unidos hasta 1984 (la última vez fue en 1969), y no visitaría Japón por vez primera hasta 1990.

234. HISTÓRICA EXPULSIÓN

La primera expulsión de Cruyff con la zamarra azulgrana se produjo el 13 de agosto de 1974 en Riazor, durante la semifinal del trofeo Teresa Herrera ante el Peñarol de Montevideo. En el minuto treinta y ocho, una internada del astro holandés fue cortada con un brusco agarrón por el defensa uruguayo Fernández. Ambos rodaron por el suelo y Johan, muy enfadado, le arreó una patada en el rostro a su adversario, que repelió la agresión. El árbitro, el portugués Garrido, no tuvo más remedio que mostrar la tarjeta roja a los dos participantes en la pelea, entre muestras de apoyo a Fernández y de rechazo a Cruyff por parte del público gallego.

235. LA BUENA EDUCACIÓN

Este episodio tuvo un epílogo ciertamente versallesco. Al día siguiente, un emocionado Garrido, que, por lo visto y a pesar de lo acaecido, era gran admirador de Cruyff, pidió verse con su ídolo expulsado. Dicho y hecho, árbitro y futbolista se dieron la mano ante los fotógrafos mientras entablaban este edificante diálogo, reproducido en la prensa, paradigma de la buena educación y el *fair play*:

— Lamento la circunstancia que me obligó a decretar su expulsión. Comprendo que usted reaccionó por la falta que le había cometido el jugador contrario, pero en fin…, ya sabe cuál es la obligación de un árbitro. Estoy seguro de que usted comprenderá mi actitud.

— No se preocupe. Le comprendo y soy el primero en lamentar mi actitud. Eso no se debe hacer en un campo de fútbol. Si vale como disculpa, perdí el control de los nervios. El jugador uruguayo no era la primera vez que me acosaba antirreglamentariamente, como si intentara provocarme. Se salió con la suya. Reconozco, a pesar de todo, que yo debí contenerme. Son experiencias en la vida de un jugador y trataré por todos los medios que no vuelva a ocurrir.

Perdón por el recelo, pero desconfiamos que, al año de aterrizar en Barcelona, Johan hablara un castellano tan fluido y académico como este... Ahora bien, ni dudamos del encuentro, ni tampoco del tono amistoso. Aunque tampoco era necesario exagerar con el léxico.

236. TOCA AGUANTAR

Como se escribió en la prensa por aquellas fechas, Cruyff no solo debía ser el mejor, sino también el más paciente ante las entradas violentas de los angelicales defensas contrarios y la tremenda hostilidad de los públicos adversarios que, sistemáticamente, sufría. No en vano, al final de la temporada 1973-74, el prestigioso analista deportivo Manuel Alcántara había sentenciado: «Johan Cruyff está considerado el mejor jugador del mundo; es joven, es millonario y, por si algo le faltaba, está casado con una mujer hermosa. En esta tierra donde la envidia es deporte nacional, Cruyff va a tener que apechugar con encrespadas olas». El escritor no iba desencaminado y conocía bien el terreno.

237. CHAPURREAR...

De la segunda expulsión de Cruyff en España, producida en 1975 en el campo malagueño de La Rosaleda, ya escribimos en *Barça insólito*. Y sobre la tercera, la más polémica y conocida, también nos referimos en *Barça inédito*. Estamos hablando, claro, de la vivida el 6 de febrero de 1977 en un Barça-Málaga (¡otra vez el equipo andaluz!), disputado en el Camp Nou. Como es sabido, el árbitro Ricardo Melero Guaza escribió en el acta que Cruyff le había insultado con estas palabras: «Árbitro, eres un hijo de la gran puta». El holandés se defendía manifestando que solo había dicho «¡Manolo, marca ya!», refiriéndose al goleador Manolo Clares. Muchos años después, cuando ya era técnico azulgrana, Johan acabaría reconociendo su falta.

En cualquier caso, en el momento de los hechos se mantuvo tozudo y contumaz en su versión, como sucedió al tener que declarar ante el Comité de Competición de la Federación Española de Fútbol, seis días después de la expulsión. Frente al comité, José Plaza, presidente del colegio arbitral, le soltó: «Repita usted conmigo: hijo de la gran puta». Cruyff se hizo el sueco y contestó: «*Higo de la gan pota*» *(sic)*. Un mosqueado Plaza replicaría: «Me parece que habla usted el castellano mejor que lo que ha hecho ahora». El poder arbitral, en interrogatorio a un pillo de manual...

238. CORRER CON MULETAS

Josep Subietas, el socio azulgrana de cuarenta y tres años que le pegó un puñetazo a Melero Guaza al finalizar aquel triste partido, se presentaría voluntariamente en una comisaría barcelonesa tres días después del incidente, el 9 de febrero de 1977. En realidad, los agresores del árbitro madrileño habían sido cuatro. Al margen de Subietas, también intervinieron en la trifulca dos jóvenes y un hombre de cincuenta y cinco años. Otro par lo intentaron sin éxito, como un aficionado que corrió cual poseso por el césped, *senyera* en mano, antes de ser atrapado, y otro, cojo, que intentó llegar hasta el colegiado con la ayuda de unas muletas. Nos ahorraremos comentarios sobre el fútbol, las pasiones y todas aquellas zarandajas que el lector conoce sobradamente.

239. FANÁTICO A TOPE

En un ejercicio casi antropológico, un espabilado periodista barcelonés logró contactar con los dos jóvenes fanáticos que habían agredido a Melero. Sus declaraciones resultan crudas pero, a la vez, clarificadores del ambiente en aquella época, cuando el personal lucía unos nervios a flor de piel, por recurrir al sabido tópico. En la declaración realizada, el primero confesaría su ataque al colegiado sin excusas: «Yo le cacé bien, yo fui quien le dio el puñetazo mejor colocado. Los demás se estrellaban contra los brazos de Olmo y de un jugador del Málaga que no sé quién era. Sentí un relajamiento inmediato. Me dije: Ya está. No, no pensé si había cámaras de televisión o en los fotógrafos. Yo no pensaba en nada, solo veía a Melero Guaza. Tampoco pensé en el mal que podía causar al club, yo no podía pensar en todo eso en aquellos momentos de mafia pura. No, no fui correcto, pero uno puede explicar estas situaciones. Son ya muchos años de mafia sobre el Barça, de dictadura contra Cataluña, muchos años en que siempre, siempre, siempre pasa lo mismo. ¿Por qué tuvo que expulsar a Cruyff aquí, en casa? Lo del gol de Esteban [marcado con la mano] fue escandaloso, pero lo decisivo fue la expulsión de Cruyff. Yo no pude controlarme; cuando Melero envió a Johan a la caseta, ya solo pensaba en cazarlo». La sinceridad por bandera, si hace falta precisarlo.

Por su parte, el otro agresor interpelado por el periodista también se explayó a gusto: «Lo de Melero fue una ofensa contra Johan y no me podía quedar así. Salté al césped sin intención de pegarle, como creo que hicieron muchos, lo que pasa es que el primer golpe desencadenó la cosa. Creo que solo iba hacia él para decirle cuatro cosas. Creo que habría sido suficiente, porque para mí la actitud que se debería haber adoptado, y la tendrían que haber adoptado nuestros propios jugadores, era la de sentarse, la de quedarse quietos en silencio como protesta ante lo que nos estaban haciendo. No, no me sentí relajado después, pensaba en Porta, quería creer que estaba en el palco, alguien lo había comentado, pero no estaba, no era verdad. ¿Cuándo invitará el señor Montal a Porta al Camp Nou? Tenemos preparadas para él y para Plaza dos sogas que colgarán del dedo de Colón». Se refería a Pablo Porta, entonces presidente de la RFEF, y a José Plaza, el jefe de los árbitros. Tras soltar esta memez (que hemos transcrito textualmente, tal como fue publicada), el personaje infractor, un pendenciero ya enloquecido, aún soltaría otra de tamaño catedralicio: «Montal está absolutamente vendido a Madrid». Sí, desde luego, eso lo sabían hasta en la China de Mao.

240. CRUYFF CRUCIFICADO

En aquellos días de enajenación colectiva por el caso Melero, la portada de la revista *Don Balón* del 14 de febrero de 1977 acabaría siendo mítica. Bajo el titular «La semana de la *Cruycifixión*», se reproducía a Jesucristo en la cruz... con la cara de Johan Cruyff. En un país tan católico, donde todavía hoy parodias de este tipo continúan perseguidas, imaginad el descomunal escándalo que se organizó. Aquello fue la de Dios es Cristo, con perdón por el fácil juego de palabras. Ante el alud de críticas, *Don Balón* pidió sentidas disculpas a la semana siguiente en un editorial donde indicaba que «no era nuestro propósito, y eso lo proclamamos de todo corazón, perturbar las hondas y sagradas concepciones de la religión, y mucho menos su más alto símbolo».

241. NEGOCIOS AL MARGEN

La revista *Don Balón* publicó el 9 de diciembre de 1975 un curioso reportaje donde se desvelaban los diversos negocios de algunos jugadores de Primera. Por lo que respecta al Barça, un puñado de futbolistas, veteranos o en activo, eran propietarios y constructores de unos edificios de apartamentos en Platja d'Aro. La relación incluía a Rexach, Fusté, Pujol, Martí Filosia, Alfonseda, Asensi y Marcial. Según la publicación deportiva, Rexach y Martí Filosia eran también propietarios de una tienda de deportes en la calle Muntaner, participada por Pujol y Marcial. Por su parte, Asensi tenía dos apartamentos en el Meliá-Alicante, mientras que Sadurní y Torres disponían de sendas granjas avícolas en L'Arboç del Penedès y Balaguer, respectivamente. Siempre según el reportaje de *Don Balón*, en aquel momento, Cruyff y Neeskens enviaban el dinero que ganaban a Holanda, donde Cor Coster, el suegro de «Johan I», se encargaba de invertirlo convenientemente.

242. DE OTROS TÍTULOS, POCOS...

La segunda parte del original reportaje de aquel semanario futbolístico ya desaparecido (y en aquel momento dirigido por la periodista Mercedes Milà) también resultaba bastante peculiar, ya que dividía las plantillas de Primera según el nivel de estudios de sus jugadores. Así, hablando del FC Barcelona, Sadurní, Rifé, Migueli, De la Cruz, Corominas, Fortes, Sotil y Heredia tenían formación elemental. En nivel de bachillerato se hallaban Mora, Rexach, Marcial, Torres, Cruyff, Neeskens, Costas, Asensi, Tomé y Clares. El brasileño Mourinho era el *rara avis*, ya que entonces realizaba el segundo curso en la carrera universitaria de Económicas.

243. EL TODOPODEROSO

No descubrimos la sopa de ajo si afirmamos que, durante su época de futbolista, Johan Cruyff era todopoderoso en Can Barça. Relataremos una anécdota significativa, por no llamarla definitiva. Palabras de Miquel Corominas, prometedor lateral izquierdo quien saltó al primer equipo desde el filial, entonces «Barcelona Atlético», en la temporada 1975-76: «Yo llevaba ya ocho o nueve partidos jugando con el Barça, y un día, Cruyff me preguntó si aún tenía contrato con el filial. Le dije que sí, y él me respondió que eso no podía ser. Me citó un lunes por la tarde en las oficinas de la Masia, le esperé en la recepción y, cuando bajó, me enseñó mi nuevo contrato: tres temporadas, con un sueldo en aumento, comenzando por 650 000 pesetas, al margen de primas por partido y objetivos. Me enseñó el contrato y me lo entregó para firmar, simplemente. Años después, supe que Cruyff lo había gestionado directamente con el presidente Agustí Montal». De hecho, Johan no había comunicado este aumento exprés en la categoría contractual de Corominas al entrenador Hennes Weisweiler, detalle que desagradó al técnico alemán. Un poco más de gasolina en la potente hoguera de aquel histórico y duro enfrentamiento entre Cruyff y Weisweiler, resuelto con la destitución del técnico en abril de 1976.

244. WEISWEILER, A MATAR

Las tensiones entre Cruyff y Weisweiler resultaron una constante durante aquella temporada 1975-76. Tampoco Weisweiler desaprovechaba ninguna ocasión para cargar contra el crac cuando creía que no rendía de acuerdo con su enorme categoría. Así, acabado el Valencia-Barça del 21 de diciembre de 1975, cerrado con derrota azulgrana por 3-2, un periodista le preguntó *qué* le había parecido la actuación de Cruyff. Alguien tradujo la respuesta del míster al castellano de manera tan breve como gráfica y tajante: «Ni fu ni fa».

245. DESAPARECIDO EN COMBATE

Por desgracia, aquel día *Herr* Hennes llevaba razón, como mínimo si atendemos la reseña publicada en *RB:* «De Cruyff hay que esperar mucho más, sobre todo si hemos comprobado de lo que es capaz. Debe dejarse el cuentagotas en el vestuario». Ya es de dominio público que, a partir de la campaña 1974-75, resultaba habitual que Johan desapareciera durante largos periodos en los partidos disputados en campo contrario. Con la perspectiva del tiempo, queda aceptada como justificación que los defensas rivales no mostraran piedad respecto de sus piernas, ni tampoco los árbitros le protegían reglamento en mano, pero el contraste resultaba obvio para cualquiera. Tras su deslumbrante estreno, Liga del 74 incluida, el bajón alcanzaba niveles espectaculares. Descarados, en sinónimo.

246. PALABRA DE KÁISER

El gran Franz Beckenbauer, legendario defensa libre del Bayern de M*ú*nich en los años sesenta y setenta, estuvo a punto de fichar por el Barça en el arranque de 1976, cuando el técnico azulgrana Hennes Weisweiler le llamó personalmente. El propio Káiser recordaría la llamada años después: «Weisweiler me preguntó si quería venir al Barcelona. Le dije "pero si ya tienes a Cruyff", y me contestó que "sí, pero hay problemas con él y quiero contar contigo". La cosa quedó así y no pudo concretarse porque Weisweiler tuvo que irse». En cualquier caso, Beckenbauer reconocía que «fue un honor que se me relacionara con el Barça».

El de Beckenbauer, pues, significaba el tercer fichaje frustrado de una estrella alemana en aquellos años, tras los de Günter Netzer y de Gerd Müller en 1973, cuando el de Cruyff aún no estaba firmado. De hecho, desde 1931, cuando Emil Walter abandonó el Barça, el equipo azulgrana no había contado en sus filas con futbolistas germanos, un largo paréntesis que finalizó en 1980 con la llegada de Bernd Schuster.

247. CHICAS PROHIBIDAS

El 13 y 14 de agosto de 1976, el Barça participó en el torneo de verano Ciutat de Palma. En esos días, el entrenador Marinus Michels recibió el aviso de que algunos jugadores barcelonistas se veían a escondidas con un par de jóvenes seguidoras que se habían desplazado desde Barcelona junto con la expedición azulgrana. Míster Mármol no digirió nada bien el chivatazo y no permitió que ningún futbolista participase en un acto que la Peña Barcelonista de Mallorca organizó en el mismo hotel donde se alojaba el equipo.

248. EN LA LÍNEA HABITUAL

En su presentación pública, que servía para confirmar el deseo de optar a la presidencia del Barça, Josep Lluís Núñez dejó caer algunas de las perlas que después se convertirían en tradicionales durante su largo mandato. Fue en la revista *Don Balón*, en la edición del 22 de junio de 1976, cuando Núñez entró en escena con la plancha por delante, como si fuera un duro defensa: «El Madrid sí que es un equipo bien dirigido, y al FC Barcelona lo que le falta sobre todo es un gran presidente». El aspirante a la poltrona azulgrana hizo gala de un talante digno de forofo supuestamente entendido en fútbol, con frases tipo «faltan laterales, falta un centrocampista, faltan dos extremos, y si me apura usted, un delantero centro. Y además no tenemos suplentes». Encima, repartió estopa entre algunos jugadores de la plantilla con sentencias categóricas: «¿Usted cree que Clares puede ser jugador para el Barcelona? [...] Corominas puede ser un gran muchacho, pero no es jugador para el Barcelona [...] Cruyff no puede tener al lado a Mir y Rexach, dos que no entran en el área ni a tiros».

249. CANDIDEZ

En la entrevista, bastante peculiar, Núñez también ofrecía su original opinión sobre la estructura deportiva del club:

—En la plantilla hay un desbarajuste, porque unos cobran mucho más que otros. Esto provoca rencillas, envidias y discordias.
—¿Qué solución ve usted?
—Hay que pagar a todo el mundo igual.
—Pero eso no sucede en ningún club del mundo.
—Bueno, al menos, unos jugadores no deben saber lo que cobran otros.

Cómo se notaba que no conocía este mundillo, alma cándida…

250. EL EXPERTO

Meses después, el 29 de marzo de 1977, Núñez mostró nueva ostentación de sus supuestos conocimientos futbolísticos en otra entrevista, esta vez publicada en *RB:* «Con *Lobo* Diarte, Rubén Cano y Churruca en el equipo, ahora ya seríamos campeones, de calle». Para no perder la costumbre recién adquirida, cargaba otra vez contra algunos nombres propios: «Hemos estado jugando sin delantero centro y sin extremo zurdo. Un equipo que aspira a ser campeón de Europa, nuestro sueño dorado, no puede fichar a Dueñas, que ahora ya no juega ni en el Granada; no puede alinear a Martí Filosia, que ahora está en el San Andrés». Y dale con hacer amigos.

251. NI LA COPA

Con indisimulado pesimismo, aquel día Núñez ya daba la Liga 1976-77 por totalmente perdida a causa de la desventaja de cuatro puntos con respecto al líder, el Atlético de Madrid, a pesar de que aún quedaran siete jornadas para el final. Cuando el periodista le planteaba que todavía se tenía que jugar la Copa, respondió sin pelos en la lengua: «¿Y usted cree que la ganaremos? ¿Con qué equipo? ¡Vamos, hombre! Sería un milagro». El prodigio no llegó y el Barça fue eliminado en primera ronda, octavos de final, por un Celta de Vigo que descendería a Segunda. Por cierto, el Atlético acabaría ganando la Liga.

252. REGIÓN IMPORTANTE

La última de Núñez en aquella entrevista de marzo del 77, referida a su opinión personal sobre la significación extradeportiva del FC Barcelona: «El Barça es un club de fútbol que representa a una región importante. Hay otros clubs que asimismo son representantes de otras regiones. El "más que un club" lo veo como una vinculación esencialmente política. Y en estos momentos de libertad de partidos, no me parece necesario politizar un club de fútbol». Queda claro, pues. No hay que negarle coherencia con lo aplicado después en sus veintidós años de presidencia.

253. DEJADNOS EN PAZ

En la presentación oficial del Barça 1977-78, el capitán Johan Cruyff fue el encargado de dirigirse a la afición en representación de la plantilla. Era el 19 de julio de 1977, en el Camp Nou. En su breve parlamento, como quien no quiere la cosa, Cruyff dejó caer esta perla referida a la prensa deportiva y a las próximas elecciones a la presidencia del club: «Espero, esperamos los jugadores, que los periódicos se ocupen más de las elecciones y nos dejen a nosotros más tranquilos en el campo». Semanas después, el 1 de septiembre, en el transcurso de la asamblea general del club, un indignado compromisario se refirió así a los sufridos profesionales de la prensa: «Ya que ganan dinero escribiendo sobre el Barça, propongo que cada periodista se pague de su bolsillo la entrada en el Camp Nou». Permitidnos el juego de palabras: bastante sabido resulta que los periodistas siempre han sufrido de mala prensa entre los aficionados, je, je…

254. EL TORITO

Rafael Zuviría era un extremo izquierdo argentino de limitada técnica que, en el Barça, acabaría reciclado en lateral derecho. El Torito defendió la zamarra azulgrana entre 1977 y 1982, de manera que, cuando llegó en verano del 77, se topó de cara con los expeditivos métodos de entrenamiento del técnico holandés Marinus Michels. El propio Zuviría daría testimonio de la experiencia en el libro de Joan Rovira *Lo que te falta saber del Barça*:

> Estábamos en Papendal, en un *stage* de pretemporada. Michels no tenía piedad. A las siete de la mañana nos hacía correr kilómetros y

kilómetros por aquellos bosques de Holanda. ¡Pero si acabábamos de despertarnos! A las nueve, desayuno sin cortarnos de nada en el hotel. Digo sin cortarnos cuando debería decir a todo trapo: leche, quesos, mantequilla, salchichas, bollería, yogur, huevos, zumos, *croissants*... No hace falta subrayar que, tras dos horas dando saltos por las montañas, nos poníamos como cerdos. Había absolutamente de todo. Después, venga, otra vez a trotar. Y hartos como estábamos, lo normal era que alguien vomitara por el esfuerzo y, claro, por todo lo que llevaba dentro. Entonces el míster sacaba del bolsillo un billete de avión y amenazaba: «Usted, ¡levántese o ya se puede ir a casa».

El tiempo ha puesto la teórica dureza del personaje en su lugar. Hoy, Rinus Michels es recordado como uno de los mejores técnicos de su época. Y de la historia, por extensión. Uno de los ideólogos del mitificado fútbol total, sin necesidad de extendernos en la loa.

255. ¿QUIEN COBRA MÁS?

Para amantes de los fríos números, comentaremos que en la asamblea del 1 de septiembre de 1977 quedó aprobado un presupuesto para la temporada 1977-78 de 590 millones de pesetas y que las partidas referidas a gastos de personal eran estas:

Sueldos de los jugadores:	42 000 000
Estímulos a jugadores y técnicos:	33 000 000
Primas a jugadores y técnicos:	83 000 000
Sueldos empleados campos y oficinas:	50 000 000

No deja de ser curioso que, si nos fijamos solo en el concepto «sueldos», parecería que los empleados del Barça cobraban más que los jugadores. A pesar de todo, aunque contabilicemos los números de las diversas partidas, alguna cosa no acaba de cuadrar. Poca diferencia entre ambos colectivos, la verdad. Aunque los empleados no figuren en el apartado «primas», por si algún lector se nos despista.

256. TODO VALE

Eso de guiarse solo por las apariencias es feo, muy feo. Hoy, esta tendencia tan superficial y vulgar está prácticamente desterrada de los medios convencionales con un mínimo de educación y ha quedado circunscrita básicamente a las redes sociales, tan rupestres ellas. Pero en los años setenta del siglo pasado, las cosas eran muy distintas. Así, el 1 de noviembre de 1977, se podía leer esta perla en la crónica que publicó la *RB* sobre la primera visita del presidente de la Generalitat, Josep Tarradellas, al Camp Nou tras su retorno del exilio: «Por los micrófonos instalados en el palco presidencial hablaron el señor Santamans, como socio más antiguo, el señor Montal y el honorable Tarradellas. El señor Santamans lució una buena voz a pesar de su avanzada edad, al igual que el señor Tarradellas. Una vez más desentonó Montal con su vocecita aniñada que nunca le permitirá ser honorable». Por lo que parece, en la particular cruzada de *RB* contra Montal valía todo.

257. ¿DE BALAGUER?

Un día de verano de 1978 sonó el teléfono del nuevo gerente del Barça, Josep Maria Serra, que había estrenado el cargo con la llegada de Núñez a la presidencia azulgrana. Le llamaba Andrea Frulio, el alcalde de la localidad de L'Alguer, en la isla italiana de Cerdeña. En L'Alguer, como es sabido, se habla catalán desde los tiempos de la corona catalano-aragonesa. La propuesta del señor/*signore* Frulio consistía en invitar al FC Barcelona a unas jornadas de confraternización entre Cataluña, Córcega y Cerdeña mediante un partido entre el Bastia y el conjunto azulgrana en su ciudad. El acuerdo tardaría en llegar porque, de inicio, la conversación telefónica entre Frulio y Serra resultó una calamidad:

—Oiga, le llamó de L'Alguer.
—¿De Balaguer, dice?
—No, de L'Alguer.
—¿Eso no está en Lleida?
—No, de Alguer, ciudad de Cerdeña, en Italia.
—Pero tú eres de aquí, ¿no?
—¡No, hombre, no! Le llamo de L'Alguer, soy el alcalde.
—¡Pues hablas muy bien el catalán!

Sin comentarios. O solo uno: *¡Santa Madonna!*

258. AY, L'ALGUER

Superadas estas incomprensiones derivadas del nulo dominio de la historia, el Barça se enfrentó finalmente el 13 de agosto al conjunto corso del SC Bastia, en el campo alguerés de Maritti. El partido fue bastante aburrido y acabó sin goles, por lo que la copa en disputa se decidió con el lanzamiento de una moneda al aire. No se contemplaba la opción de los penaltis y el azar favoreció a los corsos. Era el broche final a una jornada que resultó agitada. Un rato antes de jugar, el Barça no había visto un duro, y un indignado Núñez amenazaba con retirar el equipo. Además, en el repertorio musical que una banda del Alguer tenía previsto tocar para amenizar los prolegómenos del partido constaba el himno español, como homenaje al Barça, y *La Marsellesa*, dedicada al Bastia, equipo de la francesa aunque nacionalista isla de Córcega. Por suerte, uno de los miembros de la expedición catalana se enteró y usó la mano izquierda para convencer a los músicos que la elección igual no satisfacía a los que pretendían agasajar. En definitiva, si recordamos la incomparecencia del Alguerlin's Club en aquel lejano abril de 1909, podemos concluir que las escasas relaciones del Barça con el Alguer no han sido demasiado afortunadas.

259. ¿ANTI...QUÉ?

El excentrocampista holandés Arie Haan, jugador del Anderlecht entre 1975 y 1981, explicó en un libro que, el 18 de octubre de 1978, en el partido de ida de los octavos de final de la Recopa de Europa entre el conjunto belga y el Barça, las autoridades futbolísticas realizaron un control antidopaje por sorpresa. En palabras de Haan, «los jugadores azulgranas se negaron a colaborar y nosotros hicimos lo mismo. En mi equipo alguien había tomado algo». Al final, nadie pasó el control y la UEFA tampoco tomó represalias, lo que no deja de parecer algo insólito.

260. GOETHALS, EL BOCAZAS

Continuamos con sustancias prohibidas alrededor de aquella eliminatoria. El choque al que nos referimos líneas atrás acabó con un 3-0 que dejaba al Barça contra las cuerdas. Máxime, si valoramos la enorme motivación exhibida por el entonces poderoso Anderlecht. Encima, Lucien Müller, entrenador barcelonista, acabó muy enfadado con el técnico belga, Raymond Goethals, a pesar de que el francés luciera merecida fama de pacífico caballero.

Resulta que Goethals declaró, una vez acabada la ida y en rueda de prensa, que la única manera de creer en una remontada azulgrana consistía en drogar a los futbolistas. Müller, sin diplomacias, le replicó que el único drogado allí era el míster de los belgas. Las desafortunadas palabras de Goethals generaron una atmósfera cargada, un notable deseo de revancha. Llegada la hora, el Camp Nou presentaba una entrada digna de gran velada y el Barça acabaría eliminando al Anderlecht en los penaltis tras igualar el 3-0 encajado y forzar una prórroga resuelta sin más goles.

Aquella eléctrica noche, los azulgranas se comportaron como guerreros a los que no era necesario motivar con pastillas mágicas. Encima, el extraordinario gol del Torito Zuviría que significaba el empate pasó directamente a los anales de la historia entre los goles más emotivos en el largo recorrido culé.

261. AQUEL SECUESTRO

El añorado delantero asturiano Enrique Castro, *Quini,* fue secuestrado el 1 de marzo de 1981 por unos jóvenes en paro sin antecedentes penales y liberado por la policía veinticinco días después. Más allá de lo único importante en un caso como este, que el drama humano tuvo un final feliz, el triste suceso provocó que el Barça perdiera sus opciones de ganar la Liga 1980-81.

El primer partido sin Quini estaba previsto para el 8 de marzo y era un transcendental Atlético de Madrid - Barça, con los colchoneros líderes y gozando de dos puntos de ventaja sobre los azulgranas. Todo el mundo estaba de acuerdo en aplazar tan inoportuno partido, empezando por los anímicamente destrozados futbolistas del Barça. Pero la directiva, por sorpresa, decidió jugarlo. Según manifestó el técnico Helenio Herrera, el club hizo caso a los consejos de psicólogos especializados en casos de secuestro. Ellos opinaban que disputándolo «con un campo lleno de pancartas pidiendo la liberación de Quini se puede conseguir mucho más que suspendiendo el partido».

Entendemos que tan discutible teoría esperaba que, así, los secuestradores caerían en la cuenta de la monstruosidad cometida y liberarían a Quini a cambio de nada. Finalmente, el partido se jugó, con derrota del Barça por 1-0, y los captores continuaron a la suya, manteniendo el cautiverio. Antes de su liberación, los compañeros de Quini aún tuvieron que jugar otros dos partidos sin él. El balance, pobre y comprensible en tan dramática coyuntura, una derrota ante el Valladolid (2-1) y un empate con el Zaragoza en el Camp Nou (0-0).

262. LENGUA MARGINADA

No todo resultaron alegrías en la conquista de la Recopa del 82, ganada por el Barça tras derrotar al Standard de Lieja por 2-1 en la final, jugada el 12 de mayo en el propio Camp Nou. La lengua catalana fue marginada de las entradas, carteles, invitaciones, discursos y cualquier otro detalle. Ningún gesto, ni uno, hacia el idioma propio de la sede organizadora. Como escribió Ramon Serra en el diario *Avui*, «a muchos forasteros les debía parecer que la final se jugaba en Badajoz o en Cuenca».

263. CON DICTADURAS

Solo tres días después, el barcelonismo vivió una jornada ignominiosa. El 15 de mayo de 1982, ya de gira por Sudamérica, el Barça se enfrentó a la selección nacional chilena en el Estadio Nacional de Santiago de Chile. El país andino se hallaba entonces bajo la dictadura del general Augusto Pinochet, en el poder desde el 11 de septiembre de 1973 tras un cruento golpe de Estado que había derrocado al Gobierno democrático de Salvador Allende. Cuando la expedición azulgrana aterrizó en la capital chilena, el día era triste, gris y lluvioso. El ambiente general era de miedo, con constantes patrullas de militares metralleta en mano. Ya en el Estadio Nacional, los jugadores del Barça, conscientes de la historia reciente, no podían dejar de pensar que nueve años atrás allí se había habilitado un centro de detención y tortura para cuarenta mil personas, algunas de las cuales fueron fusiladas allí mismo.

Ya que hablamos de visitas inoportunas a dictaduras sudamericanas, conviene recordar que, veinte años antes, el 3 de julio de 1962, el Barça jugó un partido en Asunción, la capital de Paraguay, ante un equipo con el paradójico nombre de Libertad. El país llevaba bajo la tiranía de Alfredo Stroessner desde su triunfante golpe de Estado de 1954. El dictador, responsable del asesinato de cuatro mil compatriotas, hizo el saque de honor y luego presenció el choque, que tenía su importancia simbólica al ser el FC Barcelona el primer club europeo que visitaba Paraguay. En cualquier caso, en la España de aquella época no era necesario viajar lejos para encontrarse en un país subyugado.

264. AMPLIACIÓN CON INCENDIO

La ampliación del Camp Nou, que situaba su aforo en ciento quince mil espectadores, fue inaugurada el 24 de agosto de 1982, aprovechando la disputa de las semifinales del Trofeo Joan Gamper, que entonces era cuadrangular. A la ceremonia inaugural asistieron los expresidentes Francesc Miró-Sans, Enric Llaudet y Agustí Montal Costa, acompañados por diversos personajes emblemáticos del pretérito azulgrana. La jornada festiva quedó empañada por un aparatoso incendio en el Camp Nou, afortunadamente sin desgracias personales, iniciado en la zona de prensa de tribuna alta por la explosión de un transformador. Los bomberos se quejaron de la absoluta ausencia de elementos de seguridad y que solo hubiera dos extintores en el área afectada.

265. OLLA DE GRILLOS

A finales de 1982, el Barça era una caótica olla de grillos: el equipo deambulaba por la Liga sin rumbo; la estrella, Maradona, criticaba públicamente a los aficionados del Camp Nou («el público exige demasiado, no permite ni que se pierda un balón») y a sus compañeros («nadie quiere asumir responsabilidades»); la vieja gloria de los banquillos Helenio Herrera, aún a sueldo del club, cargaba duramente desde Venecia contra el entrenador Udo Lattek con su arrogancia habitual («Conmigo a su lado otro gallo cantaría. Sin mí es un inepto»); el presidente Núñez se negaba a hablar con Pepe Gutiérrez, periodista de Radio Barcelona, gritándole: «Cuando aprendáis a hablar los de la radio, entonces yo también hablaré...». Vaya, los ochenta en estado puro. Cada día, un follón como rutina.

266. NI CASO

Comprobado tan desolador panorama y ante el alud de críticas furibundas que recibía la junta por parte de algunos medios, un seguidor culé se atrevió a dar algunos consejos al presidente Núñez a través de una carta escrita el 14 de diciembre de 1982: «Presidente: No les haga caso. Le quieren poner nervioso. Las noticias solo tienen ocho horas de vida. Le envidian terriblemente porque lo tiene todo, y ellos, casi nada. Si usted fuera un mendigo del metro, nadie querría saber ni su nombre. Créame, no haga caso a nadie. No conteste. Diga lo menos posible y, si es posible, nada. El desprecio es lo mejor. Ignórelos. Esfuércese en ignorarlos. Me han dicho quienes le conocen que es usted muy sensible a la crítica, y eso es hacerles el juego a los anti-Barça y anti-Núñez. No les dé carnaza. Póngalos nerviosos». O sea, la mejor solución ante el jaleo consistía en practicar el nirvana espiritual y mantener la boca cerrada.

267. HEPATITIS VÍRICA

El 16 de diciembre de 1982, los médicos del Barça diagnosticaron una hepatitis de origen vírico a Diego Armando Maradona. Cinco días después llegó a las oficinas del FC Barcelona una carta enviada desde la localidad guipuzcoana de Mutriku dirigida al presidente Núñez. En la misiva, escrita por un culé vasco, se podía leer: «Por correo en cuatro paquetes les envío cuatro botellas de agua preparada con hierbas, especial para combatir rápidamente la hepatitis de Maradona. Dos paquetes los envío directamente al señor Maradona y otros dos al señor Núñez. Lo tiene que tomar un poco templado y en tres tomas diarias, mejor antes de comer, un vasito en cada toma». Tras recalcar que aquello no era una broma, el remitente alababa, ignoramos si con dosis de sorna incluida, las excelencias de aquellas hierbas supuestamente milagrosas: «En Motrico han dado resultados toda la vida, y hoy en día que muchos jóvenes que por sus "costumbres" contraen muchos la enfermedad [de la hepatitis], aunque este no sea el caso de Maradona, que llevará una vida de gran deportista». Sí, claro...

Si peculiar resultaba el ofrecimiento del señor de Mutriku, la reacción del club aún complicaba más el asunto. Alguien tuvo la ocurrencia de escribir en un margen de la carta: «Agradecer su interés. Cuando lo recibamos, lo pasaremos a los Servicios Médicos, que son quienes deben decidir». Imaginamos la cara que debía poner el doctor Carles Bestit al recibir tan prodigiosas ampollas. Total, que la respuesta protocolaria del club, enviada el 27 de diciembre, resultaba justa y precisa: «Agradecemos sinceramente el interés demostrado hacia nuestra entidad y en especial hacia nuestro jugador Maradona, pero hemos de decirle que ahora sigue un tratamiento médico, dictaminado por los médicos del Club, que son quienes lo atienden». Solo faltaría.

268. CUIDADO DE LA CANTERA

La agencia informativa Efe difundió el 25 de octubre de 1983 un estudio estadístico sobre los presupuestos dedicados al fútbol base de los dieciocho equipos de Primera en la Liga 1983-84. Según este trabajo, el club líder en la promoción de la llamada cantera era la Real Sociedad, que de un presupuesto general de 450 millones de pesetas destinaba 70 millones a sus equipos inferiores, el 15,55 % del total. En cambio, el farolillo rojo de este *ranking* lo ocupaba el FC Barcelona, que de un enorme presupuesto de 1794000000 pesetas apenas invertía 22 *kilos* en los chicos del fútbol base, un raquítico 1,22 % del presupuesto total. Tomen nota por aquello del modelo y de lo que pasaría con posterioridad en las décadas de mayor éxito.

269. MEMORIA CON RÉPLICA

Meses después, el club respondía a la información de modo indirecto entre las páginas de la memoria general 1983-84. En el texto dedicado a la cantera se esgrimía que, durante aquella campaña, se habían incorporado al primer equipo chicos del filial Barcelona Atlético como Rojo y Clos, nombres que se añadían a los de Moratalla, Olmo, Carrasco, Manolo y Sánchez. Y terminaba con esta dura carga: «No existe peor ciego, ciertamente, que quien no quiere ver, y algunos están empeñados en atacarnos con argumentos inciertos y tendenciosos, haciendo creer que en el Barça no nos preocupamos de la cantera. Nada más lejos de la realidad, como lo demuestra palpablemente la única verdad razonada y razonable: los hechos». Realmente, parecían políticos en campaña electoral.

270. LOS CELEBRADORES

Tras once años de espera, el 30 de marzo de 1985, el Barça pudo celebrar por fin la consecución de un título liguero. La fiesta se realizó en el Camp Nou en la previa del partido de la jornada 31 con el Sporting, cuando aún quedaban cuatro para el término del campeonato. El momento más emotivo llegó con la salida al terreno de juego de antiguos jugadores representantes de los nueve equipos históricos que hasta entonces habían conquistado alguna Liga para el Barça: Josep Obiols (1928-29), César Rodríguez (1944-45), Josep Seguer (1947-48), Francesc Calvet (1948-49), Juan Segarra (1951-52), Marià Gonzalvo (1952-53), Antonio Ramallets (1958-59), Ferran Olivella (1959-60) y Carles Rexach (1973-74). *Charly* Rexach fue el más ovacionado. Claro, las restantes ligas quedaban tan lejos...

271. COMPRAR LA COPA

Pocos días antes de la infausta final de la Copa de Europa de 1986, disputada en Sevilla el 7 de mayo, Josep Lluís Núñez recibió una llamada de alguien que aseguraba hablar en nombre del Steaua de Bucarest, rival del Barça en aquel desgraciado partido. En resumen, el misterioso personaje realizó una delirante oferta al presidente azulgrana: si entregaba diez millones de pesetas al club de la capital rumana, el FC Barcelona ganaría la final. No hace falta decir que Núñez, bastante indignado, rechazó la oferta con contundencia. Según ha trascendido en las últimas tres décadas, con posterioridad todavía se recibirían otras ofertas para comprar la primera Copa de Europa del club, así de claro. Y al final, como sabemos, el Steaua se llevó por penaltis un inesperado título incluso para el más optimista de sus aficionados. El Barça, en cambio, acabaría con una depresión de caballo.

272. ALOISIO Y LA POLI

Aloisio Pires Alves, aquel central brasileño que provenía del Internacional de Porto Alegre y que jugó en el Barça pre *Dream Team* entre 1988 y 1990, sufrió en cierta ocasión un problema con la policía española cuando *el Monstruo de Pelotas* acababa de llegar a Barcelona y aún no era conocido. Aquel día paseaba tranquilamente por la calle, cerca del Camp Nou, cuando de repente un uniformado le detuvo para pedirle la documentación. Como Aloisio se había dejado los papeles en casa, fue detenido e introducido en un coche patrulla. Por suerte, el policía que conducía el automóvil le reconoció: «¡Ostras, si eres Aloisio! ¡Me cago en la puta! ¡Baja del coche, tío, perdona!», exclamó, desconocemos si con deje de Torrente. Aloisio fue el primer jugador de raza negra que llevó el brazalete de capitán del FC Barcelona.

273. AY, QUÉ PÚBLICO...

Aloisio nunca acabó de conquistar el corazón de los exigentes aficionados azulgranas. En 1990, cuando ya había firmado por el FC Porto, aprovechó la ocasión para soltarse antes de abandonar el Barça: «Oír cómo murmura el público cuando vas a tocar el balón es lo peor que le puede ocurrir a un futbolista. En mi antiguo equipo esto no pasaba. Aquí la gente solo aplaude cuando el equipo marca goles. Si la gente tuviera otra mentalidad, los resultados serían mejores. He comprobado que al campo viene mucha gente mayor, quizá por eso no se respire ese ambiente cálido que siempre agradecemos los futbolistas». Viene a cuento recordar aquellas palabras de febrero de 1958, pronunciadas por el jugador madridista Héctor Rial para referirse a las abúlicas gradas del Camp Nou: «Lo más sorprendente es la actitud del público: no anima al equipo, y así este no puede ganar». Queda claro que la mentalidad del público culé resulta muy difícil de cambiar. Va con el ADN.

274. MUJER DIRECTIVA

Integrante de una importante familia de tradición bancaria, Rosa Maria Valls-Taberner accedió a la directiva del Barça en abril de 1989. En aquella época, los directivos azulgranas realizaban turnos para representar al club en los partidos en campo contrario. En palabras del vicepresidente Josep Mussons, transcritas en su libro *El Barça vist per dins* («El Barça visto por dentro»), los miembros de la junta «quisieron hacer ver a Rosa que la convivencia en el viaje y la presencia en el vestuario eran motivos suficientes para excluirla de la rueda de delegados. Lo acató para no armar un escándalo, aunque no quedó nada convencida. Debía pensar que éramos un grupo de retrógrados, incapaces de aceptar que las personas dignas son responsables de sus comportamientos y que ponerlo en duda puede caer de lleno en el insulto». Usted mismo lo decía, señor Mussons.

275. PRIMERA REPRESENTANTE

Años más tarde, el 7 de noviembre del 2010, la tesorera Susana Monje hizo historia al convertirse en la primera mujer directiva que actuaba como máximo representante del club en el partido Getafe-Barça. Por fortuna, ya quedaban lejos aquellos tiempos de machismo indisimulado en la junta, cuando Joan Gaspart era capaz de enviar a una directiva «a limpiar lavabos, si es que quieres hacer algo dentro del club». Tal cual.

276. PSICOLOGÍA A LA BRAVA

La anécdota es veraz, histórica y recordada: el 12 de mayo de 1963, tras una debacle copera en el campo del Elche (4-1), el técnico barcelonista de entonces, el exjugador Josep Gonzalvo, soltó una bomba ante la prensa, fruto de un enfado monumental: «Ya es hora de que nos eliminen y dejemos de hacer el ridículo por los campos de España». Como recordaréis, esta historia acabó dignamente, con una reacción instantánea de sus discípulos, campeones de aquella misma edición de la Copa. Lo que llamaríamos un ejemplo de manual de psicología inversa, consistente en menospreciar a alguien para picarle el amor propio en espera de reacción.

Ya que todo se repite, o eso reza el tópico, casi tres décadas después volveríamos a vivir un episodio similar. Día 3 de mayo de 1992: tras el decepcionante empate a un gol entre Barça y Burgos en el Camp Nou, el equipo ocupaba la tercera posición en la clasificación liguera. El Madrid era líder a cuatro puntos, y el Atlético, segundo a uno de distancia, cuando solo restaban cinco jornadas. Para acabar de complicarlo, en la jornada anterior, el Barça había perdido 1-2 en Tenerife. Ante tan irregular camino, Núñez también se dejó ir: «Hemos regalado demasiados puntos y no seremos campeones porque no hemos sabido más». El entrenador, Johan Cruyff, le apoyó: «Estoy totalmente de acuerdo con Núñez, la Liga está perdida. Y ahora, los partidos restantes serán horribles. Si hoy hemos realizado una primera parte sin garra ni convencimiento a pesar de jugarnos el título, imaginad qué puede suceder en los últimos partidos».

277. LA REACCIÓN

Y al final pasó que el Barça ganaría los cinco últimos encuentros del campeonato. Fue así: Cádiz (0-2), Mallorca (3-0), Valladolid (0-6), Espanyol (0-4) y Athletic Club (2-0). Tras esta racha triunfal, el equipo se proclamaría campeón gracias a la inolvidable derrota del Madrid en Tenerife en la jornada final (3-2). También conviene recordar que, entre los lances contra Mallorca y Valladolid, se conquistaría la primera Copa de Europa en Wembley ante la Sampdoria (1-0). En definitiva, tras las amargas confesiones de Núñez y Cruyff, el equipo ganó seis partidos consecutivos, con dieciocho goles a favor y ninguno en contra, y con dos títulos como la Copa de Europa y la Liga en el bolsillo. Vaya, que la «táctica Gonzalvo» funcionó como un reloj. Aunque no la recordaran, ni a ella ni al protagonista...

278. AQUELLA CHARLA

El árbitro argentino Juan Carlos Lostau fue el encargado de dirigir la final de la Copa Intercontinental que, el 13 de diciembre de 1992, el São Paulo ganó al Barça por 2-1. Veinticinco años después, Lostau explicaría que, en la vigilia, se reunió con los dos entrenadores, Telé

Santana y Johan Cruyff, previa petición de Santana. Ambos técnicos acordaron ante el árbitro retirar del campo a cualquier jugador de los suyos que infringiera las reglas del buen fútbol. El colegiado recordaba que Santana y Cruyff hablaban de fútbol «como si fuera algo sagrado» y que «interrumpir un partido con lesiones fingidas, esconder el balón o hacer una sustitución para ganar segundos no les resultaba válido». Según confesión propia, Lostau nunca olvidaría aquella experiencia: «En cuarenta años de carrera, nada me tocó más que haber participado en esa conversación entre Telé y Cruyff. Fue la cosa más enriquecedora que el fútbol me dio».

279. SOLO HAY UN HRISTO

El 12 de marzo del 2013, la revista *Jotdown Magazine* publicó una jugosa entrevista a Hristo Stoichkov en la que el temperamental exdelantero búlgaro repasaba su trayectoria profesional. Queremos destacar estas palabras dedicadas a Johan Cruyff, su técnico entre los años 1990 y 1995:

> Mal con Cruyff no he estado nunca; malentendidos, sí. A ningún jugador le gusta que le cambien; él lo hacía para joderme, para que estuviese más motivado al día siguiente. Eso no lo entiende la gente. Pero ¿sabes cuántas veces he ido a comer a su casa para que me explicase cosas en la pizarra? Me ponía la comida más barata del mundo. Una ensalada y, en mitad, un huevo. Y yo: «Joder, míster...». Y él me contestaba: «Típico holandés».
>
> Johan hoy sigue teniendo el mismo toque que cuando jugaba, en cada entrenamiento iba y chutaba a tocar los palos. Siempre que lo hacíamos, él ganaba. Siempre, y apostando dinero. Una vez en Tenerife me ganó cien mil pesetas, el cabrón. Me dijo: «Si marcas un gol te doy cien mil, si no, me pagas tú». En el primer tiempo íbamos 2-0. Laudrup un gol y Goico otro. Y en el medio tiempo, me cambia. Le digo: «¡¿Por qué me cambias?!». Y dice: «Paga las cien mil pesetas». Qué hijo de puta, siempre jodiendo. Pero allá donde voy ha estado él. Con la fiesta del Balón de Oro, en la Bota de Oro del Mundial. ¿Por qué? Porque es mi entrenador, mi padre, joder. Cambió algunos conceptos de mi juego, me movió, pero la gente no entiende cuál es el verdadero trabajo de Johan. No puedo pedir más de él. Le estaré siempre agradecido.

Leyendo eso se demuestra, una vez más, que el tiempo lo cura todo, porque Stoichkov se fue del Barça en 1995 a causa de su abierto enfrentamiento con Cruyff y regresó al año siguiente, tras la destitución del técnico holandés.

280. ¿QUIÉN QUIERE HIERBA?

Era 1994. En verano, el club había cambiado la hierba del Camp Nou y a alguien se le ocurrió una idea genial: rescatar seis mil porciones del viejo césped, colocarlo en recipientes de metacrilato y comercializarlo entre los seguidores al nada módico precio de 9994 pesetas (unos sesenta euros) la pieza. La venta se realizó en la Fira Barçamania, evento anual que se organizaba entonces, dedicado a los productos con licencia del FC Barcelona. La iniciativa resultó un éxito total y las existencias se agotaron con rapidez. ¿Motivo? El personal era muy consciente de que, sobre aquellos retazos de alfombra verde, había jugado el Barça entre 1990 y 1994, época en la que el legendario Dream Team había cosechado un extraordinario palmarés: cuatro Ligas consecutivas y la Copa de Europa de Wembley. Se hace evidente, pues, la analogía con el comercio de reliquias de santos y de agua milagrosa de Lourdes.

281. MEJOR CALLAR

El 1 de marzo de 1995, Barça y PSG empataron a un gol en el Camp Nou en la ida de los cuartos de final de la Champions League 1994-95. Lógicamente, concluido el partido, todos los culés consideraron que la eliminatoria con el equipo de George Weah estaba bastante complicada. Así lo declaró a los periodistas Rafael Cortés Elvira, secretario de Estado para el Deporte, cuando, de repente, el pasional vicepresidente Joan Gaspart lo interrumpió diciendo: «Di lo que quieras, pero estamos clasificados». Ante la sorpresa general y una vez apoderado de los micrófonos, Gaspart se explayó a gusto: «Los franceses pueden ir celebrando lo que quieran, pero no saben lo que les espera en el partido de vuelta. Que se vayan preparando porque van a saber lo que es bueno. Vamos a ganar en París y solo tengo una duda en estos momentos: no sé si ganaremos por un gol de diferencia o por más. Estamos empatados, quedan noventa minutos y si empiezan a celebrarlo esta noche, peor para ellos. Lamentarán lo que se les viene encima. Que se empiecen a preocupar y así irán ganando tiempo porque dentro de quince días van a encontrarse con un Barça terrible que no les dará ninguna opción». Gaspart en estado puro. En el partido de vuelta, el PSG ganó por 2-1, consumando la eliminación de los hombres de Johan Cruyff. El técnico holandés ya llevaba la cruz puesta, como quedaría comprobado al final de la temporada 1995-96, cuando fue destituido de manera traumática.

En cualquier caso, el fútbol acostumbra a no guardar misericordia con los dirigentes que se comportan como *hooligans*. Como recordaréis, años después, en febrero de 2009, el presidente madridista Vicente Boluda se vino arriba tras saber que el sorteo de la Champions había emparejado a los blancos con el Liverpool: «Les vamos a chorrear». El equipo inglés venció por 0-1 en el Bernabéu y por 4-0 en Anfield Road. Ay, la prudencia, virtud olvidada a menudo.

5

Estrellas y estrellados

Al formular este capítulo, buscábamos el contraste entre anverso y reverso de la misma moneda vital. Aquello definido como éxito y fracaso en términos absolutos. Como la propia realidad, revolver entre el material hasta llevarlo a una página, dejarlo negro sobre blanco, logró que emergieran los matices, los claroscuros de tonos variados. Y así hallamos y recuperamos a gente que ha dejado huella en el club en mil frentes, una formidable riqueza de perfiles y personalidades que conforman un tratado de la historia azulgrana y, naturalmente, del recorrido y evolución del país, eternamente ligado al alma del club. En tiempos que precisan definiciones cortas para confeccionar el titular superficial os hablaremos, casi de modo telegráfico, de la saga de los Peris de Vargas, que va más allá del presidente reducido a una etiqueta autoritaria. De Bori, el primer argentino de la historia. Descubriremos que el fascinante Rositzky era, finalmente, alemán y nos insiste como ejemplo flagrante de que mucho pretérito queda aún por descubrir y fijar en la memoria conforme a hechos. Acabaremos de nuevo con alguna falsa creencia arraigada, como la de considerar a Julio César Benítez el único futbolista fallecido en activo. Existen tres más y no merecen quedar arrinconados.

Nos acordaremos, para no dejar caer en el olvido como inmerecido castigo para ellos, de Martínez Sagi, el mozalbete que marcaba goles precoces. Hablaremos de la dieta del barrigudo Sancho, del intelectual Surroca, del único encuentro disputado por el gafado Conrad Portas, enésima víctima del peso insoportable de los tiempos que le tocaron vivir. De Sastre, pagado en traspaso con toda una señora tribuna. De Ramon, casi desconocido goleador «republicano», a quien no mantienen vivo en el recuerdo, por desgracia, ni los doscientos veinticinco goles marcados de azulgrana. Aparecerán en nuestra peculiar escena tres brasileños de primera hora, los Jaguaré,

Dos Santos y *Cabeçao*, triada de personalidades en contraste vital, la muerte prematura y el *carpe diem*. Conocíamos la fuerza de los principios de Ramon Zabalo y ahora descubriremos su temeraria valentía. En lección de vida, el contexto obliga al posicionamiento, hay momentos en los que resulta imposible refugiarse, por ejemplo, bajo el paraguas de ser supuestamente apolítico, como deseaba Patrici Arnau. Volveremos a percutir alrededor de las peripecias de Josep Samitier, también ducho en acrobacias cuando tocaba practicar el funambulismo de civil. El enigma representado en *Herrerita*, figura de breve vuelo azulgrana. Os hablaremos de ilustres porteros como Pepe Nogués y el Chato Velasco. De un fabricante de famosos juguetes con pasado futbolístico y letras del apellido leídas del derecho y del revés. De Ujlaki, otra de las estrellas que acabarían estrelladas por las circunstancias. Hablaremos del intelectual Sandro Puppo en contraste con Ferenc Plattkó, leyenda bajo palos, mortal en sus defectos cuando llegó el trabajo del banquillo.

También existieron, que para eso el Barça guarda de todo en la trastienda, mitos de mes y medio como Florencio Caffaratti, de quien nunca sabremos hasta dónde hubiera llegado en nuestro imaginario colectivo si el azar le hubiera empujado con vientos favorables. Manchón, el extremo convertido en agente literario de Paco Candel. Garay, el religioso, o el último vuelo de aquel «gato con alas» conocido por Ramallets. Foncho, otro de los foráneos integrados y ganados para la causa. Zaldúa, *el Nene*, desconocido por barbilampiño. Re, el minúsculo ariete. La acción inolvidable que ratificó el alias de Sándor Kocsis. El amor a los colores de un chico sencillo como Sígfrid Gràcia, con madre sufridora. La persecución padecida por Martí Filosia. La recordada técnica del africano Mendonça. La pionera Imma Cabecerán. Heterodoxos del balón como *el Tigre* Barrios, Alfredo Amarillo, Canito, Onésimo. Repasaremos todos los homenajes dispensados a quienes lo merecieron. Los jugadores de diversas secciones que han prolongado la relación con la entidad que les catapultó a la notoriedad pública e incluso, ya que estamos, un aspecto desconocido de la personalidad de Josep Lluís Núñez, según curiosa confesión de Joan Gaspart.

En fin, un poco de todo y en abundancia, como corresponde al filón inagotable que conocemos por FC Barcelona y su pletórico pasado. Y una postrera mención, antes de entrar en la lectura de estas páginas, de esa gente que abandona las sombras del tiempo para reaparecer muy vivos: Josep Miret y Conrad Miret, dos hermanos jugadores de rugby de idéntico y dramático destino. Tened por seguro, como nosotros, que ellos merecían este recuerdo, se ganaron volver a estar presentes entre nosotros.

282. CUATRO DIFUNTOS

Ningún ánimo de ponernos dramáticos ni recrearnos en la muerte, aquello que nunca gusta por mucho que forme parte de la vida. Solo voluntad de deshacer una creencia arraigada entre el barcelonismo, la que considera al malogrado Julio César Benítez único futbolista fallecido mientras aún se hallaba en activo al servicio del club. Pues no, existen tres casos más, si nos ajustamos a la realidad, aunque debamos remontarnos en el tiempo para recordarlos. Benítez expiró en el 68, y las restantes biografías son anteriores. Los nombres de los cuatro malogrados jóvenes, para fijarlos en la memoria colectiva, son Alfredo Gil, Antonio García, Antonio Matamala y el citado Benítez.

Para empezar, Antonio Gil era un delantero barcelonés nacido en 1890. Había debutado con la camiseta azulgrana en marzo de 1906, y el 27 de enero de 1908, dejaría prematuramente este mundo víctima de una enfermedad fulminante que la prensa de la época no quiso o no supo especificar. Gil había jugado con el Barça un total de quince partidos.

283. UNA ESTRELLA FUGAZ

Nacido en Murcia el 5 de abril de 1908, Antonio García fue un excelente delantero formado en las categorías inferiores del Barça. En 1926 llegaría al primer equipo, donde jugó cuarenta partidos oficiales con un balance de diez goles y la conquista de dos Campeonatos de España (1926 y 1928) y la Liga 1928-29, la primera de la historia. En esta última competición tuvo una actuación destacada, participando en catorce partidos sobre un total de dieciocho. Por desgracia, su estrella fue apagándose en la temporada 1930-31, cuando apenas estaría presente en tres partidos amistosos, el último de ellos el 8 de diciembre de 1930. En la madrugada del 5 de enero de 1931, falleció al complicarse el postoperatorio tras una intervención de apendicitis. En el momento de su muerte, García apenas tenía veintidós años.

284. UN SIMPLE ESGUINCE

Antonio Matamala es el tercer futbolista de esta fatídica lista. Nacido en Binéfar (Huesca), el 13 de enero de 1929, este delantero aragonés se había estrenado con el Barça en partido oficial en octubre del 49, aunque jugara cedido en el Sabadell durante la campaña 1950-51. El 6 de abril de 1951, Antonio Matamala falleció a causa de las complicaciones de una intervención quirúrgica realizada cinco días después de haber sufrido un simple esguince de tobillo. Sí, parece increíble, pero recordad que estamos hablando de una época marcada por la insalubridad, cuando cualquier zozobra de salud podía agravarse de modo inverosímil con consecuencias fatales.

Ironías del destino, la muerte de Matamala se produjo diecisiete años exactos antes que la de Julio César Benítez, aquel formidable defensa uruguayo muerto el 6 de abril de 1968 tras una corta vida (27 años) llena de excesos. De Benítez, ya os hablamos extensamente en el *Barça inédito,* libro en el que aportamos nuevos datos sobre aquel suceso que tanto conmocionó Barcelona.

285. LA SAGA PERIS

Los cuatro hermanos Peris de Vergas marcaron época durante los primeros años del FC Barcelona. Ya sabéis que Joaquim (1880-1959), el más conocido, era el adusto militar que llegaría a ser vicepresidente y presidente del Barça en la década de los 10 del siglo XX, periodo marcado por la oposición de muchos socios a su política autoritaria. Tres de sus hermanos fueron futbolistas azulgranas: Agustí (1880-1949), Enric (1885-1953) y Llisard (1891-1951), aunque solo Enric alcanzó alguna notoriedad. Era un rápido y técnico centrocampista y delantero, también destacado atleta, que permaneció en el club entre 1906 y 1916. Enric y Llisard llegarían a ser árbitros de primera categoría. Por lo que respecta a la biografía de Agustí, destaca en otro ámbito, ya que fue el introductor del béisbol en Cataluña y el primer presidente de la Federación Catalana de este deporte (1929-1939). En cambio, apenas disputó dos amistosos con el Barça muy distanciados en el tiempo, en los años 1906 y 1910.

286. FE DE ERRATAS

Al césar lo que es del césar. Nos resulta grato rectificar una de las anécdotas publicadas en el *Barça inédito,* cuando nos ocupábamos de Walter Rositzky, aquel futbolista de lejanas tierras y complicado apellido que, en 1913, cambió la zamarra azulgrana del Barça por la blanca del Madrid. Los lectores cómplices tal vez recordarán que situábamos a Rositzky (a quien en libros anteriores llamábamos *Rozitsky*), nacido en la parte polaca del antiguo Imperio alemán, cuando Polonia no existía como Estado. Decíamos que, como súbdito del káiser, había sido reclutado para luchar con los alemanes en la Primera Guerra Mundial (1914-18) y que salió indemne de aquellos cuatro años de terrible conflagración, pero que, por desgracia, murió en la subsiguiente guerra del nuevo estado independiente de Polonia contra los bolcheviques rusos. Pues no, cambio de escenario, con el nuevo relato más ajustado a los hechos gracias al trabajo exhaustivo del periodista polaco Mateusz Wojtylak, quien consultó archivos alemanes y prensa española de la época hasta aclarar la auténtica biografía de Rositzky.

287. ROSITZKY

En realidad, Walter Cäsar Max Rositzky era un alemán puro que nació el 16 de marzo de 1889 en la población de Altona, hoy un barrio de Hamburgo. Debutó como futbolista en un equipo local, el Ottensen 07, ahora conocido como Grün-Weiss Eimsbüttel. En el verano de 1911 lo fichó el Barcelona, donde permanecería hasta 1913, cuando se fue al Madrid, tal y como ya sabíamos. Con el estallido de la Primera Guerra Mundial (1914), fue reclutado por el ejército alemán en Karlsruhe. Salió ileso del conflicto, con el grado de teniente, y con el cese de las hostilidades regresó a la capital de España, aunque ya no continuó su carrera futbolística. En 1920 se mudó para siempre a su Hamburgo natal, donde trabajaría en una fábrica de margarina. Sobrevivió a la Segunda Guerra Mundial (1939-1945), y entre 1949 y 1952 tuvo su propia tienda de alimentación en la calle Rotbuchenstieg, 54. Murió el 26 de mayo de 1953. Los viejos aficionados recordaban su frase «usted perdone, ha sido sin querer», que pronunciaba invariablemente después de llevarse por delante a un contrario. En cualquier caso, a nosotros nos maravilla cómo, tantas décadas después, aún vamos perfilando protagonistas y situaciones hasta ajustarlas a la realidad, huyendo de leyendas y datos que se dan por certificados. Y lo que aún queda por hacer, sospechamos…

288. PIONERO TARRACONENSE

Casimir Mallorquí (1894-1966) fue el primer futbolista de las comarcas tarraconenses que jugó en el Barça. Nacido en Valls, Mallorquí era un extremo zurdo de calidad que ingresó en el club azulgrana en la temporada 1913-14 procedente del equipo barcelonés España. A pesar de sus virtudes futbolísticas, no consiguió consolidarse en el equipo y en 1916 se fue al Espanyol. De regreso a las filas barcelonistas cinco años después, en 1923 marchó de nuevo al club blanquiazul, en un curioso y veleidoso peregrinaje de ida y vuelta por los máximos rivales sin precedentes ni continuidad, que nosotros sepamos. Vaya, que Mallorquí tenía el corazón «blanquiazulgrana», como decía de sí mismo Joaquim Teixidor, aquel centrocampista de los años cincuenta que jugó también en el Barça y el Espanyol.

289. UN MOZALBETE

En partidos de competición oficial, el goleador más joven de la historia del Barça es Armand Martínez Sagi (1906-1997). Todo un ejemplo de precocidad, Martínez Sagi debutó en el Barça con catorce años y lo dejó correr antes de cumplir la veintena. Pertenecía a una familia ligada al club, ya que era hermano de Anna Maria Martínez Sagi, primera mujer directiva del FC Barcelona, y primo del gran Emili Sagi-Barba. Armand, de todos modos, no gozó de continuidad en el equipo azulgrana, ya que solo jugó catorce partidos y marcó cinco goles. Los dos primeros los anotó el 6 de marzo de 1921, contribuyendo así a la victoria barcelonista sobre el Avenç por 3-1 en la ida de la final del Campeonato de Cataluña. Aquel día, Martínez Sagi apenas tenía catorce años, diez meses y siete días. Tras este hito no destacaría demasiado en el fútbol y se retiró en el equipo mallorquín Alfonso XIII en 1929, con solo veintitrés años. Posteriormente, destacó en el billar hasta el punto de que, en 1932, se proclamó campeón del mundo en la modalidad «fantasía», motivo suficiente para recibir un homenaje en Les Corts el 5 de junio de aquel año.

290. LA PANZA DE SANCHO

Agustí Sancho (1896-1960), el inolvidable centrocampista del gran Barça de los años veinte, tenía cierta tendencia a engordar, detalle que no le restaba ninguna de sus inmensas cualidades futbolísticas. Parece ser que su problema con el peso era de tipo metabólico, ya que su dieta era frugal, por no decir espartana. Conste lo que declaró en una entrevista de 1924: «Mi alimentación es más bien vegetariana que otra cosa. Las verduras constituyen mis platos fuertes. La carne, apenas la pruebo; bebo muy poco vino y el agua casi estoy por decirle que no la cato por evitar engordarme. Tomo café contadas veces y a los licores les tengo declarada la "ley seca" mucho antes de que la implantaran los norteamericanos. Descanso en el lecho unas diez horas diarias, acostándome a las siete de la noche los días que tengo que actuar en dos partidos. Desde hace años, la comida que hago el día que juego no puede ser más sencilla; así que me levanto, me bebo un huevo fresco, me como un plátano y... hasta la hora de cenar». Confirmado, pues, que entonces los futbolistas llegaban a disputar dos partidos el mismo día. Nos queda la duda sobre qué demonios bebía Sancho cuando andaba sediento, convencido como estaba el hombre de que el agua le engordaba...

291. UN INTELECTUAL

Caso especial como futbolista, el de Salvador Martínez Surroca (1901-1974). Conocido por su segundo apellido, era un excelente lateral que contribuyó al esplendor del Barça durante los años 1921-26. Ahora, de todos modos, no destacaremos sus excelsas cualidades deportivas, sino la enorme vertiente intelectual. Al margen de jugador, Surroca era maestro de escuela desde los veintidós años y poseía una vasta cultura. En 1924 le hicieron la típica y tópica pregunta de cualquier cuestionario sobre las preferencias personales en materia de escritores y músicos, y el hombre se explayó a gusto: «De los poetas, mis preferidos son: Verdaguer, Bécquer, Núñez de Arce, Balart, Ruiz Aguilera, Carrere, Villaespesa y Maragall; entre los prosistas que leo con más devoción pueden contarse Cervantes, Pereda, Larra, Fernán Caballero, Galdós, Pardo Bazán, Palacio Valdés y Azorín; mis dramaturgos predilectos, Guimerà, Rusiñol, José Echegaray y Dicenta; de los comediógrafos, Benavente, Miguel Echegaray, Linares Rivas y Valle Inclán; saineteros: Arniches, García Álvarez, hermanos Quintero, Paso, Abati, López Núñez y Muñoz Seca; maestros compositores: Chapí, Arrieta, Vives, Caballero, Serrano y Luna».

Con estas credenciales, Surroca queda confirmado como una *rara avis* en el mundo del fútbol de los años veinte. Bueno, y hoy también, no nos quedemos con las ganas de decirlo.

292. COTILLEOS

Repasando aquella entrevista en la que Surroca demostraba su enciclopédico saber, comprobamos que el vicio del cotilleo y la maledicencia tampoco se acaba de inventar. Así, cuando el intrépido reportero le suelta: «¿Es verdad lo que se dice por ahí de su delicada salud?», la respuesta del culto futbolista resulta elegante y taxativa: «Infundios, amigo mío, son noticias que circulan sin fundamento. Tal vez algún despreocupado de a los que les gusta hacer cábalas, haya deducido que estoy enfermo por el color moreno de mi tez. Si esto fuese cierto y dicho color influyera en descomponer la marcha orgánica de los cuerpos, a estas horas más de la mitad de los españoles, por lo menos, estaríamos en cura. ¡Qué cosas tienen los enterados!». Francamente, nos cuesta imaginar a Surroca refugiado en tópicos tan manoseados como aquel de «lo hemos dado todo en el campo, pero el fútbol es así, unas veces se gana y otras se pierde».

293. OTRA DE SAMI

No hace falta insistir en que Josep Samitier era un hombre de fuerte personalidad y temperamento. El 26 de abril de 1925, disputaban el Atlético de Madrid y el Barça un tenso encuentro de vuelta en las semifinales del Campeonato de España, acabado con 2-1 para los locales, lo que obligaba a un partido de desempate tras el 3-2 de Les Corts. El tercer partido, jugado en Zaragoza, se decantó del bando azulgrana por 2-1. Volviendo al lance del Metropolitano, aquel día se vivió un desagradable incidente. Cuando el árbitro ya había decretado el final de los noventa minutos y los futbolistas se retiraban a los vestuarios, un espectador se encaró con Samitier chillándole: «¡Chulo, más que chulo!». Sami, muy crispado tras el partido, le golpeó y después agarró de las solapas a un guardia civil que había intervenido para calmar los ánimos. El fogoso delantero barcelonista fue arrestado y pasó dos horas en comisaría hasta que lo liberaron.

294. PORTAS, UN CASO

Conrad Portas (1901-1987) podría ser paradigma de jugador estrellado en exclusiva clave azulgrana. Portas era un excelente lateral derecho que destacaba en el modesto Ateneu Esportiu de Sant Feliu de Guíxols cuando, iniciado 1925, el Barça decidió ficharlo. De todos modos, el defensa no quiso trasladarse a la capital catalana mientras no le aseguraran un trabajo. En estas se pasaría medio año sin jugar, aunque cobrando del club, a pesar de que el profesionalismo aún no estuviera legalizado en el mundo del fútbol. A continuación, para rematar la faena, llegaría la clausura de un semestre impuesta al club por la pitada a la Marcha Real española de junio de 1925. Este hecho provocaría la anulación de su contrato; Portas decidió irse al Espanyol, donde jugaría cinco temporadas y llegaría incluso a ser internacional.

Tras mil tumbos, en febrero de 1931 retornaría al Barça, justo antes de disputar en San Mamés ante el Athletic Club aquel choque de Liga despachado con la peor goleada jamás recibida por los azulgranas, un alucinante 12-1. Apenas habían transcurrido tres días desde su llegada, pero Portas quedó convertido en cabeza de turco de tan terrible debacle; aún hoy es la paliza más bestia vivida en la Liga española. El pobre hombre no volvería a lucir jamás la camiseta y, al cabo de un año, fichó por el Girona. Como para hablarle del Barça al desafortunado Conrad en el resto de su existencia... Un partido y basta. Y qué partido, chico.

295. JOSEP SASTRE

Barcelonés del barrio de Gràcia, Josep Sastre (1906-1962) fue un delantero de carácter, incisivo y luchador. En junio de 1926 ingresaría en el Barça de modo bastante curioso. A cambio de Sastre, la directiva azulgrana acordó la cesión al FC Gràcia de la tribuna del antiguo campo de Indústria. Cabe recordar que, el 30 de junio de 1926, precisamente, el Barça dejó de pagar el alquiler del popular terreno de La Escupidera a la sociedad Gamper y Mir, formada por el fundador del club y su socio, un antiguo jugador azulgrana.

296. ESPÍRITU REBELDE

Sastre tenía un espíritu indómito, rasgo de carácter que le llevaría a enfrentarse con la directiva más de una vez. En cierta ocasión se negó a entrar en la llamada «operación Cifuentes», en relación con un jugador del Santboià que el Barça quería fichar. Finalmente, en mayo de 1932, enfadado con el club, Sastre se marchó al Espanyol. Allá, todo serían infortunios: sufriría un montón de lesiones, jugaría muy poco y, para rematarlo, acabaría llevando al club perico a los juzgados por el impago de cuatro mil pesetas. En 1933 regresó al Barça, donde permaneció poco tiempo y solo fue alineado en partidos amistosos.

297. PAGA, RAMÓN

Conocido futbolísticamente solo como Ramón, Joan Ramon Pera (1909-1968) fue un delantero de gran clase surgido de la cantera azulgrana y que jugó con el primer equipo entre 1927 y 1935. Antes de continuar, recalquemos que es uno de los grandes goleadores ignorados en la historia del club, lo que nos hace pensar, por ejemplo, en Mariano Martín y en algún otro que tampoco merece tal olvido. Ramón formaba una dupla muy efectiva con Samitier y su olfato de gol era envidiable. Basta con recordar sus registros: llegó a firmar 225 goles en 317 partidos, nivel que no puede presentar un cualquiera. Ramón todavía era un jovencito de diecinueve años cuando llegó la célebre triple final del Campeonato de España de 1928 entre el Barça y la Real Sociedad. Se desplazó con la expedición azulgrana a Santander, si bien no disputaría ni un minuto en los tres partidos. Al término del primero, jugado el 20 de mayo y resuelto con empate a un gol, los ánimos estaban bastante caldeados y la tensión ambiental se cortaba con un cuchillo. Por puro infortunio, Ramón no mostró la diligencia necesaria y cuando llegó a la caseta de su equipo la puerta ya estaba cerrada. Para su desgracia, un grupo de exaltados seguidores donostiarras lo pilló y, en palabras del propio jugador, «Me dejaron hecho un cromo. Pagué el pato por todos». Y suerte de que no había jugado ni marcado gol.

298. GATO NEGRO

Otra anécdota más de aquella mítica triple final de Santander. En el segundo partido, celebrado el 22 de mayo de 1928, los aficionados donostiarras querían poner nervioso al joven y bajito portero azulgrana Ramon Llorens, sustituto obligado del titular Férenc Plattkó, que, como ya sabéis, se hallaba en el hospital con una herida grave en la cabeza sufrida el día anterior a causa de un puntapié del jugador realista Cholín. Los seguidores de la Real Sociedad debieron creer que los 164 centímetros de Llorens significaban poco y que sería presa fácil de su guerra psicológica. Así, antes de iniciar el partido, cuando el portero calentaba, le lanzaron a los pies un gato negro muerto al grito de «¡Ahí va eso!». Pese a sus escasos veintiún años y su inexperiencia, Llorens no era de los que se arrugaba fácilmente. Por lo tanto, se limitó a devolver tan macabro regalo lanzándolo a las gradas y gritando: «¡No soy supersticioso!».

299. DUPLA BRASILEÑA

A finales de junio de 1931, el Barça jugó en Les Corts dos partidos amistosos con el Vasco da Gama, estreno histórico en los enfrentamientos contra equipos brasileños. Deslumbrado por su juego, el presidente Gaspar Rosés fichó de inmediato al portero Jaguaré Becerra y al medio Fausto dos Santos. Al final, la ocurrencia de Rosés apenas sirvió para que el público de Les Corts se deleitara con las exhibiciones de este exótico dúo en algunos amistosos, visto que no podrían jugar partidos oficiales por su condición de extranjeros. El Barça se convertía así en el primer club estatal que fichaba futbolistas brasileños, aunque tanto Jaguaré como Dos Santos se largaran una vez concluida la temporada 1931-1932 tras haber impresionado en los entrenamientos por sus capacidades técnicas. A efectos prácticos, al club no le sirvió de nada la experiencia.

300. FINALES TRÁGICOS

El portero Jaguaré destacaba por sus excentricidades: chillaba a los rivales, atrapaba los chuts con una mano para desmoralizar a los contrarios y hacía rebotar el balón contra la cabeza de los delanteros adversarios cuando andaban distraídos. Este futbolista tan provocador murió en São Paulo en 1946 en misteriosas circunstancias tras una pelea con la policía. Tenía cuarenta y un años, era alcohólico y vivía absolutamente empobrecido. Fausto dos Santos también sufrió un destino trágico al morir de tuberculosis en 1939, con apenas treinta y cuatro años.

301. EN EL CABARÉ

Nacido en Río de Janeiro el 25 de noviembre de 1922, Lucídio Batista da Silva, también conocido como *Cabeção,* fue el primer brasileño que disputó partidos oficiales con el Barça tras la frustrada experiencia con Jaguaré y Dos Santos. Llegado a Barcelona a finales de 1947, Da Silva era un delantero talentoso y muy técnico, aunque nada sacrificado y noctámbulo empedernido. Su compañero Josep Seguer lo recordaba como un jugador superlativo y que odiaba los entrenamientos: «Si lo querías encontrar, tenías que ir al Bolero, un cabaré de la Rambla Catalunya. Abrían por la tarde y allí estaba él, puntual. Y era el último en salir, ya de madrugada». Ante este panorama, su balance final con el Barça resultó raquítico: apenas tres partidos de la Liga 1947-48 y un solo gol.

Con solo veintisiete años, Cabeçao ya había colgado las botas en Brasil, pues prefería la fiesta a los sacrificios de la vida de deportista. Más tarde sería agente de la Brigada de Costumbres y Espectáculos en São Paulo. Existe cierto misterio sobre su vida posterior: no hay registro de su muerte. Por lo tanto, podía estar vivo todavía, pese a que ahora estaría a punto de soplar noventa y nueve velas.

302. LOS HERMANOS MIRET

Ya lo sabéis: uno no muere mientras alguien pueda recordarlo. Y a los autores nos gusta y motiva mantener vivos a predecesores que sufren el desgaste del tiempo en la memoria colectiva. Marcados por sendos trágicos destinos muy similares entre sí, los hermanos Josep y Conrad Miret Musté son, claramente, dos de ellos. Josep nació en Barcelona el 14 de septiembre de 1907. Por suerte, desde el 17 de mayo de 1985, la capital catalana le ha dedicado una calle en el barrio de la Verneda. Jugador de rugby del Barça, Josep Miret llegó a la cumbre de su disciplina cuando conquistó, sin perder ningún partido, el Campeonato de Cataluña y el Campeonato de España del mismo año, en la temporada 1931-32. Naturalmente, era un simple aficionado al deporte y combinaba su práctica con el oficio de cerrajero y la actividad política en las filas de la izquierda, cercano al comunismo. Nuestro hombre destacó en la victoria republicana en Barcelona tras el levantamiento militar del 19 de julio. Miembro del Comité Central de las Milicias Antifascistas, posteriormente ocupó la presidencia del Consejo de Transportes. Pese a tan frenética actividad, continuaba jugando en la sección de rugby del FC Barcelona.

El 16 de abril de 1937, Josep Miret fue nombrado *conseller* (ministro) de Aprovisionamiento del Gobierno de la Generalitat, cargo que dejaría al cabo apenas de un mes para incorporarse al ejército como comisario del Cuerpo de Tanques. Acabada la guerra y consumada la derrota, se instalaría en París como dirigente del PSUC (el partido de los comunistas catalanes) en el exilio y colaboró con la Resistencia francesa en la lucha contra el ocupante nazi. En 1943, Josep fue detenido por los alemanes y enviado al campo de concentración de Mauthausen, donde morirían siete mil prisioneros republicanos españoles hasta el término de la Segunda Guerra Mundial. El viejo jugador del Barça de rugby hallaría allí la muerte el 17 de noviembre de 1944, rematado a tiros por un oficial de las SS tras haber resultado herido en un bombardeo aliado. Por cuestiones de compañerismo, seguro que su muerte habría sido llorada por dos contemporáneos, los futbolistas del Barça de entonces José Padrón y Emil Walter. También ellos habían combatido en la Francia ocupada, aunque en bandos opuestos. Padrón era guerrillero antifascista, y Walter, sargento nazi.

Conrad Miret también fue jugador de rugby del FC Barcelona, como su hermano. Su destino resultó dramáticamente paralelo al de Josep: comunista, comandante del ejército republicano y dirigente de la Resistencia francesa, fue capturado por la Gestapo y torturado brutalmente hasta su muerte en la prisión de La Santé, en París, el 27 de febrero de 1942.

303. EL HEROICO ZABALO

Los tenía bien puestos y andaba con las ideas muy claras, o llamadlo como queráis, pero resulta evidente que Ramon Zabalo no se andaba por las ramas por mucho que los tiempos aconsejaran prudencia y seguir la norma general de bajar la cabeza. Seguro que lo recordaréis, Zabalo era aquel heroico jugador azulgrana que, iniciada la posguerra, prefirió ser obligado a repetir el servicio militar antes que fichar por el Real Madrid. Ante tan alucinante dilema propuesto por las autoridades franquistas, el defensa optó por ser fiel a su conciencia y volver a los cuarteles. Conviene recordar que la «mili» de entonces duraba tres años, poca broma.

Ramon Zabalo ya había protagonizado un curioso episodio durante la gira mexicana de 1937. En una jornada de asueto por tierras aztecas, la expedición azulgrana fue invitada a presenciar una exhibición de tiro realizada por agentes de la policía de México D. F. En el peculiar *show*, uno de los tiradores solicitó un voluntario entre los veinte expedicionarios del Barça. Quería que el valiente, o, mejor dicho, el temerario se situara en la diana, de perfil y con un cigarrillo en la boca, cigarrillo que el policía partiría de un balazo. El impertérrito Zabalo fue el único voluntario. Estoico, se colocó en posición para ver cómo la mitad del pitillo saltaba por los aires. Sí, Zabalo no se arredraba ante nada. Un temerario, vaya…

304. EL APOLÍTICO ARNAU

Patrici Arnau (1907-1991) fue uno de los jugadores más destacados, y hoy olvidados, del Barça de la Edad de Oro de los años veinte. Arnau era un interior de enorme categoría que lució la camiseta del primer equipo azulgrana durante la década 1924-1934, con 162 partidos oficiales y 43 goles, tras haber crecido en las categorías inferiores del club, donde ingresó a los doce años. Como acostumbra a pasar, injustamente, en casos similares, su figura quedó eclipsada por figuras como Alcántara, Samitier, Piera y Sagi-Barba, aunque el club le dedicó un partido de homenaje y beneficio en Les Corts el 9 de junio de 1930, cuando aún estaba en activo.

Queremos destacar una dramática peripecia vital de Arnau. Durante la guerra civil se refugió en Francia para evitarse problemas con los extremistas del bando republicano, pero una vez acabada la tragedia quiso volver a casa. De todos modos, viendo cómo se las gastaban los vencedores, quiso asegurarse de que podía retornar sin temor, ya que él no era precisamente afecto al «Glorioso Movimiento Nacional», sino más bien indiferente, apolítico. Y bien sabido es que los indiferentes acostumbran a recibir de ambos lados. Tras algunas gestiones, le aseguraron que podía regresar sin problemas y así lo hizo. Pero, ay, una vez llegado a Barcelona le detuvieron y le enviaron a un campo de prisioneros habilitado en la plaza de toros de Burgos, donde tuvo que dormir al raso, en plenas gradas, envuelto de mala manera en un trozo de manta vieja y pelándose de frío. Por suerte, gracias a las gestiones de su familia y de algunos amigos, al final lo liberaron y pudo regresar a Barcelona, donde trabajaría en su negocio de artes gráficas hasta su jubilación, aunque ya nunca olvidaría su traumática experiencia bajo la dictadura de Franco. Menos mal que no se metía en política…

305. SAMI Y LA POLÍTICA

Recordar a Josep Samitier comporta, casi por obligación, la necesidad de separar al formidable futbolista y al carismático personaje, con una biografía apasionante que jamás se caracterizó por la coherencia en la actuación, dejémoslo ahí. El deportista no admite discusión posible: fue una de las grandes figuras del fútbol europeo de su tiempo y así lo reconocen los historiadores. También, como sabéis, triunfaría en los banquillos y en la dirección técnica, y su contribución desde los tres puestos a la causa barcelonista resulta indiscutible. Aun así, de todos modos, dedicaremos unas palabras a la controvertida evolución ideológica de este enorme icono del barcelonismo.

Antes de la guerra civil española, Josep Samitier era catalanista declarado y hacía bandera de su condición allá adonde iba. En 1936, con el estallido de las hostilidades, se exilió en Francia y fichó por el Olympique de Niza. No quería participar en el «gran reparto de premios», tal como él mismo calificaba el conflicto bélico de manera cáustica. Con la victoria definitiva de los nacionales, decidió no regresar a casa de inmediato; cuando, meses después, estalló la

Segunda Guerra Mundial y la consiguiente ocupación alemana de Francia, Samitier no demostró ninguna simpatía hacia los invasores. Todo lo contrario: en la vieja maleta con sus recuerdos personales y fotografías antiguas que mantenía en su domicilio de Barcelona guardaba como un tesoro un folleto clandestino de la resistencia francesa contra el ocupante nazi. Incluso intentó quedarse en Suiza y llegó a entrenar y jugar en un equipo helvético. Por cierto, tras la muerte de Sami, en 1972, su viuda, Tina Soler, entregó al Barça este precioso testimonio dentro de una maleta cargada de recuerdos personales. Hoy es propiedad del club. Volvamos al personaje.

306. CAMBIO DE CHAQUETA

A comienzos de 1943, cuando estaba a punto de ser detenido por los nazis, Samitier realizó algunas gestiones para regresar a Barcelona. Consciente de que el régimen no le perdonaría su pasado catalanista, se vio obligado a dar el mismo paso que tantos y tantos antiguos republicanos tuvieron que realizar forzosamente en aquellos tiempos tan extremadamente difíciles. Consistía en renegar de la ideología propia, declararse falangista y admirador de Franco como trámite previo si querías vivir en casa y gozar de una plácida existencia. Sami, el ídolo del Paralelo, el viejo catalanista, lo hizo a través de una carta dirigida a Esteve Sala Soler, franquista convencido e hijo de Esteve Sala Canyadell, aquel empresario y expresidente azulgrana que le había concedido una habitación vitalicia en el hotel Oriente y del que se decía que era su auténtico padre.

El resto de la historia ya es conocida, con un muy acomodaticio Samitier llegando a ser amigo íntimo del dictador Francisco Franco. Un dictador que, recordemos, era aficionado al fútbol y según parece, por las informaciones que hemos compilado, le admiraba desde que Samitier vistió la camiseta del Madrid en tiempos de la Segunda República, ya en el declive de su portentosa carrera y con el militar confinado en la capital porque el Gobierno español de entonces no se fiaba de él. De aquellos convulsos días nació una relación contra natura, curiosa y que daría frutos ya explicados en nuestros libros precedentes.

307. HERRERITA

Ya sabéis que nos apasionan las historias curiosas. Como el de aquel fantástico delantero de los años treinta que atendía por Eduardo

Herrera. Conocido por todos como «Herrerita», este delantero nacido en Gijón en 1944 era jugador del Oviedo desde la temporada 1933-34. Hasta el estallido de la guerra civil, Herrerita formaría parte de la legendaria «delantera eléctrica» del equipo astur, junto a Casuco, Gallart, Lángara y Emilín. El 14 de diciembre de 1936, cuando España ya llevaba meses sangrando por el conflicto fratricida, el Barça recibió una carta de Herrerita donde decía que estaba completamente libre y desvinculado del Oviedo y se ofrecía para jugar con el equipo azulgrana. En la capital asturiana, el levantamiento fascista de julio había triunfado, pero él, por desconocidos avatares del destino, se hallaba cinco meses después en Santander, territorio republicano. La respuesta del Comité de Empleados que entonces dirigía el FC Barcelona a la sugerencia del delantero no podía ser más que positiva: «Se considera de interés este ofrecimiento y así se comunicará al interesado, ofreciéndole el sueldo máximo que actualmente perciben nuestros jugadores profesionales». Hablamos de una gran figura de aquellos tiempos.

En realidad, desconocemos la suerte de Herrerita hasta el fin de la guerra. Santander cayó en manos franquistas el 26 de agosto de 1937, hecho que, obviamente, imposibilitó el fichaje del asturiano por el Barça, si es que aún se encontraba allí. Al final, Herrerita fue cedido por el Oviedo al equipo azulgrana en la temporada 1939-40 junto con Emilín, ya que el campo de Buenavista estaba destrozado a causa de la guerra y no se podía jugar allí. Acabada su breve etapa en el Barça, donde marcó 14 goles en 25 partidos, Herrerita regresó al Oviedo, donde jugaría hasta 1950. ¿Y por qué el Barça no luchó por quedárselo? Otro enigma perdido en los cajones de la historia futbolística.

308. PEPE NOGUÉS

Antes os hemos hablado de él. Nacido en Borja (Zaragoza), Juan José Nogués (1908-1998) fue portero del Barça entre 1930 y 1941, aunque, durante la guerra, en la temporada 1936-37, defendería la portería del Granollers. Tras 202 partidos oficiales bajo palos azulgranas, el club le rindió un homenaje en Les Corts el 7 de septiembre de 1941, cuando ya contaba treinta y tres años y estaba a punto de la retirada. Aquel día, el Barça venció al Valencia por 5-3, aunque el último partido de Nogués en las filas barcelonistas fue el de la primera jornada de la Liga 1941-42, el 28 de septiembre, de nuevo en Les Corts. Por desgracia, no gozó de una despedida definitiva demasiado feliz, ya que el FC Barcelona empataría a cuatro con el Hércules de Alicante.

En cualquier caso, el destino estaba empeñado en que Nogués acabara figurando con letras de oro en la historia azulgrana. Tras la jornada dieciséis, el Barça estaba hundido en el penúltimo lugar de la clasificación, con cuatro victorias, dos empates y diez derrotas, ocupando plaza de descenso directo. Fue entonces, el 21 de enero de 1942, cuando la junta directiva barcelonista tomó la decisión de destituir Ramón Guzmán y poner a Nogués al frente del primer equipo. Una papeleta enorme para el exportero aragonés, debutante en el banquillo. Poca broma con ese encargo, aunque acabara como un espléndido cuento de hadas. Con Nogués al mando, el Barça consiguió evitar el descenso directo y selló la permanencia en Primera tras ganar el choque de promoción al Murcia por 5-1. Además, como guinda del pastel, conquistó la Copa del Generalísimo tras eliminar sucesivamente al Terrassa, Sevilla, Espanyol y Valencia y vencer en la final, contra pronóstico, al Athletic Club por 4-3. De este brillante modo, Nogués iniciaba su carrera como técnico, una trayectoria que le llevó, tras dejar el banquillo azulgrana en 1944, a lograr el ascenso a Primera del Nàstic de Tarragona en la temporada 1946-47, equipo al que entrenaría durante diversas etapas en el transcurso de su vida profesional y donde gozaría, también, del reconocimiento unánime a la labor realizada.

309. EL CHATO VELASCO

Insistimos: nos duele que el barcelonista, por norma demasiado general, conozca tan poco la historia del FC Barcelona, esta asignatura siempre pendiente que merece enorme respeto y que cualquier seguidor debería conocer mínimamente. Años atrás, muchos nos llevamos las manos a la cabeza al comprobar que Bojan Krkic no conocía a su «ancestro» Quini, delantero como él y que había jugado en el club un par de décadas antes, no en la Edad Media. Hoy, hemos de recordar en parámetros similares al portero más longevo de la historia del Barça. El tarraconense Salvador Sadurní protegió la meta del Barça en quinientos partidos comprendidos entre 1961 y 1976. Le llamaban «el Chato», apodo que le puso Kubala en recuerdo de un compañero. Sadurní lo explicaba en una entrevista de noviembre del 2017: «Por lo visto, me parecía a un portero que había tenido él como compañero, un tal Velasco». Ya estamos otra vez: el gran Velasco se merecería algo más que despacharlo con «un tal». Al fin y al cabo, siempre dispuestos a reivindicar grandes nombres borrados por el olvido, Juan Zambudio Velasco defendió la portería del Barça desde 1942 hasta 1955, con un total de 339 partidos disputados y con un rendimiento extraordinario. En noviembre de 1949, una grave lesión ocular estuvo a punto de retirarle, desgracia que posibilitó la promoción de Antoni Ramallets, hablando de mitos. Ramallets-Velasco formaron una imbatible pareja de porteros durante largo tiempo. Jugara quien jugara, el culé podía estar tranquilo. ¿Os imagináis que, dentro de unos años, alguien se refiriera al actual portero titular del Barça como «un tal Ter Stegen»? Pues eso.

310. AIRGAM Y EL BARÇA

El barcelonés Josep Magrià Deulofeu (1924-2007) creó la empresa Airgam, que lleva su apellido leído al revés. En 1976 aparecieron por vez primera aquellos famosos muñecos de plástico, conocidos como «Airgam Boys», que tantas horas protagonizaron en el ocio de diversas generaciones de niños cuando tocaba jugar y pasárselo bien.

Y ahora os preguntaréis: ¿qué narices tiene que ver eso con el Barça? Pues muy sencillo: Magrià, aquel benefactor de la infancia, fue portero del Barça Amateur entre los años 1942 y 1946, y colgaría las botas en 1954 tras jugar en el Bonanova, Júpiter, Europa, Torelló y Molins de Rei. Qué cosas, ¿verdad?

311. CONTRA LOS MAQUIS

El defensa badalonés Gabriel Isal (1923-1995), solo llegaría a jugar dos partidos de Liga con el primer equipo del Barça, en septiembre de 1949. No lo citamos aquí por sus méritos futbolísticos, bastante desapercibidos con la zamarra azulgrana, sino por su vida castrense. Isal, jugador del FC Barcelona Aficionados en la temporada 1943-44, tuvo que aparcar el fútbol para trasladarse a Villa Nador, ciudad del entonces Marruecos español, donde fue destinado para cumplir con el servicio militar obligatorio. En aquella época, la mili duraba dos años, y después Isal tuvo que cambiar las maniobras por el fuego real. En julio de 1945 fue movilizado en Olot con la peligrosa misión de localizar y abatir a los maquis, guerrilleros antifranquistas, diseminados entonces por la comarca de la Garrotxa. En realidad, el soldado Isal no tuvo que preocuparse en demasía. Cuando llegó al territorio de combate, comprobó como muchos de sus compañeros de armas no entendían el motivo de aquella lucha que les debía enfrentar con los últimos luchadores por la libertad que quedaban en este país.

De hecho, los propios maquis comprendían que su guerra era contra la Guardia Civil y no contra aquel ejército integrado por jóvenes reclutas llevados a la fuerza. Muchos militares conocían los escondites de los guerrilleros, pero no hacían nada para detenerlos, llegando al extremo de que los teóricos enemigos entablaban relaciones amistosas, compartiendo tabaco y comentando la jornada de fútbol. De este modo, en 1946, Isal se licenció sin problemas e ingresó en el Barça Amateur. En cualquier caso, suponemos que Marià Gonzalvo y Francesc Calvet lo pasarían peor cuando, en octubre de 1944, los movilizaron a la frontera francesa justo cuando se estaba produciendo la invasión de cuatro mil maquis por el Vall d'Aran.

312. EL GRAN CAFFARATTI

Enésimo caso de lo que hubiera podido ser y nunca se produjo, finalmente. Recordaréis que en *Barça inédito* ya os hablamos de Florencio Caffaratti (1915-2001), aquel extraordinario interior argentino, todo clase, caballerosidad y simpatía, que tuvo un efímero paso por el equipo barcelonista en las temporadas 1947-48 y 1948-49, con apenas quince partidos de Liga disputados. Apodado «Chin», llegó al Barça procedente del América de México con treinta y dos años, aunque sus documentos personales señalaban 1919 como año de nacimiento, por lo cual todos creyeron que solo tenía veintiocho. Curiosamente, bastantes seguidores llegaron a creer que era aún más joven debido a su espléndida constitución física.

313. GLOSA A FLORENCIO

Ya nadie se acuerda del gran Florencio, pero que quede constancia para la historia de que, en sus cinco primeros partidos de Liga, marcó seis goles sin ser delantero. Con este extraordinario registro, su calidad técnica y carisma, Caffaratti dejó completamente extasiada a la exigente parroquia de Les Corts. El 10 de marzo de 1948, tras el partido Barça-Sevilla (6-0, con dos goles del crac argentino), los redactores de *El Once*, rendidos a sus pies, le dedicaron esta sentida glosa:

> Florencio, el argentino, dirigía,
> igual que antaño dirigió Escolà

y era su juego mieles y ambrosía,
algo que el socio nunca olvidará.
El pase de la muerte lo bordaba,
el desmarque era cosa de primor,
entregaba, driblaba, remataba
y todo con acierto superior.
El socio, entusiasmado, le aplaudía
ante aquel futbolístico festín,
y el único en el campo que sufría
era el pobre portero Manolín.

314. EL TAL CASAS

Florencio se cuidaba como un auténtico profesional. No bebía, no fumaba, era disciplinado y entrenaba muy bien. Todo eso no le sirvió de nada. Tras debutar el 8 de febrero de 1948 en partido de Liga en Balaídos, un infausto 28 de marzo cayó gravemente lesionado con una rotura de ligamentos de la rodilla derecha a pies (nunca mejor dicho) del defensa españolista Josep Casas. Fue durante uno de aquellos apasionados derbis Barça-Espanyol disputado en Les Corts. La entrada que le lesionó fue escalofriante, de las realizadas a traición, con toda la intención de dañar. Y lo peor del caso es que Casas ya había anunciado su intención de lesionar a Florencio. Leed lo que se publicó en el acta de la directiva barcelonista del 23 de marzo, cinco días antes del derbi en Les Corts: «Habiendo tenido conocimiento el Consejo Directivo de que se atribuyen al jugador del RCD Español, señor Casas, ciertas manifestaciones de hostilidad contra el de este club, señor Caffaratti, en el sentido de que en el próximo partido de Liga Barcelona-Español aquel procurará eliminar al citado sr. Caffaratti, se acuerda dar conocimiento de lo expuesto a la federación».

Parece ser que Casas, al término de un banquete y en plena euforia de copa y puro, había dejado caer esta frase testosterónica: «A este Florencio, el día del Barça-Español, soy capaz de cargármelo». Y cumplió su amenaza, a pesar de que la Federación Española y el árbitro Álvarez Pérez estaban al corriente. Al final, Casas salió impune de su delito, ya que no fue expulsado ni sancionado. Todo quedaría archivado y olvidado para siempre. El resto de la historia, conocido: Florencio permaneció más de seis meses de baja y cuando regresó ya no era el jugador genial de antes. En febrero de 1949 volvió a México. Hasta aquí llegó el corto camino de un futbolista a quien todos consideraban ya la referencia del equipo. En aquellos tiempos de juego raso y patada a la cabeza no fue el único malogrado. La lástima, encima, es que todo el mundo le ha olvidado, a pesar de haber sido un revolucionario, una figura muy apreciada por la parroquia culé. Florencio Caffaratti, allá donde estés, aún te recordamos.

315. INOLVIDABLE MANCHÓN

Eduard Manchón (1930-2010) fue el último integrante de aquella legendaria delantera del Barça de comienzos de los cincuenta inmortalizada por Joan Manuel Serrat en su canción *Temps era temps:* «Basora, César, Kubala, Moreno y Manchón». Tal como dijo el propio protagonista alguna vez cargado de sutil ironía, igual aún hoy pagarían algunos euros por este quinteto. Nacido en el barrio barcelonés de Can Tunis, Manchón era hijo de una familia inmigrante originaria de Lorca (Murcia). Su padre trabajaba como barraquero en el campo del C. F. Antúnez, donde Manchón jugó de adolescente en el equipo reserva, en una posición de extremo izquierdo que ya nunca abandonaría, pese a que era diestro.

Descubierto por Josep Boter, entonces secretario del fútbol base azulgrana, se incorporó en 1946 al equipo *amateur* del Barça, con apenas dieciséis años. Permaneció siete temporadas en el primer equipo, de 1950 hasta 1957. Su sociedad con Kubala fue perfecta. Los toques de alerta, aquel «Manchóóóón» que gritaba el crac húngaro a su compañero, precedían casi por sistema a una buena jugada ofensiva del Barça. Les Corts se deleitaba al oír el grito como avance del pase en profundidad de Laci buscando la carrera veloz del extremo. Seguro que los aficionados barcelonistas más veteranos lo recordarán como si fuera ayer. Comentádselo a las nuevas generaciones, pues…

Agotada su estancia en el primer equipo en 1957, Manchón se fue al Granada; después, pasaría por el Deportivo, el Iberia y el Hospitalet. Ya retirado, Eduard Manchón mantuvo una fuerte vinculación con la Associació Barça Veterans. De hecho, como ya recordábamos en *Barça insólito,* hasta poco antes de su muerte aún jugaba al fútbol con sus amigos.

316. PACO CANDEL

Uno de aquellos amigos era el famoso escritor Paco Candel, con quien Manchón había compartido escuela cuando eran niños y vivían en Can Tunis. Su relación se mantuvo y, en 1956, Manchón aprovechó que el editor Josep Janés bajaba a menudo a los vestuarios de Les Corts tras los partidos para hacerle llegar el manuscrito de *Hay una juventud que aguarda*, que era precisamente una crónica de los problemas de los barrios populares, que ambos amigos conocían a la perfección. En una visita posterior de Janés al vestuario, el editor le comunicó a Manchón que publicaría el libro de Candel, la primera obra que vio impresa. De este modo, la carrera literaria del gran escritor catalán arrancaba por gentileza de su compañero futbolista.

317. DAUČIK, EL VETERANO

Ferdinand Daučik (1910-1986), aquel entrenador eslovaco del Barça de *les Cinc Copes* llegado al equipo junto con su cuñado Ladislau Kubala, acumuló a lo largo de su vida un inacabable currículo. Y muy respetable, a pesar de que siempre quedará, desde una perspectiva culé, a la sombra del marido de su hermana. Inició su trayectoria en los banquillos muy joven, en el año 1937 con el Slavia de Praga, donde compaginaba su cometido técnico con el de jugador. Cuatro décadas después (que se dice pronto), se jubilaría en 1977 con el Sant Andreu tras haber dirigido un montón de equipos distintos, la mayoría en España, que conviene repasar. Al margen del Slavia de Praga, el Slovan de Bratislava, la selección nacional de Checoslovaquia y el mítico Hungaria, «don Fernando», como se le llamaba entonces, dejaría huella en el Barça, Athletic de Bilbao, Atlético de Madrid, Oporto, Betis, Zaragoza, Elche, Murcia, Sevilla, Espanyol, Cádiz, Levante, Sant Andreu y, también, en 1968, en el Toronto Falcons canadiense, que no está nada mal.

Ya en su madurez, sin deseo alguno de callar, Daučik aprovechaba el prestigio de tan dilatada y respetada trayectoria para poner de vuelta y media a sus compañeros de oficio cada vez que le pedían opinión. Así, en enero de 1976 se despacharía a gusto criticando a sus sucesores en la dirección técnica azulgrana durante aquella década de los setenta: «El Barcelona se viene equivocando desde hace bastante tiempo en el asunto de entrenadores. Vic Buckingham, Rinus Michels y Hennes Weisweiler son tres mediocridades. Cuando menos, no han demostrado nada». Y esperad, que Daučik aún guardaba una bala: «Y Helenio Herrera, cuando dejó de estar en los mejores equipos, dejó de tener éxitos resonantes». Subrayemos que Daučik hablaba con evidente ánimo de revancha, al considerar que nunca se le habían reconocido sus evidentes méritos como entrenador, por ejemplo, del formidable Barça de *les Cinc Copes*. «Conmigo se ha equivocado mucha gente», se quejaba con amargura.

318. CERRADO PARA UJLAKI

Joseph Ujlaki (1929-2006), futbolista húngaro del Nimes, era un joven delantero de notable técnica cuando el 1 de julio de 1951 pasó una prueba con el Barça. Aquel día, Ujlaki compartió plaza en la delantera azulgrana con su compatriota Lázsló Kubala y, verdaderamente se salió, anotando un *hat trick* en la victoria del Barça contra el Girona en Vista Alegre por 2-6. El club, pues, inició los trámites pertinentes con la Federación Española para inscribir al jugador, pero sucedió algo esperpéntico. El organismo federativo contestó que se encontraban de vacaciones veraniegas y que la tramitación de la ficha quedaría parada unas cuantas semanas. Vista la situación, Ujlaki prefirió regresar a Nimes. Y tal hecho le cambió la vida, ya que, en 1952, se nacionalizó francés y triunfó plenamente en el país vecino, llegando a jugar en veintiuna ocasiones con la selección de Francia.

319. SANDRO PUPPO

En el verano de 1954, tras la marcha de Ferdinand Daucik, el italiano Sandro Puppo (1918-1986), fue el elegido como entrenador azulgrana de cara a la nueva temporada. Puppo era el hombre de moda, ya que acababa de clasificar a Turquía para el Mundial 54. Y lo logró de manera nada ortodoxa. Los dos encuentros de la eliminatoria entre turcos y españoles habían terminado en tablas, y el desempate, disputado en la neutral Roma, tampoco depararía un vencedor. Por lo tanto, en cuanto terminó el choque, en la capital italiana se realizó un sorteo con dos bolas. La mano inocente de un *bambino* decidió quién se clasificaría y la suerte correspondió a los entonces débiles y lejanos otomanos. El chaval, por cierto, tras aquella forma tan peculiar de distinguir la selección clasificada, se hizo famoso en la España de la época, donde la eliminación sentó fatal.

Sandro Puppo mostraba una imagen poco acorde con el arquetipo de entrenador de fútbol en aquellos días. Unas gafas redondas le otorgaban aspecto de intelectual o profesor universitario. De hecho, el técnico italiano era un hombre refinado, culto y de gustos musicales excelsos: tocaba muy bien el violín y el piano, y se convirtió en un asiduo espectador de las representaciones operísticas en el Gran Teatre del Liceu.

Por desgracia, la campaña 1954-55 resultó un fracaso, con el Barça segundo en la Liga a cinco puntos de aquel pletórico Real Madrid de Di Stéfano y eliminado en la Copa en las semifinales a manos de un Athletic de Bilbao que, ironías del destino, entrenaba el viejo conocido Ferdinand Daucik. Pese a la ausencia de títulos, la directiva de Francesc Miró-Sans estaba satisfecha con la labor de Puppo, a quien reconocían su profesionalidad y grandes conocimientos futbolísticos. Así pues, el 11 de junio de 1955, el presidente azulgrana le envió una carta donde le comunicaba la prórroga de su contrato por otra temporada. Todo parecía hecho, pero la sorpresa llegó al día siguiente, cuando Puppo dirigió una fría nota a Miró-Sans en la que le comunicaba que había decidido abandonar el club, sin hacer mención a la misiva del día anterior que le facultaba para continuar en el Barça.

Honrado a carta cabal, Sandro Puppo había decidido hacer las maletas a pesar del apoyo de la directiva. Sencillamente, creía no ser digno de mantener el puesto al no alcanzar los objetivos marcados y regresó a Italia para dirigir a la Juventus. A pesar de todo, se marchó por la puerta grande tras un amistoso de cierre de temporada jugado contra el Niza en Les Corts el 19 de junio. Terminado el encuentro, Puppo, obligado por sus jugadores, salió a saludar desde el centro del campo y recibió una gran ovación de un público que le reconocía así sus méritos. Por cierto, aquel partido también significó la despedida del capitán César Rodríguez, el mítico Pelucas, el hombre que con sus goles había alegrado la vida de los culés desde el ya lejano 1942.

320. LUISITO Y EL BOXEO

En 1955, Ferenc Plattkó, aquel mítico portero de los años veinte, regresó a Can Barça por segunda vez como entrenador, ya que antes había dirigido al equipo en la campaña 1934-35. El húngaro era hombre fornido, de físico corpulento, y aspiraba a que sus discípulos fueran como él. Cuando vio en el vestuario a un chico gallego de veinte años, delgado y poca cosa, decidió que no lo quería así. Por lo tanto, obligó al mozo, que se llamaba Luisito Suárez, a practicar el boxeo con un *punching ball* durante media hora después de cada entrenamiento en Les Corts. La broma duraría una sola semana, el tiempo que el Gallego de Oro tardó en acudir al despacho del míster para soltarle: «Mire, a la pera esa yo no voy más porque yo he venido aquí a jugar al fútbol y no a boxear». Tal como Luisito le daba al balón, no queda otra que darle la razón.

321. EL DEVOTO GARAY

Ya hablamos de Jesús Garay (1930-1995), aquel robusto central bilbaíno que jugó toda la década de los cincuenta en el Athletic Club y que en 1960, en agradecimiento a los servicios prestados, se marchó al Barça a cambio de seis millones de pesetas, una fortuna en aquella época. Con este ingreso, el Athletic construyó una tribuna nueva en San Mamés, para siempre ya conocida popularmente como la «Tribuna Garay».

El defensa vasco era un hombre extremadamente religioso que intentó evangelizar a los jugadores del Barça haciéndoles rezar un padrenuestro antes de los partidos, aunque sus compañeros eran bastante mundanos y no estaban por la labor. Ya entonces, y fuera del club, Garay se dedicaba a impartir charlas a los jóvenes. Las titulaba «Juventud y pureza» o «Vida sana y virtud». Imaginamos de qué iban.

322. ADIÓS, ANTONIU

El partido de despedida de Antoni Ramallets resultó perfecto. Se jugó en el Camp Nou el 6 de marzo de 1962 contra el Hamburgo del extraordinario delantero Uwe Seeler. A la salida de un córner, Uwe Seeler conectó un espléndido testarazo que volaba directamente a la escuadra, pero Ramallets saltó como el gato de su alias y desvió con el puño el balón a saque de esquina. Un momento inolvidable. Y muy bien aprovechado: aunque solo fuera el minuto veinte de la primera mitad, Ramallets fue sustituido por un joven Salvador Sadurní. Y así, el mítico *Antoniu* recibió el apoteósico homenaje de los setenta y cinco mil espectadores reunidos en el estadio, con la imagen de aquel fabuloso rechace aún en la retina de todos.

Años más tarde, José María Bakero gozó de otro adiós hecho a medida, digno de guionista, en el partido de Liga Barça-Valladolid del 18 de noviembre de 1996 (6-1). En el minuto cincuenta y siete, el centrocampista navarro se despidió de la afición azulgrana inmediatamente después de haber marcado el 4-0, en el último balón que tocaba como jugador barcelonista. Lo sustituyó Roger García Junyent.

323. EL CANARIO FONCHO

Tal como sucede con tantas y tantas «viejas glorias», hoy ha caído en el olvido. Reivindiquemos, pues, a Alfonso Rodríguez (1939-1994), conocido en el fútbol con el alias de «Foncho». Nacido en Tenerife, Foncho era un lateral derecho de técnica exquisita llegado al Barça en 1960 procedente del Murcia, justo para la temporada de la final de la Copa de Europa perdida en Berna, donde jugó como titular. Hombre afable y sencillo, con la calidez propia de los canarios, se puso a los culés en el bolsillo gracias a su regularidad y calidad humana. En 1967, la irrupción de Benítez en su puesto le cerró las puertas de la titularidad y fichó por el Zaragoza, donde colgaría las botas apenas un curso después, justo antes de cumplir los treinta.

Una vez retirado, Foncho estableció residencia en Barcelona, donde se sentía plenamente identificado. Como detalle curioso, se hizo socio en septiembre de 1967, cuando ya era jugador zaragocista. Su definición del Barça era tan curiosa como casi poética: «Es como un pulpo con muchos brazos que cuando te agarra ya no te escapas». No se escapó nunca, ya que montó un negocio de ropa deportiva en la capital catalana que proveía a las diversas secciones azulgrana. Por desgracia, Foncho murió joven, víctima de una cruel enfermedad.

324. VERLO CLARO

El bueno de Foncho cayó en mal momento en aquel Barça sin alma de los años sesenta, la década marcada por la carencia de títulos y la indiscutible hegemonía del Madrid. A pesar de no haber nacido en Cataluña, el lateral canario creía ver sin vacilación la salida del túnel, cómo potenciar el resurgimiento futbolístico barcelonista. Para él no quedaba otra que entroncar el proyecto con la idiosincrasia profunda del club: «Lo que hace falta es que el equipo se mentalice como lo hacen los del Madrid. El Barcelona necesita que sus jugadores sientan no solo los colores del equipo, sino de lo que representa la entidad para Cataluña». Justo por aquel entonces, Narcís de Carreras acuñaba el lema *més que un club*. Seguro que Foncho compartía completamente tan afortunada definición.

325. ESO DE LEER...

Es un tópico absurdo, arrastrado desde tiempos inmemoriales, pero, en ocasiones, topamos con realidades que quisieran confirmarlo.

Hablamos del divorcio existente, presuntamente, entre libros y futbolistas. Que los chicos no son de mucho leer, por si no queda claro. Precisamente, Foncho explicaba una jugosa anécdota sobre la época en que fue entrenado por Lázsló Kubala, a principios de la década de los sesenta: «De toda la vida he sido un vicioso de la lectura, y mi momento predilecto para leer es antes de dormir. Cuando estaba en el Barcelona, Kubala lo sabía y me solía quitar el libro todas las noches que pasábamos concentrados. Él pretendía que así me durmiera antes, pero lo único que conseguía era que no pudiera pegar ojo. Por eso tuve que apañármelas para llevarme siempre dos libros. Así, cuando Kubala me quitaba uno, yo podía leer tranquilamente el otro…».

326. EL *NENE* ZALDÚA

El delantero navarro José Antonio Zaldúa marcó 104 goles en 215 partidos oficiales con el Barça entre 1961 y 1970. No era un crac, pero la gente valoraba su espíritu de lucha y su olfato de gol. Proveniente del Valladolid, debutó con el Barça a finales de agosto del 61 en el trofeo Carranza, donde tuvo una lucida actuación con solo diecinueve años, tanto en la semifinal con el River Plate como en la final, ganada ante el Peñarol de Montevideo. Por desgracia, al parecer, los porteros del Camp Nou no leían la prensa deportiva.

Sucedió que el 30 de agosto, apenas tres días después de la final del Carranza, se debía jugar el partido de homenaje y despedida a Ladislao Kubala, y Zaldúa se hallaba entre los convocados. Los jugadores fueron citados una hora y media antes de iniciar el encuentro y debían acceder al estadio por la puerta de invitaciones. Aquel era el debut del navarro en el Camp Nou y los porteros no lo conocían de nada, por lo que no le dejaban pasar: «Vete por ahí, *nene,* no te cueles». Y el *nene,* que no llevaba ningún carné de jugador, imploraba: «¡Que soy Zaldúa, que he fichado este año por el Barcelona, que me han convocado!», pero no había manera. Por suerte, entonces llegó Juanito Segarra, que pudo convencer a los vigilantes: «¡Hombre, si este ha fichado por el Barcelona, si es Zaldúa!». Y el *nene,* finalmente, pudo disputar aquel histórico partido ocupando un lugar en la delantera junto a prohombres como Kubala, Di Stéfano y Puskas.

327. REPETICIÓN DE LA JUGADA

Precisamente por su aspecto juvenil y barbilampiño, en aquellos días, Zaldúa se ganó el alias que le acompañaría toda la vida. Si, fácil de imaginar: el *Nene*. Seguimos con él, pues, casi convencidos de que sufría un auténtico gafe con los porteros de los accesos al Camp Nou. El 22 de septiembre de 1971, el Barça disputó en el estadio ante el Leeds la finalísima de la Copa de Ferias. El delantero de Elizondo, entonces jugador del Sabadell, había recibido el 5 de junio un caluroso homenaje de la afición azulgrana y mantenía un fuerte vínculo emocional con sus excompañeros.

Así que, en aquella velada, Zaldúa se dejó caer por el estadio antes del encuentro, con la única idea de pasar por los vestuarios locales para desear suerte a los futbolistas del Barça. Mala suerte: un portero estricto le cerró el paso. La lógica respuesta del navarro («¡Coño!, pero si soy Zaldúa») no inmutó al inflexible guardián: «Sí, si te conozco, pero tengo órdenes de no dejar pasar a nadie». Precisamente entonces apareció el presidente Agustí Montal y le preguntó: «¿Qué te pasa, Zaldúa?». El aludido, viendo el cielo abierto, contestó: «Mire, señor presidente, que no me dejan pasar. Yo solo quería desear suerte a mis excompañeros». Un sorprendente Montal solo dijo: «Ah, yo no sé nada». Y se fue, tan ancho. Aquel día, Zaldúa se fue a casa llorando y sin haber saludado a los jugadores barcelonistas, lo único que pretendía aquel trozo de pan que aún recordamos aquellos que tuvimos el placer de conocerle.

328. ¿ADÓNDE VAS, CHAVAL?

Ya que hablamos de porteros excesivamente meticulosos en el cumplimiento de su deber, citaremos también el caso de Enric Gensana, aquel medio volante y defensa central ilerdense que formó una pareja extraordinaria con Segarra. En 1956, cuando llegó al FC Barcelona procedente del Lleida, Gensana era un chico de veinte años completamente desconocido para Manuel Torres, el conserje de Les Corts. *L'Avi* Torres se negaba en redondo a dejar pasar aquel zagal al interior del santuario azulgrana, pero, por suerte, la oportuna llegada del secretario técnico Samitier aclaró la situación. ¿Os imagináis que hoy pasara algo similar con algún crac mundial fichado por el Barça? Sería, seguro, un formidable *trending topic* en las redes sociales... Según qué teles se pasarían horas de tertulia hablando de eso.

329. JOSEP HERNÁNDEZ

Nacido en Barcelona el 12 de julio de 1944 en el seno de una familia humilde, Josep Hernández era culé desde pequeño, y su sueño de infancia, suceder a Antonio Ramallets bajo los palos de la portería barcelonista. De hecho, llegaría a ser guardameta del equipo *amateur* del Barça hasta que, cierto día infausto, otro de sus ídolos, Laci Kubala, le comunicó una mala noticia. La Federación Española no permitiría que tuviera ficha de futbolista profesional, alegando su condición de sordomudo. Así, con apenas diecisiete años, Hernández se vio obligado a dejar el fútbol. Se pasó al boxeo, donde lograría llegar a campeón europeo del peso *superwelter* en 1970. Catorce años después, Hernández colgó los guantes tras una trayectoria de 64 victorias, 11 nulos y 29 derrotas sobre el cuadrilátero, al margen de graves penurias económicas, desgraciadamente inherentes a la suerte de tantos y tantos púgiles. Y para siempre quedó la duda sobre el gran portero que hubiera podido tener el Barça.

330. RE

Una simple sílaba, una nota musical, un apellido paradigma de la brevedad. Y también un inolvidable goleador del Barça. El paraguayo Cayetano Re (1938-2013) era un delantero bajito que fue conocido popularmente como «el pequeño Pichichi» por su gran capacidad realizadora. Oficialmente, decían que medía 1,63, aunque otorgarle tal altura parecía un generoso detalle. En cualquier caso, confirmaba aquel dicho del buen perfume vendido en frasco pequeño. Re era escurridizo, buen regateador y muy oportunista ante la portería. Llegó al Barça en 1962 procedente del Elche y tres años después se convirtió en máximo goleador de la Liga 1964-65, gracias a un registro de 26 goles en 30 partidos de excelente promedio, con cinco goles de ventaja sobre una leyenda del Valencia como Waldo Machado.

331. MALA SALIDA

Desgraciadamente, en una decisión que generó gran polémica entonces, en noviembre de 1965, Cayetano Re fue apartado de la plantilla junto al extremo canario Vicente. El entrenador Roque Olsen, hombre seco, duro y con malas pulgas, les puso la cruz a ambos tras una decepcionante derrota por 1-0 en Elche, pese a que convenga precisar que el delantero paraguayo ya estaba marcado por sus diferencias económicas con la junta. O sea, algo tan viejo como la tos: futbolista que exige más dinero, directiva que niega la petición.

Re halló rápidamente la puerta de salida. Enseguida firmó por el Espanyol, donde integraría la legendaria delantera conocida como Los Cinco Delfines. Esta delantera, idolatrada por los viejos pericos, estaba integrada por Amas, Marcial, Re, Rodilla y José Maria, con el añadido de un suplente comodín llamado Miralles, y funcionó como la seda en la segunda mitad de los sesenta. Pese a confirmarse como delantero de nivel, el huraño Olsen nunca le perdonaría. El 16 de marzo de 1966, «el pequeño Pichichi» regresó por vez primera al Camp Nou, con ocasión del encuentro de ida de los cuartos de final de la Copa de Ferias entre el Barça y el Espanyol. Los locales vencieron por 1-0 (resultado rematado en la vuelta en Sarrià con otro 0-1) y el paraguayo fue anulado por el central azulgrana Gallego. Tras el partido, un periodista preguntó al técnico argentino qué le había parecido la actuación de Re. La respuesta, concisa y cruel, estaba cantada: «¿Es que ha jugado Re?».

332. AQUEL GOL DE KOCSIS

El 1 de junio de 1963, Sándor Kocsis marcó en el Camp Nou uno de los mejores goles que se hayan visto nunca en la historia del Barça. Se disputaba la vuelta de los cuartos de final de Copa ante el Real Valladolid. El extremo izquierdo Antoni Camps centró el esférico muy lejos de la portería visitante y el delantero húngaro voló dos metros para atraparla. Aunque parezca imposible, Kocsis conectó un potente remate en plancha desde fuera del área que entró en la portería como un obús. No en vano le apodaban Cabeza de Oro y muchos expertos en historia del fútbol le consideran el mejor especialista de cabeza de todos los tiempos. Aquel día, Calvo, el portero rival, no tuvo otro remedio que felicitar al autor de tal obra maestra. Fue un gol único, inenarrable. Por desgracia, el paso del tiempo lo ha dejado en el olvido y hoy nadie lo recuerda, pese a tratarse de uno de los goles más bonitos y espectaculares de la historia azulgrana.

333. SÍGFRID GRÀCIA

En alguna ocasión ya os hemos hablado de Sígfrid Gràcia, uno de los jugadores más queridos en la historia del club, que se dice pronto. Gràcia pertenecía a la pléyade de futbolistas que, reducidos al papel de secundarios, siempre han sentido los colores hasta el fondo de su alma. Así, el día de su homenaje conjunto con Martí Vergés, celebrado el 12 de octubre de 1966, Gràcia manifestó: «Haber defendido la camiseta del Barça es, para un jugador catalán, algo que se queda para siempre en el corazón». Y la defendió a fondo, 536 partidos desde 1952. Curiosamente, aquel día de la Hispanidad, en el palco del Camp Nou, la señora Concepció Royo lo vio por primera y última vez. Como sufría lo indecible, por si se lesionaba, nunca antes había pisado un campo de fútbol. Era la madre de Sígfrid.

334. HACER FELIZ

Josep Boter, descubridor de un montón de jugadores catalanes entre los cuarenta y los sesenta y auténtico padrino de Sígfrid Gràcia en el mundo del fútbol, lo recordaba en su época con el equipo aficionado del Barça (1949-50) como un joven muy serio y puntual que siempre llegaba con media hora de margen a los entrenamientos. Al tiempo, también era el primero en ducharse y salir corriendo para ir a la Indústria de Gavà, donde trabajaba como oficinista. El día de su adiós, Boter le calificaría como jugador ejemplar, «aquel tipo de futbolista que causa la felicidad de directivos y entrenadores».

335. MARTÍ FILOSIA

Narcís Martí Filosia merecería una biografía completa. Y seguro que no sería breve. Sin ningún tipo de duda, el delantero nacido en Palafrugell fue uno de los jugadores más discutidos y maltratados por la afición azulgrana en tiempos difíciles. En aquellos finales de los sesenta y arranque de los setenta, el malhumor del personal precisaba de un chivo expiatorio por los disgustos acumulados, y a él le tocó pagar los platos rotos. Y todo por una cuestión de estilo y pose. Martí Filosia era un jugador de técnica exquisita y buen rematador de cabeza. Procedía del fútbol base y permaneció en el primer equipo desde el 66 hasta el 75, si bien su aportación en el inicio y final de estancia casi resultara testimonial.

Al público del Camp Nou, siempre partidario de los jugadores que empapan de sudor la camiseta, le sacaba de quicio su modo de jugar, frío, calmado y lento, y le chillaban al verle correr con cierto estilo desgarbado. La gente ignoraba que Martí Filosia sufría una hernia discal y debía jugar con una faja que le impedía mover bien las piernas. El pobre Narcís acababa los partidos con trombos de sangre acumulada. Daba igual, se la tenían jurada.

El quiosco modernista de Canaletas en una foto de 1908. Propiedad de Esteve Sala, un gran seguidor culé que llegaría a ser directivo y presidente del Barça, este establecimiento de bebidas era un punto de reunión de aficionados azulgranas. Fue derribado en 1951.

A la izquierda, primer chiste dedicado al FC Barcelona, publicado en *Xut!*, el 23 de noviembre de 1922. Abajo, Les Corts en diciembre del mismo año. Detrás del *gol de baix* se puede ver un enorme terraplén de tierra.

Carteles de la inauguración del estadio de Les Corts (20 de mayo de 1922) y de la celebración de las Bodas de Plata del FC Barcelona (7 y 8 de diciembre de 1924), ambos del artista valenciano Josep Segrelles.

Portada de *La Campana de Gràcia* del 20 de mayo de 1922, donde un futbolista indiferente a las tragedias del mundo dice: «El mundo es una pelota y yo soy el dueño del mundo».

Inauguración de la calle dedicada a Joan Gamper, el 24 de junio de 1934, en un acto que contó con la asistencia del presidente de la Generalitat, Lluís Companys. Una banda de música interpretó *Els segadors*.

Banquete ofrecido en honor a Pep Samitier en el hotel Oriente, en 1929. Un gran saltamontes sobre las cabezas de los asistentes homenajea a Sami, recordando su apodo de *hombre saltamontes*.

Prolegómenos del partido jugado en el campo de La Hípica entre el Atlético Tetuán y el Barça, en el protectorado español de Marruecos (17 de junio de 1941). Todos los jugadores hacen el saludo fascista ante la tribuna, donde se sientan jerarcas de la dictadura. Todos excepto el portero azulgrana Pepe Nogués, a la izquierda.

En 1937 los jugadores azulgranas de gira por Estados Unidos fueron invitados a los estudios de cine de la Warner Brothers en Nueva York. En la imagen, de izquierda a derecha, Babot, Escolà, Balmanya, Argemí, Bardina, Pagès, Tache, Rafa, Gual, Iborra y Pedrol haciendo de extras en una película.

A la izquierda, Joaquín Borrell y Fernando Garrido, jugadores de la sección de béisbol del Barça en los años cuarenta. A la derecha, Florencio Caffaratti, interior argentino que el 28 de marzo de 1948 cayó gravemente lesionado a pies del defensa españolista Josep Casas, que en la previa había avisado de su intención de hacerle daño. Abajo, el delantero leonés César Rodríguez saluda a la artista cubana Canelina en las gradas de Les Corts (19 de febrero de 1950).

Portada del primer programa oficial de partido en la historia del club, correspondiente al FC Barcelona-Deportivo de Liga del 26 de septiembre del 1948, con una imagen de una joven con vestido vaporoso que se saltó la censura nacionalcatólica.

Chiste de José Peñarroya publicado en la revista oficialista *Barça* el 5 de enero de 1961, tres días antes de un partido de Liga FC Barcelona-Athletic de Bilbao.

Niños de la Peña Barcelonista de Premià de Mar, acompañados por el presidente Enric Llaudet y Ladislao Kubala, posan para el fotógrafo con sendas huchas con donativos para el FC Barcelona. A finales de 1961 la situación económica del club era desesperada, con una enorme deuda que la junta directiva se veía incapaz de enjugar.

Imagen de febrero de 1963 del departamento de caja del FC Barcelona, con un banderín del Real Madrid presidiendo la estancia de manera inoportuna. Entonces, la sede social del club estaba en la Via Laietana, 180.

336. CRITICADO CUANDO NO ESTABA

El escritor, articulista y culé Sergi Pàmies explicaba que, de pequeño y acompañado por su tío durante un partido en el estadio, un fanático se levantó enfurecido del asiento para proclamar a gritos: «La culpa es de Martí Filosia. ¡Este hombre no puede jugar con el Barcelona!». El tío de Pàmies se vio obligado a preguntarle a su vecino de localidad: «¿Se ha fijado que Martí Filosia no juega hoy?». Un pequeño detalle sin importancia: el delantero gerundense sufría un calvario con los culés. El propio protagonista recordaba, en más de una ocasión, que le gritaban «¡vete a dormir, vago!» al pasar bajo algún andamio de albañiles.

337. EL DESCANSO, POR FIN

Y aún hay más. El 31 de octubre de 1970, Martí Filosia falló un penalti contra el Valencia en el Camp Nou cuando el marcador registraba un 0-1. La reacción barcelonista quedaba así abortada y el enfrentamiento acabó con derrota dolorosa por 0-2. El Barça terminó segundo en aquella Liga, empatado a puntos con los valencianistas aunque con el *goal-average* adverso. Como resulta previsible después de lo explicado, entre el personal se impuso la idea de que se había perdido el título por el penalti que Martí Filosia había marrado ante el campeón, sin importar que hubieran pasado meses y muchos encuentros ligueros desde entonces. Veinte años más tarde, nuestro antihéroe se topó con un aficionado por la calle que le reconoció y le soltó, como si de un crimen se tratara: «¡Tú eres aquel que falló el penalti contra el Valencia!». Hoy, cuando ya han pasado décadas, argumentaremos en favor de Narcís. Tal como hemos contado en libros precedentes, Martí era un enorme especialista en el lanzamiento de penas máximas gracias a su técnica depurada. En el verano de 1969, para ratificar la tesis, ganó él solo el trofeo marroquí de pretemporada Mohamed V al transformar los cinco consecutivos que chutó contra Sepp Maier, el portero del Bayern de Múnich que era considerado como el mejor especialista de aquel tiempo. Entonces aún no se había inventado eso de alternar lanzadores y Narcís los convirtió todos con éxito, tal era la confianza que merecía.

Martí Filosia reconocía que lo pasaba fatal cuando le tocaba aguantar exabruptos, detalle que, por desgracia, resultaba bastante habitual. De hecho, la manía en su contra duraría una barbaridad. El propio interesado explicaba que fue invitado al Camp Nou el 25 de mayo de 2004, con ocasión del amistoso Cataluña-Brasil. Aquel día no halló absolutamente nadie que le reconociera y pensó: «¡Hostia, qué descanso!». Una vez retirado, Martí Filosia decidió alejarse totalmente del fútbol para dedicarse, con éxito, a las antigüedades.

338. ¿POR MOTIVOS RELIGIOSOS?

Nacido en Luanda en 1938, cuando Angola era una colonia de Portugal, Jorge Alberto Mendonça era un delantero de técnica depurada, de aquellos que pueden realizar malabarismos con los pies, aunque nunca destaquen por su brega. Tras triunfar en el Atlético de Madrid, en 1967 fichó por el Barça, donde se lució en la primera temporada. Sin embargo, en la campaña 1968-69 se vio relegado al banquillo y solo disputó siete partidos de Liga. De repente, el entrenador Salvador Artigas dejó de contar con él. Así, Mendonça tuvo que cambiar de aires camino de Mallorca. ¿Qué había pasado? Según manifestaba el propio delantero angoleño en las páginas de *Sport* el 1 de febrero del 2018, fue el presidente Narcís de Carreras quien ordenó que lo marginaran por motivos religiosos. Mendonça era miembro de los Testigos de Jehová; cuando De Carreras se enteró, lo apartó del equipo. «Además de ser muy católico, el presidente era amigo del obispo de La Seu d'Urgell», recordaba el futbolista africano. Y cargaba las tintas al recalcar que Artigas «se puso de rodillas» ante las exigencias del presidente de marginar al jugador. Aun así, no todo es blanco o negro, tampoco en fútbol. Mendonça ya llegó mayor al Barça y bastante castigado en sus rodillas. Los viejos aficionados creían que le tocó irse por estas limitaciones físicas y de edad, no por un hipotético conflicto de creencias religiosas.

339. TORRES, EL BRAVO

El 4 de mayo de 1969, el Barça cayó ante la Real Sociedad en la ida de los octavos de final de la Copa del Generalísimo por un contundente 5-1. Este repaso no pudo corregirse en la vuelta, aunque los hombres entrenados por Salvador Artigas vencieron en el Camp Nou por un insuficiente 3-0.

No obstante, en aquel triste partido celebrado en el viejo campo de Atocha se vivió una de tantas gestas hoy ignoradas. Antoni

Torres, aquel gran defensa ilerdense, se lesionó gravemente ya en el primer minuto, luchando por un balón bombeado en el área azulgrana con el delantero donostiarra Urtiaga. Torres cayó de espalda, y sufrió un fuerte golpe en la clavícula que le obligó a marchar camino de los vestuarios entre muestras de dolor. Ante la prueba de una grave lesión, el Barça se resignaba a jugar el resto del choque con diez jugadores, ya que, recordemos, aún no estaban permitidas las sustituciones.

La sorpresa llegaría en el minuto veinte, cuando el bravo Torres regresó al campo con el brazo pegado al cuerpo, completamente inmovilizado. Se situó en el extremo derecho, lejos del fragor defensivo, convertido en la tópica figura decorativa. Aun así, no dejó al equipo en inferioridad numérica. Pese al sufrimiento, aguantaría firme hasta el final. De regreso a Barcelona, diagnóstico definitivo: luxación de clavícula con esguince de ligamentos. Dos días después fue operado y se perdió el resto de la temporada.

340. IMMA CABECERÁN

La intrépida Imma Cabecerán (1952-2018) será para siempre la pionera del ahora exitoso fútbol femenino azulgrana. Recordemos de nuevo los hechos. Estamos en el otoño de 1970, cuando Imma es una joven culé de dieciocho años, novia del espléndido interior azulgrana Pau García-Castany, después consagrado en el Zaragoza. Traba amistad con María Dinarés, seguidora de categoría, conocida por todos como la Viuda Piera, esposa de quien fuera leyenda en la Edad de Oro de los felices veinte. La entusiasta María convence a Imma para que hable con el entonces presidente Agustí Montal y le proponga organizar una sección de fútbol femenino, haciendo oídos sordos a machismos y las tremendas limitaciones de la época, hoy convertidas en incomprensible anacronismo. El presidente la recibe con buenas palabras y posición ambigua, pero días después, un redactor de *RB* charla con Imma y la convence para que busque compañeras a través de un anuncio en la revista, difundido el 17 de noviembre, a imagen y semejanza del que Hans Gamper publicara a finales del siglo anterior en las páginas de *Los Deportes*.

Imma Cabecerán consigue así que se unan a tan impensable iniciativa otras chicas avanzadas a los tiempos. Su estreno consistirá en un amistoso celebrado la mañana de Navidad en el Camp Nou. No podrán distinguirse con el nombre de FC Barcelona y deberán llamarse «Selecció de Barcelona», aunque el primer paso se ha dado ya entre la incomprensión social. El precedente queda fijado. A partir de entonces, la *Selecció* se convierte en Penya Femenina Barcelonista.

341. ADIÓS, PIONERA

Pero Imma Cabecerán lo dejará al poco de arrancar. Se ha casado con Pau y cuelga las botas en el verano de 1971. Opta por un discreto papel como ama de casa y desaparece de la vida pública. Su hija, Anna, será años después portera del Espanyol. Sin ambición ni anhelo de fama, Imma Cabecerán lo ha conseguido. La capitana y organizadora será para la posteridad la introductora del fútbol femenino en el Barça. El 14 de enero de 2018, cuatro días después de su muerte, se le dedicó un minuto de silencio antes de comenzar el partido de Liga femenina entre el FC Barcelona y el Zaragoza C. F. F. Las herederas de Imma, las chicas del Barça femenino, ya podían presumir entonces de un palmarés brillante, con cuatro Ligas y cinco Copas de la Reina. Y ahora el Museu del FC Barcelona luce la primera Champions League femenina.

342. RUEGO DE COMPRENSIÓN

Las pioneras del fútbol femenino, como es harto sabido, las pasaron moradas. Desde un primer instante, el panorama solo les ofrecía incomprensiones, obstáculos, burlas, mofas y escarnios. Y no usamos figuras retóricas, sino un puro reflejo de la realidad. En la vigilia del debut de la *Selecció* de Barcelona en el estadio, el ruego de sus jóvenes jugadoras sonaba casi desesperado: «Necesitamos apoyo, que nos ayuden. Y que crean en nosotras. No se nos comprende. Muchos nos atacan sin ni siquiera conocernos. Todo tiene un principio. Hay que comenzar de alguna manera, y por eso tienen que ayudarnos. Las mujeres podemos jugar al fútbol».

343. SAL A LA HERIDA

Pobres, ya intuían lo que se les venía encima. Repasemos unos cuantos ejemplos de las memeces y vulgaridades dedicadas a las chicas futbolistas, extraídos de publicaciones, presuntamente rigurosas, de comienzos de los años setenta: «Solo un buen humorista sería capaz de escribir con objetiva seriedad la crónica periodística de un encuentro femenino»; «La retaguardia de las azulgranas es muy sólida y su delantera tiene una gran movilidad» o «Las jugadoras hilvanaron —nunca mejor empleada la frase, puesto que de féminas se trata— mucho juego». Y como sentencias más suaves, aunque tajantes, «el fútbol femenino no está llamado a ser otra cosa que un espectáculo divertido, ocasional e intrascendente» y la ya clásica, «el fútbol femenino ni es fútbol ni es femenino». Ahora imaginad las perlas que dedicaba el testosterónico público masculino a tan sufridas chicas por esos campos de Dios.

344. Y ERA UN TIGRE

Conocido por el apodo de «el Tigre» por su estilo impetuoso, el delantero canario José Antonio Barrios mostraba, en cambio, escasos recursos técnicos. Fichado del Granada, Barrios jugó en el Barça entre 1972 y 1974, con 34 partidos y 9 goles. Ya de entrada, los periodistas deportivos se cebaron con él. Tras su debut oficial, el 3 de septiembre del 72 contra el Deportivo en el Camp Nou, al Tigre ya le silbaron los oídos con críticas tan feroces como esta, publicada en la revista *RB*: «Barrios es un chico con un juego tan primitivo que a la media hora de verle debes darte cuenta de todas sus posibilidades. (...) El sabio (?) que lo fichó o padece ceguera o es un "carota". Y lo decimos de la manera más amable. [...] Frente al Coruña, Barrios perdió tres goles claros. Queriendo buscar algo "potable" en el canario, señalaremos tres o cuatro pases a compañeros situados a un metro de él. Muy poquito. ¿No les parece?». Hombre...

345. EL PECULIAR AMARILLO

Alfredo Amarillo, lateral izquierdo uruguayo, jugó en el Barça entre 1976 y 1978. El defensa sudamericano ofreció un gran rendimiento en la primera temporada y sufrió pérdida de protagonismo en la segunda, circunstancia que provocaría su cesión al Salamanca, antes de ser definitivamente traspasado al Espanyol en 1979. Amarillo labró su propio rincón en la posteridad el 28 de noviembre de 1976 con un extraordinario gol de volea contra el Valencia a centro de Rexach, una acción técnica fantástica, absolutamente memorable, que incluso fue declarado gol del mes en las ligas europeas por Eurovisión.

Digamos que Amarillo era un personaje del todo peculiar que solía pasear por el cementerio de les Corts, argumentando que se le aparecía el espíritu de su malogrado compatriota Julio César Benítez y le daba consejos. A cambio de las sugerencias del finado, Alfredo rezaba a diario con el deseo de que Dios guardara en su gloria a Benítez, aquel extraordinario lateral derecho de vida disoluta, fallecido el 6 de abril de 1968 mientras aún estaba en activo.

Al margen de tan especial detalle, en una entrevista publicada en diciembre de 1978, Amarillo se declaraba socialista y simpatizante de los Tupamaros, aquel grupo guerrillero uruguayo que actuó en la década de los sesenta e inicios de los setenta. Su argumento de apoyo a la causa también tenía su gracia: «Actuaban un poco a lo Robin Hood, es decir, robaban a los ricos para dárselo a los pobres».

346. DEMASIADO DESPISTADO

Otra de Alfredo Amarillo. Su debut con la zamarra azulgrana llegó el 5 de septiembre de 1976 en el Camp Nou ante la U. D. Las Palmas, primera jornada de la Liga 1976-77. El Barça venció por 4-0 y, al parecer, Amarillo lo celebró a fondo porque, a la madrugada siguiente, se hallaba perdido con su coche en una céntrica calle de la capital catalana. En un semáforo, Alfredo le preguntó cómo podía llegar a casa al conductor parado a su vera. El interpelado resultó periodista radiofónico, ya es casualidad. Y tras indicarle la ruta, le soltó con segundas: «Usted es Amarillo, ¿verdad? Cuidado, no se pierda...». El defensa uruguayo se quedó blanco, según relato del otro protagonista de la anécdota.

347. FLORES PARA JOHAN II

En diciembre de 1977 el periodista Jaume Boix entrevistó a Johan Neeskens en la clínica Sagrada Família, donde el holandés empezaba a recuperarse de una operación de ligamentos de la rodilla. Antes de continuar, recordemos que el luchador centrocampista era conocido como «Johan II», para continuar la dinastía nada monárquica iniciada por el auténtico patriarca, Cruyff, el único «Johan I» posible. Pues bien, Boix recordaba que, para acceder a su habitación, tuvo que cruzar una planta completa del hospital decorada con flores en ambos lados del pasillo. El periodista confesaba no haber visto jamás algo similar. Y no es necesario insistir a quienes vivieron aquellos años sobre el grado de idolatría que el barcelonismo profesaba a «Nes», seguramente para ratificar que siempre ha sentido predilección por aquellos futbolistas dedicados a sudar la camiseta a fondo y que nunca dan un balón por perdido. Y Neeskens era de estos.

348. CANITO, EL PERICO

Conocido por todos como «Canito», José Cano (1956-2000) era un defensa libre con unas facultades extraordinarias. Tras descollar defendiendo la camiseta del Espanyol, ficharía por el Barça en la temporada 1978-79. El club se adelantó al Real Madrid cuando ya le consideraban el sucesor de Pirri en el equipo merengue. En el FC Barcelona permanecería hasta 1981, aunque los colores que siempre sintió eran los blanquiazules. «No he triunfado en el Barça porque nunca he renunciado a ser periquito», dijo sin manías cuando abandonó el Camp Nou. De hecho, Canito era tan españolista como para jugar con la camiseta del Espanyol bajo la azulgrana y aplaudir los goles *pericos* en otros campos ante las mismísimas narices de la afición barcelonista.

349. VIDA TRÁGICA

La vida no sonrió en absoluto a Canito. Marcado por una infancia extremadamente difícil, su corta existencia (falleció a los cuarenta y cuatro años) estuvo determinada por sus excesos con el alcohol y las drogas, que le llevaron a una muerte prematura. A pesar de que tenía condiciones para ser un crac, su carácter indisciplinado evitó que triunfara en el mundo del fútbol. Tras una carrera decreciente, acabó jugando en el Lloret, de Segunda B. Completamente arruinado por sus pésimas inversiones en negocios inmobiliarios y de vídeos, llegó a dormir en la calle. La muerte le sorprendió el 25 de noviembre de 2000, cuando vivía en casa de su hermana Fina, en la localidad tarraconense de La Pobla de Montornès.

La Agrupació de Veterans del FC Barcelona hizo cuanto pudo para salvar a Canito de su destino, hasta el punto de encargarse de que siempre dispusiera de un lugar donde dormir, y también le buscaron una residencia donde rehabilitarse. Por desgracia, a los pocos días de ser ingresado, huyó del lugar sin atender ningún tipo de ruego ni recomendación. Cuando murió, Canito estaba recibiendo ayuda económica de la Fundació dels Veterans del Barça. Quedaban lejos aquellos días en que llegaba al entrenamiento del primer equipo acompañado por un perro lobo, pavoneando ante los periodistas de haberse gastado un millón de pesetas (¡en aquella época!) en tiendas de ropa. Por desgracia, la biografía que arrastraba, las dificultades de su infancia, no le dejaron disfrutar del inmenso talento que lucía como futbolista. Ni tampoco de aprovechar el privilegio del deporte profesional para asegurar su futuro. Conste que no lo escribimos como ejemplo moralizante. Simplemente, Canito fue una buena persona víctima de sus insalvables circunstancias vitales.

350. EL SABIO TORT

Oriol Tort (1929-1999), recordado por dar nombre a la Masia de Sant Joan Despí, merece un lugar destacado en el olimpo azulgrana. Vinculado al club ya como futbolista (de 1946 a 1949 formó parte del equipo *amateur*), fichó como entrenador del equipo infantil el 29 de septiembre de 1959, en tiempos de Helenio Herrera, cargo que desarrolló en dos etapas, primero hasta 1961 y después desde 1964 hasta 1977, cuando dejó de entrenar por una lesión de cadera y entró en el cuadro técnico del club. Desde 1980 hasta su muerte, fue un eficaz coordinador del fútbol base del Barça, faceta que, durante muchos años, compartió con Joan Martínez Vilaseca. En aquella época, cuando alguien le proponía la posible incorporación de algún diamante en bruto, él respondía: «No hagamos pruebas, le iremos a ver en su ambiente». Y así era. Tort se desplazaba para contemplar las evoluciones del jugador a cualquier campo de Cataluña. Gracias a Tort, insistimos, fueron descubiertos un buen puñado de jóvenes futbolistas que después triunfarían en el club, con Guardiola, Amor, Xavi y Puyol entre los más destacados. Como despedida, el día de su deceso, 10 de septiembre de 1999, Pep Guardiola declaró que «sin él, el Barça será menos sabio».

351. AMIGUISMO

Conviene recordar una circunstancia desconocida en la trayectoria de Oriol Tort. En julio de 1961 había sido despedido por Ladislao Kubala, en una decisión bastante arbitraria. Como recordaréis, Kubala, una vez colgadas las botas, se hizo cargo de la llamada Escuela de Futbolistas, y así controlaba *de facto* el organigrama del fútbol base azulgrana. Laci afirmó que, en aquel departamento, había que poner «a gente que trabajara», y Tort fue destituido como técnico de los infantiles. Su puesto lo ocupó el exfutbolista y entrenador húngaro Béla Sárosi, quien, a sus cuarenta y dos años, padecía una artrosis avanzada y tenía que entrenar sentado. Al final, Tort no pudo reintegrarse al club en su antiguo cargo hasta 1964, gracias a la eficaz mediación de Josep Boter, otro referente fundamental en la historia del fútbol base azulgrana.

352. UN EX APURADO

Joan Sans Alsina (1920-2001) fue un medio centro y defensa central de gran fuerza física que llegó al Barça en la temporada 1943-44 procedente del Sabadell. Mermado por dos importantes lesiones, en 1949 pasó al Gimnàstic de Tarragona dejando atrás 156 partidos con la camiseta azulgrana y una internacionalidad con la selección española. Sants se retiraría con el Nàstic al año siguiente, cuando aún no había alcanzado la treintena.

En julio de 1982, este exjugador se hallaba en el paro y en situación económica bastante difícil. A la desesperada, Sans escribió al FC Barcelona pidiendo trabajo «de observador, de relaciones públicas o de lo que fuera». La respuesta del Barça también le llegaría por carta: «Tenemos que comunicarle que la plantilla laboral de nuestro club está totalmente cubierta y no tenemos ningún trabajo para ofrecerle. Aunque lo lamentamos sinceramente, no podemos aceptar su amable petición».

353. UN SUELDO MODESTO

En paralelo, Sans también había escrito a un vicepresidente del Barça, amigo suyo, pidiéndole un puesto de trabajo en el club como observador, con la esperanza de que «cuando el club se puede gastar mil millones en el fichaje de un solo jugador, conseguir un sueldo modesto para un exjugador del club y de los de casa creo que no tiene que ser tan difícil». La respuesta del vicepresidente, un tanto contradictoria, fue: «El club quisiera solucionar todos los casos de exjugadores nuestros que se encuentran actualmente con dificultades, pero materialmente es imposible. Hacer una excepción sería peor. Lo que sí te aseguro es que si tenemos que tomar una persona para un puesto que tú puedas desempeñar, para nosotros será una satisfacción hacerlo». No ha quedado constancia de eso.

354. DEFINICIÓN DE HOMENAJE

24 de septiembre de 1984, fecha de inauguración del Museu del Barça. En las nuevas dependencias se encontraba un panel dedicado a los partidos de homenaje que el Barça había dispensado a sus jugadores, desde Torralba (1917) hasta Artola y Olmo (1984). Por aquellas fechas, Jaume Ramon, primer director del Museu, realizaría estas jugosas declaraciones: «Antes, los homenajes eran otra

cosa. Con el dinero del partido, Alcántara montó una clínica, y Vicenç Martínez, una tienda. Ahora, los homenajes están condenados a desaparecer porque la gente cree que el futbolista ya ha cobrado bastante y no le quedan ganas de ir a homenajes». El recordado Jaume Ramon la clavó. Hoy, esta liturgia del partido de honor en reconocimiento al crac que lo deja ha quedado abandonada. Por distintas razones, claro. Y también por lo que acertadamente predecía Ramon.

355. LA VELLA, EL PRIMERO

Una tradición, la de los homenajes, prolongada en el tiempo. Recordaremos que se estrenaría el 4 de febrero de 1917 en la calle Indústria con el reconocimiento a Ramon *la Vella* Torralba. Por el momento, terminaría, y no sabemos si de manera definitiva, el 29 de mayo del 2004 en el Camp Nou con un partido entre jugadores del *Dream Team* y una selección mundial, en honor de Hristo Stoichkov. Por el camino, cincuenta y tres figuras de distintas épocas homenajeadas en sendos partidos distribuidos entre la calle Indústria, Les Corts, el Camp Nou y el Miniestadi. Como anécdota, algunos ilustres fueron agasajados en dos ocasiones, la primera incluso cuando aún jugaban en el Barça. Johan Cruyff es una excepción, ya que primero se le honró en su despedida como jugador azulgrana (1978) y después como técnico del *Dream Team* (1999). Cabe resaltar que ciertos homenajes se realizaron a dos y hasta tres jugadores al alimón, como aquel de 1976 tributado a los inolvidables Sadurní, Rifé y Torres, los primeros nombres que invariablemente cantaba el *speaker* Manel Vich en la mítica Liga 1973-74. De hecho, de la alineación titular que ganó tan anhelado título (Sadurní, Rifé, Torres, Costas, De la Cruz, Juan Carlos, Rexach, Asensi, Cruyff, Sotil y Marcial), solo Juan Carlos y Marcial se quedarían sin homenaje.

356. LA LISTA DE HONOR

En cualquier caso, la enumeración de los cincuenta y tres jugadores del Barça que han disfrutado de un partido de homenaje a lo largo de la historia significa un ejercicio de memoria azulgrana y de obligado reconocimiento. Vamos allá: Ramon Torralba (dos veces, 1917 y 1928); Francesc Vinyals (otro par, 1918 y 1927); Emili Blanco (1918); Pepe Rodríguez (1918); Vicenç Martínez (dos, 1918 y 1923);

Lluís Bru (dos, 1919 y 1929); Eduard Reguera (1919); Paulino Alcántara (dos, 1920 y 1927); Félix Sesúmaga (1920); Agustí Sancho (dos, 1921 y 1928); Ramon Bruguera (1927); Domènec Carulla (1929); Patrici Arnau (1930); Armand Martínez-Sagi (1932); Vicenç Piera (1933); Josep Samitier (1936); Juan José Nogués (1941); Antoni Franco (1943); Josep Escolà (dos, 1944 y 1949); Josep Raich (1945); Josep Gonzalvo (1950); César Rodríguez (dos, 1951 y 1958); Ramon Llorens (1952); Josep Puig «Curta» (1955); Juan Zambudio Velasco (1957); Estanislau Basora (1958); Ladislau Kubala (1961); Marià Gonzalvo (1962); Gustau Biosca (1962); Antoni Ramallets (1962); Ramón Villaverde (1963); Joan Segarra (1964); Josep Planas (1966); Sígfrid Gràcia (1966); Martí Vergés (1966); Sándor Kocsis (1968); Ferran Olivella (1969); José Antonio Zaldúa (1971); Josep Maria Fusté (1972); Salvador Sadurní (1976); Joaquim Rifé (1976); Antoni Torres (1976); Johan Cruyff (dos, 1978 y 1999); Enrique Álvarez Costas (1980); Jesús Antonio de la Cruz (1980); Juan Manuel Asensi (1981); Carles Rexach (1981); Hugo Sotil (1984); Antonio Olmo (1984); Pedro María Artola (1984); Enrique Castro, *Quini* (1984); Miguel Bernardo Bianquetti, *Migueli* (1989) y Hristo Stoichkov (2004). Homenajes, todos ellos, muy merecidos, ¿verdad? Y si no conocéis a algunos de los viejos futbolistas, os confirmamos que también se lo habían ganado.

357. ¿UN ENVIDIOSO?

Como hay gente para todo y pelearse es muy fácil, uno de esos homenajes provocó una triste polémica, fácilmente evitable. La noche del 1 de septiembre de 1976, el Camp Nou celebraría el partido de despedida a tres grandes de la casa, Sadurní, Rifé y Torres, tres amigos que colgaban las botas con el equipo de su vida. El plato fuerte de la velada consistía en un Barça-Stade de Reims, aunque antes se celebró un preliminar entre la selección española que había ganado la Eurocopa de 1964 y un equipo de selectos veteranos azulgrana. El *match* acabaría con victoria de los primeros por 3-2, con goles de Luis Suárez, Zoco y Amancio por parte de la selección, y de Vidal y de Vall por el bando barcelonista. ¿La polémica? Muy sencillo: Ladislao Kubala, entonces seleccionador español, debía disputar este preliminar con las viejas glorias barcelonistas, pero finalmente no fue posible por la firme oposición de otro veterano culé. El disconforme, muy enfadado, alegó que «si Kubala no quiere venir a los pueblos y ciudades adonde vamos, entonces tampoco debe jugar hoy en el Camp Nou». Claro ejemplo de argumento pillado por los pelos. Al pobre Laci, tal negativa le sentó como un tiro. Movió hilos para cambiarla, pero no hubo manera. Ganó el envidioso.

358. ONÉSIMO

Ya que repasamos casos curiosos de futbolistas azulgranas, Onésimo Sánchez es otro que tal. Este delantero vallisoletano de veintiún años, bajito, fuerte y tremendamente hábil con el balón en los pies, llegó al Barça Atlètic en la temporada 1989-90 cedido por el Real Valladolid, a la sazón equipo de Primera. Onésimo entusiasmaba al público del Miniestadi con su juego eléctrico y espectacular, repleto de inverosímiles detalles. No extraña, pues, que Cruyff se fijara en él y le hiciera debutar con el primer equipo en el Camp Nou contra el Castellón, el 24 de septiembre de 1989.

El estallido de Onésimo se produciría un mes más tarde, el 1 de noviembre, cuando entró en la segunda parte contra el Anderlecht, sustituyendo a Ernesto Valverde, en la vuelta de los octavos de final de la Recopa. Aquel día pintaban bastos: los belgas habían vencido por 2-0 en la ida y el marcador al descanso señalaba empate a cero. Cruyff esperaba que el chico actuara como revulsivo y le dio consignas tan breves como claras: «Sal, tienes veinticinco minutos para solucionar esto, o saco a Alexanko». Enseguida, Onésimo revolucionó el ataque azulgrana con sus regates; en el minuto cincuenta, le brindó el 1-0 a Julio Salinas. Poco después, Begiristain marcaría el 2-0, aunque la noche no acabaría bien, ya que el Anderlecht se clasificó con un gol en la prórroga. Onésimo era pura fantasía, pero el domingo siguiente regresó al Miniestadi, a Segunda B, y su estrella se apagó de repente. Acabada la campaña, le despacharon de vuelta al Valladolid y, finalmente, analizada su trayectoria, se quedaría reducido a gran promesa que nunca pudo convertirse en realidad confirmada.

359. NI ASÍ...

Sucedió en los vestuarios del Camp Nou el 14 de febrero de 1999. El Barça acababa de vencer al Real Madrid por un claro 3-0, con dos goles de Luis Enrique y uno de Rivaldo. Lógicamente, reinaban la alegría y la euforia. Pero, de repente, el adusto y metódico técnico azulgrana Louis van Gaal soltaría al delantero brasileño unas desconcertantes palabras: «No me ha gustado que hayas marcado». *Rivo,* estupefacto, le preguntó la razón. Respuesta del míster holandés:

«Porque has jugado fuera de la zona que te dije». En aquel entonces ya era conocida la manía de Van Gaal, quien solo quería colocar a Rivaldo como extremo zurdo, mientras que le brasileño prefería jugar por el centro del ataque, donde creía que podía rendir mucho más.

360. NO ERA TAN PACÍFICO

Cuando te etiquetan, el mundo acaba por creer el estereotipo. Y el de Frank Rijkaard consiste que la inmensa mayoría lo vean como un hombre de carácter tranquilo y relajado, de esos que no pierde la calma ni en pleno temporal. Bien, sentimos contradecir tal prejuicio, pero la historia registra, cuando menos, un par de episodios en los que subió el tono de voz y se mosqueó bastante con sus jugadores. Y eso, durante su estancia en el Camp Nou. En ambos casos, en el descanso de un partido. El 4 de febrero del 2004, el holandés sufrió cinco minutos de furia en un Barça-Albacete que su equipo iba ganado por un escaso 1-0. Le desagradaba la imagen indolente que daba su once. Y el primero de octubre del año siguiente, se repetiría la jugada contra el Zaragoza en el Camp Nou, con 0-0 al descanso. En ambos casos, Rijkaard acabó lanzando un rotulador al suelo con indisimulada rabia. Recalquemos que el Barça no perdía en ninguno de los dos partidos. En caso de que fuera por detrás en el marcador, el *míster* de los rizos prefería animar y motivar a los chicos. Por cierto, la terapia agresiva del neerlandés dio resultado con el Albacete (5-0 final), aunque no ante el Zaragoza, con un marcador definitivo de empate a dos.

361. EL PADRE DE BELLETTI

Imposible que se borre de la memoria: Juliano Belletti fue considerado el héroe de la segunda Champions del Barça, conquistada el 17 de mayo de 2006 en el Stade de France de Saint-Denis, en París, ante un Arsenal liderado, aún, por Thierry Henry. Cuando, en el minuto ochenta y uno, el lateral derecho brasileño vio cómo su chut entraba en la portería de Almunia, primero pensó en su hijo recién nacido, aunque después se dijo: «¡Dios, mi padre!». Y su padre, que estaba en la grada invitado por el presidente Laporta, se quedó petrificado durante cinco minutos, con las manos en la cabeza. Acabada la final, el hermano de Belletti, Sandro, solo le dijo: «Dios sabe lo que hace. Te lo mereces». Una acción divina la suya. En eso coincidirían hasta los culés agnósticos.

362. NI LOS MITÓMANOS

Como resulta harto sabido, Joan Manuel Serrat es un *kubalista* convencido desde tiempos inmemoriales. De hecho, siempre lleva una fotografía de su ídolo en la cartera como homenaje particular e íntimo. Ahora bien, dado que las pruebas mandan, Serrat reconoció a una radio madrileña en diciembre de 2017 que «nunca pensé que Kubala fuera mejor que Messi, aunque con Kubala me hayan unido lazos de cariño. Pero el mejor jugador que jamás vi es Messi». Serrat repetía así el patrón, por ejemplo, de aquellos aficionados de los años cuarenta que se declaraban *cesaristas* y que después no tuvieron más remedio que reconocer que el inconmensurable Kubala era mejor que su apreciado ídolo César. O, en otra comparativa, aquellos culés convencidos en 2004 de que nunca verían a un futbolista como Ronaldinho. Hasta que llegó Messi. La pregunta retórica parece obligada: ¿veremos en el futuro a alguien mejor que el argentino? Juegue o no en el Barça, queda claro que el nivel parece hoy insuperable.

En aquella entrevista, Serrat manifestaba que aún no se sentía con fuerzas para dedicarle una canción a Messi como aquella que, en 1989, había compuesto a su amigo Ladislao Kubala. Pues ya tardas, Joan Manuel. Si hace falta llamar a las musas, recordaremos que Pep Samitier disponía de un tango cantado por Gardel en 1928, que Johan Cruyff fue homenajeado de modo irónico por la Trinca en su *Botifarra de pagès* de 1974 y que Laszi era el protagonista de tu preciosa composición. Leo Messi, que ya goza del tango que le dedicaran Marcelo Mercadante y Pablo Marchetti en 2009, bien merece un «doblete» a la altura de su categoría.

363. EL DIEZ, RETIRADO

El 22 de diciembre de 2017, José Maria Brunet explicó en las páginas de *La Vanguardia* que un amigo suyo, conocido entre sus compañeros de la Penya Batec Blaugrana como «*Màxim Culer*», protagonizó en cierta ocasión la broma de proponer un contacto con los espíritus de Euclides y Pitágoras para rogarles que inventaran un nuevo número que sustituyera al 10 cuando Leo Messi abandonara el fútbol. Según tan fanático seguidor, no bastaría con que el Barça retirara el dorsal del argentino, sino que el sistema numérico debía eliminar el número 10, «inutilizándolo para cualquier otro propósito». Decía que era el mejor homenaje posible a Messi. Tampoco conviene exagerar. Sobre todo, por las jaquecas que comportaría tal decisión.

364. HONESTIDAD

El 3 de diciembre de 2018 murió Josep Lluís Núñez, a los ochenta y siete años de edad. Como es natural, el traspaso del presidente más longevo de la historia del Barça (1978-2000) provocó una avalancha de reacciones de todo tipo, desde los panegíricos más entusiastas hasta las críticas más furibundas a su gestión, pasando por los análisis pretendidamente ecuánimes, de aquellos que intentan destacar de manera igualitaria tanto los aspectos positivos como los oscuros. Todo ello lo tenéis muy fresco en la memoria, pero nosotros queremos destacar ahora las curiosas declaraciones hechas al día siguiente por su fiel vicepresidente durante veintidós años y después controvertido presidente Joan Gaspart, que desveló un aspecto sorprendente de aquel Núñez siempre rodeado de una aureola de poca tolerancia hacia la crítica adversa: «En el fondo, él entendía las críticas de algunos periodistas, mucho más de lo que luego expresaba. A veces me decía: "Joan, es que tienen razón, pero, claro, ¿qué les decimos? ¿Que tienen razón y que somos un desastre y que nos hemos equivocado?" De alguna manera, esto quiere decir que era un hombre honesto». El amigo Joan *dixit*.

6

El club acuerda

Aunque no pasara de rumor, resulta entrañable que la junta barcelonista expresara en acta de reunión cierto sentimiento ufano por el prestigio que representaba la vinculación del equipo a los participantes en el primer Mundial de la historia, el de Uruguay de 1930. Apenas un detalle, pero revelador. Los papeles oficiales nos susurran al oído el diagnóstico que los gestores realizaban de cada instante, de cada circunstancia vinculada con la cotidianidad azulgrana. De no ser por ellos, y seguimos con las muestras, ignoraríamos que el inicio de la guerra civil y las nuevas costumbres revolucionarias impusieron un sueldo «socializado» de quinientas pesetas a cada futbolista de la plantilla, sin distinciones ni liderazgos. Lástima de inconsciencia sobre la imprescindible necesidad de legar acuerdos y discusiones al porvenir para su estudio y comprensión, lástima que hayan desaparecido periodos enteros del pretérito, que nos hayamos quedado huérfanos de esas actas casi notariales. En consecuencia, debido a la falta de referentes oficiales de los primeros años, aún mantenemos sombras sobre el papel y protagonismo de cada uno de los fundadores, de cómo acordaban los pioneros cual debía ser la evolución de la entidad acabada de plasmar. Tan pronto como aparecen esta especie de escritos supervivientes, doce años después de nacer el club, nos apercibimos de los pasos que, con mayor o menor firmeza, muchas o pocas vacilaciones, da el FC Barcelona en su recorrido vital. Como excelente muestra de cuanto sostenemos, recurrimos a la expectación suscitada en 1911 ante la primera, histórica, visita de la Real Sociedad a la capital catalana, traducida en el deseo de obtener una recaudación que fortaleciera las finanzas de la casa. Seguían así el dictado de Joan Gamper a partir de 1908, que significó encontrar una piedra filosofal, una fuente de riqueza capaz de garantizar el futuro. Realmente, el fundador dio una espléndida lección de gestión empresarial trayendo a los mejores equipos del continente para enfrentarse al Barcelona, captando así el creciente deseo y curiosidad popular por el fútbol. Un fenómeno que se transformó, finalmente, en recaudaciones, en salud económica.

Gracias a los protocolos del momento, conocemos la identidad de los primeros aspirantes a proveedores del club, aquellos que querían aprovechar el tirón de la pelota, también con ánimo lucrativo. Y certificamos, por si aún hiciera falta, el compromiso con el catalanismo, la fe para ratificar la propia identidad, a pesar de que la política dictara fases de represión en evidente contraste con las épocas de libertad y democracia plenamente asumida y practicada. Gracias a las actas, nos llega la continua batalla de Gamper ante la eterna oposición para presentar intactos su prestigio y honestidad. Difama, que algo queda, recurso tan viejo como andar. Hoy se le llama posverdad o *fake news* en definición inglesa. También podemos confirmar lo que cuesta tragar con la libertad de expresión cuando te hallas al frente de la nave, la tendencia eterna a controlar la información y a confundir las diversas sensibilidades con un supuesto libertinaje que pretende socavar tu obra. También, antiguo como la tos, eso de protestar ante las críticas, fundadas o no, de la *canallesca*, del fiscalizador cuarto poder.

Encuentros periódicos de los responsables azulgranas que cubrían un amplísimo espectro de materias, desde lo excelso y divino a lo más humano y banal, que metían mano en cada una de las contingencias políticas del momento. Tampoco nos debe extrañar que el club, precisamente víctima de la cruel realidad, dejara transcurrir doce largos años sin ninguna asamblea en tiempos de posguerra, cuando el derecho de reunión era pura entelequia y todo se decidía en los despachos oficiales de la misma cuerda totalitaria. Saltando de momento en momento, de crisis en crisis, constataremos cómo se vivió internamente el contencioso entre Hennes Weisweiler y Johan Cruyff que tanto ajetreo causó. Asimismo, repasaremos el creciente protagonismo de unos Boixos Nois convertidos en patata no ya caliente, sino ardiente, definidos en antítesis pura como violentos indeseables o guardia pretoriana de según qué intereses nada altruistas.

Ojalá que estas páginas sirvieran para despertar el deseo de crear una nueva Comisión de Cultura del club realmente efectiva, que conecte con el espíritu de aquella idea de «Deporte y ciudadanía» propulsada por Josep Suñol y nunca aplicada, por desgracia, por circunstancias bastante conocidas. Ya que estamos, y de paso, tampoco molestaría ver encarnado el proyecto de convertir La Masia en sede institucional, ambición que va camino de eternizarse sin pasar de teoría y buena voluntad.

365. FALTAN ACTAS

Desconocemos las razones, pero el primer libro de actas de las diversas directivas del Barça que se halla depositado en el Centre de Documentació del club data del 9 de octubre de 1911. Casi doce años después de vivir la reunión fundacional en aquel 29 de noviembre de 1899. Dejémoslo en el tópico de los misterios insondables de la vida. De hecho, la colección de libros de las actas de junta se encuentra incompleta. Por razones desconocidas y desde tiempos remotos, faltan los números 4, 5 y 10. Es decir, no nos ha quedado ninguna constancia escrita de lo acordado por los dirigentes barcelonistas en sus reuniones hasta llegado aquel octubre de 1911, y después, tampoco en otros periodos. Para citarlos, entre mayo de 1921 y octubre de 1923 y desde febrero del 31 al mismo mes de 1933. Una lástima porque nos hubiera gustado leer la reacción oficial del club (si es que la hubo) ante hechos históricos tan transcendentales como la Semana Trágica de Barcelona (finales de julio de 1909), el golpe de Estado del general Primo de Rivera (13 de septiembre de 1923) o la proclamación de la Segunda República española (14 de abril de 1931).

366. ¿OPERADORA?

Ya que nos hemos referido a la primera acta de reunión de junta de la que podemos disponer, presidida por Joan Gamper (a pesar de que entonces aún firmara «Hans»), constataremos que aquel 9 de octubre se tomó una decisión tan trascendental como esta: «Pedir conferencia telefónica a la Real Sociedad de San Sebastián para tratar de la junta de la Federación Española de Clubs de Fútbol». Una simple llamada, y marcada en el acta, como si fuera el acabose. Ahora bien, hablamos de una época en la que en España apenas existía una media de un teléfono por cada mil habitantes y llamar a otra ciudad resultaba bastante complicado. Tenías que pelearte con la operadora de turno para conseguir aquello que diversas generaciones llamaban «una conferencia». Ahora vas y se lo cuentas a las nuevas generaciones, las del móvil incorporado de serie a su vida. Tampoco sabrán de «las operadoras», oficio que se ha convertido en puro anacronismo.

367. ESTRENO DONOSTIARRA

Para seguir con los frutos de la citada «conferencia», el Barça disputó en el campo de la calle de la Indústria dos amistosos con la Real Sociedad, programados para los días 29 de octubre y 1 de noviembre de 1911. Aprovechando la llamada, dedicada en esencia a temas federativos, los directivos negociaron para concertar esta histórica visita, la primera de los donostiarras a la capital catalana, recibida por los aficionados como un auténtico evento. La expectación generó que se desplazaran hasta L'Escopidora la gran mayoría de los quinientos socios con los que entonces contaba el club, así como una formidable masa de seguidores, cautivados por el prestigio de los vascos.

Cómo sería la atmósfera previa que, días antes, en la reunión de la junta del 19 de octubre, los rectores del club decidieron hacer el agosto en pleno otoño marcando los precios de las entradas con la indisimulada intención de lograr una gran recaudación. Recordad que los socios pagaban dos pesetas de cuota anual en aquellos días, precio que nos servirá de comparativa. Se pusieron a la venta tres mil entradas de general a una peseta. También, 250 sillas a 0,50 pesetas, así como 150 bancos de general, a 0,75 los de sombra y 0,50 los situados al sol. Seguimos, 150 sillas de preferencia a una peseta, más 200 sillas en Tribuna por 1,50 y 12 palcos a 20 pesetas. Nos sorprende y despierta curiosidad que las populares y masivas entradas generales, que entendemos eran de pie, fueran más caras que algunas de asiento. También cabe subrayar los prohibitivos precios de las doce escasas entradas de palco, destinadas a los miembros de la alta sociedad, aquellos personajes que iban al fútbol solo para lucir sus mejores galas y a ser envidiados por la plebe. Entonces y ahora, tampoco nos pongamos estupendos... De la taquilla lograda finalmente no quedó constancia, lástima. Seguro que fue notable.

368. «BIRRAS»

Como diría el clásico, ojo al dato. En la junta del 24 de mayo de 1912 se tomó el acuerdo siguiente: «Contestar al representante de la cerveza La Cruz del Campo no poder aceptar su proposición por acarrear perjuicios al bar que tenemos instalado en el campo». Parece ser que la comercialización en Can Barça de la cerveza andaluza, creada en 1904, entraba en conflicto con la venta de las bebidas autóctonas en el bar del campo de la calle Indústria. Así pues, el primer intento de globalización estatal azulgrana no fructificó. Las birras, de casa, ya ves...

369. PERIS DE VARGAS, EL DESPISTADO

La historia nos ha legado un diáfano perfil del militar Joaquim Peris de Vargas, presidente azulgrana del 29 de septiembre de 1914 al 29 de junio de 1915. Al margen de ser un dirigente bastante autoritario, capaz de decir sin ambages «El Barça es mi club» con sentido de propiedad, resulta que también era un poco despistado. Ya comentábamos en *Barça inédito* que, en la reunión de la directiva del 3 de marzo de 1914, no se pudo leer el acta de la junta anterior porque el entonces vicepresidente Peris de Vargas se la había dejado en casa. Peris, además, había extraviado una carta, al parecer bastante importante. Tales despistes no acabarían aquí, ya que, años después, el 5 de julio de 1917, la junta decidió «delegar en el señor Franch (contador del club) para que pida al señor Peris el historial del club que en época del señor Gamper le fue entregado». Descuidado y olvidadizo...

370. EL REPARTO

En su edición del 7 de noviembre de 1921, *La Jornada Deportiva* publicó una entrevista con Joan Gamper. El cautivado periodista que transcribía la charla quedó rendido a los pies del fundador y, entonces, presidente del FC Barcelona, al que calificaba como «el hombre todo voluntad» y «el gran padre de la familia futbolística».

Al margen de tales halagos, Gamper manifestaba que el Barça estaba dispuesto a plantear a la Federación Catalana cambios sustanciales en el texto de un artículo de sus estatutos. El punto, un tanto peculiar, estipulaba que, en los partidos del Campeonato de Cataluña, los ingresos en taquilla debían distribuirse así: un 35 % para el club propietario del campo, otro 35 % para la Federación y el restante 30 % para los visitantes. La propuesta azulgrana, bastante racional, disentía del original como la noche del día: un 80 % para el propietario del campo y un 20 % para el organismo federativo catalán. Como sostenía el propio Gamper, «no tiene ninguna gracia que, de los esfuerzos de un club, se aprovechen los demás».

371. EL DINERO MANDA

Esta propuesta alternativa fue rechazada en la asamblea de la Federación Catalana del 7 de octubre de 1922. En cambio, se aprobó una tercera vía, por decirlo así, presentada por el delegado del Mollet, que fijaba un 65 % de la recaudación de los partidos del campeonato para el club de casa, un 25 % para la Federación y un 10 % para las arcas visitantes. Finalmente, la moción de este club modesto se impuso a la del poderoso. Tal como escribían después en *Vida Deportiva*, «ante el asunto pesetas, los clubs no reconocen la autoridad de nadie».

372. INGRESOS COMO SEA

La directiva del Barça no se conformó con esta decisión. Como ya hemos escrito en páginas anteriores, el club necesitaba buenos ingresos tras el gran dispendio generado por la construcción del campo de Les Corts. El estadio, oficialmente, había costado un millón de pesetas, aunque el propio Joan Gamper confesaría el doble de factura en un patinazo verbal sufrido durante la entrevista a un medio extranjero en abril de 1923. En consecuencia, apenas diez días después de ver rechazada su propuesta de cambio en el reparto de las recaudaciones, el FC Barcelona lo intentó otra vez. El nuevo planteamiento, propugnado ante el Comité Provincial de la Federación, partía de un aumento en el precio de las entradas correspondientes a los encuentros del campeonato catalán. La respuesta volvió a ser negativa y los precios continuaron igual: 15 pesetas el palco, 3 las tribunas, 2 preferencia y 1,50 el resto de las localidades.

373. CATALANISMO, AÑOS 20

Tal como ratifican sobradas muestras, a comienzos de los años veinte, la directiva del Barça mostraba su catalanismo sin ningún complejo. No satisfechos con ello, eran muy conscientes de cuáles eran sus referentes internacionales. En el acta del 29 de octubre de 1920, se puede leer esto, traducido del catalán: «Se acuerda que el próximo domingo y lunes ondeen las banderas del club a media asta en señal de luto por la muerte del mártir irlandés lord alcalde de Cork, MacSwiney». Miembro de la organización independentista irlandesa Sinn Féin, Terence MacSwiney había sido elegido alcalde de Cork en marzo de 1920. Acusado de sedición por el Reino Unido, fue detenido y recluido en la cárcel inglesa de Brixton, donde moriría el 25 de octubre tras setenta y cuatro días en huelga de hambre.

374. EN TIEMPOS DE PRIMO DE RIVERA

Cabe subrayar que el panorama quedaría alterado de modo radical en la época de la dictadura del general Primo de Rivera (1923-30).

Basta con repasar el escrito, en castellano por prohibición del catalán, del acta directiva correspondiente al 14 de febrero de 1928: «Se acuerda cumplir lo ordenado por el excelentísimo gobernador transmitido por la F. E. F. A. [Federación Española de Fútbol Asociación], redactando en castellano el taquillaje de los partidos y los anuncios y rótulos del campo de Las Corts». Y se acabó lo que se daba, que no era cuestión de molestar al señor gobernador, nada menos que Joaquín Milans del Bosch, encargado directo de clausurar el club durante seis meses en 1925 por la pitada al himno español.

375. MEJOR QUEDEMOS BIEN

Si se trataba de quedar bien con la dictadura *primorriverista* para ahorrar males mayores, nada mejor que el acuerdo tomado el 14 de mayo de 1929, cuando se decidió, «vistos los precedentes y demás circunstancias», conceder la cantidad de cincuenta y una mil pesetas para el monumento a la «Raza Hispana». Ubicada en pleno centro de la plaza de Espanya, en Barcelona, la obra era y es una hiperbólica fuente con un conjunto escultórico, diseñada por el arquitecto Josep Maria Jujol, según encargo personal del general Primo de Rivera. Bastante fama cargaban ya con ser un nido de separatistas, según definición de quienes mandaban entonces, como para no realizar gestos que les desprendieran de tan perjudicial etiqueta.

376. NADIE SE SALVA

La reunión de la junta azulgrana del 29 de noviembre de 1924, justo cuando el club cumplía sus primeros veinticinco años de vida, resultó bastante original. Ante la ausencia de Joan Gamper, el *vice* Joan Coma presidió el cónclave, resuelto con una sola decisión: «Protestar por la campaña que el periódico *Foot-ball* ha emprendido contra nuestro digno presidente señor Gamper, haciendo constar la absoluta adhesión al mismo de todos los que actualmente componen el consejo directivo, y finalmente, se acuerda para cuando llegue el caso, cooperar enérgicamente en toda acción judicial o extrajudicial encaminada a obtener el castigo de los difamadores». Según parece, el director de *Foot-ball*, Ricardo Esmandía, había acusado a Gamper de meter mano en la caja fuerte del club. Como era de prever, el Barça presentó una querella contra Esmandía. Ni los más grandes mitos del club se han librado de los disgustos que causan las difamaciones. Mira que dudar del altruismo del fundador...

377. PLATO FRÍO

La querella vagaría en el limbo durante largo tiempo. Por fin, el 14 de febrero de 1928, cuando *Foot-ball* ya no existía y Joan Gamper estaba forzosamente desvinculado del club por orden de la dictadura *primorriverista*, la junta de Arcadi Balaguer acordó publicar en la prensa diaria la carta de desagravio que Gamper había recibido de Esmandía, «rectificando los conceptos vertidos por este». En realidad, el exdirector de *Foot-ball* se limitaba a negar tranquilamente la autoría del artículo difamatorio contra el fundador del Barça: «Nunca, señor Gamper, y en ningún terreno, he lanzado contra usted acusaciones que pudieran herir su dignidad. Hace muchos años que le conozco, y sé mejor que muchos de los que le adulan, que es usted un hombre honrado, digno e incapaz de cometer ninguna mala acción. Por esta misma razón no podía escribir nada contra usted». Y como dijo el clásico, aquí paz, y después, gloria.

378. OBJETOS PERDIDOS

Ya dicen que los comienzos siempre son difíciles. A veces, incluso pintorescos. De esta máxima podrían dar fe los pioneros de la información deportiva radiofónica, allá por finales de los años veinte. El 10 de febrero de 1928, la directiva azulgrana acordaría «avisar a la Radio Catalana para que, sin pérdida de tiempo, retire el aparato que en su día colocó en el campo de Las Corts para la transmisión del partido Barcelona-Europa». El citado lance se había disputado el 29 de enero, pero al parecer los despistados de Radio Catalana habían olvidado recoger el aparato radiofónico instalado para la ocasión. Les debía molestar mucho. Sobre todo imaginando el volumen de tan primitivo utensilio.

379. PRIMERAS TRANSMISIONES

Casualmente, el siguiente acuerdo de la junta de aquel 10 de febrero de 1928 perseveraba en el anterior: «Se acuerda conceder a la Radio Barcelona la colocación del aparato retransmisor en el campo de Las Corts, con el bien entendido que esta concesión no es exclusiva ni definitiva y en el momento que no le convenga al club su existencia, tendrá que ser retirado inmediatamente el indicado aparato». Cualquiera diría que los directivos barcelonistas estaban obsesionados con el artilugio de las narices…

380. *XUT* IMPERTINENTE

Eso de las críticas con bala nunca ha gozado de tolerancia entre las directivas. En justa coherencia, el 26 de junio de 1929, los gestores barcelonistas de turno decidieron, «en conocimiento de un artículo aparecido en el semanario *Xut!* que se considera ofensivo a la dignidad de la junta», conceder un voto de confianza al presidente Tomàs Rosés «para que proceda en la forma que estime oportuna, incluso judicialmente si es preciso, para salvar el agravio inferido». El agravio citado se había publicado en el *Xut!* aquel mismo día y, básicamente, consistía en esta frase punzante: «Los directivos que cobran quinientas pesetas cada mes y se hacen pagar los taxis para ir al estadio, lo mejor que pueden hacer es callar».

La sentencia la había puesto en boca del propio presidente Rosés un colaborador del semanario satírico conocido por el seudónimo de *Tifeta (Caquita,* en catalán, menudo alias), presuntamente infiltrado en una reunión directiva. *Tifeta* añadía en su escrito que tres directivos se habían dado por aludidos ante las palabras del presidente. El artículo terminaba pidiendo la dimisión de la junta en pleno tras esta descarnada enumeración de las causas de la crisis económica que sufría el club: «Setenta y dos mil pesetas de intereses de hipotecas, veintiocho mil pesetas de déficit, tres directivos que cobran quinientas pesetas cada mes y taxis pagados para ir al estadio...». Prensa de denuncia, la llamaban.

381. BUENA VOLUNTAD

El 8 de octubre de 1929, la junta de Tomàs Rosés decidió «sentar el precedente de destinar 200 pesetas todos los años a la conmemoración del Día del Libro, adquiriendo obras adaptadas al carácter de la Biblioteca del Club». Poca broma, doscientas pesetas de 1929 destinadas a la cultura suponían una respetable cantidad. De hecho, esa era el sueldo mensual de algunos futbolistas del Barça. Ahora bien, esta encomiable decisión de la junta se produjo pocos días antes del terrible crac de la bolsa de Nueva York, que provocó una crisis económica mundial, que también afectó al Barça. Quizá, pues, ese dinero nunca se destinó a la adquisición de libros...

Por cierto, aquel 1929 fue el último año en que la celebración del Día del Libro se realizó el 7 de octubre, ya que a partir de 1930 se instauró el 23 de abril, Diada de Sant Jordi. Y hasta la fecha.

382. ¿AL MUNDIAL?

El primer Mundial de fútbol se celebró en Uruguay en julio de 1930. La selección española no participó debido a insalvables problemas de logística, según acuerdo tomado por la Federación el 3 de febrero. De todos modos, semanas después circularían por Montevideo algunos rumores que apuntaban a la posibilidad de que el Barça participara en el Mundial representando a España. El 5 de abril, la directiva tuvo que salir al paso de tales rumores, o «halagadoras versiones», como quedó escrito en el acta de manera protocolaria y con cierto deje de ufana satisfacción. De todos modos, era imposible que el Barça asistiera al Mundial, al no contar con el consentimiento de la Federación. Por lo que se desprende de aquellos textos, tampoco parece que se hicieran ilusiones, ni tuvieran excesivas ganas de viajar.

383. ¿SÍ AL TABACO?

El 6 de mayo de 1930, el consejo directivo tomó una decisión hoy impensable: autorizar al fabricante del papel de fumar Bambú imprimir el escudo del Barça en su producto. En aquella época, la medida no extrañaba a nadie. De hecho, una conocida marca de pastillas contra la tos se anunciaba en la prensa con este lema: «Fume, si gusta. Pero prevéngase con pastillas del Doctor Andreu». No es preciso remontarnos tanto: la noche del 26 de junio de 1971, una marca de tabaco repartió gratuitamente sesenta mil cigarrillos entre los asistentes al Barça-Atlético de Madrid disputado en el Camp Nou. Y más recientemente, en los años noventa, se vendía en la tienda del club una marca de tabaco llamada «Barça». Esta pulsión *tabaquista*, tan propia de tiempos pretéritos, lleva años desaparecida y el Camp Nou es un espacio sin humo desde 2011.

384. PRESIDENTES HONORARIOS

El 12 de marzo de 1934, la directiva que presidia Joan Coma tomó la histórica decisión de nombrar a Lluís Jover i Castells presidente honorario del club «en atención a los merecimientos que le avalan». ¿Quién era Jover y cuáles eran sus méritos? Jover era un industrial algodonero barcelonés y barcelonista, mecenas y benefactor de las clases desfavorecidas, promotor de casas baratas para los pobres. Había sido vocal en la junta de Gaspar Rosés los años 1916-1917 y repitió con Joan Gamper de 1921 a 1923, esta vez como tesorero. En aquella segunda y crucial etapa, vigiló personalmente que la construcción de Les Corts se hiciera de manera impecable, pulcra y honrada a nivel financiero. Hasta aquí su hoja de servicios, reconocidos once años después, aunque la obligada nota a pie de página indica que, según las palabras del propio Gamper, Les Corts costó en realidad dos millones de pesetas y no las 991.984,05 que indicaban las cifras oficiales. La verdad, siempre por delante.

No resultará en balde recordar ahora a los sucesores de Jover en esta presidencia honoraria del FC Barcelona. El 13 de marzo de 1940, el flamante presidente Enrique Piñeyro ofreció tan simbólica distinción al general Salvador Múgica, un jerarca franquista que no escondía su barcelonismo. Múgica fue presidente honorario del Barça hasta su muerte, el 5 de enero de 1953. Más recientemente, el 26 de marzo de 2010, Johan Cruyff fue nombrado presidente de honor del FC Barcelona por Joan Laporta, distinción a la que el mito holandés renunciaría el 2 de julio del mismo año.

385. CONTRATOS DE CULTIVO

A mediados de 1934, las relaciones entre la Generalitat de Cataluña, dirigida por Esquerra Republicana (ERC), y el Gobierno de Madrid, controlado por las derechas españolistas desde las elecciones generales del 19 de noviembre de 1933, resultaban extremadamente difíciles. Aquí va un ejemplo de esa tensión, que parece extraída de la actualidad: el 21 de marzo del 34, el Parlament de Cataluña había aprobado la progresista Ley de Contratos de Cultivos, que fue declarada inconstitucional el 8 de junio. Cuatro días después se volvió a aprobar, y el 27 de junio, el consejo de ministros la anularía de nuevo.

En pleno tira y afloja, la reunión de la directiva azulgrana del 12 de junio de aquel 1934 resultó bastante tensa, con las diversas sensibilidades que convivían en la junta entrando en colisión. El directivo Ramon Sabrià, fervoroso defensor de la actuación del Gobierno de la Generalitat, facilitó la siguiente propuesta a la espera de que fuera aprobada por los ocho directivos restantes: «El Futbol Club Barcelona, fiel y sensible a su tradición y atento a los latidos de la vida ciudadana en estos momentos decisivos para nuestra patria, acuerda su adhesión al Gobierno de Cataluña y ofrece a este toda la colaboración que, estando a su alcance, aquel estime necesaria». Previamente, Sabrià había recalcado que presentaba esta propuesta «desligado de todo partidismo, ya que, en estos momentos, como en todos los de su actuación, el FC Barcelona únicamente se considera catalán».

386. BANDERA DE LIBERTADES

La proposición de Sabrià contó con la adhesión de su compañero de junta Lluís Tudó, pero el tesorero Raúl Maria Mir se opuso, presentando una alternativa, un poco más aséptica: «El FC Barcelona, en momentos en los que peligra el reconocimiento de la personalidad de Cataluña, se siente identificado con cuantos enarbolan la bandera de sus libertades». Mir aducía que no resultaba recomendable apoyar de manera explícita al Gobierno catalán en su pulso con Madrid, ya que ello «puede herir los sentimientos de muchos socios que no están en estos momentos al lado de la Generalitat».

387. DE POLÍTICA, NADA

Al fin y al cabo, las dos propuestas fueron rechazadas por el resto de los asistentes, con el presidente Joan Coma al frente. Para el contemporizador Coma, el club, a pesar de su intrínseco catalanismo, no podía expresar en aquellos momentos su adhesión al Gobierno catalán, ni por activa ni por pasiva: «La situación que atraviesa Cataluña es debida a un movimiento político. Y el club no puede hacer política. Pero si el movimiento tuviera un cariz nacionalista catalán en el que todos los catalanes estuvieran unidos, yo habría sido el primero en presentar la proposición». Así, con los ya conocidos votos en contra de Sabrià y Tudó, finalmente se acordó que «no habiendo unanimidad entre todos los catalanes que se juntan en los colores del Barcelona, no presentar la adhesión del club, en este momento, al Gobierno de la Generalitat». Y se añadía un utópico supuesto: «No obstante, en el caso que esta unanimidad se produzca, el FC Barcelona será el primero en hacerla constar». Debemos señalar que Coma, quien dejaría la presidencia el 16 de julio, no estaba nada interesado en meter al club por laberintos políticos. Y menos aún después de la calamitosa temporada 1933-34, cuando el Barça quedó noveno en la Liga, penúltimo, aunque se salvaría del descenso por la ampliación de primera división a doce equipos. Sumando la circunstancia de una crítica situación económica, al final solo les hubiera faltado enfrentarse directamente al *establishment* estatal...

388. EL 6 DE OCTUBRE

El 6 de octubre de 1934 estalló un alzamiento revolucionario en Asturias y Cataluña como respuesta a la involución marcadamente conservadora del Gobierno republicano de Madrid. En Barcelona, el presidente Lluís Companys proclamó la República Catalana, aunque la reacción armada del ejército español sofocó la revuelta. Todo el Gobierno catalán fue encarcelado y el estatuto de autonomía quedó suspendido. El día 18 se celebró, bajo la presidencia de Esteve Sala, la primera reunión de la junta directiva azulgrana tras los hechos del 6 de octubre. El club tenía la lección bien aprendida y no se hizo la menor mención a los terribles sucesos vividos, que habían provocado 74 muertos y 252 heridos. Solo se aprobaron unas facturas pendientes, la nueva siembra del campo de Les Corts y el nombramiento del delegado para el próximo partido del Barça. Y rápido a casa, por si acaso.

389. ANTES DE LA GUERRA

Casi dos años después, la tragedia definitiva. Antes del estallido de la guerra civil, la última reunión del consejo directivo del Barça se celebró en la noche del 15 de julio de 1936. Aquel día, el cónclave fue comandado por el vicepresidente Joan Soler, ya que el presidente Josep Suñol excusó su asistencia. Tras discutir diversos aspectos ordinarios, el último acuerdo antes de cerrar la sesión consistió en «organizar una cena de homenaje a los atletas del club, a propuesta del comité de aquella sección, para premiar la brillante actuación de esta temporada, durante la que han ganado la mayoría de los campeonatos disputados, tanto de marcha atlética como de atletismo y *cross*».

Cuando los directivos salieron del local social del club ya era noche cerrada. El ambiente meteorológico, plomizo, opresivo y cargado. Se avistaba que una trágica tempestad de truenos estaba a punto de descargar.

390. CONSELL DE CENT, 331

Las oficinas azulgranas estaban situadas en el primer piso del número 331 de la calle Consell de Cent, entre Balmes y Rambla de Catalunya. Muy cerca, en la plaza de Catalunya, el 19 de julio de 1936 se produjeron combates encarnizados entre militares rebeldes y fuerzas de orden público leales a la República, reforzadas por milicias obreras anarquistas. Como era un domingo de verano sin ninguna actividad, en la sede social del Barça solo quedaba el conserje Josep Cubells, que vivía allí. En el local, el ruido de los disparos de los fusiles resultaba perfectamente audible.

391. ASAMBLEA APLAZADA

Doce días después, el 31 de julio, los directivos del Barça se volvieron a reunir en la sede de la calle Consell de Cent. Los combates de los días 19 y 20 en las calles de la capital catalana se habían cobrado el altísimo precio de quinientos muertos y tres mil heridos. Ahora, comenzaba una trágica época de revolución y guerra. Las primeras decisiones tomadas en aquella reunión consistieron en el aplazamiento de la asamblea general del club, en principio prevista para seis días antes, «hasta que las circunstancias aconsejen su celebración». Por histórica desgracia, la asamblea de socios siguiente no se pudo realizar hasta 1948.

392. LA REVOLUCIÓN

En aquella misma reunión del 31 de julio, la directiva barcelonista hizo constar «el sentimiento del club por las bajas de socios que por defunción se hayan producido durante los sucesos ocurridos estos días en nuestra ciudad, haciéndolo extensivo por la del señor Damià Canyelles, que en vida fue secretario técnico del C. E. Espanyol». También se decidió «dejar pendiente de pago la nómina del corriente mes de los jugadores profesionales del club hasta que la normalización de la vida económica permita atender aquel compromiso, y dejar por resolver en una próxima reunión el cumplimiento de los aumentos de sueldo que pueda corresponder a los empleados del club, de acuerdo con las nuevas leyes establecidas». El clima revolucionario aconsejaba esta última medida, aunque la cruda realidad de la guerra acabaría provocando el efecto contrario y los sueldos de los empleados fueron rebajados. Por su parte, los «privilegiados» futbolistas verían unificados sus sueldos mensuales en la igualitaria cantidad de quinientas pesetas por cabeza.

Joan Soler volvió a presidir el encuentro ante la nueva ausencia de Josep Suñol. Seis días después, el presidente azulgrana y político catalanista era asesinado por el fascismo en la sierra de Guadarrama. Lo que sigue es bastante conocido: después de casi tres años de lucha fratricida y cientos de miles de muertos, el 26 de enero de 1939 las tropas franquistas entraron en Barcelona. La guerra terminaría en España el 1 de abril, momento en el que se instauró una dictadura que reprimió a los vencidos de manera inmisericorde.

393. POLICÍAS GRATIS

Tres pesetas. Ese era el precio reducido que la junta de Enrique Piñeyro estipuló el 15 de enero de 1941 para los miembros del cuerpo de Policía Armada en todos los partidos oficiales en Les Corts. Si tal normativa se cumplió escrupulosamente y los «grises» debían pasar por taquilla si querían ver al Barça, por comparación significa que hemos retrocedido, como los cangrejos. En los años noventa, y lo sabemos de buena tinta, cualquier uniformado que se presentara en el acceso 18 del Camp Nou, donde se hallaba el cartel de «pases federativos», podía entrar gratis con solo enseñar su placa de policía. Curioso, en democracia más privilegios que en dictadura.

394. GUARDIÁN PELIGROSO

Esta es digna de una película de terror. El 29 de enero de 1941, un asustado consejo directivo decidió hablar con las autoridades para convencerlas de no designar a un excombatiente franquista como guardián del palco presidencial de Les Corts durante los partidos del Barça. Por lo visto, el individuo en cuestión tenía una personalidad un tanto problemática y existía el temor general de que cualquier día pudiera provocar una tragedia. No te puedes fiar de los recomendados. Y menos aún en tiempos de posguerra…

395. CAÍDOS Y REPUESTOS

Durante el año 1943, la vertiginosa recuperación de la afición por el fútbol provocaría un montón de reformas en el campo de Les Corts. En enero se acordó la ampliación del gol norte, con unas obras que duraron cinco meses y permitieron un aumento del aforo cifrado en cinco mil espectadores. Asimismo, en abril se inauguró el nuevo marcador, y en junio se acordó la obertura de una nueva calle, junto al Parque de las Infantes, enfrente de la tribuna de Les Corts, para intentar resolver el problema de la circulación en días de partido. Todo este maremágnum de obras provocaría el obligado derribo del monumento a los caídos «por Dios y por España», erigido en 1939.

La surrealista escena de la destrucción de tan patriótico monumento seguro que provocó una efímera esperanza en más de un aficionado barcelonista perdedor de la guerra, pero esta circunstancia, obviamente, debía quedar corregida con rapidez, no fuera que provocase el enfado de algún suspicaz dirigente franquista. Así, el 31 de agosto, la directiva de Josep Antoni de Albert decidiría volver a erigir el monumento a los caídos del bando nacional lo antes posible. Por si las moscas, que no estaba el horno para bollos.

396. ÉL, CLAUDIO

Claudio Pellegero, el solícito cuidador del equipo durante tantos años, amaba al Barça por encima de todo. O, como mínimo, ello se desprende tras la lectura del acta de junta del 5 de octubre de 1943, cuando se tomó el acuerdo de escribir una carta de felicitación a Claudio «por su ejemplar conducta, al renunciar, en favor del club, a una comisión en efectivo que le fue ofrecida por una casa comercial». Conviene resaltar tal gesto altruista en aquella época de hambre y miseria, nada propicia a menospreciar unas pesetas de más, por pocas que fueran.

397. PALCO A TOPE

Parece ser que, a inicios de los años cuarenta, el palco presidencial de Les Corts padecía un peculiar *overbooking* de aficionados que se colaban en tan selecto recinto por la patilla, prueba que no deja de parecer paradójica en tan jerarquizada y clasista época. Decidida a poner remedio, el 18 de enero de 1944, la junta presidida por Josep Vendrell acordó que «en vista del excesivo número de aficionados que acostumbran a presenciar los encuentros desde el palco presidencial, extremar el rigor en las invitaciones a conceder, prohibiendo el acceso a toda persona que no lleve la correspondiente tarjeta firmada por el sr. presidente, así como aumentar el número de empleados de vigilancia en la puerta de entrada». Y ya puestos, también se dictó «extremar el rigor en la entrada a los vestuarios de los jugadores», por lo visto reedición futbolística del célebre camarote de los hermanos Marx.

398. JUGARSE LA PIEL

Durante aquella reunión del 18 de enero de 1944 se alcanzó un acuerdo que, visto con ojos de hoy, tan sensibles en temas de seguridad, hace que nos llevemos las manos a la cabeza: «Proceder a la instalación, en el campo de Las Corts, de varias barandillas en las gradas de lateral, frente a los vomitorios, para contención del público de general y protección del que está en las localidades inmediatas». ¿Qué quería decir eso? ¿Que hasta entonces no había barandillas y la gente podía caer tranquilamente? Hombre, en teoría, las barandillas tendrían que haber sido habituales desde el momento en que construyeron las gradas, ¿no? Pues se ve que no.

399. JAQUE MATE

Una pena, la decisión de la directiva el 25 de septiembre de 1945: «No tomar en consideración la propuesta de la Sección de Ajedrez del RCD Español, por no existir reciprocidad». Una lástima que la propuesta del máximo rival ciudadano consistiera en entablar apasionados derbis alrededor de los sesenta y cuatro cuadros de este juego milenario a la altura de aquellas legendarias partidas entre los maestros Karpov y Kaspárov. Claro, no existía reciprocidad porque el Barça carecía de sección de ajedrez, aun cuando le habría resultado fácil organizarla. Ya nos podemos imaginar a las emisoras de radio de aquella época retransmitiendo un apasionante Barça-Espanyol de ajedrez: «¡Atención, gambito de dama azulgrana rechazado por el equipo blanquiazul, seguido por un oportuno enroque!». Habría sido sublime, al nivel de las apasionantes partidas vividas entre acérrimos rivales en otras secciones comunes, como el futbolín (1947) y el *bowling* (1955). O, como ahora mismo, en las modernas competiciones de videojuegos en las que participa el FC Barcelona. En cualquier caso, debemos reconocer el predicamento popular que tiene el ajedrez: en la primera etapa presidencial de Joan Laporta, alguien le presentó al club la propuesta de fundar esta nueva sección, y el candidato a las elecciones de 2021 Víctor Font llevaba en su programa electoral la promesa del ajedrez azulgrana.

400. CURIOSO REGALO

El panameño Joaquín Borrell fue un destacado *pitcher* de la sección de béisbol del Barça en los años cuarenta. Internacional en su país y capitán barcelonista, con los colores azulgranas se proclamó campeón de España en los años 1946 y 1947, ambas veces ante el Real Madrid. Ya lo pudo ser en 1945, pero en aquella ocasión la actuación arbitral fue tan descaradamente adversa que Borrell acabó por quitarse el guante de lanzador y abandonó indignado el terreno de juego. El rival, casualmente, era el equipo blanco de la capital de España. Borrell, un *pitcher* «que hacía maravillas con su potencia y curvas», según solía decir su compañero de equipo Fernando Garrido, dejó el Barça para regresar a Panamá en 1948. El 16 de marzo, la directiva acordó obsequiarle con «una petaca de cuero con el escudo del club», en premio a los servicios prestados. Nada que decir sobre la conveniencia del obsequio, pero ¿no podrían haber pensado en algo más deportivo?

401. ¿REVENTA? ME SUENA...

El 31 de agosto de 1949, la directiva de Montal Galobart, a propuesta del directivo Miquel Sabaté, trató sobre «las ventajas e inconvenientes que pueden representar para la entidad la reventa oficial de entradas y localidades, acordándose continuar como hasta el presente». Volvamos a usar el diccionario de la traducción entre líneas: lo debían ver tan mal, lo de acabar con la reventa, que prefirieron no complicarse la existencia.

402. POR LA RADIO

Cuesta creerlo, pero una de las decisiones tomadas por la junta del 6 de diciembre de 1949 consistió en la compra «de un aparato de radio para captar los resultados y partidos de fútbol». Por lo tanto, no hace falta ser un sabio para llegar a la conclusión de que, en aquellos tiempos, en las oficinas del club del pasaje Méndez Vigo no existía ni un triste receptor radiofónico. Completamente insólito. Y más si tenemos en cuenta que, ya desde la década de los veinte, en la radio se hablaba de fútbol. Debían enterarse de los resultados en campo contrario por palomas mensajeras, permitidnos la licencia.

403. QUEDAR BIEN

Ahora diremos una obviedad: en tiempos de dictadura franquista resultaba primordial quedar bien con los jerarcas del régimen. Por lo tanto, el 20 de marzo de 1951, se decidió en junta «contribuir con quinientas pesetas a los fines benéficos que guía la celebración de una corrida que organiza el capitán general a provecho de las viudas y huérfanos del Ejército». En caso contrario, pobres de ellos.

404. ENTRENAR CON LÍOS

A eso se le llama cortar de raíz. Decidido el 15 de mayo de 1951: «Siendo cada vez mayor el número de personas que asisten a los entrenamientos en Las Corts y La Bordeta, y suscitándose después discusiones y comentarios entre los espectadores, se acuerda que en lo sucesivo se prohíba la entrada en aquellos campos a toda persona ajena al consejo directivo o que no tenga misión concreta que realizar». Al parecer, los aficionados asistentes a los entrenamientos acababan peleándose entre ellos. Mejor no pensar cómo se debían comportar en los partidos, cuando el equipo se jugaba los puntos.

405. DIPLOMA PAPAL

Era la época del nacionalcatolicismo estricto, bastante bien lo sabían nuestros ancestros. El 24 de octubre de 1957, un mes exacto tras la inauguración del Camp Nou, un orgulloso Francesc Miró-Sans informó a sus compañeros de junta que había entregado una limosna de quince mil pesetas al padre franciscano Salvador González a cambio de obtener un diploma en el que se consignaba la bendición del papa Pío XII al presidente del FC Barcelona. El certificado, bastante naif, estaba ilustrado con una imagen del nuevo estadio y el aguileño perfil del pontífice. Se expuso en el Museu del Barça hasta 2010, cuando fue retirado.

406. MENSAJE UNIFICADO

Volvamos al recurrente tema del control de la comunicación en Can Barça, controvertida cuestión que aparece y desaparece periódicamente en el recorrido de la historia culé. A pesar de su victoria en las elecciones por compromisarios del 7 de enero, a comienzos de 1958 la posición del presidente Miró-Sans era realmente delicada debido a la terrible crisis económica provocada por la construcción del Camp Nou. Además, su gestión, marcada por un presidencialismo autoritario, generaba rechazo en una parte de la masa social y en algunos medios. Ante aquel panorama, se impuso el objetivo de unificar criterios entre los miembros de la directiva, como se acordó el 20 de enero de 1958: «Pudiendo causar cierta confusión a los socios y aficionados las declaraciones e interviús de los señores directivos a la prensa y radio, sin la debida coordinación y unificación de criterio, se conviene que, antes de su publicación, debe darse cuenta de aquellas, para un mejor provecho político-deportivo de tales informaciones. La misma disposición se aplicará para los funcionarios del club». Impagable, eso del «provecho político-deportivo». ¿No habíamos quedado en que la gente de su ideología deploraba la mezcla de política y deporte?

407. CON LICENCIA DE ARMAS

Tras su inauguración, la inseguridad en la zona del Camp Nou significaba un problema considerable. No olvidemos que aquel lugar del barrio de Les Corts quedaba entonces apartado y sin urbanizar, y que, a su alrededor, subsistieron las barracas hasta 1961. Así, no podía extrañar que, el 8 de octubre de 1958, la junta acordara «pedir a la superioridad el oportuno permiso para crear guardias [*sic*] con licencia de armas, a fin de dar una mayor seguridad en la vigilancia de la zona del nuevo estadio».

408. PONER UN PISITO

El 19 de febrero de 1959, se comunicaba en un cónclave de la directiva la solución a un curioso problema existente en los terrenos de la zona deportiva del Camp Nou, entonces todavía en construcción: «El señor administrador informa de las gestiones realizadas para la obtención de un piso con destino a los habitantes de la barraca situada en los terrenos de la zona deportiva, gestiones que se vieron felizmente terminadas gracias a la eficaz intervención del señor Peitx [vicepresidente barcelonista]. El ocupante de la barraca solicita ahora una subvención de diez mil pesetas, al recibo de cuya cantidad la dejaría inmediatamente, libre y desalojada. Se acuerda conceder dicha indemnización». Y problema resuelto, no fuera que el espabilado barraquista aún deambulara por el lugar el día de la inauguración de la flamante zona deportiva, finalmente realizada el 29 de junio del 59, con la presencia de autoridades civiles y militares del régimen y sin indeseadas visiones de míseros habitáculos.

409. UNA DE CHORIZOS

Recalquemos que, en aquellos primeros tiempos, el Camp Nou y su entorno estaban cogidos con alfileres. El 26 de febrero de 1959 se informó en la junta del robo de un fajo de entradas de lateral del Camp Nou valoradas en 7520 pesetas, delito perpetrado desde el exterior de las taquillas de Travessera de Les Corts antes del partido con el Sporting de Gijón del 22 de febrero. Por fortuna, los delincuentes fueron detenidos. La junta acordó de inmediato «proteger debidamente las taquillas del nuevo estadio, aislándolas más del exterior». Apenas cuesta deducir que la seguridad, en aquellos primeros años del Camp Nou, era bastante deficiente.

410. LES CORTS, AÚN

Como es bien sabido, tras inaugurar el Camp Nou en 1957, el antiguo estadio de Les Corts quedó como discreto segundo terreno de juego del club, destinado a los partidos amistosos y entrenamientos del primer equipo, así como a los compromisos de los equipos filiales. Como es natural, los habituales llenos hasta la bandera de la antigua catedral azulgrana del fútbol dejaron paso a unas gradas sistemáticamente vacías. Finalmente, el 2 de agosto de 1961, el consejo directivo decidió ampliar el terreno de Les Corts en un metro, tanto de anchura como de longitud, «al no necesitarse la separación que actualmente existe y que se utilizaba para la colocación de sillas suplementarias en los días de lleno absoluto». La agonía del campo de Les Corts se prolongó hasta febrero del 66, cuando fue derribado. Meses antes, en julio de 1965, el equipo infantil del Barça había jugado el último partido en el viejo campo.

411. QUE VENGAN LOS NIÑOS

El 5 de octubre de 1961, el directivo Florenci Coll propuso a sus compañeros que se destinara un paquete de quinientas entradas gratuitas de gol norte y gol sur para todos aquellos partidos que no agotaran el papel en las taquillas. Los favorecidos debían ser los alumnos de los colegios de enseñanza pública de Barcelona. De este modo, «el club realizaría una labor de tipo social, altamente simpática». La propuesta fue aprobada, pero que conste que la simpatía tiene habitualmente otro significado.

412. SIN RADIOS

Aunque parezca increíble, el 27 de diciembre de 1961 la directiva sopesó la posibilidad de retirar la autorización a las emisoras de radio para transmitir los partidos del Barça en el Camp Nou, con el argumento de que podían ir «en perjuicio de la asistencia». Se acordó realizar una gestión conjunta «con el otro club de primera división de Barcelona», que ya eran ganas de complicarse la existencia para no escribir RCD Espanyol. Finalmente, no hicieron nada y las emisoras de radio pudieron continuar trabajando sin problema. Reflexionando, ¿de verdad creían los directivos que la gente dejaba de ir al estadio porque resultaba más tentador seguir el partido por la radio?

413. CAN PLANES

Como sabéis, la Masia del Camp Nou, conocida con el nombre de *Can Planes*, permaneció cerrada entre 1957 y 1966, año en el que fue habilitada para alojar la sede social del club. Deseosa de hallar una salida para este histórico edificio sin uso, el 8 de enero de 1964, la directiva se planteó el traslado a la Masia del local de las secciones de la calle Bruc, donde, entre otras cosas, los socios podían practicar gimnasia y yudo. Ahora que, desde el 30 de junio de 2011, *Can Planes* vuelve a estar cerrada y no queda claro cuál será su futuro uso, quizás estaría bien recuperar aquella vieja idea y destinarla al ocio de los asociados barcelonistas, que así descargarían tensión practicando *fitness* y artes marciales antes y después de los partidos en el Camp Nou. Recordemos que, tiempo atrás, se sopesó la posibilidad de convertirla en sede institucional del FC Barcelona, aunque el proyecto quedó en punto muerto.

414. COMISIÓN DESCAFEINADA

La Comisión de Cultura de la época republicana, suprimida en 1936, reaparecería, en versión *light*, con la llegada de Narcís de Carreras a la presidencia azulgrana el 18 de enero de 1968. Su nueva denominación era «Comisión de Proyección Cultural y Social» y estaba dirigida por dos directivos de cariz marcadamente catalanista como Agustí Montal Costa y Raimon Carrasco. Once días después de su constitución, un eufórico Montal ya informó a sus compañeros de junta sobre los objetivos de la Comisión: «Promoción con respecto a los colegios de primera enseñanza, relación con las Peñas Deportivas, asistencia a los diversos actos sociales de la ciudad y celebración de conferencias y exhibición de películas». El 16 de mayo se detallaría que los niños de algunas escuelas barcelonesas habían asistido a partidos y entrenamientos del Barça y habían participado en concursos de redacción y dibujo.

Por desgracia, nunca más se volvería a citar ninguna actividad de esta descafeinada Comisión de Cultura, que se extinguió por inanición y entre la indiferencia general. Años después, el 19 de febrero de 1974, la directiva que ya presidía Montal se planteó crear una fundación del club «con fines de orden esencialmente cultural», pero el proyecto quedó en agua de borrajas.

415. INVASIONES DE CAMPO

El 25 de agosto de 1971, el Barça ganó el VI Trofeo Joan Gamper al derrotar en la final al Chacarita Juniors por 1-0, pero la entrega de trofeos no pudo desarrollarse con normalidad. Una vez terminado el choque, centenares de niños y no tan niños invadieron el césped del Camp Nou para abrazar a los jugadores y pedirles las camisetas. Tal anomalía ya se venía produciendo con cierta frecuencia, y el 1 de septiembre, en la reunión directiva, decidieron la publicación de una nota en el boletín del club «en el sentido de advertir al público del estadio sobre los perjuicios que causan las invasiones al terreno de juego una vez finalizados los partidos». También acordaron «efectuar una gestión directa cerca de la Jefatura de Policía en el mismo sentido». En aquella época resultaba evidente la laxitud en las medidas de seguridad del Camp Nou.

416. PRINCIPIO DE AUTORIDAD

Antes hemos hablado del enfrentamiento entre el técnico Hennes Weisweiler y Johan Cruyff. Las enormes diferencias entre ambos llegaron a un punto de no retorno cuando el primero se atrevió a sustituir a la estrella holandesa en el Sevilla-Barça del 8 de febrero de 1976 «porque estaba jugando mal», explicación que enfureció al jugador. Al día siguiente, Johan se la devolvió, despachándose a gusto para satisfacción de periodistas y desengaño de culés: «No hay organización ni esquema de juego. Yo tengo mis teorías sobre el equipo, pero no puedo discutirlas con Weisweiler, porque él no tiene ninguna». Montado el previsible follón entre la opinión pública, en principio la junta apoyó al entrenador «en aplicación del principio de autoridad manifiesta».

417. CON «MANI» INCLUIDA

De cualquier modo, todo cambiaría tras la convocatoria de algunas peñas para participar en una manifestación ante la sede social de la Masia, prevista para el 18 de febrero, en apoyo de Johan Cruyff. En la víspera, una directiva muy nerviosa tomó el acuerdo de «dar un voto de confianza al presidente para que negocie la posible continuidad de Cruyff», lo que significaba la sentencia de Weisweiler, dada la irresoluble incompatibilidad entre ambos personajes. Al día siguiente, unos mil quinientos aficionados *cruyffistas* se concentrarían ante la Masia.

418. CONSULTA AL SOCIO

Todo era ya cuestión de tiempo. El 1 de abril, el consejo directivo de Agustí Montal concluyó que «la opinión fuertemente mayoritaria del socio es partidaria de la renovación de Cruyff». ¿Lo decían por los mil quinientos manifestantes de la Masia? No, en absoluto. Habían recogido la opinión de los compromisarios, convocados en grupos de trescientos, en las reuniones celebradas los días 12, 19 y 26 de febrero y 4 y 11 de marzo, y además se había encargado un sondeo de opinión a una empresa especializada. De este modo, la junta decidió aprobar la renovación de Johan Cruyff y, sutilmente, «si esta decisión tuviera que comportar la dimisión de Weisweiler», aceptarla. Nosotros no destituimos al entrenador, es él quien se va, venían a decir. La dimisión del técnico se produjo a la mañana siguiente.

419. EXPEDITIVO

Precisemos que aquel 1 de abril de 976 hubo una voz discordante, la del directivo Armand García Surroca, quien hizo constar en acta que «vistos los términos en que se ha planificado el conflicto, estaría dispuesto a prescindir de ambos», jugador y entrenador, pero que aceptaría la opinión de la mayoría. Vaya con el señor García Surroca, a eso se le llama coger el toro por los cuernos, como aquellos árbitros que, al ver una pelea, optan por expulsar a los dos futbolistas involucrados.

420. VUELVE MICHELS

El círculo quedaría cerrado pocas semanas después. El 4 de mayo, Agustí Montal anunció a sus directivos la contratación del holandés Marinus Michels como entrenador del Barça para la campaña 1976-77. Sería la segunda etapa del arisco Míster Mármol al frente del equipo, tras estarlo entre 1971 y 1975, tiempo en el que solo ganó un título, la Liga 1973-74.

El presidente barcelonista justificó su decisión: «Al quedar vacante la plaza de entrenador, visto el problema que hemos padecido esta temporada entre el señor Weisweiler y el señor Cruyff, y sin ganas de hacer nuevas pruebas, hemos pensado que la persona más adecuada era el señor Michels, persona conocedora del fútbol español, de nuestra plantilla y con autoridad sobre Johan Cruyff y, al mismo tiempo, aceptado por él». Más claro, el agua. No creemos que ningún lector se plantee quién fue el vencedor por K.O. del pulso planteado a tres bandas, las del futbolista, el entrenador y los gestores de la entidad.

De todos modos, algunos directivos mostraron explícitamente su extrañeza ante la decisión presidencial de volver a contratar a Michels, «pero, tras un amplio debate sobre la cuestión, todos han querido que se presentara como un acuerdo unánime», según consta en el acta de la junta. Por cierto, felicitémonos por el sentido de transparencia de aquella directiva. No todas lo habrían dejado tan claro por escrito.

421. BEEP, BEEP...

El 18 de septiembre de 1979, Anton Parera pasó un informe a los directivos azulgranas sobre la vigilancia nocturna del Camp Nou. Desconocemos su contenido, aunque una vez terminada la lectura, el entonces secretario general azulgrana mostró a los reunidos «unos relojes para los vigilantes que les forzarían a recorrer todo el estadio debidamente», aparatos valorados en setenta mil pesetas de la época, un dineral. Entendemos que se trataba de relojes de control de personal. La idea debía consistir en colocarlos de manera estratégica y forzar a los vigilantes para fichar periódicamente a la velocidad del Correcaminos.

422. EL CUARTO PODER

Aquel mismo día se informó sobre una petición de ayuda económica realizada por el diario generalista en catalán *Avui*, que había sido fundado el 23 de abril de 1976 y ya se veía amenazado por los números rojos. Parece ser que la colaboración económica les urgía porque el club había recibido «siete u ocho cartas» en tal sentido. Tras amplia deliberación, se tomó la decisión de denegar el auxilio, ya que «cualquier ayuda económica fuera del deporte incurriría en desviación de los objetivos señalados en los estatutos del club», afirmación, o excusa, más que discutible, desmentida mil veces por la propia historia de la entidad.

423. LA LISTA DE SOCIOS

Mantener el estricto apoliticismo del club fue una de las premisas básicas en la gestión del presidente Núñez, posición elogiable si ello comportaba preservar al FC Barcelona de las controversias propias de los partidos políticos. En la reunión de junta del 7 de septiembre de 1982, cuando España vivía un periodo preelectoral de cara a las elecciones generales del 28 de octubre, se tomaron muy acertadamente este par de decisiones: «Se acuerda no facilitar a ningún partido político la lista de socios del FC Barcelona y que el arrendamiento de los locales del club a los partidos políticos se decida en cada caso, con el fin de mantener la apolitización del club». En cualquier caso, no deja de extrañar que la decisión, obvia y cantada, de no permitir que los partidos accedieran a los datos personales de los socios requiriera una deliberación previa de la junta directiva.

424. NÚÑEZ SE INDIGNA

En la reunión de la junta del 14 de noviembre de 1983, un muy indignado presidente Núñez informó a sus directivos de que, según le había llegado, «un grupo de oposición del actual consejo directivo está solicitando informes de cada uno de sus miembros para iniciar una campaña de ataques personales contra ellos». Eso de tirarse los platos a la cabeza entre diversas facciones del barcelonismo es ya tan viejo como el ir a pie. Y mientras tanto, Joan Gamper revolviéndose en su tumba.

425. LA ASAMBLEA DEL 84

En la asamblea de compromisarios del 1 de septiembre de 1984 se pudieron oír algunas perlas dialécticas de traca. ¿Queréis un ejemplo? Pues aquí tenéis la parte final del informe sobre la liquidación del presupuesto de la temporada 84-85, redactado por la comisión económica-estatutaria que capitaneaba el expresidente Enric Llaudet. Conste que la transcripción es literal, tal como quedó reflejada en el acta manuscrita del citado cónclave:

Es evidente que nuestro querido Barça representa dentro de las manifestaciones deportivas el carácter del pueblo catalán, dentro y fuera del país. Este carácter catalán se manifiesta, según nuestro parecer, en tres variantes principales:

- La primera, en un pueblo creativo y laborioso, ahorrador, serio, poco amigo de halagos y un poco seco.
- La segunda, que nos gusta mucho el dinero; tenemos esa fama.
- La tercera, un alto nivel cultural.

Todo esto, envuelto en el famoso *seny* catalán.

El Barça siempre ha sido un club envidiado, aunque también admirado. Nuestra imagen siempre ha traído controversia, pero también respeto. Como componentes de la comisión económica estatutaria hallamos lógico y correcto cobrar muchos millones para participar en torneos, pero hemos de hacer lo posible para que no nos digan después que les hemos estafado.

Intentemos no perder nuestro carácter, nuestra imagen y nuestra seriedad. Conservemos la admiración y el respeto de los demás. No nos volvamos un club polémico, nervioso, contestatario y orgulloso que nos provoque una mayor y más envenenada antipatía allá donde vayamos a jugar. Muchas veces la imagen es más importante que el dinero.

Luchemos en los campos de juego y si se pierde, mala suerte; debemos saber ganar y perder; demostrar nuestras cualidades y nuestra cultura, y que el *seny* catalán y su seriedad sean los objetivos de todas nuestras actuaciones.

Como diría el pensador clásico Bernd Schuster, no hace falta decir nada más…

426. BUENOS CHICOS

Otra anécdota de aquella asamblea celebrada el primero de septiembre del 84. Esta es muy ilustrativa de las distintas interpretaciones que puede sugerir la misma noticia, que a menudo se parecen entre sí como un huevo a una castaña. Comprobad qué publicó el diario *Sport* al día siguiente de la asamblea: «En el capítulo de ruegos y preguntas, el compromisario que hacía uso de este derecho en decimocuarta ocasión, es decir, en la pregunta número catorce [*sic*], preguntó a los directivos azulgranas si no se les podía retirar el carné de socios a los aficionados que ocupan la general sur, más conocidos como Boixos Nois. Casaus fue quien contestó en primer lugar: "Los chicos del gol sur no son como se piensa. Tienen la gran virtud de que, cuando el equipo va mal, ellos aplauden, y creo que eliminarlos sería cercenar a nuestro club, porque ellos son buenos barcelonistas, grandes barcelonistas. Cuando se pierde, es cuando hay que demostrarse qué se es, y ellos lo han demostrado. Seguramente, entre ellos haya algún infiltrado, pero son grandes chicos". Después, Núñez tomó la palabra y aseguró que es su deseo conocerlos personalmente y que por ello próximamente los llamará para conocerlos más a fondo». Disculpad nuestra falta de recursos, pero de nuevo recurrimos a Schuster. O, si preferís, a aquello de empollar el huevo de la serpiente.

427. Y LA OTRA VERSIÓN

Parece que ha quedado claro, ¿verdad? Pues quizá no tanto, porque aquí tenéis lo que quedó brevemente escrito en el acta oficial de aquella asamblea en relación con la misma pregunta: «El socio número 12 582 hace constar su disgusto por la conducta incalificable, en ocasiones, de algunos ocupantes del gol sur. Contesta el señor Casaus que el consejo es consciente del hecho y tiene previsto un plan para citar a tales espectadores en aras de canalizar el entusiasmo y el apoyo incondicional de los mismos en actividades más acordes con la corrección y el prestigio de nuestro club». Pues no se parece mucho a lo publicado en *Sport*, francamente. Lástima que entonces las asambleas no fueran televisadas en directo.

428. TEMA RECURRENTE

El tema recurrente de los Boixos Nois reaparecería en la asamblea de compromisarios del 23 de julio de 1985. En aquel encuentro, el presidente Núñez se mostró especialmente contundente, ya que anunció severas medidas de control, mediante identificación personal y de localidad en las zonas donde se ubicaban estos aficionados radicales. También prometió la aplicación del máximo castigo (la expulsión del club) para aquellos infractores del orden y respeto debidos hacia rivales y público. Núñez puso el remate a su disertación al dirigirse directamente a una joven compromisaria, que se identificó como integrante de los Boixos: «Intenta hacer llegar a tus compañeros que nos gusta lo que hacéis cuando organizáis los cantos de aliento hacia nuestro equipo. Solo os pido que eliminéis a ese tres por ciento que no nos gusta a nadie, esas pequeñas consignas que lanzáis y que empañan la imagen respetuosa con el rival que desde siempre ha dado el Barça». Ay, ese maldito tres por ciento… ¿De qué nos suena?

429. SEDE O NO SEDE

La junta directiva anunció públicamente el 1 de febrero de 2011 que el edificio de la Masia del Camp Nou estaba destinado a ser la sede institucional del club, una vez que los residentes se trasladaran al nuevo edificio de la Ciudad Deportiva de Sant Joan Despí, a partir de ese mismo verano. Sin embargo, actualmente esta reconversión de la vieja casa de payés sigue pendiente de ejecución. A la postre, la Masia quedó integrada dentro del proyecto global del Espai Barça, la remodelación integral del Camp Nou y su entorno aprobada por los socios en referéndum el 5 de abril de 2014. Tendremos que esperar unos años para comprobar si acaba siendo, o no, la sede institucional del FC Barcelona.

430. DESEADA MASIA

En cualquier caso, este proyecto dedicado a la vieja Masia de Can Planes no coincidía con el deseo, ya tradicional, de la Agrupación de Exjugadores. Los veteranos sumaban varios años anhelando que la Masia se convirtiera en su sede. Ya en abril de 1989, el mítico César Rodríguez había comentado a la directiva de los veteranos el deseo de trasladar el hábitat de las viejas glorias a la Masia. Aprovechando la construcción de la futura Ciudad Deportiva en Sant Joan Despí, el Pelucas imaginaba que en Can Planes se podrían organizar conferencias, reuniones, coloquios, comidas de hermandad y otras actividades de la Agrupación. César argumentaba que sería también la sede idónea, ya que allí se encontraba la estatua del *Avi* del Barça, y una típica casa de campo catalana como aquella resultaba muy coherente con el espíritu azulgrana.

431. PROYECTO FRUSTRADO

Más adelante, en un documento de marzo de 2003, la Agrupación insistía en este anhelo: «Es de significar que en cada asamblea [de la

Agrupación] se ha hecho referencia a la reclamación de la Masia para los exjugadores. Recordemos que ya César Rodríguez la solicitó y que ahora más que nunca hay que trabajar para que la Junta Directiva del FC Barcelona atienda dicha solicitud. Sería un espacio donde alojar provisionalmente a aquellos exjugadores que están a la espera de la autorización de entrada (por falta de plaza) en un geriátrico o que llegan a Barcelona (como ya ha sucedido) sin disponer de un lugar donde ir a residir y tienen que dormir en la estación del tren, incluso con hijos pequeños; también habría un gimnasio de recuperación de tullidos, un espacio de ocio y otro ajardinado, donde pasear los de muy avanzada edad». A la postre, todo quedó en agua de borrajas.

7

Los rivales

Siempre resulta buena ocasión para recurrir al gran teórico del barcelonismo. Manuel Vázquez Montalbán situaba el canto del cisne de la máxima rivalidad, entendida en clave local, precisamente en aquella final de Copa del 57 disputada en Montjuïc. Fue el epitafio, hasta allí llegaría el largo periodo de tensiones identitarias con el Espanyol. El culé ya llevaba tiempo sabiendo con certeza quién era el auténtico adversario, su antítesis. No vivía cruzada la Diagonal, sino en un centro de poder estatal situado a más de seiscientos kilómetros de distancia. El caso Di Stéfano había alterado el ecosistema, el reflejo que veían los ancestros en el espejo cuando buscaban el reverso de su moneda. Eso no quiere decir que los culés se olvidaran para siempre de los *pericos*. Donde hubo fuego, quedan las brasas, que renacen de manera puntual y periódica aún hoy. No existe nada peor que ignorar a un antiguo adversario, olvidar la vieja llama, y bastante lo sienten en Cornellà cuando toca enfrentamiento directo. Así pues, en máxima expresión, madridistas y espanyolistas protagonizan sustancialmente este capítulo dedicado a los grandes rivales del Barça. De ningún modo pueden comprenderse los antagonismos futbolísticos sin analizar la evolución política del país. Ya de raíz, la Sociedad Española de Foot-Ball no admitía extranjeros, cosa que chocaba con parte de los *sportsmen* fundadores del FC Barcelona. Recordamos para los empeñados en las lecturas sencillas y planas del deporte, por sistema interesadas y arbitrarias, que un siglo atrás, y ha llovido bastante desde entonces, ya se teorizaba sobre la traslación social del fútbol, con la publicación de conclusiones rotundas como estas, extraídas de las próximas páginas: «El FC Barcelona es la concreción de nuestra ideología, de nuestra personalidad nacional, responde a una necesidad biológica».

Nos adentraremos en episodios de la férrea pugna con los *peri-*

cos, aquellos «cuatro gatos» despreciados desde *Xut!* De ser competencia estrictamente futbolística, nunca se habría llegado a tanto, lo podemos dar por seguro como si de un dogma se tratase. Los bisabuelos crearon eufemismos para suavizar tensiones entre el lenguaje bélico que siempre ha arrastrado la traducción del balón a la palabra. Hablaban de «cacao» o «sarao», de «baile de bastones» para expresar que se las tenían tiesas cada vez que los vecinos topaban para dirimir sus diferencias en postulados y maneras de entender la vida y el fútbol. Tal era el grado de paroxismo que provocaron duelos disputados a puerta cerrada para evitar conflictos de orden público que, de todos modos, acababan generándolos. Solo faltaba el ingrediente de la política, pues, en aquel referente conocido como el «derbi de la calderilla» que la pasión del público convertía en deporte de riesgo para todos, protagonistas y aficionados arrebatados. Si no fuera tan extremo, casi irracional, no podríamos entender como alguien pagó, en detalle aleccionador, mil duros de su generoso bolsillo a Samitier por ser el autor de un gol extraordinario, marcado, precisamente, al ejército blanquiazul. Para suavizar tensiones, citamos algún episodio de compañerismo, algún precedente del «tercer tiempo» tan sublimado aún por los románticos defensores de un *fair-play* primigenio prácticamente desaparecido del mapa.

Días en que los seguidores conocían, y detestaban, a los carniceros de la otra parte que actuaban como guerrilla destructora contra tibias y piernas propias. Por suerte, la tecnología ha convertido esta curiosa categoría en especie a punto de extinción, ya no se puede entender el rectángulo de juego como patente de corso para los violentos, ante los que te jugabas la integridad física. Esperemos que nunca más volvamos a analizar la cruel debacle de Berna, la final europea del 61, sin entender el papel protagonista del Espanyol, si queréis indirecto, aunque igualmente capital para descentrar a los azulgranas cuatro días antes de protagonizar el final de una era, la de Kubala y Luisito Suárez, con los portugueses del Benfica actuando como notarios de la hecatombe. Repasaremos cómo era esta confrontación hace ya más de medio siglo, extrema hasta afinar el ingenio de aquellos cronistas. Derbis que dejaban los vestuarios convertidos en «enfermerías de plaza de toros en tarde de cornada grave». En efecto, tal como escribió alguien, el Espanyol significaba, si lo analizamos con la cabeza fría, un gran invento de autoafirmación, más tarde relevado por el Real Madrid. Toda la vida han existido, y existirán, las tirrias personificadas, los nombres propios que alteran el ritmo cardíaco y el juicio de los aficionados rivales. Gente que no citaremos en la introducción, pero que gozan de su minuto de gloria en el texto que sigue. Bestias negras de ayer, hoy y siempre, porque la rivalidad en pleno siglo XXI permanece inamovible, tradicional, como un denominador común. Y no ha cedido un ápice su potencia, tan descomunal que es capaz de escapar a la razón, a la cordura. Por eso son rivales, no son precisas las definiciones teóricas cuando mandan impulsos y vísceras.

432. LA «SOCIEDAD»

El 28 de octubre de 1900, Àngel Rodríguez fundaría en Barcelona la Sociedad Española de Foot-Ball, club integrado por estudiantes universitarios de la burguesía de la ciudad que no admitía jugadores extranjeros en el equipo. Ya el propio nombre de la nueva entidad deportiva, Sociedad Española, dejaba clara la voluntad de sus fundadores de cerrar puertas a los foráneos. Más tarde, el club se convertiría en el RCD Español. Conviene subrayar que, en la sociedad catalana de aquella época, cuando el sentimiento de identidad afloraba de manera exponencial tras siglos de represión, el nombre del equipo blanquiazul se le volvió en contra desde el primer momento, mientras que el FC Barcelona, favorecido por su denominación, llegaría a ser, en conocida definición del periodista Daniel Carbó de 1918, «el» club de Cataluña. En cambio, el Espanyol se convertiría con el paso del tiempo en el reducto minoritario de las esencias españolas, hasta el punto de que, en el arranque de los años veinte, el dibujante Valentí Castanys caricaturizaba a su afición como «cuatro gatos». El contraste era brutal. Y que conste que abogamos por la coexistencia pacífica, con el mayor respeto y sin un ápice de ironía, pero la historia admite escasas interpretaciones para el caso que nos ocupa.

433. ETERNA DICOTOMÍA

La razón de esta divergencia en la popularidad entre Barça y Espanyol fue muy bien analizada en el artículo que F. Rosell publicó en el boletín oficial del FC Barcelona en noviembre de 1921:

> El Barcelona ha subido como la espuma, como vulgarmente se dice; pero muestra la consistencia de los valores definitivos y la potencia de las colectividades nacidas, formadas y progresadas gracias al medio ambiente.

El Barcelona ha respondido a una necesidad biológica; el deporte en Cataluña se producía de una manera embrionaria, y a pesar de la potencia y valía de otros clubs, la gente iba congregándose poco a poco al entorno del club decano, como si buscara en él el contenido espiritual de nuestro deporte. El nombre maravilloso atraía a las multitudes, y a medida que avanzaba la afición al deporte, el Barcelona iba adquiriendo gran fuerza, ya que a su alrededor se agrupaba una multitud enorme.

¿Por qué? Existía el «club real», que tenía un equipo formidable, todos sabemos cómo se forma un gran equipo, pero el Español no ha sabido o no ha querido hallar el secreto de atracción de las multitudes. ¿El nombre?

Observamos cómo, a medida que se define y afirma nuestra personalidad nacional, crece la potencia del Barcelona. Y es que la gente se siente atraída por el mágico nombre de nuestro club; por toda Cataluña se siente una veneración pasional hacia nuestra ciudad, y asimismo en toda nuestra patria hay una gran simpatía por el FC Barcelona. Es la concreción de nuestra ideología, que encontramos en nuestra ciudad y todo cuanto es de ella, que de ella nos habla, que nos recuerda su nombre, atrae a las multitudes a la simpatía, las de aquí y las de allá, de un extremo a otro de Cataluña. Y habiendo seguido el ambiente de nuestro club, aquello le ha dado vida y potencia y gloria inmarcesible. Este es el secreto.

Mientras «el otro» se obstinaba en aparecer absolutamente exótico, nuestro club se adentraba cada día en nuestro modo de ser, y en él veía el público algo tan nuestro que todos sentían y sienten en su propia casa. Este es el secreto y no otro. Las corrientes de opinión obedecen al ambiente dominante; este está formado por la consciencia colectiva, todos cuantos dan la espalda a un estado de consciencia se suicidan. Por eso el FC Barcelona triunfa; llevará a cabo todos sus grandes proyectos, porque cuenta con una fuerza formidable: la simpatía de la consciencia de Cataluña.

El análisis, solo lo recordamos para subrayarlo, es de 1921.

434. PARA VARIAR

El 20 de junio de 1909, Barça y Espanyol disputaron la final de un torneo organizado por el equipo blanquiazul, que entonces vestía con camiseta blanca y pantalón azul. Una vez más, la jornada acabó fatal. El Espanyol se adelantó en el marcador, pero al cabo de un rato el equipo azulgrana consiguió empatar. Entonces, sucedió algo increíble: el público españolista invadió el terreno de juego de forma tumultuosa y exigió al árbitro señor Balat que anulara el gol del Barça, pretensión que el acobardado colegiado se vio obligado a conceder, alegando que «según le habían dicho» el gol había sido logrado con las manos. Imaginaos el papelón del pobre Balat...

Ante tal despropósito, el capitán barcelonista Paco Bru ordenó a sus compañeros la retirada del campo. Ni siquiera había terminado la primera mitad. Pero ¿el gol del Barça era válido o fueron realmente manos? No hay respuesta a la pregunta. Básicamente porque hablamos de 1909 y aquello era, por si conviene recalcarlo, otro fútbol infinitamente más primitivo en sus medios informativos. De hecho, ni siquiera sabemos quién fue el goleador. Ni las fuentes se ponen de acuerdo en la autoría: *El Mundo Deportivo* lo adjudicó a E. Büchlein; *La Vanguardia,* a uno de los hermanos Comamala (no se sabe si a Carles o Arseni), y Daniel Carbó, en su *Historial del FC Barcelona,* a William White.

435. JUZGAR DE URGENCIA

Al margen de excelente jugador azulgrana, Enric Peris de Vargas llegaría a convertirse en uno de los mejores árbitros de Cataluña durante mucho tiempo, en los años 10 y 20 del pasado siglo. En aquella peculiar época del mundo del balón, cuando un buen montón de ingredientes se cocinaban en casa y en familia, podían suceder curiosidades como esta, registrada el 3 de febrero de 1918. Eran las horas previas a un amistoso Barça-Espanyol previsto en el campo de la calle Indústria. Aquel domingo, Peris de Vargas, quien en diciembre de 1916 había colgado las botas para dedicarse al arbitraje, andaba tranquilo en su domicilio, a punto de comer antes de ir al fútbol. Entonces, según sus palabras, «vinieron a verme dos directivos del Barcelona para rogarme que arbitrara ese partido. Yo me negué en redondo, porque me había hecho la idea de ir a presenciar el partido con mis familiares, y para reforzar mi negativa me agarré al argumento de que siendo yo socio y exjugador del Barcelona, no podía arbitrar».

436. COMPENSAR FILIAS

Por lo visto, tan lógica y contundente respuesta de Enric Peris de Vargas no convenció a sus interlocutores, tercos a la hora de conseguir que su opinión se convirtiera en la solución para el problema planteado. En aquellos días heroicos, no se aceptaba un no. Los dirigentes del Barça replicaron: «Sobre este particular no hay caso. El Espanyol-Barça de ayer lo arbitró Sampere, que como socio españolista está en idénticas condiciones que las tuyas, y lo aceptamos. Nada podrán objetar a que hoy seas tú quien arbitres». Y a partir de aquí, Enric preparó su traje de árbitro para ir a la calle Indústria en el mismo taxi que aguardaba a los dos directivos en la puerta de su casa. Visto en perspectiva histórica, a eso se le llama saber improvisar.

437. SOBORNO FALLIDO

Uno de los primeros *zascas* (como se dice ahora) en la historia de la rivalidad entre Barça y Espanyol se vivió el 16 de noviembre de 1919, día del lance del Campeonato de Cataluña entre ambos equipos en el campo de Indústria. Horas antes de que comenzara, un amigo de infancia de Paulino Alcántara le visitó en su domicilio. Tras rodeos y vacilaciones, el colega *perico* soltó esta parrafada al crac filipino del Barça: «Paulino, tú eres mi mejor amigo, bien lo sabes, y voy a atreverme a pedirte un favor. Si tú quieres, jugando un excelente partido, puedes dejar de marcar y dar pie a que aumenten las posibilidades del Español. La recompensa será rápida y corre de mi cuenta». La respuesta de Alcántara, breve y directa: «Ni una palabra más sobre este asunto. Nos veremos después del partido». El Barça acabaría venciendo por 2-0 tras un encuentro extremadamente violento en el que Alcántara fue el autor del primer gol en una intervención enérgica y valiente, a pesar del furioso acoso de dos defensores blanquiazules.

438. NI MESSI...

Echando una ojeada a la historia de los derbis, vemos que Climent Gràcia mantiene el honor de ser el máximo goleador azulgrana en un partido oficial disputado contra el Espanyol. El 20 de noviembre de 1921, él solito firmó cinco goles en la victoria por 0-9 del Campeonato de Cataluña. A Gràcia le acompañaron Alcántara (3) y Martínez (1). El once victorioso que alineó el técnico inglés Jack Greenwell estaba formado por Zamora, Planas, Surroca, Torralba, Sancho, Cella I, Piera, Martínez, Gràcia, Alcántara y Martínez Sagi. Por cierto, en el partido de la segunda vuelta, el Barça venció por 10-0 y Gràcia «solo» logró dos goles.

439. VANTOLRÀ DESENCADENADO

Si nos referimos al otro rival histórico del Barça (o, más bien, contemporáneo), el Real Madrid, entonces hallamos en lo más alto del podio a una dupla de máximos realizadores en un solo partido. En primer lugar, Martí Vantolrà, que le clavó cuatro goles a Ricardo Zamora en el partido de Liga Barça-Madrid disputado en Les Corts el 21 de abril de 1935. Aquel día, Josep Escolà redondeó la «manita» (5-0) al equipo blanco y el entrenador local Ferenc Plattkó hizo jugar a Nogués, Zabalo, Arana, Pedrol, Berkessy, Franco, Vantolrà, Raich, Escolà, Morera y Cabanes. Era la penúltima jornada del campeonato y, tras este tropezón, el Madrid dejó el título en bandeja al Betis, propiciando el único «alirón» de Liga de la historia del equipo andaluz.

440. «KOKITO»

Y el postrer héroe del FC Barcelona en esta clasificación de máximos goleadores contra el Madrid fue Eulogio Martínez, quien también consiguió un póquer de goles al conjunto blanco el 19 de mayo de 1957, en un partido de vuelta de los cuartos de final de la Copa. La ida en el Bernabéu había terminado 2-2, y el choque de Les Corts resultó un festival, con triunfo local por 6-1. Kubala y Villaverde se sumaron a la proeza del apreciado «Kokito», alias con el que los contemporáneos conocían al goleador paraguayo. A las órdenes del técnico Domènec Balmanya, aquella jornada saltaron al césped de Les Corts: Ramallets, Olivella, Biosca, Segarra, Gensana, Vergés, Basora, Villaverde, Eulogio Martínez, Kubala y Tejada. Un equipazo que realizó un extraordinario recorrido en la Copa, triturando sin piedad a sus contrincantes, con resultados globales de 13-3 al Atlético de Madrid, 8-3 al Madrid y 10-2 a la Real Sociedad. Eso sí, en la final disputada en el Estadio Olímpico de Montjuïc, el Espanyol solo perdió por 1-0.

441. DEDICATORIA BLANCA

Como sabéis, el 25 de febrero de 1923, Les Corts fue escenario de un magno homenaje a Joan Gamper, tributado por un montón de clubes catalanes, españoles y europeos. Prácticamente no faltó ninguna entidad futbolística catalana, excepto el Europa y el Espanyol, entonces enfrentados con el FC Barcelona. Bien, en el caso del club españolista, habría causado sorpresa verlos participar en el homenaje, teniendo en cuenta el intenso grado de rivalidad que imperaba en aquella época entre culés y pericos. En cambio, el Real Madrid, club que entonces gozaba de excelente relación con el Barça, no tuvo ningún problema en asistir y escribió esta sentida dedicatoria en el álbum de homenaje: «El Real Madrid Foot Ball Club, al entusiasta deportista don Juan Gamper, en prueba de admiración y sincero afecto». Para mayor sorpresa, uno de los firmantes era el entonces jugador madridista Santiago Bernabéu.

442. «CACAO»

El periodista Manuel Ibáñez Escofet (1917-1990) recordaba en cierta ocasión que, cuando tenía apenas seis años, se quedó a las puertas de Les Corts, sin poder asistir a un Barça-Europa («no tan rival como el Español, pero bastante») del antiguo Campeonato de Cataluña. Era el 10 de febrero de 1924:

> El campo estaba rodeado de guardias de seguridad a caballo, con sus capas azules y sus cascos, mezcla de los salacots de *lord* Kitchener y Cecil Rhodes y de la escasa fantasía de la Administración. Cogido de la mano de un tío mío iba a entrar ilusionado al campo, ya rugiente y enardecido. Pero no entré.
>
> —No, niños no —dijo el portero.
>
> —¿Por qué?
>
> —Porque es peligroso. Puede haber «cacao», ¿sabe?
>
> Y nos quedamos en la puerta. Bajamos a pie, bastante tristes, yo por no poder ver a mis ídolos, y mi tío, socio de buena fe, por perderse el partido, y matamos la tarde en el campo de la calle de la Industria, donde jugaban los cuartos equipos. La cuestión era, a falta de algo mejor, no quedarnos sin fútbol.

443. A PORRILLO

A la postre, resultó que aquel portero tenía razón porque hubo «cacao» y «a porrillo». Y no del que genera dulce chocolate, sino tensión ambiental casi eléctrica. En el minuto treinta y ocho, con 1-0 en el marcador, se produjo un grave incidente en el campo, descrito por el propio árbitro, señor Milego, al periodista Daniel Carbó, más conocido por su alias de «*Correcuita*»: «En un avance del Europa, señalé *off-side*; los jugadores "europeos", sin hacer caso de mi indicación o por no escuchar el silbato, continúan la jugada, acabada en córner contra el Barcelona. Ordeno tirar la falta contra el Europa desde el lugar donde se había producido el *off-side*, y en aquel momento, el jugador del Europa, Julià, cogiéndome por las solapas de la americana, me zarandea violentamente, con actitud agresiva, protestando mi decisión. Como no podía ser menos, ordeno a Julià que se retire del campo de juego, a lo que se niega resueltamente. Llamo al capitán del equipo del Europa, señor Pelaó, y le indico que ordene a Julià que se retire del campo de juego. El capitán del Europa se solidariza con la actitud de Julià y, como este, se niega a obedecerme. En vista de ello, doy el partido por acabado, ateniéndome a los preceptos reglamentarios, quedando el Barcelona vencedor». Cuatro días después, el Comité de Competición dio el marcador de 1-0 por definitivo.

444. DERBI «GORE»

Pocos derbis tan violentos como aquel del Campeonato de Cataluña celebrado en Les Corts el 23 de noviembre de 1924. Muy pasado de vueltas, diríamos hoy. Los futbolistas de ambos equipos tenían el día guerrero, actitud que generó la lesión de Paulino Alcántara y la expulsión de Samitier, las dos figuras locales. En la grada, seguidores de los dos clubes se enfrentaron a garrotazos, liderados por los radicales de cada bando, la Penya Ardèvol y la Peña Ibérica, integradas respectivamente por miembros de la sección azulgrana de lucha grecorromana y por jugadores de rugby del Espanyol. Vete a saber cuál era la conjunción de astros, pero aquello rebasó ampliamente de la raya hasta convertirse en un referente de violencia.

445. EL DE LA CALDERILLA

A la postre, aquel duelo pasaría a la historia como «el derbi de la calderilla», vista la gran cantidad de monedas que el público local, muy descontento con su actuación, lanzó contra el juez del encuentro, Pelayo Serrano. Alcanzado el descanso con 0-0 en el marcador, el árbitro decidió la suspensión del *match*, hecho que fue comunicado al público mediante una pizarra sostenida por dos empleados donde se podía leer: «Aviso: el árbitro suspende el partido». Seguro que ni los propios testigos, dentro o fuera del terreno de juego, eran conscientes de las consecuencias que conllevaría la suspensión, y que desembocarían en el incidente de la Marcha Real vivido en junio. Nunca nos cansaremos de argumentar que también la historia del fútbol es una narración continua y supone un error leer cada episodio de modo aislado, como si un hecho no repercutiera en el posterior.

446. VENGA, OTRA VEZ

Tras la suspensión por aquel rifirrafe y en medida sin precedentes, las autoridades ordenaron la repetición del partido a puerta cerrada, sin público, el día 15 de enero de 1925, casi dos meses después, decisión que también nos ayuda a imaginar el caldeado ambiente de aquellas semanas. Conviene recordar que el país ya vivía bajo la dictadura militar de Primo de Rivera. Las protestas del FC Barcelona no sirvieron de nada y el encuentro se jugó en la clandestinidad, situación nunca vivida antes en el fútbol catalán. El Espanyol ganó en esta continuación del derbi por 0-1 y la situación dejó un amargo regusto entre los aficionados barcelonistas que se habían concentrado en las puertas de Les Corts. La derrota local derivó, otra vez, en un grave conflicto de orden público porque los culés acabaron zurrándose con un grupo de seguidores blanquiazules que también aguardaban la conclusión alrededor del estadio. Las autoridades tomaron buena nota del episodio, cargando las culpas sobre los barcelonistas, a quienes, como ya sabéis, consideraban próximos al separatismo, así, en general.

447. GRAN PRIMA

Josep Samitier, mito de formidable biografía, se llevó una mayúscula sorpresa en cuanto acabó el Espanyol-Barça del Campeonato de Cataluña jugado el 16 de febrero de 1925. En libros precedentes ya os comentábamos que Sami firmó uno de los goles más espectaculares en jugada personal de la historia del club, arrancando solo contra todos desde el centro del campo antes de batir a su amigo Zamora con una remate de cuchara. El golazo cautivó a aquellos que tuvieron la suerte de verlo, y en Barcelona no se habló durante días de nada más.

Llevado por la euforia, un seguidor barcelonista con la cartera rebosante se le acercó al terminar el partido y le entregó un misterioso sobre. Al abrirlo, el atónito delantero azulgrana se encontró con la entonces fabulosa cifra de cinco mil pesetas, una absoluta barbaridad. Nunca se conoció la identidad de tan generoso personaje. Debía de ser muy rico y muy culé, ambas cosas en superlativo. Y hablamos de sobres de categoría B...

448. ¿VIOLENCIA? LA DE ANTES

A menudo nos quejamos de la violencia en el fútbol, tanto en el rectángulo de juego como en las gradas, pero seguro que nuestros bisabuelos sonreirían con ironía si compararan los tiempos actuales con los suyos. Lo que hoy escandaliza, ellos lo catalogarían de menudencia, pequeñeces. En aquellos tiempos, ciertamente, muchos encuentros de fútbol degeneraban en despiadadas cacerías de los rivales a base de entradas escalofriantes. Jugadas de juzgado de guardia, como reza el viejo tópico. Y al tiempo, la hostilidad se propagaba en las gradas hasta rivalidades de extremos exacerbados. Con frecuencia, aquellos enfrentamientos derivaban en batallas campales o eran suspendidos por invasión del público, hecho corriente que propiciaba la contundente intervención de la Guardia Civil, dispuesta a imponer (su) orden sin contemplaciones. También resultaba habitual que el equipo visitante y sus acompañantes fueran despedidos a pedradas. Bienvenidos a los felices (decían) años veinte...

¿Creen que exageramos? Pues aquí va un ejemplo. 11 de marzo de 1928, partido del Campeonato de España en el estadio aragonés de Torrero entre el Iberia S.C. de Zaragoza y el FC Barcelona. El lance correspondía a la liguilla de un grupo formado por equipos de Aragón, Guipúzcoa y Cataluña. Y la que se organizaría aquel día la explicó, años después, un protagonista directo, el defensa azulgrana Enric Mas. Lo detallaba así en primera persona:

> El partido se desarrollaba normalmente, con aquella «normalidad» propia de campo contrario. Mediada la segunda parte, estando el marcador a cero, en uno de los ataques de nuestra delantera, Samitier burló la defensa contraria, y cuando estaba en inmejorable posición para disparar a gol le hicieron la zancadilla dentro del área. El árbitro señaló penalti y yo fui designado para lanzarlo. Chuté y fue gol, a la postre el de la victoria.
>
> Cuando el árbitro señaló el final del partido, todos los jugadores del Barcelona, atemorizados, corrimos velozmente hacia los vestuarios. Pero no pudimos llegar sin novedad. Parte del público, que había inva-

dido el terreno de juego, se abalanzó sobre nosotros, agrediéndonos a patadas y puñetazos. Nos defendimos como pudimos, pero el más perjudicado fui yo, seguramente por haber sido autor del gol de la victoria. Con muchas dificultades pudimos entrar en los vestuarios.

Permanecimos allí, equipados, más de una hora, y cuando ya creíamos que «el enemigo» se había ido, subimos al autocar, que nos esperaba fuera. Ya en el interior del vehículo, volvimos a ser agredidos, esta vez a pedradas. Nos refugiamos de nuevo dentro del campo. Finalmente, pudimos salir protegidos por la Guardia Civil.

Posteriormente se nos dieron muchas explicaciones, que agradecimos. Incluso el Ayuntamiento de Zaragoza, seguramente como desagravio, tuvo la gentileza de invitarnos a un concierto.

En Barcelona nos dispensaron un gran recibimiento. Fuimos llevados a hombros. Pero por si los perjuicios que había recibido no fueran suficientes, un amigo de coleccionar piezas ajenas, aprovechándose de la animación y el jaleo, me robó los zapatos. Tuve que volver a casa descalzo y cojeando...

Qué tiempos aquellos.

449. ENSAYO DE LIGA

En la temporada 1927-28 se disputó una especie de ensayo general del Campeonato de Liga llamado Torneo de Campeones de España. Pese a contar con la participación de distinguidos equipos como el FC Barcelona, el Athletic Club, la Real Sociedad, el Arenas de Getxo, el Real Madrid y la Real Unión de Irún, esta competición resultaría poco seria. En la última jornada, celebrada el 3 de junio de 1928, Madrid y Barça empataron a un gol en el viejo Chamartín, con la curiosa circunstancia de que el equipo de la capital española había cedido de antemano los dos puntos en juego. Así, podía realizar pruebas y alinear sin problemas ulteriores a algunos refuerzos que no estaban inscritos en la federación. Le interesaba más planificar el futuro que atender el presente y las normas de una competición, por lo que parece. Finalmente, el FC Barcelona se proclamaría campeón del torneo, aunque este título no figura en su palmarés oficial. Realmente, situaciones propias de aquella época, hoy son imposibles. ¿Os imagináis que el Madrid o el Barça cedieran puntos a su encarnizado rival antes de jugar? Ni de broma, ni jugando al parchís. De entrada, no les dejaría su masa social, sin necesidad de poner a la federación por medio.

450. TIRO DE GRACIA

El histórico FC España de Barcelona fue fundado en 1905. Dieciocho años después, cambiaría su nombre por el de Gràcia FC, rival de barrio del entonces potente Europa. En 1930, el Gràcia sufría una crisis económica tan profunda que su existencia corría peligro. Sin alternativa y un tanto desesperados, sus responsables enviaron una carta al FC Barcelona en el que rogaban un préstamo de dos mil pesetas. El S.O.S. en forma de misiva llegaría el 21 de marzo a las oficinas del club azulgrana, entonces situadas en la esquina del paseo de Gràcia con Diputació. Por lo visto, no contestaron porque el Gràcia insistió con un nuevo ruego de ayuda, registrado en la sede social barcelonista el 20 de mayo. Ocho días más tarde, ahora sí, la directiva decidió que tal petición «deberá desatenderse por no permitirlo la situación económica». La tesorería de aquel fútbol no daba para detalles solidarios. Cada cual, a la suya, y todos, con penas para sobrevivir.

451. NI UNA AYUDA

Con todo, los dirigentes del Gràcia decidieron obviar la negativa al préstamo, hasta el punto de forzar una reunión con la junta azulgrana, realizada el 16 de junio. Al día siguiente, la directiva de Tomàs Rosés anunciaba la disputa de dos amistosos entre el FC Barcelona y el Gràcia FC en el campo de Les Corts, «que se fijarán de mutuo acuerdo, por la subvención total anticipada de mil pesetas». Por desgracia, tales encuentros no se celebrarían nunca. En 1931, el C. E. Europa y el Gràcia FC se unieron brevemente bajo el nombre de Catalunya FC. La fusión se desharía en 1932 y ambos clubes volverían a competir por separado. El Gràcia FC desaparecería definitivamente poco después.

452. QUINCOCES

Previa: para los aficionados españoles al fútbol, categoría años 20 y 30 del pasado siglo, existía un trío que parecía la Santísima Trinidad de este deporte, sin deseo de parecer irreverentes. Pura leyenda formada por Ricardo Zamora en la portería y dos defensas, Ciriaco y Quincoces, básicos en el Madrid y en la selección. El defensa vasco Jacinto Quincoces fichó por el Madrid en 1931, y aquello fue llegar y besar el santo. De entrada, los blancos ganaron la primera Liga de su historia. Mucho después, en febrero de 1990, Quincoces recordaba, ya con ochenta y cuatro años, como era entonces la rivalidad con el Barça: «Era sana, estupenda. Al terminar los encuentros, todos nos íbamos a tomar unas copas juntos. Ese espíritu se ha perdido en estos días que vivimos, se ha sacado todo de madre por culpa de los directivos y los medios de comunicación. Aunque, claro, los jugadores han salido beneficiados, porque se pagan unas cifras increíbles». Palabra de don Jacinto, todo un mito.

453. «¡VISCA MACIÀ!»

Los nuevos tiempos democráticos de la Segunda República española resucitaron el interés por la política y, de carambola, redujeron las pasiones futbolísticas. El 15 de noviembre de 1932, cinco días antes de las primeras elecciones al Parlamento catalán, así lo detallaba el periodista «Reti» en las páginas del semanario madrileño *As:* «Tiempo hubo en que, cerrados los comicios ciudadanos, los Barcelona-Español y viceversa eran el medio casi único de emisión del sufragio universal. Las gradas se convertían en inmenso "colegio" donde cada "quisque" depositaba su candidatura a voz en grito. (Jalear a Piera equivalía, por ejemplo, a decir: "¡Visca Macià!"). Y no faltaban las "ruedas" bien organizadas ni alguna que otra rotura de urna, vulgo cabeza. Pero hoy ya no es así. El nuevo régimen (la República, el estatuto) ha hecho perder a las contiendas deportivas su pasada virulencia política. Esta se refugia de nuevo en la calle y en la plaza, en los mítines y en el periódico. O de ocho a nueve o de diez a doce de la noche, en la hora radiada».

454. Y VIVA PIERA

Resulta curioso que, en este texto de «Reti», se establezca un paralelismo entre los gritos de ánimo al mítico delantero Vicenç Piera y las simpatías por Francesc Macià durante la dictadura de Primo de Rivera, cuando el *Avi* era un combativo activista por la independencia de Cataluña. De hecho, el partido de homenaje y despedida a Piera, disputado el 2 de febrero de 1933, contó significativamente con la asistencia de Macià en el palco de Les Corts. Además, en el álbum de recuerdo entregado al homenajeado durante el descanso del partido, el presidente de la Generalitat escribió esta dedicatoria: «Con toda cordialidad al gran jugador Vicenç Piera».

455. IR A LA GUERRA

Hoy, cuando las cámaras lo ven todo, se hace difícil imaginar el ambiente infernal que soportaba el Barça tiempo atrás cuando le tocaba viajar a según qué campos de la geografía española. Y no solo los futbolistas, sino también los aficionados que se atrevían a acompañar al equipo y no mostraban la prudencia de callar su militancia. Pongamos como ejemplo lo sucedido en Chamartín el 19 de septiembre de 1948. A unos aguerridos marineros se les ocurrió mostrar una pancarta en el campo del Madrid donde se leía una efusiva salutación al FC Barcelona. De repente, sin haber comenzado el lance, una enfurecida marea humana de seguidores merengues se abalanzó sobre ellos con la idea de arrebatársela de las manos. Los marineros eran duros de pelar y optaron por emular a Leónidas y a sus trescientos espartanos, hasta que abandonaron la lucha al sufrir una granizada de piedras.

456. PIEDRAS Y ARMAS BLANCAS

Este símil de la batalla de las Termópilas aún guardaría un epílogo. De regreso a la capital catalana en tren, el convoy se paró en Guadalajara. Allí, un gamberro lanzó una piedra contra el vagón de los jugadores, directa al pecho del defensa gerundense Josep Puig *Curta,* que en aquel momento estaba tomando el fresco. Pero Curta era fornido y, según testigos presenciales, pareció como si la piedra hubiera chocado contra una coraza, no sabemos si espartana o no.

Caray, qué tiempos aquellos. Solo habían pasado poco más de cinco años desde aquel fatídico 13 de junio del 1943, el día de la mayor de las ignominias en la historia del fútbol español, cuando el Barça perdió por 11-1 en Chamartín entre amenazas policiales, gritos de «¡perros catalanes!», «¡rojos!» y «¡separatistas!», y lanzamiento de objetos contundentes contra los jugadores azulgranas, por no hablar de la posterior destrucción del autocar visitante ante la pasividad de la policía y de algunos nunca aclarados ataques nocturnos con armas blancas.

457. DEBUT DE JUANITO

Si hablamos de estrenos oficiales con la zamarra azulgrana, el gran Juanito Segarra gozó del mejor debut imaginable. Fue el 24 de septiembre de 1950 en Les Corts, en encuentro de Liga contra aquel

Real Madrid previo a Di Stéfano que aún no encarnaba las esencias patrias españolas. Resultado, un espectacular 7-2 favorable al Barça, y el extremo madridista Cándido Gardoy, *Macala*, totalmente anulado por el debutante Segarra, quien años después recordaría: «Marqué a Macala tan a conciencia que hubo un momento en que, enfadado, se me quedó mirando y me dijo: "¡A ver si me dejas jugar a mí, que yo también tengo que ganarme la vida!"». Quien después sería el gran capitán del Barça debió de sentirse feliz ante el inesperado piropo, planteado como amarga queja del adversario.

458. ENTRE LÍNEAS

Por cierto, al terminar aquel partido se produjo un delirante diálogo, transcrito después en entrevista, entre el periodista Manuel Del Arco y el delantero gallego del Madrid, Manuel Fernández, *Pahiño*. Recordad que Del Arco se hizo famoso entre los lectores de la prensa barcelonesa durante muchos años por su peculiar manera de entender las entrevistas, género periodístico que revolucionó:

—¿Qué hay, Pahíño?
—Lo siento, en Cataluña no digo nada porque a lo mejor no me entienden.
—Le advierto que hablo castellano puro.
—El secretario general no me permite hablar.
—Entendidos.

Alto a las conclusiones precipitadas. La afirmación de Pahíño, lejos de denotar catalanofobia, se debe tomar en sentido irónico. En realidad, el gallego era un hombre de izquierdas que, según propia e íntima confesión, estaba «harto de esos falangistas asquerosos». A pesar de ser un delantero de enorme categoría, Pahíño no pudo ir al Mundial de Brasil 50 por su adscripción ideológica, que era bastante conocida y mal tolerada. Quizá por ello aquel día no pudo hablar con Del Arco.

459. ÁRBITRO INCLUIDO

La última de aquel glorioso 7-2. Manuel Del Arco era como ese antiguo personaje de tebeo, «el repórter Tribulete, que en todas partes se mete», incansable periodista del imaginario diario *El Chafardero Indomable*. Una vez concluido su frustrado cambio de impresiones con Pahiño, Del Arco se acercó sin problemas al árbitro, señor García Fernández, quien, de entrada, pidió disculpas, no sabemos exactamente por qué. Damos de nuevo la palabra al periodista:

—Hombre —le dije—, si no ha ocurrido nada.
—No ha ocurrido nada —repitió.
—¿Los goles?
—No hubo dificultad. ¿Cuántos han sido?
—¿Y usted me lo pregunta?
—Es que no me acuerdo.
—Siete a dos ha ganado el Barcelona. ¿Tan pronto ha perdido la cuenta?

460. PENALTI INDISCUTIBLE

El primer partido de Ladislao Kubala en Liga vistiendo la zamarra azulgrana se jugó el 9 de septiembre de 1951. Y no fue un estreno cualquiera. Todo un derbi en el campo de Sarrià, en la primera jornada del campeonato 1951-52. Este hito histórico, por mucho que se trate del mito, no resultó muy afortunado. Como ya hemos dicho, a pesar de la presencia del mítico Laci, el Espanyol se impuso por 1-0, con gol de penalti marcado por Ramón Celma en las postrimerías del lance tras unas manos de Juanito Segarra en el área, preceptivamente castigadas por el árbitro Zariquiegui Izco. Según confesión posterior de Isidre Flotats, entonces futbolista de los locales y después barcelonista entre 1952 y 1960, el penalti fue catedralicio. Argumentaba Flotats: «En aquella época se pitaban muy pocos penaltis y estos siempre eran indiscutibles». Se agradece la precisión de contexto histórico.

461. EXPULSADO POR «ASESINO»

Da la impresión de que Flotats gastaba definiciones categóricas para definir aquellos tiempos: «Entonces, para expulsar a algún jugador, sobre todo del equipo local, tenías que matar a alguien, como mínimo». ¿En qué se basaba? Citaremos como ejemplo una circunstancia escalofriante vivida, sin ir más lejos, en aquel Espanyol-Barça, cuando el partido expiraba. Según levantaba acta la crónica de *Vida Deportiva* publicada a la mañana siguiente de la gresca, «Biosca le hace una falta a Colino. El árbitro la señala. Colino replica agrediendo al azulgrana. Durante medio minuto hay un tumulto entre jugadores en la esquina de la derecha del *exchalet*. El señor Zariquiegui deja que se calme la cosa... y aquí no ha pasado nada». Si usted lo dice, pues nada, no ha pasado nada de nada.

462. EL RECORD D'ARGILÉS

Antoni Argilés (Terrassa, 1931-1990) es uno de los mitos del RCD Espanyol. Titular en la defensa del equipo blanquiazul durante largo tiempo (los años 1950-62 y la temporada 63-64), vivió innumerables derbis contra el Barça, llenos de pasión y rivalidad. Era duro como una piedra y no gozaba de simpatías entre los rivales, que le consideraban temible, defecto que se convertía en virtud, claro, cuando le admiraban los suyos. En enero de 1980, en las páginas de *El Mundo Deportivo*, recordaba los partidos de la máxima rivalidad con nostalgia de situaciones hoy impensables, por suerte: «A la hora de acudir el Barça a Sarrià o el Espanyol a Les Corts, cada uno se uniformaba en su propio campo y acudía al partido, con los jugadores ya cambiados, en un autocar custodiado por la Guardia Urbana y en medio de una nube de aficionados que esperaban, a la entrada, la llegada del equipo rival».

463. LA FINAL DEL 57

El 16 de junio de 1957, el Barça derrotó por 1-0 al Espanyol en la final de la Copa del Generalísimo disputada en el estadio de Montjuïc, gracias a un gol de Francisco Sampedro en el minuto setenta y nueve. Aquel día, el delantero blanquiazul Julián Arcas no pudo jugar el partido por sanción y lo vio desde la tribuna. Acabado el lance, Arcas se acercó al árbitro Zariguiegui Izco y le comentó que el gol de Sampedro tenía que haberse anulado por falta previa de Eulogio Martínez. Al parecer, y según Arcas, esta fue la respuesta del colegiado: «¿Qué querías, que tuviera a don Paco (el dictador Francisco Franco) media hora más en el palco?».

464. LA PREVIA DE BERNA

Mal asunto, la previa a la final de los palos cuadrados de la Copa de Europa de Berna 61. Se diría que el gafe azulgrana había empezado sin moverse de casa cuatro días antes. Fijemos el precedente: partido de octavos de final de la Copa del Generalísimo 1960-61. En la ida, disputada en el Camp Nou el 21 de mayo de 1961, los hombres que entrenaba Enrique Orizaola cayeron por 2-3 ante el Espanyol, marcador que dejaba la eliminatoria muy complicada y al capitán Segarra fuera de combate, seriamente lesionado en un ojo al impactarle un fuerte pelotazo en la cara. Para más inri, el duelo de vuelta había de jugarse en Sarrià el 27 de mayo, apenas cuatro días antes de la que sería maldita final de Copa de Europa contra el Benfica en tierras suizas.

Con un calendario tan exigente por delante, el sentimiento general del barcelonismo pasaba por ahorrar esfuerzos inútiles. Por lo tanto, si era necesario, no importaba sacrificar la Copa para poder centrarse en la final de la deseada competición europea y esforzarse al máximo en la ambición de suceder al Madrid como campeón continental. Para aumentar aún más las malas vibraciones, el Espanyol accedía a jugar el sábado en lugar del domingo para facilitar mayor descanso al once azulgrana, pero lo hizo con una carta escondida: los responsables blanquiazules programaron el inicio del derbi a las 22.45, por entonces un horario de locos. Si nos fiamos de los contemporáneos, aquel tipo de abusos contra los intereses del FC Barcelona resultaban habituales, tal como denunciaba la revista *Barça,* que señalaba directamente a la Federación Española: «Rayan en lo paranoico las fechas en que el Barça debe hacer frente a sus obligaciones deportivas, y nos sorprende que un organismo que dispone de cualquier arbitrariedad sin el menor sonrojo, cuando le viene en gana, no usase su poder para amparar al Barcelona en lo deportivo, si es que tales señores entienden que ese club español representa a España en tales momentos».

465. MÁS CLARO, AGUA

En cualquier caso, quien no se había pronunciado con demasiada diplomacia fue el presidente del Espanyol, Victoriano Oliveras de la Riva, que el 14 de mayo había dicho sin tapujos: «Tengo mucha ilusión en esta eliminatoria. Si el Barcelona debe jugar en Berna la final de la Copa de Europa tres días después de nuestro segundo encuentro, mala suerte para él». Y don Victoriano dejó caer el gafe al pronunciar las palabras «mala suerte» diecisiete días antes de la infausta final de la máxima competición europea.

466. UN MONTÓN DE DESGRACIAS

Al final, resultó que el horario de aquel partido fue lo menos importante, superado en la lista de problemas por un buen puñado de

En los años 60, algunos jóvenes se jugaban el físico para seguir los partidos en el Camp Nou con buena perspectiva. Con la gente de pie, ver mejor lo que pasaba en el césped quedaba por delante de la seguridad.

Tras el empate ante el Athletic Club en el Camp Nou (2-2), el chiste de José Peñarroya publicado en *Barça* el 12 de enero de 1961 no pudo ser más explícito de las iras de los aficionados.

Publicidad de puros habanos en el lateral del Camp Nou durante los años 70. Era muy original, ya que la cara del aficionado culé cambiaba de estado de ánimo dependiendo si el Barça ganaba, empataba o perdía.

Primer partido de fútbol femenino en el Camp Nou, disputado el día de Navidad de 1966 entre el Picadero-Damm y un circunstancial equipo azulgrana.

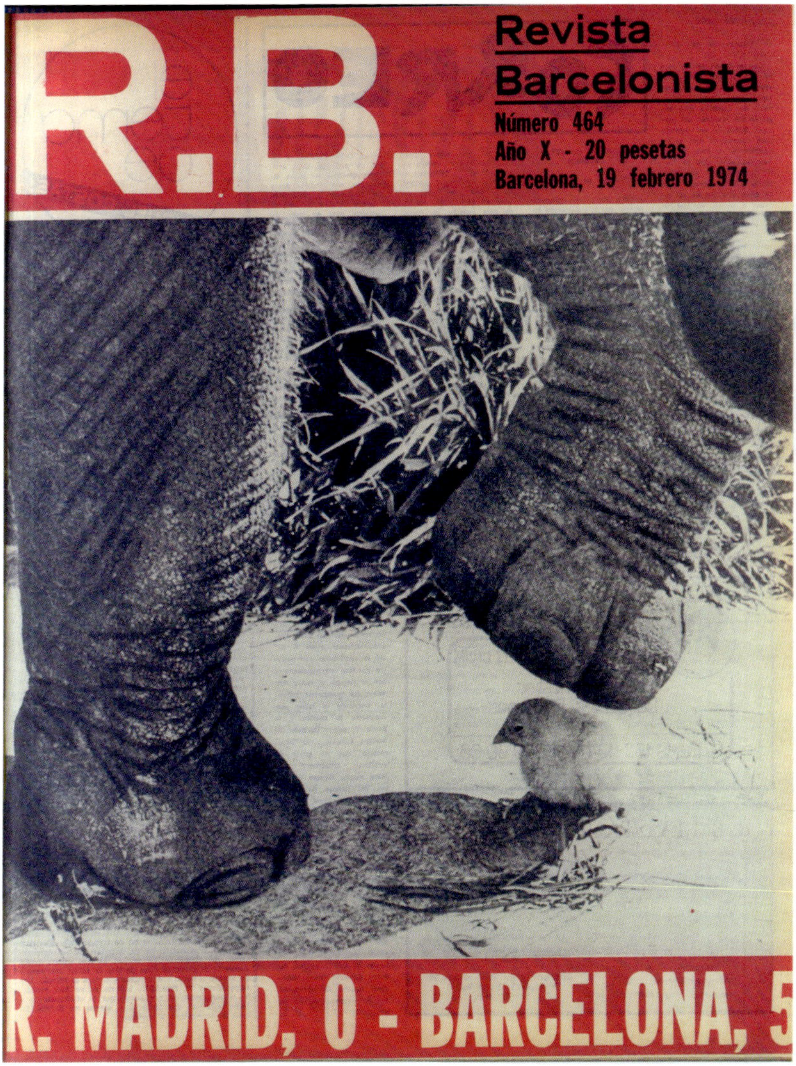

Una prueba concluyente de que el fútbol es un estado de ánimo. Arriba, portada de la *RB* después del mítico 0-5 del Bernabéu del 17 de febrero de 1974 que no necesita comentarios. Tres años después, el 22 de marzo de 1977, la portada de la misma revista después de varios tropiezos del Barça también habla por sí misma.

Diversos proyectos arquitectónicos presentados por el aficionado Juan Muntané que no fueron tenidos en cuenta por el FC Barcelona. En 1968 propuso la construcción de un faraónico Museo, con gigantesca estatua del Avi Barça incluida; cinco años después, el nuevo proyecto consistió en un lujoso hotel-residencia para alojar la familia azulgrana y en 1974 ideó un gran puente sobre el Camp Nou.

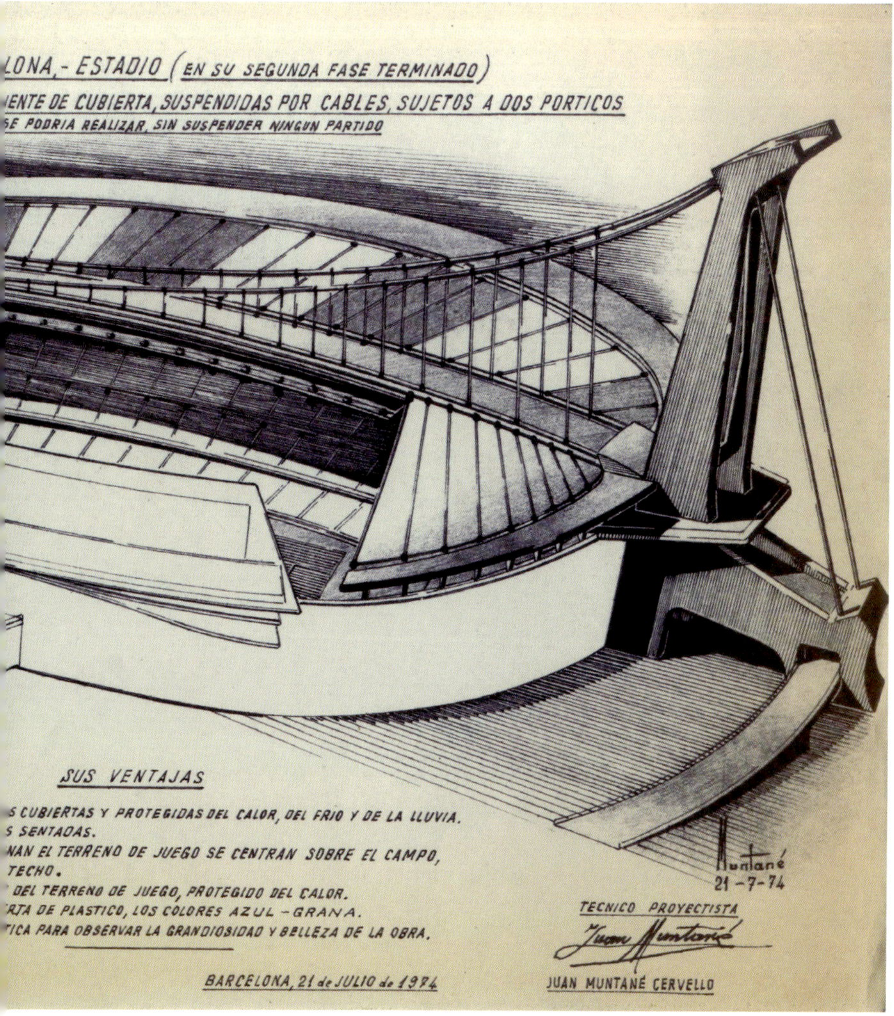
LONA, - ESTADIO (EN SU SEGUNDA FASE TERMINADO)
IENTE DE CUBIERTA, SUSPENDIDAS POR CABLES, SUJETOS A DOS PORTICOS
SE PODRIA REALIZAR, SIN SUSPENDER NINGUN PARTIDO
SUS VENTAJAS
S CUBIERTAS Y PROTEGIDAS DEL CALOR, DEL FRIO Y DE LA LLUVIA.
S SENTADAS.
NAN EL TERRENO DE JUEGO SE CENTRAN SOBRE EL CAMPO,
TECHO.
DEL TERRENO DE JUEGO, PROTEGIDO DEL CALOR.
RTA DE PLASTICO, LOS COLORES AZUL - GRANA.
TICA PARA OBSERVAR LA GRANDIOSIDAD Y BELLEZA DE LA OBRA.
Muntané
21 - 7 - 74
TECNICO PROYECTISTA
Juan Muntané
BARCELONA, 21 de JULIO de 1974
JUAN MUNTANÉ CERVELLO

HOJAS nº 1 y 2
Muntané
25-2-73

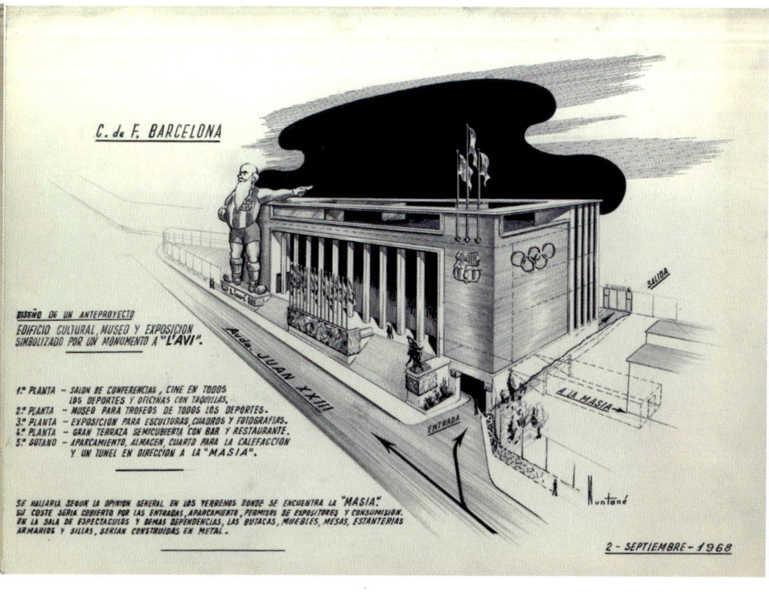
C. de F. BARCELONA
L'Avi
Avda. JUAN XXIII
SALIDA
ENTRADA
A LA MASIA
DISEÑO DE UN ANTEPROYECTO
EDIFICIO CULTURAL, MUSEO Y EXPOSICION
SIMBOLIZADO POR UN MONUMENTO A "L'AVI".
1.ª PLANTA - SALON DE CONFERENCIAS, CINE EN TODOS LOS DEPORTES Y OFICINAS CON TAQUILLAS.
2.ª PLANTA - MUSEO PARA TROFEOS DE TODOS LOS DEPORTES.
3.ª PLANTA - EXPOSICION PARA ESCULTURAS, CUADROS Y FOTOGRAFIAS.
4.ª PLANTA - GRAN TERRAZA SEMICUBIERTA CON BAR Y RESTAURANTE.
5.º SOTANO - APARCAMIENTO, ALMACEN, CUARTO PARA LA CALEFACCION Y UN TUNEL EN DIRECCION A LA "MASIA".
SE HALLARIA SEGUN LA OPINION GENERAL EN LOS TERRENOS DONDE SE ENCUENTRA LA "MASIA".
SU COSTE SERIA CUBIERTO POR LAS ENTRADAS, APARCAMIENTO, PERMISOS DE EXPOSITORES Y CONSUMISION.
EN LA SALA DE ESPECTACULOS Y DEMAS DEPENDENCIAS, LAS BUTACAS, MUEBLES, MESAS, ESTANTERIAS ARMARIOS Y SILLAS, SERIAN CONSTRUIDAS EN METAL.
Muntané
2 - SEPTIEMBRE - 1968

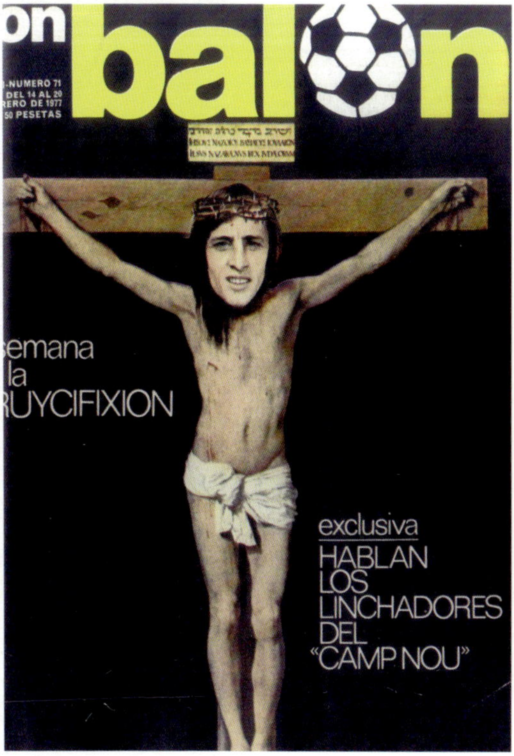

A raíz de la expulsión de Johan Cruyff por el árbitro Melero en el Barça-Málaga del 6 de febrero de 1977, *Don Balón* se descolgó ocho días después con esta irreverente portada. Como suele ocurrir en un país tan católico como el nuestro, donde las imágenes como esta ofenden mucho más que las injusticias cotidianas, el escándalo que se desató fue tan descomunal que la semana siguiente la dirección de la revista tuvo que pedir disculpas.

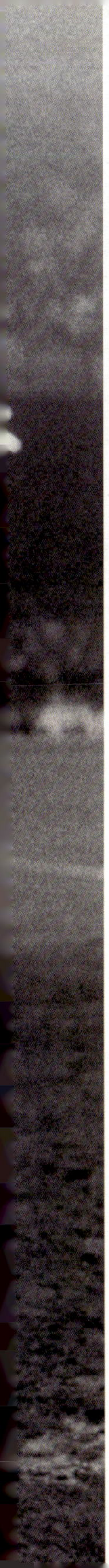

Una imagen irrepetible. 27 de enero de 1974: el periodista de *RB*, Gil Carrasco, entrevista al portero uruguayo del Celta de Vigo, Luis Alberto Aguerre, aprovechando que el balón está lejos de su área. Al final del partido, al pobre Aguerre le habían metido cinco goles mientras el árbitro Balaguer García disimulaba ante tan insólita entrevista.

Una tradición con comentario repetido miles de veces entre los culés de entonces: «El domingo quedamos en el pino de Les Corts media hora antes del partido y entramos juntos en el campo». Llegada la hora, allá se congregaban centenares de seguidores, frustrados por no hallar al amigo o familiar. En pequeño, imagen actual del pino, en Travessera casi esquina con la calle Vallespir.

José Antonio Lodeiro, músico y militar autor del primer himno del FC Barcelona (1910), tiene una placa dedicada en su casa natal en Mondoñedo (Lugo) desde el 5 de agosto de 2017, gracias a la labor llevada a cabo por la Peña Barcelonista de esta localidad gallega y el Centro de Documentación del club.

sucesos nada afortunados. Para empezar, hubo un jaleo de aúpa, con poca deportividad entre los contendientes. El infausto Ortíz de Mendíbil, árbitro detestado por nuestros ancestros, expulsó en el minuto sesenta y siete al barcelonista Gensana por protestar a gritos un supuesto penalti de Gràcia a Camps. La pena máxima, transformada finalmente por Sastre, significaría el 2-1 definitivo que dejaba al Barça prácticamente sin opciones.

Ya en la recta final, Kubala intervino en una pelea entre Aguirre y su compatriota Czibor. Y el mito perdió el *oremus*. Recordando sus viejos tiempos como aspirante a boxeador, Laci repartió puñetazos entre todos los futbolistas pericos que se atrevieron a ponérsele a tiro. También partió rumbo a los vestuarios, obviamente. Ya duchado, el as húngaro tenía la moral por los suelos. En palabras del periodista Carlos Pardo, cuando Kubala entró en el vestuario, «no dijo ni una palabra, no profirió ni una exclamación, pero en las facciones de su rostro se adivinaban alteración y un profundo, tremendo desencanto. No recuerdo haber visto a Kubala con una mirada más triste y angustiada».

De propina, los restantes compañeros andaban indignados y conmocionados por la parcial actuación de Ortiz de Mendíbil. Volvamos a la descripción del propio Pardo: «los vestuarios del Barcelona, para explicarlo con un símil taurino, tenían algo de enfermería de plaza de toros en tarde de cornada grave». En resumen, resulta evidente que el panorama no contribuyó en absoluto a crear el estado psicológico ideal a cuatro días de la final de la Copa de Europa, un trascendental partido que además se afrontaba con la sensible baja del gran capitán, Segarra.

467. VIEJOS AMIGOS

29 de diciembre de 1963, derbi de Liga en Sarrià con reparto de puntos entre Espanyol y Barça (2-2). Por si faltaban alicientes, un Kubala en franca decadencia futbolística se alineaba con los blanquiazules y el entrenador visitante era el legendario César Rodríguez, antiguo compañero de Lázsló en el Barça y gran amigo del crac húngaro, además de compañero de juergas mitificadas en las leyendas urbanas de la época. Uña y carne, ya lo hemos comentado algunas veces.

Aquel día, Ramón Crespo, periodista de la revista *Barça*, había conseguido permiso del club para convivir con jugadores, técnicos y auxiliares azulgranas en los vestuarios del estadio españolista. Un beneplácito hoy impensable para los de la *canallesca*, ya que permitía a Crespo compartir con las figuras los prolegómenos del partido, entrar en los vestuarios en el descanso e, incluso, sentarse en el banquillo azulgrana durante la disputa del derbi. Un lujo sibarítico, vaya. De una concesión así resulta imposible tejer una mala crónica, Entonces y ahora, si de eso se tratara.

468. ¡QUÉ PANORAMA!

Vayamos, pues, a repasar el relato publicado por Crespo tras vivir tal experiencia. La descripción de cuanto ocurría en el vestuario azulgrana en los minutos previos al arranque del derbi de Sarrià resulta una pura delicia, repleta de pintoresquismo y humanidad. Los héroes en la más estricta intimidad: Zaballa, realizando gimnasia sueca en las duchas; el cuidador Claudio Pellegero, preparando vasos de té con coñac; el portero Sadurní, bombardeado a pelotazos por sus compañeros dentro del propio vestuario; un balonazo a punto de romper la cabeza de Re contra la pared mientras recibía un masaje de Mur; Benítez repartiendo puntapiés «para que os vayáis acostumbrando»; César ordenando a Sadurní que se metiera el jersey dentro de los pantalones y el aludido haciendo caso omiso a su míster; el capitán Gràcia con un nerviosismo tan extremo que no podía ni firmar el acta del partido...

Intrahistoria azulgrana en estado puro. Ay, si algún día el masajista Ángel Mur Navarro, leyenda de leyendas culés, se hubiera decidido a publicar sus memorias ya redactadas, lo que nos habríamos divertido con su lectura...

469. EN EL BANQUILLO

Continuamos con las vivencias de Ramón Crespo ya en el banquillo, que aquí hay mucha tela que cortar. Una vez sentado en la incómoda zona visitante e iniciado el choque de la máxima, el periodista es testigo de los desaforados chillidos de César aleccionando a sus jugadores («en ocasiones creo que me va a reventar los tímpanos»); del estado de *shock* en el que entra Benítez tras el silbido inicial («da la sensación en el terreno de juego de encontrarse en un estado parecido al de un boxeador que roza el K. O.»); del estoicismo de Kocsis («le propinan una patada en el muslo que lo deja tieso. César y Mur le dicen: "Al suelo. ¡Tírate al suelo!". Kocsis no oye. "¡¡¡Al suelo, Kocsis!!!". No comprendo cómo a un veterano le tengan que decir eso. Por fin se desploma y se ganan unos minutos») y el sufrimiento extremo de un profético Ángel Mur cuando, con 1-2 en el marcador, el Espanyol encerraba con furia al Barça en su área y él repetía como una letanía: «Nos van a empatar. Nos van a empatar. Los nuestros no corren. No luchan. No sé qué les pasa. El Espanyol se merece un gol. Y lo conseguirá..., lo conseguirá...». Y así pasó, recordémoslo.

470. «LAS MAMÁS»

Más de este extraordinario reportaje antropológico repleto de tensión y nervios desatados. Hete aquí, en narración de Crespo, lo sucedido cuando, en el minuto veintiuno, Kocsis firmó el 0-1: «El foso azulgrana se llena de alegría y los señores que tenemos a nuestras espaldas vuelven a la carga con sus insultos. Se meten con la derrota sufrida frente al Hamburgo, con el barcelonismo y con nuestras mamás». Terminado el descanso y de salida nuevamente al campo, el portero suplente Pesudo «le planta cara a un espectador que le ha insultado por las buenas y, lógicamente, al encontrarse descubierto, se acurruca en su asiento entre la multitud, queriendo pasar inadvertido». Y cuando pitan el final del derbi, «el lío que arman los espectadores es espantoso. A César, un señor le insulta a gritos, y el preparador azulgrana le contesta citándole en la calle. Un policía agarra al míster por el hombro con tan mala fortuna que de refilón recibo un testarazo que me hace muy poca gracia. El policía le recomienda a César que no le haga más difícil su trabajo y este le dice que no le tiene que tocar. Por suerte, el [directivo azulgrana] señor Sabaté lo arregla todo y se calman los nervios». Un día más en la oficina... No para Crespo, claro, quien no olvidó ese reportaje en su vida, seguro.

471. PENAL DE OCAÑA

Esta anécdota, relatada en primera persona por nuestro amigo Lluís Solà, corresponde a los años sesenta del pasado siglo, aunque también podría proceder, perfectamente, de otras épocas. Explica Solà que uno de sus vecinos de localidad en el Camp Nou presenciaba los partidos del Barça pegado a un transistor, escuchando las vicisitudes del resto de la jornada de Liga en el *Carrusel Deportivo* e informando puntualmente de las novedades pertinentes a cuantos se hallaban cerca de él. Como buen culé que era, el señor tenía una fijación con el Real Madrid y estaba convencido de que los árbitros siempre ayudaban al equipo blanco con oportunos penaltis a favor a pocos minutos del final del partido. Y continúa Solà: «En aquellos tiempos se había hecho muy popular el penal de Ocaña, que a menudo salía en los periódicos por ser un conocido centro de reclusión. Nuestro hombre enseguida tejió su juego de palabras y, si el Madrid perdía y faltaba poco para acabar, pronosticaba convencido: "Ahora llegará el penal de Ocaña". Y si el árbitro, en efecto, lo pitaba, mi vecino, con la cara tan roja que parecía a punto de sufrir un ataque, gritaba como un poseso: "¡Ya tenemos aquí el penal de Ocaña! ¡No falla nunca!"». Por asociación de ideas, la anécdota nos lleva a recordar cómo, en los años ochenta, la revista humorística *El Jueves* ofrecía en sus páginas un carné con el escudo del Madrid y la inscripción: «Socio de la Santa Cofradía El Penalty Milagroso».

472. CHILLAR POCO

El 14 de febrero de 1971, el Barça sufrió una dolorosa derrota ante el Real Madrid en casa. Un solitario gol de Toni Grande proporcionó los dos puntos a los merengues ante la excesiva frialdad del público, que se comportó con una incomprensible abulia visto el rival que jugaba de visitante. En cualquier caso, Manuel Vázquez Montalbán brindó una lúcida explicación a este fenómeno aparentemente paranormal en las páginas de la revista *Barça*: «Se gritó poco fundamentalmente porque el Madrid iba mal clasificado y se tenía excesiva confianza en la victoria. El Madrid andaba mal y no se presentaba en Barcelona en plan de un tercio de Flandes victorioso. El error creo que estuvo en subestimarlo. Por otro lado, en la actitud moderada del público también influyó el hecho de que Santiago Bernabéu, después de todo, había estado prudente en sus declaraciones. El presidente del Madrid es uno de los grandes excitantes para provocar al público del Camp Nou; la gente no le perdona su apariencia de alférez provisional». Efectivamente, Bernabéu era el Mourinho de aquella época, capaz de sacar de quicio al más centrado.

473. LA SAL DEL DERBI

Tanto el Barça como el Espanyol empezaron bien la Liga 1972-73. Tras cinco jornadas, los azulgranas contaban todos los partidos por victorias y eran líderes destacados, mientras que los blanquiazules contabilizaban dos victorias y tres empates, y ocupaban la tercera posición. La sexta jornada, que se debía disputar el 7 de octubre de

1972, incluía el plato fuerte del derbi en la carretera de Sarrià, un duelo que generó una enorme expectación. Con el buen inicio de ambos equipos, aquella enconada rivalidad ciudadana de antes de la guerra parecía resurgir de las cenizas después de años de progresiva decadencia. Como decía el editorial de la revista *Barça* tras el enfrentamiento: «El fútbol necesita este ambiente, que es la sal que lo conserva. Nosotros, personalmente, somos partidarios de la buena calidad de juego, pero comprendemos que la pasión ha hecho más por la popularización del deporte que el academicismo. Sin pasión no se habrían construido los enormes estadios, ni se habrían llenado de este público ávido de victoria, nervioso y excitado». No le faltaba razón al articulista.

474. GRAN INVENTO, EL ESPANYOL

El editorial de aquel *Barça* seguía con este interesante razonamiento: «No recordamos quién dijo que si el Español no existiera, debería haberse inventado. La supresión de la categoría regional, el inolvidable Campeonato de Cataluña de los años veinte y treinta, alteró el estatus y la rivalidad desbordó los límites geográficos futbolísticos, válidos hasta entonces. El Real Madrid sustituyó al Español como "el" rival en el ánimo del socio y seguidor azulgrana. Sin embargo, la historia no se destruye fácilmente y es suficiente cierta igualdad, cierto aliciente en la confrontación, para que el rescoldo se avive, para que el fuego escondido bajo las cenizas del tiempo se convierta de nuevo en llama. Sí, la pasión, una pasión razonable —nunca incivil e inconsciente—, es necesaria al fútbol. Y esta pasión se vivió de nuevo durante la semana pasada, en las calles y en el campo histórico de Sarrià».

Finalmente, Espanyol y Barça empataron a un gol, tantos anotados por José María y Barrios, y todos contentos. Ahora bien, más satisfechos quedaron los *pericos* cuando, en la segunda vuelta, ganaron por 0-1 en el Camp Nou con gol de penalti de Glaría, proeza que les sirvió para colocarse líderes, aunque el Atlético de Madrid acabaría imponiéndose en aquella emocionante Liga, seguido por el Barça y el Espanyol, que finalmente fue tercero.

475. CARLOS ZANÓN

Carlos Zanón, poeta y novelista de serie negra, llegó a confesar en cierta ocasión que «mi padre y yo solo nos abrazábamos en los goles del Barça, ya fuera en modalidad campo o sofá. Con eso no teníamos problemas». Zanón, nacido en Barcelona en 1966, rememoraba el 0-5 del 74 en el Bernabéu como su primer recuerdo de un Madrid-Barça. Y añadía la clave de esta guerra de nunca acabar, verbalizada con una indiscutible verdad: «Cuando eres crío y del Barça, cada chut, cada disparo va dirigido a una portería del Real Madrid. Es entusiasta tener un adversario tan tenaz y desesperante. Tanto que no entiendes qué se puede encontrar en ese equipo, ni tan siquiera en el color blanco. Se lo preguntas a tu amigo, tu compañero merengue de la clase y nunca contesta. Él se ha preguntado lo mismo de ti y de tus rayas azules y granates cientos de veces».

476. NI EN PINTURA

Fernando Molinos es toda una institución en el RCD Espanyol, club donde jugó diez años, entre 1974 y 1984. Un caso curioso, aunque no único: se transformaba sobre el césped. Persona amable, educada y de excelente trato «de civil», jugaba más allá del límite reglamentario cuando vestía de corto. Un especialista en marcajes con excelente habilidad para machacar los tobillos de la figura contraria cuando le tocaba. Así, no es de extrañar que sus duelos personales con Johan Cruyff se hicieran famosos. Años después, el propio Molinos lo recordaba con la gracia propia del tiempo transcurrido, el mejor aliado para suavizar aristas: «Yo era amigo de Asensi, Marcial, de varios jugadores del Barcelona, y todos me decían, "Cruyff no te quiere ni ver". En el campo, él cogía el balón y me retaba con la mano, me decía "ven, ven". En el Camp Nou intentaba irritarme, pero yo no perdía los nervios. Ahora somos muy buenos amigos y cuando me ve se pone en un rincón en plan de broma para que no le pegue. Los del Barça me decían que si querían enfadarle en el vestuario le gritaban: "¡Que viene Molinos!", y él cogía unos cabreos que para qué». Razones no le faltaban al holandés, que quede escrito.

477. PURA RUTINA

En otras páginas ya nos hemos referido al Valencia-Barça jugado en el Luis Casanova del 21 de diciembre de 1975. Aquel partido acabó con una tensa victoria valencianista (3-2), bajo un ambiente apasionado, eléctrico, de los que se cortan con cuchillo. De hecho, algunos futbolistas de ambos equipos estuvieron a punto de acabar a torta limpia. Con el pitido final se produjo una escena incomprensible, cuando el árbitro Juango Ruiz no quiso estrechar la mano al capitán barcelonista Johan Cruyff pese a la educada insistencia del holandés. Poco después, en la entrada del túnel de vestuarios, hubo palabrotas, empujones e intercambio de golpes, con la consiguiente intervención de la fuerza pública. Y ya en el vestuario, el jugador valencianista Tirapu, marcador inmisericorde de Cruyff, presumió de que él era de Pamplona, como el árbitro. Como escribieron en *RB*, «mejor olvidar. Ya vendrán tiempos mejores».

478. EN DEFENSA

Por cierto, el alboroto final de aquel Valencia-Barça vino propiciado por las groseras palabras de un fotoperiodista valenciano, que ante los jugadores azulgranas insultó gravemente al centrocampista holandés Johan Neeskens. Entonces su compañero Costas le pidió que se callara, recibiendo por respuesta un empujón del irascible fotógrafo. La respuesta en forma de puñetazo de Costas desencadenó la vorágine, pero, como justificaría posteriormente el defensa gallego, «es muy difícil dominarse cuando faltan gravemente al respeto a los seres queridos de un compañero». Costas fue sancionado con un partido.

479. CON COPITA INCLUIDA

Debe ser que había terminado, por fin, la dictadura y que con el arranque de la transición hacia la democracia soplaban nuevos vientos. Por todas partes, incluso en los sectores más inverosímiles. Esto sucedió el 19 de diciembre de 1976, en la salida del campo de Sarrià tras un tenso y duro derbi Espanyol-Barça, cerrado con victoria azulgrana por 2-3. Un seguidor españolista y otro barcelonista cruzaron algunas palabras poco amables y terminaron peleándose. En aquel instante apareció una pareja de la Policía Armada, que se llevó a la exaltada pareja a un rincón. En lugar de amenazarlos o detenerlos, los uniformados les dieron una copita de coñac para de calmarles los ánimos. Parece que la policía había decidido de repente alterar radicalmente sus habituales métodos de disuasión.

480. ¡PAM!

En diciembre de 1976, el Burgos traspasó a su estrella Juan Gómez, *Juanito*, al Real Madrid. Sí, hablamos del mítico Juanito, aquel icono del madridismo, un futbolista de carácter controvertido que falleció trágicamente en accidente de tráfico en 1992. Los madridistas apelan a su espíritu cuando les toca afrontar una gesta heroica en forma de remontada en el Bernabéu. Lo que nadie recuerda ya es que el Barça también intentó ficharle, iniciativa que no cristalizó con gran alivio de la esposa de Juanito, Mari Carmen Mira, quien declaró a la prensa: «Pasé un mal momento cuando mi marido estuvo a punto de fichar por el Barcelona. Soy madrileña y, claro, siento poca simpatía por los catalanes». Claro, claro, el argumento más natural del mundo. Un paradigma de lo políticamente correcto, como diríamos hoy. Existen más separadores que separatistas, si nos guiamos por el clásico apócrifo.

481. MUJERES EMBARAZADAS

Con el tiempo, Juanito se convirtió en una auténtica bestia negra del barcelonismo, una de aquellas figuras malditas que tanta polémica generan y azuzan la histórica rivalidad entre Barça y Madrid, como pasaría después, por citar apenas un par de ejemplos, con Hugo Sánchez y Cristiano Ronaldo y, en camino inverso, con Hristo Stoichkov y Gerard Piqué. Uno de los momentos más hilarantes, por no decir surrealistas, de esta pugna llegaría el 26 de noviembre de 1982, cuando el presidente Núñez se planteó ante los periodistas aquella legendaria pregunta retórica: «¿Qué pasaría si en el Barcelona hubiera un jugador que fuera dejando embarazadas a las mujeres por las esquinas como hace Juanito en el Madrid?». El aludido se querelló contra el presidente azulgrana por injurias graves y pidió cincuenta millones de pesetas de indemnización, pero en 1984 la Audiencia Provincial de Barcelona absolvió a Núñez. Los abogados de Juanito presentaron recurso contra la sentencia y el caso se alargó hasta julio de 1987, cuando el Tribunal Supremo lo archivó de manera definitiva. Hoy ya es una pequeña anécdota completamente olvidada, pero quienes la vivimos recordamos el formidable lío organizado con la ocurrencia del entonces presidente del Barça.

482. EL CLAVO

El Espanyol-Barça del 17 de diciembre de 1978 dejó un par de imágenes para la posteridad. La primera, en el terreno de juego, fue hilarante si te lo tomas a buenas. La segunda, en el exterior de Sarrià, triste, lo mires como lo mires.

Comencemos por la imagen «divertida». Aquel día, el aguerrido delantero argentino Juan Carlos *Milonguita* Heredia ocupaba un lugar en la delantera azulgrana al lado de *Lobo* Carrasco y de Hansi Krankl. Heredia era el típico jugador que no se acobardaba en absoluto ante la violencia de los contrarios. Como dijo una vez, «algunos defensas pegaban hasta a su madre, pero yo por la camiseta del Barça me peleaba con el diablo si hacía falta». Pero aquel día Milonguita prefirió no pelearse. Peor aún: salió al terreno de juego con un clavo escondido en el vendaje que llevaba en la mano. Y cuando algún españolista se le acercaba demasiado, le enseñaba el clavo y le decía: «A la próxima, te lo clavo». Cuando el delantero españolista Rafa Marañón se quejó al árbitro Soriano Aladrén («¡el número siete lleva un clavo!»), Heredia contestó angelicalmente que él era futbolista, no carpintero. Segundos antes había enterrado el clavo en la hierba de Sarrià.

483. DANTE, VUELVE

La otra escena resultó incívica y pudo haber sido dramática. Al terminar el partido, un grupúsculo de seguidores radicales españolistas no supo encajar la derrota por 0-2 y esperaron a los jugadores del Barça cuando iban a coger el autocar. Uno de los violentos impactó con el asta de una bandera en la cabeza de Asensi, mientras otro llegó a cortar la chaqueta a Neeskens con un cuchillo. Ante estas agresiones, la curiosa reacción de Migueli y Heredia consistió en mostrar, entre risotadas, billetes de mil pesetas a los agresores.

484. TERCER TIEMPO

Por fortuna, tales brotes de peligrosa violencia no dejaban de ser casos aislados. Muy alarmantes, pero esporádicos. Su escasa frecuencia, en teoría, los convertía en fáciles de controlar por parte de las respectivas directivas. En caso de que mostraran voluntad de hacerlo, claro, algo que no parecía figurar entre sus prioridades de gestión. En cambio, en relación con los jugadores, el panorama cambiaba. Como dice el tópico, todo cuanto pasaba en el campo, se quedaba en el campo, y cuando el árbitro pitaba el final del partido, tan amigos. Así, no era extraño que los derbis de aquella época acabaran con un tercer tiempo en el restaurante Can Fusté, situado casi a mitad de camino entre el Camp Nou y Sarrià, donde los futbolistas de ambos cuadros confraternizaban alrededor de unas cervezas y platos de excelente jamón. Más aún cuando, en aquellos días, muchos eran vecinos de la zona de la avenida Carles III, al margen de la camiseta que defendieran.

485. LLUVIA DE PALOS

El Barça-Espanyol del 12 de octubre de 1986 (1-0, con gol de Roberto Fernández), se vio ensuciado por los graves incidentes vividos, ya avanzada la segunda mitad, en la tercera gradería del gol norte del estadio, cuando miembros de la peña radical españolista Brigadas Blanquiazules, armados con cadenas y objetos contundentes, agredieron indiscriminadamente a los seguidores barcelonistas. Una docena de personas resultaron heridas y asistidas en los dispensarios del Camp Nou. Tres días después, el club les envió una carta en la que se condenaban los hechos y se lamentaba que «a pesar de las numerosas medidas de seguridad que el club toma cada partido, no nos sea posible evitar incidentes como los ocurridos el pasado domingo». Eso sí, también aseguraba que «incrementaremos las medidas disuasivas y los controles». Ah, aquellos «adorables» años ochenta.

486. LA BARBERÍA

Seguro que los aficionados catalanes del Barça recordarán *La barbería,* aquel programa semanal emitido por el circuito catalán de TVE entre los años 1990 y 1994 y que aún hoy sigue presente en la programación de Barcelona Televisió. Presentado por el periodista Pitu Abril, era una distendida y juiciosa tertulia futbolística en la que diversos representantes políticos del arco parlamentario catalán, todos culés, comentaban en tono amistoso y de *fair-play* los partidos y la actualidad del club. En *La barbería* vimos a personajes como el socialista Jaume Sobrequés, el convergente Jaume Camps, el popular Enrique Lacalle, Francesc Baltasar (Iniciativa per Catalunya) y Ernest Benach (ERC). Como solitario antagonista, el actor *perico* Carles Canut, hombre de carácter que nunca se arrugaba, a pesar de hallarse en absoluta minoría. Era la época del denominado oasis catalán pujolista, cuando la política resultaba incluso amable. Ahora, la pregunta retórica: ¿os imagináis hoy una tertulia como esta, con diversos políticos, independentistas, unionistas y comunes, todos unidos por el amor a los colores, charlando tranquilamente del Barça? No, nosotros tampoco. Y lo lamentamos, añadimos de corazón.

487. PERICO A LA CAZUELA

De todos modos, en *La barbería* no todo resultaría idílico. El 29 de noviembre de 1992, el programa dedicado a la goleada del Barça sobre el Espanyol (5-0) vivida en el Camp Nou trajo mucha mucha cola. Aquel día, Sobrequés y Camps abandonaron por un rato el tono sensato característico del formato y, entre mofas y befas, simularon preparar una especie de estofado con un periquito de madera, broma que culminó cuando Sobrequés tiró perico y cazuela a la basura. Y aquello fue Troya: la directiva del Espanyol elevó una enérgica queja formal y, en el partido siguiente, buena parte del estadio de Sarrià gritó «*La barbería* es una porquería». Encima, destacados prohombres espanyolistas llamaron a Miquel Roca Junyent y Raimon Obiols para que Sobrequés y Camps fueran expulsados de las ejecutivas del PSC y CiU, respectivamente. Como es natural después del jaleo organizado, los protagonistas del polémico episodio tuvieron que pedir disculpas.

488. LA FOTO DE MICHELINO

Ser un ídolo culé y, de repente, largarte al Real Madrid comporta un peaje forzoso. Y terrible, añadiríamos. A partir de la «deserción», ya cuentas con la animadversión eterna de aquellos que te estimaron. El caso de Luis Figo se ha convertido en emblemático, referencial, aunque antes ya vivimos un par de casos de flagrantes apostasías en tiempos modernos. Los protagonizaron el alemán Bernd Schuster en 1988 y Michael Laudrup en 1994, como bien recordaréis. Refiriéndonos al segundo caso, el virtuoso danés dejó el Barça a causa de su grave enfrentamiento con el técnico Johan Cruyff. Como era de prever, los culés se sulfuraron y alguien se desfogó a la vandálica con la foto de Laudrup colocada en el plafón de jugadores extranjeros del Museu del Barça. La rayaron hasta dejar irreconocible el rostro del «traidor». No sería hasta junio del 96 cuando el club reaccionó para restaurar aquella foto que provocaba vergüenza ajena. Y ya puestos, protegieron el cuadro de los extranjeros con un cristal, medida de seguridad bastante elemental. Por si acaso.

489. ESCUDERÍAS RIVALES

En el 2001, la rivalidad entre el Barça y el Real Madrid estuvo a punto de trasladarse al mundo del automovilismo. El 15 de noviembre, los medios de comunicación informaron de que la empresa RPM y los dos clubes estaban negociando un acuerdo para que la Fórmula Nissan pudiera contar con sendos monoplazas patrocinados por azulgranas y blancos. Por desgracia, al final los contactos no llegaron a buen puerto y nos quedamos con las ganas de presenciar arriesgados adelantamientos entre bólidos con los escudos del Barça y del Madrid. Hubiera sido espectacular, eso seguro.

490. ¡VIVA SAMOA!

Ya parece rutina, dicho sea con el mayor respeto. La queja primordial de los seguidores españolistas cuando se refieren a los medios de comunicación consiste en acusarlos de una cobertura excesiva del FC Barcelona, en perjuicio suyo, obviamente, y la tendencia a equiparar el sentimiento catalanista identitario al Barça, como si este club tuviera la exclusiva en esta materia. Y a resultas de tal sentimiento, bastante común, en enero de 2017, el Espanyol respondió en las redes sociales con un irónico «*We feel Samoa*» (Nosotros nos sentimos de Samoa) a la campaña de Turismo de la Generalitat que asociaba el FC Barcelona con Cataluña bajo el lema «*If you feel FC Barcelona, you feel Catalunya*» (Si sientes el FC Barcelona, sientes Cataluña). Entre la gente, la polémica rebrotó en abril del 2018, cuando un vídeo de promoción internacional del Ayuntamiento barcelonés, titulado *Share like follow Barcelona* (Comparto - me gusta - sigo Barcelona), utilizó imágenes de las gradas del Camp Nou, pero no del estadio del RCD Espanyol, cosa que irritó al club y al entorno blanquiazul.

De hecho, una legión de *espanyolistes* insisten en que, a pesar del nombre de su club, ellos son tan catalanes como los culés. Vaya, que son catalanes que ejercen su legítimo derecho a no ser del Barça. Nada que objetar ante una evidencia tan obvia, y solo nos queda congratularnos por la muy positiva evolución del sentimiento blanquiazul desde aquel pasado tan definido.

491. UN EJEMPLO

Y cuando hablamos de los tiempos pretéritos del sentimiento político imperante en Sarrià, recordamos un ejemplo explicado por el escritor Quim Monzó, a quien no se conoce filia futbolística. Más bien, pasa del balón como de la peste, vaya. Según Monzó, «mi padre iba a ver los partidos de fútbol que se jugaban en Barcelona. Los del Barça, un domingo, y los del Espanyol, al domingo siguiente. Resulta que una vez lo echaron del campo del Espanyol a hostias, porque estaba en la grada con un amigo suyo, perico, tan amante del fútbol como él, y cometieron el delito de estar hablando en catalán. Ahora diréis: "Durante la posguerra también había un montón de franquistas en Can Barça". ¡Claro que sí! Estoy convencido. Y no solo en la posguerra, sino también hoy. Comenzando por aquella época en la que colocaron al marqués de la Mesa de Asta. Entonces había franquistas por todas partes, pero resulta que quienes echaron a mi padre del campo a hostias por hablar catalán fueron los del Espanyol».

492. PASILLO... DEL TERROR

A finales de 2017 se organizó una de aquellas estériles polémicas ya habituales en el fútbol, al menos en el español, dedicada a la posibilidad de que el Barça le hiciera al Madrid un pasillo de homenaje por su triunfo en el Mundial de Clubes, aprovechando la disputa del clásico de Liga en el Santiago Bernabéu, el 23 de diciembre, aquel que terminó con festival azulgrana (0-3). Resultaba evidente que el Barça no mostraba el menor interés en rendir pleitesía a su eterno rival, aunque, en cualquier caso, tres días antes del partido el periodista Joan Poquí plasmó en las páginas de *Mundo Deportivo* estas expeditivas aseveraciones. A refugio, por si salpica la metralla:

> El Real Madrid es el equipo que acabó el 5-0 que se llevó del Camp Nou hace ahora siete años repartiendo coces, una de las cuales supuso una de las diecinueve rojas que Ramos lleva en la Liga (y podrían ser cincuenta); se largó del césped mientras el Barça recibía la Supercopa de 2011 después de que una agresión de Marcelo a Cesc derivase en el dedazo de Mou [a Tito Vilanova]; se inventa obras en las finales de Copa; no felicita al Barça por los títulos y cuando, en 2015, lo hizo por la Champions de Berlín lo hizo por carta..., que el club azulgrana tuvo que pagar contra reembolso: 23,98 euros. Es aproximadamente lo que vale la dignidad de esta gente, que ahora tiene la indecencia de exigir, a través de sus altavoces, un pasillo que no merecen.

Como sabéis, al final de la Liga 2017/18 la polémica se reabrió, solo que esta vez justamente al revés.

493. CIBELES AZULGRANA

Esteban García, actual presidente y fundador en 1968 de la Penya Blaugrana de Madrid, realizó unas jugosas declaraciones al diario *L'Esportiu* el 21 de diciembre de 2017. García, quien reconocía que durante los setenta tenías que ser muy valiente para ser culé en la capital de España, desveló que fueron los barcelonistas de Madrid los primeros en celebrar títulos en la plaza de Cibeles, «pero el madridismo nos la quitó». Y lo detallaba: «En los años setenta, por desgracia, el Barça no ganaba muchos títulos, y cuando obtenía uno, lo disfrutábamos en la Cibeles. Entonces el madridismo consideraba que salir a la calle en masa para celebrar trofeos era de equipo pequeño. Después, de todos modos, lo empezaron a hacer ellos y en la propia Cibeles. De hecho, si ahora vamos nosotros, lo consideran una provocación».

494. LOS SIMBOLISMOS

Antes ya os hemos hablado de este simbólico partido. Nos referimos al que se jugó en el Santiago Bernabéu el sábado 23 de diciembre de 2017, un nuevo Madrid-Barça de Liga que significaba el enfrentamiento número 237 de carácter oficial entre los irreconciliables rivales desde 1902. ¿Era un partido más de la interminable serie? La verdad es que no. Dos días antes, las fuerzas independentistas se habían alzado con la victoria en las elecciones al Parlament catalán, a pesar del clima de represión y restricción de libertades que se vivía en Cataluña desde la suspensión por parte del Gobierno de Madrid de la autonomía catalana. ¿Estamos mezclando burdamente política y fútbol? Cedemos la palabra al periodista y escritor británico John Carlin, quien aquel mismo día publicaría estas palabras en *La Vanguardia*: «Hoy, a finales del 2017, la convergencia entre la política y el deporte es más visible que nunca o, al menos, desde tiempos de Franco. Ya no se trata de simbolismos: el Madrid-Barça del sábado es la continuación de las elecciones del jueves por otros medios. Al odio habitual del Bernabéu hacia los azulgranas se añadirá la rabia por la derrota de la tribu española representada en la humillada figura de su fan número uno, Mariano Rajoy. Si gana el Madrid, la revancha será dulce, casi tanto como la de Argentina contra Inglaterra en el Mundial de 1986, cuatro años después de la guerra de las Malvinas». Pues no hubo venganza: victoria culé por 0-3. De mayoría absoluta.

495. ANTAGONISMO TRIBAL

El artículo de Carlin se titulaba «La guerra por otros medios». En el texto, el periodista, de padre escocés y madre española, desvelaba que en 1997 descubrió el simbolismo escondido de la rivalidad entre el FC Barcelona y el Real Madrid:

> Trabajaba de corresponsal en Washington para *The Independent* de Londres cuando al director se le ocurrió la feliz idea de enviarme a Barcelona para escribir un reportaje sobre Robson, entonces entrenador del Barça, en vigilia de un clásico en el Camp Nou. El abuelo, como le llamaban los culés (con una curiosa mezcla de afecto y desprecio), era un hombre bregado en mil batallas, una de ellas la semifinal del Mundial de 1990 contra el antiguo enemigo alemán que la selección inglesa perdió en la tanda de penaltis. Pero estar al frente del Barça era otra cosa. No olvidaré nunca la cara de Robson, a tocar de la mía, con unos ojos como naranjas, mientras exclamaba: «¡Esto no tiene nada que ver con nada que haya hecho antes en toda la vida! Aquí soy mucho más que un entrenador de fútbol. ¡Soy el general del ejército catalán!».
>
> Para mí, aquello era nuevo. Temí que el abuelo se hubiera trastocado. Recurrí a un neutral, un aficionado del Atlético de Madrid. Robson no se equivocaba, me dijo: «Mira, para que lo entiendas: Barça contra Madrid es como Inglaterra contra Francia [Pausa]. En tiempos de Wellington y Napoleón».
>
> Eso fue en 1997. Me trasladé a Barcelona al año siguiente y me puse más al día. Entendí lo de *més que un club*, supe interpretar el significado de la pancarta gigante con el lema *Catalonia is not Spain* que cubría las gradas del Camp Nou cada vez que se disputaba un Barça-Madrid, la escenificación más simbólica del antiguo antagonismo tribal entre el catalanismo y la capital española.

496. PRESCRIPCIÓN MÈDICA

Víctor Pérez Godàs, (1926-2020), socio del Barça desde 1943 y durante muchos años vinculado a la Agrupació de Veterans del FC Barcelona, fue un culé veterano de aquellos que tienen identificado al enemigo eterno, por decirlo de algún modo. Pérez siempre se refería al Real Madrid como «el Real no sé qué», y cuando alguien le preguntaba por la razón de no poder aludir al eterno rival del Barça con su nombre al completo contestaba, invariablemente y tirando de ironía: «Es que el médico me lo ha prohibido». Por supuesto, seguro que era eso, pura prescripción facultativa.

De hecho, este antimadridismo recalcitrante del don Víctor entroncaba directamente con aquel chiste del dibujante Jaume Capdevila, *Kap,* en el que se veía a un caricaturizado Ronaldinho preguntándole a Carles Puyol: «Pero ¿el máximo rival del Barça es el Madrid o es el Espanyol?». La respuesta del imaginario Puyi, tajante: «El rival es el Espanyol..., con el Madrid solo somos enemigos». Pues eso.

8

El alma azulgrana

Sin deseo de ponernos trascendentes, permitidnos apuntar una certeza: Allá donde se produzca actividad humana, exposición de sentimientos, surge el alma. Naturalmente, no pediremos que el FC Barcelona goce de tal evidencia en exclusiva, todo el mundo la tiene, pero la suya alcanza un cariz especial. Un club es la gente que lo forma, otra exactitud primaria, de las que salta a la vista. Como decía Manuel Vázquez Montalbán (insistimos: referencia primordial del barcelonismo con quien, acompañado por Josep Suñol, acabaremos de conformar este capítulo que iniciáis), «el Barça es una institución que incluso consigue que los mudos hablen». Ya leeréis el desencadenante de tan peculiar y rotunda afirmación. Este club se comprende en esencia desnuda de cualquier otra consideración como una superpotencia sentimental, disparada exponencialmente en relación con otros, y así quedará certificado en las próximas anécdotas gracias a ejemplos de todo tipo, algunos de ellos entrañables.

Joan Gamper, el fundador, se pasó tres largos lustros gastando energías en la constante pugna contra el profesionalismo. Nunca quiso transigir, a pesar de comprender la evolución del fenómeno, con que el dinero corrompiera la pureza de una idea, las ventajas universales de practicar deporte sin esperar nada a cambio, representada la masa social bajo una camiseta común por aquellos dotados de mayor talento. Al final del pulso, llegaría a transigir con el *amateurismo* denominado marrón, cuando ya la realidad exigía centrar la atención en la nueva dialéctica prioritaria, consistente en mantener un difícil equilibrio en la práctica política que reclamaban los tiempos. El FC Barcelona se situó de manera explícita al margen de la actividad y del sectarismo intrínseco en los partidos, pero, por definición casi natural, al lado de Cataluña, su latido y sus reivindicaciones, avanzado a su tiempo y progresista en cuestiones sociales y culturales. Sorprende que, aún hoy, la presión externa obligue a justificar este catalanismo natural, a precisar que su defensa no actúa nunca contra nadie. La voluntad de ser en plenitud no exige negar a los otros y menos aún en un contexto de plena democracia.

Pese a que lamentemos no haber sido capaces, tampoco en este campo, de aprender del legado histórico, gusta y sorprende a la vez la tozudez de algunos episodios para probar que no nos hemos movido de sitio. Allá se mantiene, en Travessera de Les Corts, el pino donde quedaban miles de aficionados antes de ingresar en el viejo estadio para asistir al ritual. Allá, en un almacén de resistencia, también subsiste el vínculo con el pretérito representado por un banquillo de entrenador que ha dado tantas vueltas como la vida que acumula. El amor a unos colores llevado al paroxismo irracional negaba que las paredes de la antigua catedral pudieran caer en la traición dogmática de verlas pintadas de blanco. Como el club ha crecido, y de qué manera, volveremos a ocuparnos de una de nuestras tendencias preferidas cuando toca repasar días lejanos, consistente en agradecer a los viejos empleados su generosidad, su deseo de dedicar la vida al club. Junto a ellos, exdirectivos altruistas o seguidores entregados a la causa.

Y más nombres propios, como el de Nujeen Mustafà, fruto de la globalización, de que el sentimiento azulgrana cubra ya todo el planeta. El ejemplo de esta joven kurda que ha superado todas las calamidades que cualquier persona de bien quisiera erradicadas del planeta es un clavo donde aferrar nuestra esperanza. A Nujeen la conocimos en Navidad de 2017, y ya no la olvidaremos nunca porque ella es el rostro del Barça en este siglo XXI. Ella nos motiva a mantener identidad, principios, bellos ejemplos casi a la manera que Gamper quería preservar lo mejor del deporte, de esta disciplina que siempre ha cargado con un indispensable componente romántico. El alma azulgrana, en definitiva, se crea a partir de emociones, de superaciones, de ejemplos muy humanos. Los que encontraréis ahora y merecían que alguien los conservara en brasa visa. Eso, solo eso, es lo que hemos procurado hacer.

497. PARTE DE LOS BENEFICIOS

La primigenia alma azulgrana comportaba pura y sana alegría. Como sabéis, el primer FC Barcelona estaba formado por un grupo de jóvenes amigos que se reunían para jugar al fútbol sin ningún otro interés, más allá de pasárselo bien practicando su deporte preferido. El más estricto amateurismo guiaba los pasos del club durante aquellos años iniciales, aunque, apenas iniciados los años diez, ya se oyeran algunas voces discordantes. Así, en la temporada 1911-12, algunos futbolistas, al comprobar que las recaudaciones en el campo de Indústria comenzaban a ser respetables, le pidieron una parte de los beneficios al presidente Joan Gamper. El fundador, enemigo acérrimo del profesionalismo, se negó en redondo.

498. COBRAR EN VALENCIA

Sin embargo, la semilla de la codicia quedaba sembrada. Ya en octubre de aquel 1911, una parte de la plantilla concertó por su cuenta un partido en Valencia, cuya subvención (1500 pesetas) debía ir directamente a sus bolsillos. La reacción de la directiva fue drástica: el día 30, los principales futbolistas «rebeldes» (Carles Comamala, Arseni Comamala, Charles Wallace, Percival Wallace, Paco Bru, Romà Solà, José Quirante y Miquel Mensa) fueron expulsados del club. Mensa no se lo tomó demasiado bien y replicó a los directivos proclamando que «los estatutos, los reglamentos y la junta directiva del club son una indignidad». Al final, aquellos disidentes acabarían fundando una nueva entidad, llamada Casual, de efímera vida.

A pesar de haber pagado la cara factura de quedar diezmado, el Barça había ganado la primera batalla contra el profesionalismo. Sin embargo, cualquiera sabía que, a la larga, aquella era una guerra perdida. El denominado «amateurismo marrón» (cobrar bajo mano) se iba introduciendo progresivamente en el fútbol catalán y estatal, anormalidad prolongada hasta que, en 1926, el profesionalismo se legalizó de manera definitiva.

499. EL PINO DE LES CORTS

Cuando las rúas de celebración de los títulos del Barça enfilan la Travessera de les Corts y pasan por delante, ya nadie se acuerda de él, pero el llamado «Pino de les Corts» fue el lugar de encuentro preferido de muchos culés durante un montón de años. Este pino piñonero rodeado de casas fue plantado en 1893 y aún sigue vivo, con una imagen imponente. Se encuentra en la Travessera de les Corts, frente al número 275, casi en la esquina de la calle Vilamur. En uno de los laterales de su base hay cinco pequeños pivotes disuasorios que evitan rozaduras de coches, y delante, un minúsculo cartel informa de que se trata de un árbol de interés local. Sin embargo, no se cita su particular historia, tan vinculada a la memoria azulgrana.

Este árbol es el último superviviente de una gran extensión de huertos y jardines de frondosa vegetación que durante muchos años rodeó la finca señorial de Can Gasparó, adquirida por el Ayuntamiento en 1934 y derribada en 1971. Fue en 1922 cuando el pino entró en el imaginario barcelonista, con la inauguración del campo de Les Corts, situado justo detrás de Can Gasparó. El Pino de Les Corts, con su privilegiada ubicación, se convirtió en lugar recurrente de los aficionados barcelonistas, un sitio de encuentro para quienes iban a ver el partido el domingo por la tarde. El problema radicaba en que miles de personas seguían el ritual de quedar allí con los amigos, y después, la zona quedaba colapsada antes de los encuentros y acababa siendo bastante difícil encontrar a quienes habías citado. Dice la leyenda que también era el lugar donde muchos socios del Barça rompían el carné cada vez que el equipo los decepcionaba en el campo. En cualquier caso, es un símbolo azulgrana vivo (nunca mejor dicho) que merece ser recordado.

500. BANQUILLO CON HISTORIA

Ya en la inauguración de Les Corts, el 20 de mayo de 1922, se instaló un sencillo banquillo de madera justo al lado del túnel de salida de los jugadores. Reservado al entrenador local, este asiento era cuidado con cariño por *L'Avi* Torres, quien, los días de partido, depositaba una toalla para que se sentaran el técnico de turno y el cuidador del equipo. Allá colocaron sucesivamente sus posaderas hombres como Jack Greenwell, Jesza Poszony, William Alfred Spouncer, Ralph Kirby, Jack Domby, Romà Forns, James Bellamy, Ferenc Plattkó, Patrick O'Connell, Josep Planas, Ramon Guzmán y Josep Nogués. El 4 de febrero de 1944, el banquillo fue cedido a la U. E. Sants, que lo ubicaría en su campo de la calle Galileu. Allí permanecería hasta el último partido del equipo barcelonés, antes de que el campo fuera expropiado por el Ayuntamiento de Barcelona, el 23 de febrero de 1964.

Sería entonces cuando Ramon Cuello, socio del Barça desde 1921 y de la U. E. Sants desde 1932, adquirió el viejo banquillo para guardarlo en su domicilio como si de un tesoro se tratara. Mientras tanto, la U. E. Sants deambularía por la geografía barcelonesa sin terreno de juego fijo hasta que, el 27 de abril de 1984, estrenó su nuevo campo de Magòria. Aunque la ilusión del señor Cuello, incluso confesada a la prensa, era que el destino final del banquillo de entrenadores de Les Corts y Galileu fuera Magòria, lo cierto es que acabó en el Museu del Barça, inaugurado el 24 de septiembre de aquel mismo año. Y allí permaneció en sitio preferente hasta que la radical remodelación del Museu, finalizada el 13 de junio de 2010, postergó esta reliquia histórica del año 1922 al almacén, lejos de la vista del público. ¿Qué tal si le quitan el polvo y la vuelven a situar en el lugar que le corresponde?

501. ASÍ NO

La clausura de seis meses del FC Barcelona por parte de las autoridades militares tras el abucheo al himno español en Les Corts alcanzó gran eco internacional. Según publicaba *L'Esport Català* el 21 de julio de 1925, la dura sanción «ha sido largamente comentada por los diarios deportivos europeos y americanos». Destacaba esta frase transcrita en *La Vie Sportive* de Bruselas: «No es esta medida, demasiado severa, la que aproximará los catalanes a los españoles». Un comentario muy moderno, la verdad. A veces parece que no nos hayamos movido de sitio.

502. ESTAMOS IGUAL

Confirmado: no nos hemos movido del mismo sitio. Reproduciremos ahora un texto del 19 de junio de 1925, cinco días después de la pitada a la Marcha Real vivida en el campo de Les Corts. Lo publicó el diario madrileño *ABC*, eterno portavoz de la monarquía y las fuerzas conservadoras españolas. Y el redactor se despachó a gusto, en coherencia con el prejuicio de considerar al FC Barcelona como un nido de separatistas irredentos y temerarios que lucían su condición a pesar de la dictadura militar imperante entonces:

> El incidente no puede sorprender a nadie que conozca el carácter de este club, tan político, por lo menos, como deportivo. Como jamás, pongamos por caso, se ha visto ondear en el club la bandera española, aun siendo aquel, según su directiva, tan respetuoso con los símbolos de la patria, ni se ha escrito un letrero en castellano, no tiene nada de extraño que a sus a sus socios les parezca que sobra allí todo lo español. Pero no es al público adventicio a quien debe la junta cargar la

responsabilidad de lo ocurrido, pues lo que pudiera sorprender es que, educados como lo están, hubieran sus socios procedido de distinta manera a como lo hicieron.

Con evidente deseo de barrer hacia sus intereses, conste que *ABC* mentía descaradamente. En aquella época, la bandera española ondeaba junto a la azulgrana en el campo de Les Corts, y el idioma oficial del club era el castellano, lengua en la que se redactaban todos los comunicados y carteles. En cambio, quedaba proscrita cualquier simbología catalana, en obligada aplicación del dictatorial Real decreto sobre separatismo del 18 de septiembre de 1923 que prohibía la exhibición y uso público de la *senyera* y el catalán. Como podéis certificar, noventa y seis años atrás cierta prensa de Madrid ya aplicaba el mismo criterio de hoy, propalando, sin ninguna vergüenza, catedralicias falsedades sobre la realidad catalana. Y lo peor es que sus lectores se lo creían sin pestañear. Ayer y hoy, se reservaban la potestad de señalar quién adoctrina y quién no.

503. POETA PROSAICO

Narcís Deop, barcelonista de la vieja guardia y directivo en la temporada 1927-28, fue un prestigioso socio de mérito del club. Por lo que comprobamos, el personaje mostraba ciertas ínfulas literarias y así, en el *Boletín del FC Barcelona* de abril de 1928, publicó este sentido relato dedicado a la derrota por 1-0 sufrida en Sarrià contra el Espanyol. Era un partido del Campeonato de Cataluña jugado meses antes, el 24 de enero de 1926. Recomendamos su lectura con la mentalidad de entonces:

> Adiviné el triunfo del Espanyol por la actitud de un mozalbete. Con los puños cerrados y mirando al cielo, jardín estrellado, y con su bufandita azulgrana arrastrando por el suelo, rechazaba, airado, las palabras de consuelo, de un compañerito suyo. ¡Qué tempestad de relámpagos, truenos y granizo debía desatarse en su corazón! ¡Poco sabes tú cómo te agradecí tu amor por mi club en aquellas horas de alas plegadas, de vuelo bajo por no haber sabido remontarnos para conquistar el dulce beso de la Gloria!
>
> Aquella misma tarde fue una de las más enfebrecidas de mi amigo Jordiet. En sus momentos de delirio solo barboteaba el nombre del Barcelona. Decía a su madrecita que ganaríamos por dos a uno. Fue necesario esconderle la derrota, y como que las madres incluso cuando

mienten lo hacen dulcemente, quizá porque su corazón es prisionero del amor, hizo falta engañar a Jordiet con una victoria, inexistente, del Barcelona. Y aquella noche, el pequeño Jordi, el infante de ojos cerrados, de ceguera temporal, pudo soñar que Samitier y Alcántara actuaban maravillosamente y VEÍA [*sic*] como marcaban los goles. ¡Quién, como tú, habría podido soñar así».

Vaya, Deop, tal vez exagerabas un poco con la derrota padecida ante el gran rival. ¡Menudo sentimiento!

El final de este desgarrador relato supone un ataque en toda regla contra los propios futbolistas del Barça, a los que hace responsables de arrodillarse ante los pericos:

> ¿Por qué, jugadores del Barcelona, no supisteis ahorrar la desesperación de un niño y la mentira de una madre? ¿Acaso olvidasteis lo que valen una madre y un infante? Cada lágrima suya equivalía a una perla fina, y aquel día, buenos amigos, fuisteis comerciantes de lágrimas. ¡Qué vergüenza!

Y después hay quien se queja de la presión actual del entorno. Pues llevamos largos años con ella... Encima, esto fue publicado en el *Boletín Oficial del Barça*.

504. EL NÚMERO UNO

Joan Gamper se suicidaría el 30 de julio de 1930, arruinado y deprimido por la absoluta postergación que padecía en su Barça, aquel club que quería como a un hijo porque él lo había fundado y salvado siempre que se le requería. Recordad que, en 1928, la junta de Arcadi Balaguer había llegado al ignominioso extremo de arrebatar al fundador el asiento vitalicio del que disfrutaba en el palco de Les Corts. Como acostumbra a pasar en estos casos, tras la muerte de Gamper todo fueron llantos, homenajes y panegíricos. Dos días después del óbito, el 1 de agosto de 1930, la directiva que presidía Gaspar Rosés decidiría que «el número uno de socio que, como fundador de la entidad le correspondía, le quede definitivamente adjudicado y que nunca más se pueda correr, en perdurable homenaje a su esfuerzo».

De este modo, a partir de entonces el socio más antiguo del club pasó a ser el número 2, ya que el 1 quedaba adjudicado de manera perpetua a Joan Gamper. ¿Hemos dicho «de manera perpetua»? Más bien no, porque muchos años después, el presidente Joan Gaspart decidió que, a partir del 1 de enero de 2002, el número 1 debía ser patrimonio del socio con mayor antigüedad, «gesto de gran importancia que favorece la actualización del censo que imponen los nuevos estatutos». Esta decisión fue revocada el 6 de noviembre de 2009 por la directiva de Joan Laporta, que le devolvió a Joan Gamper el carné de socio número 1 a perpetuidad. Esperemos que así sea, pensando ya en la posteridad.

505. ¿NEUTRALES?

Tras la renuncia del dictador Miguel Primo de Rivera, el 28 de enero de 1930, el nuevo Gobierno del general Dámaso Berenguer decretó, como señal de buena voluntad, una amnistía a los condenados por los delitos de rebelión, sedición común o militar, y otros delitos de carácter político. Semanas después, el 13 de marzo, el Barça celebró una asamblea de compromisarios en cuyo transcurso los socios asistentes aprobaron tramitar un telegrama al Gobierno solicitando una ampliación de la amnistía. Al mismo tiempo, en *La Veu de Catalunya*, diario vinculado a la Lliga Regionalista, se publicó que en la asamblea «se lamentaron que la directiva, en nombre del club que regenta, no hubiera hecho nada, todavía, en este sentido». Es bien sabido que nunca llueve a gusto de todos. Seguro que otros, en cambio, acusaron al FC Barcelona de meterse donde no le llamaban y de ser un nido de separatistas. Ahora que caemos en ello, tampoco ha cambiado tanto el panorama.

506. PARTIDISMO, NO

Durante la República, la actitud pública del FC Barcelona en defensa de los derechos de Cataluña se manifestaría en la campaña a favor del Estatuto de Autonomía. Además, se integró en la comisión procatalanización, cooperó en el centenario de la *Renaixença Catalana*, celebrado en Ripoll en abril de 1933, y formó parte cada año en la conmemoración del *Onze de Setembre* de 1714 y del *Corpus de Sang* de 1640. Debemos subrayar que tan decidida actitud en defensa de la identidad catalana no implicó la incorporación del FC Barcelona al juego político partidista. A pesar de la particular adscripción izquierdista de algunos de sus dirigentes, el Barça nunca fue durante la época republicana ningún instrumento político paralelo a las instituciones catalanistas y democráticas.

507. AL MARGEN DE PARTIDOS

La intención de la junta de no desviarse un milímetro de su acción catalanista para no caer en el juego político partidista no fue bien comprendida por algunos sectores de la sociedad catalana, que precisamente acusaban al FC Barcelona de meterse impropiamente en política. Presionado bajo tal atmósfera, el 18 de noviembre de 1932 (dos días antes de las elecciones al Parlament catalán), el club se vio obligado a publicar la siguiente nota:

> Vindicando el nombre del FC Barcelona, involucrado en campañas políticas, el Consejo Directivo, por unanimidad, hace constar que, en su actuación, ha observado, siempre, una conducta absolutamente al margen de los partidos políticos, aunque al mismo tiempo profundamente patriótica, de conformidad con el Estatuto social. Lo contrario no procedería en una entidad de su significación que tiene el orgullo y la dignidad, tanto como laureles conquistados, de haber trabajado como la primera por Cataluña en todos los momentos y con el concurso de todos los socios sin distinción de matices.

508. EL ESPÍRITU PROPIO

En abril de 1933, el boletín del FC Barcelona publicó un artículo de Esteve Calzada i Alabedra, secretario de la Comisión de Cultura del club, titulado «Patriotismo no quiere decir política». La pieza, escrita en forma de imaginario diálogo entre el autor y un amigo, resulta muy didáctica para distinguir dos conceptos distintos, aunque, insistimos, a menudo equiparados de modo erróneo. Ante el amigo barcelonista y apolítico que le propone «escribir un artículo diciendo que lo importante es ganar partidos y no hacer política», el catalanista Calzada desarrolla varios argumentos que entroncan directamente con el lema *més que un club*, como que «nuestro club es diferente a todos los restantes clubs de Cataluña», «nuestra entidad tiene un espíritu propio, un espíritu que nada o muy poco tiene que ver con el deporte», ya que para el Barça «hay algo más que ganar o perder partidos de fútbol». Según la opinión de Calzada, la cuestión quedaba diáfana: una cosa era hacer política, y otra, bien distinta, la acción patriótica. Y en esta última, «nunca me parecerán suficientes los ánimos y estímulos que en este sentido se hagan» por parte del FC Barcelona.

509. ¿SOCIOS TUMULTUOSOS?

El 11 de septiembre de 1933 se celebró la tradicional manifestación catalanista de la Diada Nacional de Catalunya. En cierto momento de la concentración, un grupo de asistentes se situó ante el cuartel de Sant Agustí en actitud provocadora. El incidente no tuvo consecuencias, ya que el oficial de guardia y algunos soldados salieron al exterior y consiguieron de manera pacífica que el grupo se disolviera. Aquel día, como era habitual desde hacía años, un grupo de socios había participado en la manifestación tras una bandera azulgrana.

Pocos días más tarde, el presidente Joan Coma recibió la visita de Joan Selves, gobernador general de Cataluña, quien le comunicó que había una denuncia contra aquellos socios por el incidente del cuartel de Sant Agustí. La respuesta del club consistió en dar absoluto respaldo a sus asociados y negar cualquier implicación suya en los hechos. Y parece ser que el señor Selves, militante moderado de ERC, quedó conforme con la explicación.

510. OBJETIVO CULTURAL

Durante los años 1932-36, al calor del régimen democrático republicano, la Comisión de Cultura del FC Barcelona realizó una enorme tarea de fomento cultural y social, con iniciativas de todo tipo. Para los dirigentes del club en aquella época, la existencia de esta comisión significaba el hecho más natural del mundo, ya que, según sus propios estatutos, había sido creada «para el cumplimiento de la finalidad básica del club, señalada en el artículo primero de su Estatuto, o sea, el objetivo cultural que el Futbol Club Barcelona persigue, al mismo tiempo que el deportivo». Vaya, que por aquel entonces no todo se reducía a que la pelotita entrase.

511. ARTISTAS CONSOCIOS

En enero de 1933, el club realizó un llamamiento a los socios dedicados a cualquier actividad artística para que lo comunicaran a la Comisión de Cultura. El objetivo, crear un exhaustivo censo de artistas consocios. La intención final consistía en organizar una ambiciosa exposición colectiva, aunque, por desgracia, el proyecto no vio la luz. Muy interesante, la histórica iniciativa. Lo decimos por si alguien quiere tomar nota unas cuantas décadas después y emprender de nuevo tan interesante camino.

512. LOS NIÑOS, GRATIS

Más fácil resultaría la aplicación práctica de una disposición del club, también publicada en enero de aquel 1933, de iniciar un turno rotatorio a partir de entonces entre los niños de las escuelas de Barcelona para que disfrutaran de entrada colectiva gratuita en el estadio de Les Corts. Desde 1922, los niños internos en el hospital infantil de Sant Joan de Déu ya aprovechaban esta deferencia en condición de vecinos, pues entonces se hallaba situado cerca de Les Corts, en los terrenos actualmente ocupados por el centro comercial L'Illa Diagonal.

513. EL BARÇA, CONTRA LA GUERRA

El 3 de octubre de 1933, la directiva barcelonista se adhirió a una comisión de apoyo que proponía la conversión del castillo de Montjuïc en un museo contra la guerra. El club respaldaba así la campaña iniciada por el Ayuntamiento de Barcelona, controlado por ERC, en pro de la recuperación por parte de la ciudad de esta antigua fortaleza militar, entonces propiedad del Gobierno español y desde finales del siglo XIX prisión de activistas políticos y sociales. Toda una declaración de intenciones pacifistas.

514. EL DÍA Y LA NOCHE

En la década de los años veinte del pasado siglo, Rufino Pelayo era un auténtico *rara avis* en el mundo de la política española. Nacido en Santander y médico de profesión, Pelayo fue muy popular en su época por una innegable singularidad, ser un catalanófilo empedernido. Concejal regionalista cántabro en el Ayuntamiento de Santander, Pelayo daba conferencias y escribía opúsculos defendiendo la causa catalanista. Por ejemplo, el 11 de septiembre de 1920 envió este telegrama al Ayuntamiento de Barcelona, entonces controlado por la Lliga Regionalista de Catalunya: «En el día de hoy, que Barcelona y Cataluña conmemoran el sacrificio heroico de sus hijos en 1714, culminado en el último *conceller en cap* de esa ciudad, Rafael Casanova, les envío mi adhesión entusiasta al acto que se celebra y efusivos abrazos a mi amada Cataluña».

Rufino Pelayo fallecería en 1924. Diez años después, el 18 de febrero de 1934, el Barça, fiel a su tradición catalanista, aprovechó un desplazamiento a El Sardinero para depositar en su tumba un ramo de flores con lazos catalanes y barcelonistas. Según escribió el propio club, en aquel acto los representantes del FC Barcelona fueron acompañados por personalidades culturales, deportivas y políticas de la capital cántabra, «siendo visto este gesto con la mayor complacencia por parte de las representaciones de la ciudad de Santander».

Seis años después, el club tuvo que realizar una nueva ofrenda floral, aunque en este caso de signo diametralmente opuesto y forzado por la situación política de posguerra. Fue el 7 de abril de 1940, en la prisión de Alicante, en el lugar donde el 20 de noviembre de 1936 José Antonio Primo de Rivera, fundador de la Falange Española, había sido fusilado por la justicia republicana tras su colaboración con el golpe militar. Aquella corona de flores llevaba unas cintas con los colores de la bandera española y del Barça y una inscripción que rezaba: «El FC Barcelona a José Antonio».

515. MINORÍAS ÉTNICAS

El 1 de octubre de 1934, la Comisión de Cultura alzó la voz en favor de las minorías étnicas al patrocinar el estreno, en el cine Coliseum, de la película norteamericana *Eskimo*, un drama ártico ambientado en la Alaska de los nativos inuits. Dirigida por W. S. Van Dyke, el film reflejaba el traumático choque cultural entre hombres blancos e indígenas en aquellas tierras extremas. Comprobamos qué sensibilidad cultural mostraba el Barça de entonces, avanzado y progresista en causas sociales. Desgraciadamente, como tantas y tantas cosas, todo se iría al traste con el estallido de la guerra civil y la posterior victoria de los militares golpistas.

516. LÓPEZ RAIMUNDO

Gregorio López Raimundo (1914-2007), secretario general del PSUC en los años 1965-1977, era un fiel hincha azulgrana que seguía entusiasmado las proezas de aquel Barça de *La Edad de Oro*. Había llegado a Barcelona para trabajar como aprendiz cuando apenas era un adolescente. Exiliado durante la primera posguerra y retornado clandestinamente a Cataluña en 1947, en plena dictadura franquista, nunca perdió el contacto con su amado club, a pesar de que, para muchos defensores de la ortodoxia marxista, el fútbol venía a ser «el opio del pueblo». A veces iba al Camp Nou acompañado por el doctor Jordi Seuba, socio y culé a machamartillo.

517. LA VENGANZA DE 1714

Una vez regresado de forma clandestina de su exilio, la primera vez que López Raimundo vio un partido de su amado Barça fue el 25 de enero de 1948. Él mismo explicaría la singular experiencia años después, con un punto de ironía: «Un domingo de finales de enero me fui al campo de Las Corts a presenciar un Barça-Madrid, ante el que había la emoción tradicional. Dos culés que tenía delante comentaban animadamente las circunstancias deportivas que rodeaban el encuentro, pero pronto pasaron a hablar de la histórica inquina de Madrid hacia Barcelona. [...] El Barça dominó claramente desde el comienzo, como siempre el árbitro favoreció escandalosamente al Madrid. Al final venció el Barça por 4-2, resultado que celebramos todos —o casi todos— como una gran victoria nacional, que vengaba, aunque solo fuese parcialmente, las humillaciones y cacicadas que Madrid, centro de poder, infligió a Cataluña desde 1714. Mis vecinos de grada estaban radiantes de alegría y uno dijo al otro: "Ya verás cómo esta semana nos aumentarán las restricciones eléctricas", lo que ocurrió en efecto, a pesar de que, en Madrid, las levantaron totalmente en esos mismos días con la excusa de que los pantanos de aquella zona habían aumentado sus niveles».

518. FASCISTA EL QUE NO BOTE

Mucho más tarde, durante los primeros años de la transición democrática (1976-77), cuando el comunista PSUC era aún ilegal, López Raimundo solía mezclarse entre el público del gol sur, donde se sentía especialmente cómodo formando parte de aquellos politizados aficionados, que solían gritar «¡Al bote, al bote, fascista el que no bote!» mientras un trompetista tocaba las notas de *Els segadors*, *L'estaca* e incluso algunas veces *La internacional*. De hecho, Gregorio no era el único comunista entre la parroquia culé. Baste recordar al añorado Manuel Vázquez Montalbán.

519. ASÍ ES LA VIDA

El almanaque de *El Once* para 1949 publicó, entre otros divertimentos, unas originales «Memorias de un socio azulgrana». El relato, por una vez y tratándose de esta punzante revista humorística, era totalmente verosímil y respiraba inmenso amor por los colores azul y grana. Así, por ejemplo, atención al siguiente párrafo, que incluye una vehemente definición *avant la lettre* del *més que un club*:

> Los domingos que no hay fútbol en Las Corts, las tardes me parecen interminables y suelo acostarme temprano. Las Corts constituye casi mi única distracción, el sol que tomo durante la semana es el sol de Las Corts, el único aire puro que respiro a pleno pulmón es el del terreno azulgrana. Mi corbata predilecta es grana y azul, y en mis gemelos y solapa asoma el escudo del histórico club. Soy feliz viendo que mi hijo Ramonet sigue la tradición y que será tan fanático como lo fue su abuelo. Y estoy seguro de que mi nieto, cuando fume un puro, irá a mascarlo contemplando partidos de fútbol en Las Corts. El Barça no es solamente un equipo y unos colores. El Barça, para nosotros, es una fuerza sentimental, un escudo que antes que en la solapa de la americana y los gemelos, ya lo habíamos depositado en el rellano de nuestro corazón.

520. «MAYO», EL ATLETA

Recordaremos ahora a otro miembro del *Dream Team* histórico formado por los empleados del Barça. Hablamos de Domènec Mayoral Rubín, *Mayo,* el entrañable conserje de las oficinas del Barça en la avenida Arístides Maillol. Nacido en Gijón el 12 de marzo de 1935, Mayo fue un gran atleta. Residente en Cataluña desde pequeño, en la temporada 1949-50 Gregorio Rojo lo incorporó a la sección de atletismo del FC Barcelona, donde destacaría como mediofondista. Mayoral quedó segundo en dos ocasiones en los Campeonatos de España de 1500 metros a inicios de los sesenta, campeón de Cataluña de 800 (1961) y de 1500 (1963), y fue cuatro veces internacional con la selección española. También se proclamó campeón de Europa de *cross* en la categoría de clubes. Tras este excelente palmarés se retiraría de la competición en 1967, cuando inició una etapa de treinta y tres años como entrenador de la sección de atletismo, que compaginaba con la conserjería del club. Allí, en la entrada de las oficinas, Mayo formó un tridente de lujo con sus compañeros de labor Salvador Vidal y Miquel Cañadas hasta julio de 2000, cuando se jubiló.

521. EL LLANTO DEL ADIÓS

De hecho, Mayo ya había trabajado como conserje en el Camp Nou cuando aún era atleta en activo. En el estadio entabló amistad con jugadores como Ladislao Kubala y Jesús Garay, que solían incentivarlo para que se luciera en carreras como la Jean Bouin con improvisadas primas de quinientas pesetas. También fue testigo casual de un momento crítico del club, explicado por él mismo: «Debían de ser las tres de la tarde. Me gustaba mucho mirar el estadio cuando estaba vacío. De repente, vi sentado en el palco al presidente Francesc Miró-Sans. Estaba llorando. Aquella misma noche dimitió». Miró-Sans, el peor presidente de la historia del Barça, responsable de la ruina del club por el despilfarro en la construcción del Camp Nou, dijo adiós la noche del martes 28 de febrero de 1961. En aquellos terribles días, el Barça estaba en grave peligro de desaparición por tercera vez en su historia tras las crisis de los años 1908 y 1936.

522. PREDESTINADO

El añorado Manel Vich (1938-2016), insustituible *speaker* de los partidos del Barça en el Camp Nou entre 1958 y 2016, desveló en cierta ocasión un recuerdo personal inolvidable del estadio de Les Corts. Vich hablaba de la zona del campo viejo donde él siempre iba de muy joven, «arriba de todo, al lado de un marcador manual que me cautivaba porque lucía una pequeña ventana cerca. Yo estaba allá, con la espalda y el culo pegados a la pared, y cuando marcaban un gol, de la ventanita salían dos manos pequeñas que iban poniendo los goles. Aquellas manos pertenecían a un señor con gorra y colilla de puro permanentemente en la boca. Y yo pensaba: "Si pudiera trabajar de eso, sería el hombre más feliz del mundo"». Del señor con gorra ya os hablamos en *Barça inédito*, se llamaba Juan Gili y fue el hombre del marcador prácticamente a lo largo de toda la existencia de Les Corts. Quién le habría dicho entonces a Vich que encontraría un trabajo alternativo en Can Barça en el que también sería feliz.

523. LA PROPAGANDA

Joan Pelegrí Partegàs (1910-1998) fue un médico, historiador y pedagogo barcelonés que realizó una importante tarea cívica en el barrio de Hostafrancs de la capital catalana. Barcelonista acérrimo, se hizo socio del Barça en marzo de 1941 y siempre se interesó por la vida del club. Así, en 1958 dirigió a las oficinas del club un interesante escrito titulado «La propaganda y el Futbol Club Barcelona».

En el texto, Pelegrí acusaba sin ambages a la afición culé de arrastrar «una buena dosis de derrotismo», de animar solo cuando el equipo ganaba, «sin recordar que los jugadores son hombres sensibles y que también necesitan la ayuda y el aliento incondicional de los socios».

524. EL ANTÍDOTO

Según Joan Pelegrí, la solución a este endémico rasgo de personalidad de la afición resultaba sencilla:

> En la sección de propaganda del club deberían tratar de organizar una campaña a fondo para hacer comprender la importancia que tiene para un hombre que se esfuerza en cumplir un deber, que erre alguna jugada y eso sea motivo de bronca por parte del público, y en lógica consecuencia motivo de vergüenza pública [...] Conviene que el socio llegue a comprender el sufrimiento moral del hombre joven lleno de ilusiones y que en lugar de recibir el aliento de un público fervoroso recibe el menosprecio. Y todo por unas jugadas desgraciadas. Si tan malo es, ya están los técnicos, que son los principales responsables.
>
> Quizá, enviando de vez en cuando algunas «banderolas» junto con las circulares que periódicamente envía el club, con artículos en los semanarios adictos al club, con palabras de los jugadores, idealizando el significado de nuestro Barça, quizás a la larga se llegaría a conseguir un clima más favorable para nuestros jugadores.

Sesenta años después, Ernesto Valverde sería un pelín más directo en su espontánea y furibunda reacción ante los silbidos al martirizado —y después amnistiado— centrocampista portugués André Gomes por parte de un sector del público del Camp Nou en el partido Barça-Atlético de Madrid. «Puta madre, hostia, joder», dijo simplemente el técnico extremeño.

525. Y LA ABULIA

Las últimas palabras de este texto de 1958 ponían el dedo en la llaga con el problema de la abulia del culé: «Es lamentable el espectáculo del socio abonado que solo sabe animar a los jugadores cuando ganan. Precisamente debería ser al revés. Animarlos cuando pierden porque así, sintiendo el entusiasmo de los socios, puedan ganar». Parece fácil, ¿verdad? 1958, han transcurrido seis décadas y aún no se ha encontrado la salida a tan peculiar túnel.

526. ADIÓS ENDULZADO

Seguro que recordaréis a Lluís Sabaté, Mosén Lechuga, aquel sacerdote tan visceralmente barcelonista que antes de morir preguntó por el resultado del Barça-Sevilla, decisivo para la suerte final de la Liga 1945-46, y al que engañaron piadosamente diciéndole que su equipo había ganado. Pues con el gran Vicenç Piera sucedería un caso idéntico en sus últimos minutos de existencia. El viejo compañero de correrías de Alcántara, Samitier, Sancho, Sagi-Barba y otras figuras del Barça de la Edad de Oro, en los años veinte, falleció el 13 de junio de 1960, dos días después de cumplir cincuenta y siete años. En la vigilia, el equipo barcelonista había perdido en la vuelta de los cuartos de final de Copa ante el Athletic Club por 3-0, lo que comportaba la eliminación de un Barça que, en la ida del Camp Nou, se había impuesto por 3-1.

Horas antes de expirar, Piera preguntó: «¿Cómo ha quedado el Barça en Bilbao?». Ya podéis intuir la respuesta: le contestaron que había ganado y que, por lo tanto, había pasado a semifinales. Y la vieja gloria azulgrana esbozó una sonrisa, la sonrisa de un hombre sencillo, plenamente fiel a un ideal hasta el último momento. Piera era tan culé que, cuando, en diciembre del 1932, el Barça le comunicó que le daba la baja, reaccionó diciendo: «Es como si mi mujer me echara de casa». Y aunque solo tenía veintinueve años, ya no quiso jugar en ningún otro equipo. Piera era tan apreciado en Barcelona que su obituario apareció en la portada del diario *La Vanguardia*, privilegio reservado a muy pocos ciudadanos.

527. EL AMOR DE ESCOBAR

En *Barça Insólito* ya explicábamos alguna del gran Manolo Escobar, capaz de perder la voz en un concierto a causa del disgusto provocado por un resultado adverso. El popularísimo cantante (1931-2013) se hizo culé con catorce años, tan pronto llegó a Barcelona, en 1946, procedente de su Almería natal. Un par de años antes de su deceso, un periodista le preguntó si, cuando ya era famoso, eso de hacer bandera del Barça no era una personal manera de ir contra el poder oficial. La respuesta de Escobar, antológica. Y no solo se dedicaba a dar la razón al periodista: «Sí, sí. Sobre todo cuando al principio de actuar en películas, en los años sesenta, me fui para Madrid, que era donde se rodaban, y yo presumía de barcelonismo. En Madrid, que es lo difícil. Había siempre algún retrasado mental que se escandalizaba: "¿Cómo es posible? ¡Tú, un andaluz!". ¿Y por qué no? ¿Por qué tengo que ser del Madrid? ¿Porque no soy catalán? No. Yo siempre he presumido de ser del Barça». Recordemos que no resultaba nada fácil presumir de barcelonista en aquellos días. Te podían replicar que los tuyos solo ganaban títulos de uvas a peras.

528. PAREDES BLANCAS

Después de que en 1966 Enric Llaudet vendiera finalmente el solar del antiguo campo de Les Corts, se organizó una fuerte polémica porque las edificaciones que se construyeron en el antiguo santuario del Barça mostraban las paredes de un inequívoco blanco «merengue». Calificadlo como deseéis: sacrilegio, herejía o chicos, hacéroslo mirar, que no hay para tanto. El arquitecto responsable de este presunto pecado de lesa humanidad culé recibió al cabo de pocos días un alud de cartas anónimas de barcelonistas indignados por la profanación de la antigua Can Guerra. Seguro que el pobre hombre no entendió nada de nada. Por cierto, ¿eso no os recuerda un poco aquella estéril polémica con las franjas blancas de la camiseta del Barça en la temporada 1992-93? Debe de ser que sí, que todo ya está escrito antes en la historia.

529. LOS MUDOS HABLAN

«El Barça es una institución que incluso consigue que los mudos hablen.» Esta categórica sentencia, escrita por Manuel Vázquez Montalbán en un artículo de la revista *Triunfo* del 25 de octubre de 1969, no constituía ningún recurso literario cargado de fantasía, sino que estaba basado en un hecho real. Sucedió en la final de Copa de 1968 entre el Barça y el Madrid, la famosa «final de las botellas». Cuando ya finalizaba el partido y la victoria azulgrana estaba a punto de confirmarse, un joven aficionado culé sordomudo se levantó emocionado y gritó: «*¡Visca el Barça!*». Nunca había hablado antes y ya no volvería a hablar nunca más. Cáspita, qué prodigios paranormales genera este club...

530. RIVERO, A SU SERVICIO

Nos encanta rememorar el ejemplo de gente sencilla, alejada de los focos y de la fama, que han realizado enormes tareas en beneficio de la causa azulgrana. Recordaremos otro caso. Miquel Rivero (1945-2017) fue uno de aquellos trabajadores que dedicaron gran parte de su vida al FC Barcelona con total y absoluta abnegación. Culé desde la cuna, a inicios de los setenta ingresaría en el club que tanto amaba como empleado discontinuo del Palau Blaugrana.

Años después, se incorporaría al Departamento de Prensa y Relaciones Públicas, dirigido por Ricard Maxenchs, del cual se convertiría en estrecho colaborador. Muy vinculado al movimiento peñístico, donde su figura era idolatrada, acabaría haciendo de todo y a plena satisfacción. Igual moderaba una rueda de prensa del entrenador que se convertía en chófer del presidente. Tanto se recorría Cataluña llevando trofeos a las peñas como iba al aeropuerto para recoger al último fichaje. A menudo arreglaba problemas de entradas o acogía en casa a alguna promesa joven aún sin techo... Lo que hiciera falta. Amable con todo el mundo, el empleado Rivero, que nunca se estaba quieto, fue prejubilado en 2005. Daba igual, no dejó de ir a la Agrupación de Exjugadores del Barça y a todos los actos de peñas donde se solicitaba su presencia.

531. CÓMO HA CRECIDO ESTO

Ya que hablamos de aquel primigenio Departamento de Prensa y Relaciones Públicas con el tándem Maxenchs-Rivero al frente, recordaremos que en 1992 esta área había aumentado hasta los seis empleados gracias a la inclusión de Xavier Torres, Francesc Bracero, Cristina Eslava y Ferran Márquez. Cinco hombres y apenas una mujer, aún muy lejos de la paridad laboral de género. Si lo repasamos a mayo de 2021, aquel departamento de media docena se había dividido en dos por crecimiento exponencial. Por una parte, las Relaciones Públicas, ahora llamadas «Relaciones Institucionales y Públicas», con once empleados en nómina, tres hombres y ocho mujeres. Y, por otra, lo que era Prensa se había convertido en «Comunicación», una poderosa área integrada por cincuenta y una personas, 37 hombres y 14 mujeres. En definitiva, aquel equipo compuesto por Ricard, Miquel, Xavier, Francesc, Ferran y Cristina que trabajaban codo a codo en un pequeño habitáculo de las oficinas del club, había pasado en un cuarto de siglo a un enorme grupo humano formado por 62 trabajadores, 40 hombres y 22 mujeres. Ampliando el foco, por aquellas fechas el Barça contaba con 558 empleados fijos, cifra que impresiona. Y redondearemos el detalle comentando que 314 eran hombres y 244 mujeres, las cuales representaban el 43,73 % del total. Cerca de la deseada y justa paridad.

Ahora bien, si sirve como dato comparativo, hacia el año 1996, el club tenía 94 empleados en nómina, 69 de ellos hombres y 25 mujeres, el 36,23 % del total. Bienvenida sea la mejora.

532. CULÉ ALEJADO

Un culé contra viento y marea para el que la distancia no resultaba excusa. Nacido el 1 de junio de 1895, Joan Masó Bulbena se hizo socio del Barça a los dieciséis años, el 14 de enero de 1912, y llegó a jugar en uno de los cuartos equipos de aquellos tiempos. En 1952, las vueltas de la vida le llevarían a México, donde trabajó como ingeniero industrial, pero nunca dejó de pagar su cuota de socio. En octubre de 1972, el culé alejado volvió temporalmente a Barcelona para poder presenciar el Barça-Athletic Club de Liga desde el palco de un Camp Nou que aún no conocía. La directiva barcelonista le obsequió con un llavero de plata y un escudo del club. Y dos besos y un abrazo por la fidelidad demostrada a la causa...

533. CONSULTORIO MUR

Ángel Mur Navarro era una institución y se lo ganó a pulso. El legendario masajista del Barça realizó su trabajo entre 1937 y 1973, y, claro, era un personaje tan popular en Barcelona como los propios futbolistas. En julio de 1973, cuando ya estaba jubilado, hizo esta peculiar confesión: «Con frecuencia me escriben socios o me llaman por teléfono para consultarme: "Mire, señor Mur, que mi hijo o mi hermana tiene molestias aquí o allá. A ver si usted le puede dar unos masajes y tal...". Y yo lo hago, siempre que puedo. Y luego me dan las gracias, y les digo que a mí no tienen por qué dármelas, si acaso que se las den al club, que lo tomen como un servicio del club, no mío». A eso se le llama voluntad de servicio. Mucho nos tememos que sea ya puro anacronismo. Ve y pídele ahora a un fisio del Barça que te haga unas friegas...

534. MEMORIAS A PRECIO DE ORO

Seguimos con el entrañable Ángel Mur padre para recordar un secreto de dominio público. Esta leyenda azulgrana había escrito unas memorias de sus décadas en el Barça. Un manuscrito nunca publicado que había empezado a redactar hacia 1953 y acababa con su adiós al club. Por lo que decía el propio escritor, material sensible en el que revelaba intimidades de la entidad y de su vestuario, algunas para mojar pan. Incluso, un exdirectivo le ofreció un millón de pesetas por tales memorias, pero Mur dejó las cosas claras: «No las vendo. A ningún precio. Digo cosas que pudieran hacer daño a más de uno, y aunque son verdades, podrían rebatir contra mí. Los únicos testigos de lo que he escrito, las pruebas que tengo, son mis ojos y mis oídos». Para tranquilidad de muchos, el discreto Ángel Mur nunca publicó la trascripción de tales vivencias.

535. ALCÁNTARA II

En el viejo fútbol, habríamos hablado de él como Alcántara II, en deferencia hacia el patriarca de la saga, pero, que se sepa, el chico no siguió los pasos del progenitor. O lo hizo parcialmente, mejor dicho. Hijo del mítico delantero filipino Paulino Alcántara, Eduardo Alcántara (1924-2004) emuló su vocación académica para convertirse en médico traumatólogo y cirujano. Durante las décadas de los cincuenta y sesenta, Eduardo perteneció a los servicios médicos del FC Barcelona, una vez especializado en cirugía cardiovascular. El 2 de diciembre de 1973, con motivo del Barça-Sporting de Liga, el presidente Agustí Montal le hizo entrega de una placa de homenaje. Si ahondáramos en ello, no acabaríamos jamás con los vínculos familiares ligados al club. Hay de sobra, aunque este fuera desconocido. Hasta hoy.

536. PUIG ANTICH

El activista anarquista Salvador Puig Antich fue ejecutado a garrote vil en la cárcel Modelo de Barcelona el 2 de marzo de 1974. Aquel infausto día, el presidente Agustí Montal se hallaba en Vilafranca del Penedès, donde debía participar en una efeméride de su peña barcelonista. En aquellos tristes momentos, nadie tenía ganas de celebrar nada y, en coherencia, Montal y los organizadores decidieron suspender el acto, a pesar de las presiones de los guardias civiles presentes en la plaza, deseosos de que la fiesta se desarrollara a cualquier precio para dar una imagen de ficticia normalidad. Pues mira, no. Suspendido y basta.

537. EXTRAÑO BRAZALETE

Cuando se decidió la adopción del brazalete como signo distintivo del capitán del equipo, el Barça optó por uno de color blanco. Y así fue hasta el 9 de abril de 1975, cuando en el partido de ida de las semifinales de la Copa de Europa, disputado en Elland Road ante el Leeds United, Johan Cruyff lució un nuevo y curioso brazalete de tres franjas, amarilla, roja y amarilla. Este diseño fue usado hasta la llegada de la *senyera* a la manga del capitán, estreno vivido el 1 de febrero de 1976 con el Athletic Club de Bilbao como adversario.

No se conoce la justificación del brazalete intermedio, aunque bien pudiera resultar un primer paso cromático hacia la adopción definitiva de la bandera catalana. Prudencia del todo comprensible y justificada si pensamos que entonces aún se vivía bajo dictadura y que la exhibición pública de la *senyera* estaba prohibida. Años después, Carles Rexach, protagonista en el césped durante aquellos días, le comentaba al periodista Sergi Solé que «aquello debía ser un guiño a la *senyera* porque no podíamos hacer nada más».

538. JOAN GRANADOS

El talante catalanista de Joan Granados, secretario general del FC Barcelona entre los años 1975 y 1978, resultaba tan indisimulado como exento de complejos. El día que tomó posesión de su cargo, el 1 de agosto de 1975, compareció ante los diversos medios informativos en su nuevo despacho, en la sede social de la Masia. Sus primeras palabras fueron: «Realmente, en el aspecto profesional, esta es la primera vinculación con el fútbol, a pesar de que jugué de pequeño y que desde mi infancia he seguido atentamente la marcha del club como prueba de mi barcelonismo de siempre». Diréis, ¿y qué? Pues que en este caso el *quid* de la cuestión no radica en el fondo, sino en la forma. Se cumplían diez días desde que el catalán era el idioma oficial del club, y en catalán habló Granados en su primera comparecencia, a pesar de que, desde 1939, tales actos se habían hecho siempre en castellano. Algunos periodistas se quejaron por tal circunstancia, pero el nuevo secretario general del Barça, impertérrito, siguió hablando en su idioma.

539. C. C. C.

El 6 de octubre de 1975, aún en vida del dictador Franco, el FC Barcelona se adhirió al Congrés de Cultura Catalana, destacada iniciativa en favor de la lengua y la cultura del principado iniciada aquel enero y prolongada hasta diciembre de 1977 con diversos actos reivindicativos. El Barça fue una de las primeras entidades deportivas que se sumó a esta entidad, que defendía el catalanismo cultural y al tiempo luchaba por recuperar la consciencia nacional catalana tras tantos años de represión. Como quedó escrito en el Butlletí Oficial del Club en marzo del 77, «si ser barcelonista siempre ha sido, es y será una manera histórica de participar en la cultura catalana perseguida, ahora no basta».

540. PRESIDENT TARRADELLAS

Tres semanas antes del fallecimiento del general Franco, el 30 de octubre de 1975, la directiva de Agustí Montal estableció un significativo contacto con Josep Tarradellas, presidente de la Generalitat en el exilio francés de Saint Martin-le-Beau. Joan Granados, nombrado secretario general quince días antes, contestaba por carta a la felicitación transmitida por Lluís Gausach, secretario de Tarradellas. En la misiva, Granados prometía hacer «todo lo posible para conseguir aquello que todos sabemos y deseamos y para que el Barça haga honor a la representatividad que nuestro pueblo le ha irrogado». Meses después, el propio Granados se desplazaría hasta Saint-Martin-le Beau para entregar a Tarradellas un nuevo carné de socio del club. De hecho, el entonces presidente de la Generalitat en el exilio era socio azulgrana desde 1917, aunque desde 1939 había causado baja por razones obvias.

541. EMBLEMA PÓSTUMO

Bastantes años después, el 29 de febrero de 2016, el presidente Josep Maria Bartomeu hizo donación al Arxiu Montserrat Tarradellas i Macià del monasterio de Poblet del *Emblema d'or* que el club había otorgado el 24 de septiembre de 1984 a Josep Tarradellas por sus más de cincuenta años como socio azulgrana y que aún estaba depositado en el Centre de Documentació del FC Barcelona. Resulta que aquel día de la Mercè de 1984, Tarradellas, ya un anciano de ochenta y cinco años, no pudo recoger esta distinción en persona y nadie cayó en la cuenta de que podía entregársela a domicilio. El *expresident* de la Generalitat fallecería en 1988 sin su *Emblema d'Or*, olvidado en el archivo del club hasta que Bartomeu reparó este agravio, aunque fuera a título póstumo, con su donación al archivo personal de Tarradellas.

542. MONTAL *ON FIRE*

El 3 de febrero de 1976, Agustí Montal pronunciaría una conferencia en Arbeca, villa ilerdense que entonces contaba con unos dos mil cuatrocientos habitantes. Recalquemos que, más que una conferencia, resultó un mitin político, ya que reuniría a unas cinco mil personas venidas de otros pagos. En su discurso, Montal se definió como «burgués y a mucha honra», y resaltó que el Barça «representa a una región y en ello radica su importancia y su poder». Por las circunstancias de la época, aún de transición, el presidente azulgrana dijo «región», en lugar de «nación». Más adelante, Montal seguiría con las definiciones, asegurando que el Barça era un «antipartido político», ya que no solo representaba a la alta burguesía catalana, sino que era la imagen de todas las clases sociales.

543. BURGUESES CULÉS

La última afirmación tenía su aquel. Lo precisamos: ya desde muchísimos años antes, corría la leyenda negra que identificaba al núcleo duro del barcelonismo con los industriales burgueses catalanes de clase alta, catalanistas o no, que ya sabemos que este último matiz es coyuntural y depende de las circunstancias políticas del momento. Comprobad, si no, lo escrito por Francisco González Ledesma en su libro *Los Napoleones* (1977), ambientado en los años cuarenta: «Al principio, los domingos por la mañana, y luego por la tarde, mientras los industriales rugían en el campo de Les Corts o los empleadillos mal trajeados se apiñaban en la general de Sarriá...». Precisemos que González Ledesma, admirado escritor, abogado y periodista de altos vuelos, era un *periquito* de raíz, por si ello aporta algún dato añadido.

544. ¿QUÉ AMNISTÍA?

En cualquier caso, aquel día en Arbeca, Montal aún añadiría lírica para la posteridad. En un momento dado, se sintió lo bastante inspirado para pontificar: «Los catalanes nunca serán vencidos, porque son como los juncos, que se doblan, pero no se rompen». Eso sí que es bueno. De propina, cuando un aficionado le preguntó por qué el Barça no solicitaba la amnistía para los presos políticos, el presidente azulgrana contestó: «Eso es imposible. En ese caso deberíamos perdonar a Guruceta». Mezclar churras con merinas, ingeniosa manera de lanzar balones fuera con tema tan delicado, en una época en que toda manifestación de izquierdas y catalanista se veía aliñada con el grito *«llibertat, amnistia i estatut d'autonomia!»*. Recordemos que el Barça de 1930, el de la época de la *dictablanda* anterior a la proclamación de la República, no mostraba manías al pedir públicamente la amnistía para los presos políticos. Aunque, claro, eran otros tiempos.

545. TIEMPOS NUEVOS

En la transición de la dictadura a la democracia, la política lo impregnaba todo. Nada extraño tras cuarenta años de silencio forzoso. Por lo tanto, a nadie podía extrañar que una revista deportiva como *RB* publicara este texto, tan radical como ingenuo, el 30 de agosto de 1977:

> Gracias a la evasión de capital al extranjero y al claro boicot de los grandes capitalistas y oligarquías que aún tienen la sartén por el mango en España, aumenta día a día el número de trabajadores parados que no encuentran dónde trabajar para ganar su sustento y el de su familia. En el Camp Nou, durante el Gamper, instalaron un tenderete que fue visitado por numerosos socios y seguidores que ofrecieron su óbolo para contribuir a las necesidades de estos hombres que son de carne y hueso igual que los que se sientan en tribuna. Hay que esperar que esta imagen quede en el recuerdo y el país evolucione hacia un futuro más justo, más humano y sin tantas diferencias de clase.

No parece que hayamos avanzado mucho, francamente...

546. MANUEL GONZÁLEZ

Otro buen ejemplo entre el largo listado de fantásticos empleados barcelonistas que conviene recordar por simple sentido de justicia. Hablamos de Manuel González (1928-1979), delegado del primer equipo del FC Barcelona en la década de los setenta. Durante muchos años, González había sido secretario general del filial azulgrana España Industrial, posteriormente llamado Condal, como bien sabéis. En 1970 pasó al organigrama de la secretaría general azulgrana y, un año después, fue nombrado delegado del primer equipo. A partir de entonces, su tarea fue elogiada por casi todos aquellos que le trataron, que destacaban su profesionalidad y calidad humana. Manuel González permanecería al pie del cañón hasta el final. El 26 de septiembre de 1979 se puso enfermo en el avión, en el viaje de regreso de la expedición azulgrana desde Islandia, donde el Barça había jugado un partido de Recopa contra el Akranes. González fallecería semanas después, el 8 de noviembre.

547. HABLAR POR HABLAR

El lector habrá notado eso de «casi todos» cuando nos referíamos a los elogios dedicados a González. Habríamos obviado el adverbio, tan antipático en este contexto, si no fuera por lo escrito en la anónima crónica de la *Revista Barcelonista* dedicada al entierro del delegado del equipo: «En su misión fue un hombre discutido, de estos de los que siempre se explican historietas en favor o en contra». Vaya, los chicos de *RB* no estuvieron demasiado afortunados con el obituario, al margen de no ser el momento adecuado para soltar esa crítica. Al fin y al cabo, si realmente guardaban «alguna historieta en contra», la podían explicar para comprobar si había para tanto. Esa ambigüedad indigna para el personaje, y en el género de las necrológicas no casa en absoluto con un medio aparentemente serio.

548. ESO NO TOCA

En realidad, y por desgracia, esa era moneda corriente entre amplios sectores de aquel periodismo, cuando el barcelonismo se mostraba dividido entre bandos irreconciliables. Ninguna novedad, eso de los *ismos*. La diversidad de pareceres había manchado también a un buen grupo de periodistas, dispuestos a tomar partido de forma descarada. Y ese era el caso de la susodicha *RB*, revista declaradamente partidaria del presidente Núñez, hecho perfectamente legítimo si su línea editorial no quedara abonada a una extrema e injusta visceralidad. Así, en la crónica sobre el sepelio de Manuel González, que contó con la asistencia de Armand

Carabén, el pie de la foto con la imagen del exgerente barcelonista decía así: «Carabén, el que fuera ejecutivo discutido y para nosotros tenebroso del Barcelona». No hace falta ni calificarlo.

549. DE CURAS

Hablaremos ahora de los epígonos modernos de mosén Lechuga, aquel entrañable cura fanático del Barça, sacerdote oficial azulgrana en los años veinte. Durante los primeros años de funcionamiento de la residencia de jóvenes futbolistas en la Masia del Camp Nou, inaugurada el 20 de octubre de 1979, un sacerdote del Opus Dei llamado Joaquín Francés solía comer y cenar junto a los internos con el objetivo de darles consejo y apoyo espiritual. Francés, que en 1951 había sido campeón de Cataluña y España de saltos de trampolín, sufrió un ataque al corazón en 1986 y se vio obligado a abandonar su labor pastoral.

550. Y DECIR MISA

A Francés le sustituyó su amigo Àngel Eugeni Pérez Sánchez, también sacerdote. Nacido en Zamora en 1953, este capellán de treinta y tres años congenió rápidamente con los residentes de la Masia. Iba una vez por semana, a la hora de la cena, para charlar con ellos y ayudarlos en cuanto necesitaran, incluso si se trataba de deberes escolares, de instituto o los trabajos de la Universidad. Àngel Eugenio dejó hace tiempo de ser el capellán de la Masia, pero aún no se ha desvinculado del club, ya que es el encargado de oficiar la misa del 24 de septiembre, con motivo del aniversario del Camp Nou, y la de difuntos para la Agrupació Barça Jugadors a comienzos de cada noviembre.

551. EL OFENDIDO CASALS

Joan Casals (1942-2010) fue precandidato a la presidencia del Barça en las elecciones del 6 de mayo de 1978, pero, viendo las escasas posibilidades de triunfo, se retiró de la carrera para integrarse como vicepresidente en la lista de Josep Lluís Núñez. Sin embargo, Casals duraría poco en el cargo. El 30 de noviembre de 1979, dimitiría harto de sentirse menospreciado por sus compañeros de junta, que le reprochaban su escaso peso en el equipo directivo. Tres días antes, su situación había llegado a ser insostenible. Enfadado, había abandonado dos veces la sala de juntas, la primera como muestra de disconformidad por no haber sido informado de los cambios en la estructura orgánica de la junta, y la segunda, «aludido y ofendido porque le atribuyen que no hace nada», según quedó transcrito literalmente en el libro de actas.

552. *RB*, A LA CARGA

Pocos días después, el 26 de diciembre, la *Revista Barcelonista* se encargó de hundir al señor Casals un poquito más en la miseria con este artículo, redactado con el tono habitual de tan combativa publicación: «El exdirectivo Joan Casals nos cuenta que está preparando las memorias de su etapa como directivo para que luego, en capítulos, se las publique algún periódico. Las memorias, para llamarlas algo, del señor Casals, no pueden decir mucho por cuanto en su paso por el club tenemos la impresión de que se enteró de muy pocas cosas. Les aseguramos que esperamos los recuerdos del fermoso [*sic*] Casals con escasísimo interés». Confirmado: disparaban con armas pesadas contra los disidentes…

553. FERRAN ARNEDO

Otro personaje en la historia interna del Barça que merece justa mención es Ferran Arnedo (1955-2013). Fisioterapeuta del club desde la temporada 1981-82, Arnedo falleció al pie del cañón, con solo cincuenta y ocho años. Persona de trato cercano y cordial, ejerció sus impecables funciones en el primer equipo de fútbol, en el Barça B y en la sección de hockey patines. Todos los deportistas que pasaron por sus manos apreciaban a Arnedo por su sencillez y gran profesionalidad.

554. EN HUELVA, AGRADECIDOS

A comienzos de febrero de 1982, el periódico de Huelva *Odiel* publicó esta carta:

> El Colegio Público Vázquez Díaz quiere expresar a través de *Odiel* su reconocimiento al FC Barcelona, quien, sabedor del próximo viaje de fin de curso que los alumnos de octavo nivel de este centro realizarán a la Ciudad Condal, ha facilitado gratuitamente el acceso de los chicos al estadio del Nou Camp para que presencien el partido que el

club barcelonista disputará con su eterno rival, el Español de Barcelona. Lo insólito del gesto, en estos tiempos de egoísmo y displicencias, nos anima a hacer público este hecho.

Como comentó un vecino de Huelva al mismo diario, «me resulta muy grato que el nombre del Barça aparezca como ejemplo de señorío y saber estar. Ya está bien que solo al Real Madrid le den esos calificativos».

555. LAS AMIGAS DE ORIHUELA

Dos amigas de quince y dieciséis años de la población alicantina de Orihuela enviaron una emotiva carta al FC Barcelona el 15 de abril de 1982. En el texto, las chicas, notables culés, expresaban su voluntad de acudir al Camp Nou diez días después para presenciar el Barça-Betis, con la confianza de ver a su equipo proclamarse campeón de Liga, deseo que, por desgracia, no se cumplió. Esa pasión azulgrana se extendía, y de qué manera, al padre de una de ellas, postrado en la cama por una enfermedad y también decidido a viajar al estadio «aunque esto le pueda costar la vida». Su hija, de paso, se confesaba en la carta: «A veces incluso pienso por las noches por qué tengo que ser chica y no chico, ya que si fuera esto último podría llegar a ser algún día jugador del Barcelona. Aun así, cuando discuto con mis amigas, siempre termino diciendo que a pesar de ser chica algún día llegaré a ser entrenadora del Barcelona».

556. PRESERVAR EL PASADO

Inaugurado el 24 de septiembre de 1984, el Museu del FC Barcelona se llama oficialmente *Museu President Núñez* desde el año 2000, aunque hoy sea más conocido por *Camp Nou Experience.* Si echamos un vistazo al pasado, el club ya se planteó la posibilidad de crearlo durante La Edad de Oro de los años veinte. En el boletín oficial del FC Barcelona correspondiente a agosto de 1928 se puede leer que el consejo directivo de Arcadi Balaguer sondeaba el proyecto de arrancar una biblioteca «de momento puramente deportiva, de libros y revistas»; un archivo «de los documentos históricos del club que merecen ser cuidadosamente catalogados» y un museo que consistiría en una «ordenación y agrupamiento de los trofeos, con edición de una guía para instrucción de nuestros socios y personas que nos visiten». Vaya, algo con mayor ambición que la simple sala o almacén rellena de trofeos, pero sin la posibilidad de hacer un *tour* por las instalaciones de Les Corts, claro. Es decir, sin poder visitar el modesto habitáculo donde residían el conserje Manuel Torres y su esposa Rosa Prades.

En cualquier caso, no consta que el club afrontara finalmente la construcción de la biblioteca y el museo. Y por lo que respecta a un servicio básico como el archivo histórico, sorprende que no existiera hasta entonces. ¿Eso quiere decir que entre 1899 y 1928 —como mínimo— el Barça no guardó sus documentos antiguos en un recinto específico? Quizás ello explicaría porque el club no dispone del acta fundacional del 29 de noviembre de 1899, ni de las actas de reuniones de consejos directivos anteriores a octubre de 1911.

557. UNA LARGA ESPERA

Sea como sea, la idea de dotar al FC Barcelona de un museo donde ubicar sus copas y objetos históricos cayó largos años en el olvido. Hasta 1974, cuando la euforia por la celebración del septuagésimo quinto aniversario generaría la momentánea reavivación del proyecto, pero también sin éxito. No sería hasta junio de 1981 cuando, finalmente, los directivos valoraron seriamente la idea. Entonces, la *Revista Barcelonista* publicó un reportaje sobre los preparativos del futuro museo del Barça, dirigidos por el vicepresidente Nicolau Casaus y su amigo Jaume Ramon. De hecho, Casaus y Ramon se conocían desde los primeros tiempos de la Penya Solera, en los años cuarenta. La idea del club consistía en inaugurar el museo hacia finales de aquel 1981, «porque queremos que todos los que acudan al Mundial 82 puedan visitarlo». Como ya es tradición del país, el proyecto se atrasó bastante y la inauguración del esperado recinto dedicado a la historia del Barça no tendría lugar hasta el día de la Mercè de 1984. Hoy, el Museu supone una buena inyección de euros para la caja del club, pero en aquel 1981 se preveía, románticamente, que la entrada de aquellos interesados en el pretérito fuera gratuita.

558. JAUME RAMON

Antes hemos citado a Jaume Ramon (1917-1997), otro de los personajes destacables de la intrahistoria azulgrana. Como sabéis, Ramon fue uno de los impulsores de la Penya Solera en 1944, la primera peña barcelonista fundada tras la guerra. Trece años más tarde, tendría un activo papel en la organización de la fiesta de inauguración del Camp Nou. Sería jefe de secretaría del Barça durante veinticinco años, conocido y valorado, entre otras virtudes, por un descomunal conocimiento del pasado azulgrana. Su sapiencia era tan enciclopédica que todos le consideraban el historiador del Barça por antonomasia. Una impecable memoria fotográfica le permitía reconocer la fisonomía de cualquier jugador azulgrana, por antiguo y poco conocido que fuera. En 1970 publicó, en castellano, la *Historia del C. de F. Barcelona*, una monumental obra en la que, por vez primera, se recogían todos los partidos disputados por el Barça desde 1899 y el resumen estadístico de todos los futbolistas temporada a temporada. Ya jubilado, fue el primer director del Museu del Barça (1984-1990), obra de la que se sentía especialmente orgulloso «porque hicimos la jaula y yo puse los pájaros», como solía decir. Hasta su muerte continuaría en activo al servicio del club, trabajando de secretario en la Agrupació d'Exjugadors.

559. RELIQUIAS DE SAMI

Seguimos adentrados en el material museográfico barcelonista. Uno de los dioses del olimpo azulgrana, el mítico Josep Samitier, dispuso tiempo atrás de un trato especial en el Museu del FC Barcelona. Hasta 2010 estuvo expuesta una foto suya muy especial. En la imagen, un septuagenario Samitier sonreía en las instalaciones del Camp Nou el día antes de ponerse definitivamente enfermo y fallecer, el 4 de mayo de 1972. La instantánea guardaba su anécdota, ya que antes de posar para la cámara, *Sami* se quitó el sombrero y las gafas, y al irse, se los dejó olvidados en las oficinas del club. Entonces, Albert Sadurní, el abnegado secretario de las secciones entre los años 1961 y 1977, recogió los objetos personales del exjugador, exentrenador y secretario general del Barça con la idea de devolvérselos al día siguiente, pero, por desgracia, ya no fue posible. De este modo, desde 1984 hasta 2010, el sombrero, las gafas y la última fotografía de Samitier formaron parte de la vitrina dedicada a este icono del barcelonismo histórico.

560. EL BANDERÍN DE BASILEA

Más sobre aquel museo *vintage* de los ochenta, perdido desde tiempo atrás. Durante largo tiempo, en un lugar privilegiado del recinto, se podía contemplar una pieza singular: un banderín de córner del estadio de Saint Jakobs de Basilea, escenario de la final de la Recopa de 1979. Un intrépido seguidor barcelonista había saltado al terreno de juego tras la gran victoria de los hombres que entrenaba Joaquim Rifé y no se le ocurrió nada mejor que llevárselo como recuerdo. No consta ninguna reclamación suiza por esta «distracción», pero, en cualquier caso, el equipo de Jaume Ramon no tuvo manías. Instalaron en el Museu una esquina con hierba artificial y pintaron un semicírculo de córner ante el banderín, convertido en reliquia.

561. EL BUSTO DE CÉSAR

En fin, insistimos que hablamos de un Museu pretérito, detallista y romántico, que ya no volverá. La imparable parafernalia tecnológica del siglo XXI lo ha dejado convertido en anacrónico, pero, antes de abandonar el tema, dejaremos caer la última perla. César Rodríguez, el superlativo crac de posguerra que empequeñeció Les Corts, poseía desde muchos años atrás un señorial busto de bronce de su prodigiosa cabeza, situado en el recibidor de su domicilio barcelonés en la calle Casanova. En 1984, el culé César llevó su busto al Museu, alegando «prefiero que esté aquí que en mi casa». Por aquello que decíamos sobre la evolución de los gustos en museística, el busto del gran Pelucas se halla ahora arrinconado en un despacho.

562. A CONTRARRELOJ

Un apunte sobre cómo se organizaban las exposiciones temporales de aquel Museu. Su montaje se convertía, por sistema, en una experiencia casi inolvidable para cualquier empleado del club que tomara parte en ello, fuera guía del Museu, taquillero o documentalista del archivo. La experiencia solía ser paradigma de la improvisación latina. Básicamente, consistía en trabajar de manera frenética en la víspera de la inauguración, madrugada incluida, en ocasiones sin poder dormir. Y los sufridos guías y documentalistas debían hacer de todo: colgar cuadros, montar vitrinas, rotular carteles... Sí, quizá no era el mejor de los procedimientos, aunque cabe resaltar que de esta manera las exposiciones museísticas nunca le costaron ni un duro al club. Y, aunque parezca mentira, todas se acabaron de montar a tiempo.

¿Queréis un ejemplo? El 13 de abril de 2000 se estrenó en el

Museu del FC Barcelona la exposición «Los carteles de la historia del Barça», un mosaico que incluía más de trescientas piezas históricas. Pues bien, aquella mañana, un empleado del archivo y un taquillero del Museu, que no habían dormido en toda la noche, aún estaban acabando de colocar nerviosamente las últimas notas explicativas bajo los carteles expuestos mientras, a cuatro pasos, oían aproximarse las voces de la comitiva de honor, formada por los comisarios de la exposición y el presidente Núñez. No sufráis, nadie de la comitiva se dio cuenta.

563. JOAN MALGOSA

Joan Malgosa Riera (1953-2017) fue un preparador físico que, durante muchos años, dejaría huella de su extraordinaria labor en el FC Barcelona. Malgosa se convirtió en el primer profesional especializado en la recuperación de jugadores lesionados que tuvo la plantilla del Barça. Tras ingresar en el club en octubre de 1978, la temporada 1987-88 fue reclamado por el primer equipo, donde ejercería hasta 2001. La excelencia en su tarea le convertiría en pieza básica del cuadro técnico y persona muy apreciada por los futbolistas. Él también figuró entre los protagonistas de Wembley 92, como el preparador físico Ángel Vilda, los fisioterapeutas Àngel Mur y Jaume Langa, los encargados de material José Antonio Ibarz y Txema Corbella, y el delegado del equipo, Rodolf Peris. Aunque no metieran goles.

564. LENTEJAS MATUTINAS

Después de que una lesión en el tobillo, en abril de 1989, lo condenara a medio año de baja, José Mari Bakero pasó mucho tiempo con Joan Malgosa. Cuando llegó el verano, Malgosa advirtió al centrocampista navarro de que no bajara la guardia, ya que no podía dejar de trabajar ni un solo día. Y así, el preparador físico y su esposa se fueron de vacaciones a San Sebastián para continuar el proceso de recuperación de Bakero. Cuando el entrenador Johan Cruyff se enteró del detalle, pidió al club que sufragara los gastos del matrimonio en la capital guipuzcoana. Malgosa era un hombre tremendamente sacrificado, capaz de pasar horas y horas en el gimnasio fortaleciendo su privilegiada musculatura. Y también era madrugador: muchos le recuerdan comiendo un plato de judías o lentejas en las dependencias del estadio a las cinco de la mañana.

565. TODOS LOS CARNÉS

En un gesto sin precedentes, en junio de 1992, la familia Gambús donó al FC Barcelona su pequeño tesoro, labrado durante largos años: un cuadro con la colección completa de carnés del Barça, del socio Miquel Gambús y de su hijo Albert, desde 1913 hasta 1992, la temporada de la primera Champions. Después, carné tras carné, se completaría esta extraordinaria colección hasta la cifra redonda del año 2000. El cuadro quedó expuesto en el Museu del FC Barcelona como magnífica imagen icónica, expresión de lo que habían sido los cambios estéticos y de diseño experimentados por aquellas entrañables identificaciones de sentimiento barcelonista en el transcurso de tantas décadas. En 2010, con la radical remodelación del Museu, la pieza cambiaría de ubicación, trasladada a una de las paredes del despacho presidencial, donde contempla las protocolarias firmas de contratos y renovaciones de los jugadores del Barça. De este modo, se ha convertido en una excelente metáfora visual de las ilusiones que tantos socios azulgranas han depositado y depositan en las nuevas incorporaciones que refuerzan la plantilla, unos futbolistas que quizás empiezan a asimilar el espíritu barcelonista echando una mirada a tan simbólico cuadro, perfecto resumen de largos años de esperanzas, tristezas y alegrías.

566. ¡SOMOS NOSOTROS!

Lluís Solà explica una emotiva historia en su libro *De Gamper a Cruyff*. Allá por mayo de 1997, el autor se hallaba de turismo con su esposa en la isla de La Gomera, en las Canarias. En lo alto de una montaña hallaron un bar solitario y se pararon a tomar un refresco. Resultó que las paredes estaban llenas de fotografías y banderines del Madrid, pero el camarero, adivinando la condición de culés de sus clientes, los tranquilizó: «No se preocupen, esto es cosa del dueño. Yo soy del Barça». El chico les explicó que le gustaría entender la letra del himno del Barça y les pidió el favor de traducirlo al castellano, translación que Solà afrontó enseguida, encantado. Cuando llegó al *«Som la gent balugrana, tant se val d'on venim, si del sud o del nord»*, al camarero canario se le nublaron los ojos y, profundamente conmovido, murmuró con la voz rota: «Se han acordado de nosotros. Estos del sur somos nosotros». Barcelonismo en estado puro...

567. PEPE

El añorado José Fuentes (1940-2000), *Pepe* para todos, era un empleado del Museu del Barça imposible de olvidar para aquellos que tuvieron el placer de conocerle. Andaluz hasta la médula, trabajar a su lado era un privilegio. Resultaba imposible aburrirse a su lado con su gracia, simpatía y don de gentes, virtudes de agradecer en aquella década de los noventa, cuando no se realizaban visitas guiadas al Museu y la labor de los empleados consistía en poco más que cazar moscas.

Todo un personaje, el Pepe. Era popularmente conocido como «el tocador de señoras» por su enorme afición al género femenino; cuando te cogía confianza, te obsequiaba con frases tan afectuosas como «a ti te cortan las orejas, te sueltan por el monte y no se sabe qué clase de animal eres». Otro de los viejos empleados del Barça que contribuyó a engrandecerlo gracias a su indiscutible humanidad. Y los lectores ya saben que nos encanta mantenerlos muy presentes.

568. ARCHIVO SALMANTINO

El salmantino Policarpo Sánchez, desde niño seguidor del Barça, («un club que siempre ha defendido unos valores de compromiso con la democracia», según propia definición), es un amante de la historia que se convirtió en asiduo del Archivo General de la Guerra Civil de Salamanca, donde trabajaba en diversas investigaciones. El 13 de mayo de 2009 estaba realizando su tarea habitual cuando topó, por pura casualidad, con una documentación fechada el 30 de septiembre de 1936 donde aparecían las «hojas de contribuciones obligatorias para las víctimas del fascismo», que durante la guerra iban aportando los jugadores y empleados del Barça. A partir de este hallazgo, Sánchez pudo localizar los carnés de socios del CADCI (Centre Autonomista de Dependents del Comerç i de la Indústria) de los trabajadores azulgranas que, en agosto de 1936, tras el asesinato del presidente Suñol, habían usado para poder formar un Comité de Empleados llamado a regir el club.

Culé empedernido como era, Policarpo donó al FC Barcelona las copias que había realizado de tan valiosos documentos. El hallazgo histórico tenía su importancia, ya que sirvió para poner rostro a los heroicos empleados de agosto del 36, hasta entonces más o menos anónimos, como Josep Olivé, Manuel Bassols, Josep Farré, Josep Cubells, Josep Pujol, Marià Pellegero y Rossend Calvet.

569. LOS PAPELES INCAUTADOS

Tanto las hojas de contribuciones a las víctimas del fascismo como los carnés del CADCI de los empleados del Barça formaban parte de los llamados «Papeles de Salamanca» que, como sabe el lector, integran la documentación propiedad de particulares e instituciones catalanas que el ejército franquista había ido requisando a partir de 1937 en las tierras conquistadas *manu militari* para transportarla a Salamanca como botín de guerra y, también, para ser utilizada como prueba en los juicios políticos contra los vencidos *rojo-separatistas*, según su denominación. Superada la dictadura y la larga transición, el retorno de los papeles a sus legítimos propietarios no arrancaría hasta 2006, en un proceso fragmentado y polémico que aún hoy no está cerrado del todo.

Como Policarpo Sánchez recordaba con énfasis el día que hizo entrega de su hallazgo al FC Barcelona, el propio dictador Francisco Franco había declarado que el archivo de Salamanca debía servir «para conocer, desenmascarar y sancionar a los enemigos de la patria». Al investigador salmantino, que a veces había ido al archivo de su muy merengue ciudad con una bufanda azulgrana, la connotación represiva de los «Papeles» le sacaba de quicio, según decía.

570. GRACIAS, POLICARPO...

El histórico descubrimiento de Policarpo Sánchez fue muy bien recibido por el FC Barcelona. La revista *Barça,* editada por el club, le dedicó la portada, el editorial y un extenso reportaje de siete páginas en la publicación de abril de 2011. El 8 de mayo de aquel año, día del derbi Barça-Espanyol, Policarpo fue invitado al palco presidencial del Camp Nou, donde departió en animada y barcelonista tertulia con Artur Mas, entonces presidente de la Generalitat de Catalunya. Por aquellos días, el investigador castellano estaba considerado en Can Barça poco menos que un paladín de la causa azulgrana y catalanista, con cuajo para defender sus ideales en tierras refractarias a tales sensibilidades.

571. ... O NO, MIRA...

Y ahora, la sorpresa: finalmente, resultaría que el amigo Policarpo llevaba una vida desconcertante, digna de un «agente doble» de novela de espías. En realidad, era el presidente de Salvar el Archivo de Salamanca, una asociación ultraderechista, de nombre con connotaciones cinéfilas, que, desde 2009, está luchando contra la devolución de los «papeles» a sus legítimos propietarios catalanes. Una de sus últimas acciones se produjo en noviembre de 2017, cuando, aprovechando la aplicación del artículo 155 que suspendía la autonomía catalana, la asociación envió una carta a la vicepresidenta del Gobierno español, Soraya Sáenz de Santamaría, reclamando el retorno a Salamanca de los documentos en poder de la Generalitat. En paralelo, la entidad presidida por Policarpo iniciaba una campaña bajo el lema «Puigdemont, a la cárcel, y los documentos, a Salamanca». Vaya, qué sorpresa final.

572. EL DETALLE DEL GENIO

El 20 de diciembre de 2015, el Barça consiguió su tercer Mundial de clubes tras derrotar al River Plate por 3-0 en la ciudad japonesa de Yokohama. A pesar de la derrota sin paliativos, el portero argentino Marcelo Barovero volvería a casa con buen regusto de boca gracias al extraordinario gesto del mejor jugador del mundo, un crac también fuera del campo. El propio Barovero lo contó así: «Le tapé un remate a Messi a los doce minutos y se produjo el primer contacto. Se me acercó, me ayudó a levantarme y me acarició la cabeza. Y yo le dije que acababa de cumplir el sueño de mi hijo, detenerle un balón a Messi. Terminado el partido me lo crucé en los pasillos de los vestuarios y le pedí si me podía cambiar el buzo [sudadera] con Bravo. Le entregué el mío y, a los pocos minutos, llegó con el de Bravo y un par de botines suyos en la mano: son para tu hijo, me dijo. Me quedé mudo de admiración. Jamás me imaginé que Messi iba a hacer eso. Un gesto del más grande».

573. NO ES ESO

Una agenda del año 2017, ilustrada con motivos azulgrana y fabricada en Israel, incluyó en sus páginas un pequeño *trivial* redactado en inglés con preguntas básicas sobre la historia del Barça. Una de ellas era bastante directa: «¿Qué quiere decir *"més que un club"*?». La respuesta, ambigua y decepcionante: «Significa que el Barça contribuye a la comunidad». Hombre, amigos israelíes, el sentido original de la famosa frase no va por ahí, precisamente…

574. LLUÍS TERRADES

El 7 de febrero de 2017 falleció en Barcelona Lluís Terrades Soler, el hombre que, a sus noventa y ocho años, podía presumir de tener el ADN más azulgrana. Su padre, el barcelonés Bartomeu Terrades (1878-1948), fue uno de los doce fundadores del FC Barcelona en aquel 29 de noviembre de 1899, cuando la reunión fundacional concentró en equilibrada amalgama a seis catalanes y seis extranjeros encabezados por Joan Gamper. Terrades padre fue el tesorero de la primera directiva barcelonista de la historia, y el 25 de abril de 1901 lo nombraron presidente en sustitución del suizo Walter Wild.

Bartomeu Terrades se casó con Pilar Soler, hermana de Joan Soler, quien sería presidente de la Comisión Gestora que rigió el FC Barcelona en la difícil coyuntura de la primera posguerra, entre mayo de 1939 y marzo de 1940. Lluís Terrades, pues, era sobrino de Joan Soler y, por lo tanto, su barcelonismo le venía por parte de padre y de madre.

A pesar de que este hijo y sobrino de presidentes del Barça desarrolló toda su vida al margen del fútbol (fue doctor en derecho y profesor mercantil) y nunca vio un partido en el Camp Nou, sus recuerdos sobre lo que le explicó su padre acerca de la fundación del FC Barcelona siempre serían perfectamente nítidos. Ahora bien, en enero de 2010, cuando tenía noventa y un años, formuló este reproche al FC Barcelona durante una entrevista en *La Vanguardia:* «Lo que más me duele es que, habiendo hecho todo lo que hizo mi padre por el club, nunca han tenido el más mínimo detalle conmigo. Ni un banderín con ocasión del centenario. Nunca me invitaron. Ni a Les Corts ni al Camp Nou...».

Decidido a rendirle el homenaje pendiente, en noviembre de 2013, el club invitó a Lluís Terrades para que presenciara un partido del Barça desde el palco presidencial del Camp Nou, aunque por motivos de salud no le fue posible asistir. Así pues, la directiva Pilar Guinovart le visitó el 2 de diciembre en su domicilio particular. Resultó un encuentro muy emotivo y cordial. Guinovart le entregó una camiseta personalizada con su apellido, un cuadro con la maqueta del Camp Nou y una carta del entonces presidente Sandro Rosell dedicada «a quien como hijo de uno de los doce fundadores del FC Barcelona ha llevado el club en el corazón».

575. EL HIMNO DE 1910

El sábado 5 de agosto de 2017 resultó una jornada extraordinaria para la memoria histórica azulgrana. Aquel día se interpretó, por vez primera después de casi cien años, el himno del FC Barcelona de

1910, vigente hasta 1923 y después caído en el olvido hasta que, en 2014, se halló la partitura en un archivo de La Coruña.

El hito se conmemoró en Mondoñedo (Lugo), donde en 1868 había nacido José Antonio Lodeiro Piñeiroa, el compositor del primer himno azulgrana. La jornada empezó con una recepción en el *Concello* de esta antigua ciudad gallega. Más tarde, tras descubrirse una placa en honor de Lodeiro en la fachada de su casa natal, el Coro Mestre Pacheco interpretó aquella entrañable composición de la época de Paco Bru, Manuel Amechazurra, Enric Peris, Romà Forns, Charles Wallace, Carles Comamala y Pepe Rodríguez, el primer *Dream Team* en la historia del Barça.

576. EN MONDOÑEDO

En los epígonos de aquella inolvidable celebración, en las estrechas calles medievales de Mondoñedo, se vivió una muy curiosa escena. Era ya de noche cuando, con aquella dulce embriaguez nacida de la afinidad de los espíritus, los participantes en la histórica jornada se encaminaban eufóricos al lugar de la cena de fin de fiesta mientras entonaban estridentes cánticos barcelonistas y se ponían a prueba los respectivos conocimientos de historia azulgrana. El animado grupo estaba formado por miembros de la Peña Barcelonista de Mondoñedo, culés hasta lo inimaginable, y uno de los autores de estas líneas.

De repente, un paseante de edad avanzada surgido de la oscuridad se acercó y dijo con emoción: «El Barça siempre será lo más grande del mundo, pero para mí el mejor equipo que ha habido nunca fue aquel del gran César Rodríguez, *el Pelucas*». Y en mitad de la calle, en el silencio de la noche, aquel fanático barcelonista gallego recitó religiosamente una alineación del Barça de finales de los años cuarenta: «Velasco, Elías, Curta, Gonzalvo III, Calvet, Gonzalvo II, Basora, Seguer, César, Sagrera y Nicolau». Sí, el Barça es tan grande por anécdotas como esta, certificado.

577. EL MÁS ANTIGUO

El himno del FC Barcelona de 1910 es el más antiguo del fútbol español. La partitura original descubierta en octubre de 2014, propiedad de Xabier Andrés Garrote, era solo instrumental, a piano. El 8 de marzo de 2015 se pudo interpretar el primer himno del club en el Museu del Barça gracias a Ignasi Terraza, destacado pianista de jazz. A pesar de haber sido ideada por un músico militar como José Antonio Lodeiro, que había sido destinado en Barcelona entre 1907 y 1915 en el regimiento de infantería de Alcántara, aquella pieza interpretada a piano por las diestras manos de Terraza no parecía una marcha marcial, sino un alegre *ragtime*.

578. CON LETRA INCLUIDA

En abril de 2017 se descubrió una segunda partitura del himno del 1910, esta con letra incorporada, obra de Santiago Albert, compañero de armas de Lodeiro en el regimiento de Alcántara y tan culé como él, por lo que deducimos. La partitura, propiedad de Antonio Ramos, estaba depositada en el fondo Peris de Vargas, un archivo formado por piezas históricas del antiguo presidente azulgrana Joaquim Peris de Vargas (1914-15), casualmente también militar. Y aunque la música era alegre, marcial y castrense, era la letra de aquel himno que sonó en el campo de la calle Indústria y en los primeros tiempos del estadio de Les Corts. Aquí va una muestra: «Sólidos sus triunfos Barcelona Foot-ball tendrá. / Bélica nuestra táctica alcanzamos por doquier / éxitos y más éxitos sin que nos puedan vencer. / Pues donde quiera que va el Barcelona Foot-ball / sabe luchar, sabe triunfar y siempre la gloria alcanzó». Sí, eran otros tiempos.

579. JACINT BORRÀS

Jacint Borràs (1933-2017) era un resistente. Apasionado en mil frentes, desde muy joven le tocó espabilar en la vida por diversas circunstancias familiares. A pesar de la derrota de su país y de sus convicciones catalanistas en la guerra civil, nunca quiso resignarse. Nacido en L'Hospitalet, se dedicó al sector textil, con pasiones marcadas y constantes por Cataluña y el FC Barcelona. Miembro del equipo fundador de Convergència Democràtica de Catalunya y seguidor de Jordi Pujol desde primera hora, Borràs recibió un encargo de la directiva de Montal a los pocos días de morir Franco. Como la junta no se podía «significar» políticamente, por utilizar un verbo muy en boga entonces, Jacint se encargaría de llenar el estadio de *senyeres* en el partido que, pocas semanas después del fallecimiento del dictador, debía enfrentar al Barça con el Real Madrid. No era nada fácil: la *quatribarrada* continuaba prohibida, pero Borràs no era de los que se arrugaban fácilmente. Así, decidió confeccionarlas manualmente con ayuda de unas cuantas costureras, aprovechando telas rojas y amarillas que acondicionó hasta forjar el símbolo. Hoy resultaría increíble que la bandera no se pudiera hallar en los comercios ni comprar con facilidad. Entonces, otro gallo cantaba. O, mejor dicho, era un siniestro aguilucho el que marcaba los tiempos autoritarios para el principado. Al final, Borràs lo consiguió y la *senyera* ondeó por decenas, en el primer paso hacia la normalización del símbolo en democracia.

580. TIRAR LA ALMOHADILLA

En cierta ocasión, aquel bendito que era Jacint Borràs fue detenido por la policía en el Camp Nou. Era el 4 de diciembre de 1960, día en que el Barça sufrió una dolorosa derrota ante el Real Madrid por 3-5 tras una calamitosa actuación del árbitro González Echevarría, que se tragó cuatro penaltis, tres en el área blanca y uno en la azulgrana, al margen de anular incomprensiblemente un gol al delantero local Ramón Villaverde. La gota que colmó el vaso de la paciencia del público barcelonista llegaría ya en tiempo de descuento, cuando dos defensas blancos hicieron caer a Kubala de manera descarada en el área rival y el colegiado optó por ignorarlo. Eso fue el detonante para que una lluvia de almohadillas alcanzara el terreno de juego. En aquel preciso instante, Montse Solé, esposa de Jacint Borràs, le soltó a su marido: «Yo, si fuera un hombre, también tiraría la almohadilla». Y Borràs, enamorado y caballero, lanzó una por primera y última vez en su vida. Para su desgracia, automáticamente notó en su espalda la mano de un policía secreta que le soltaba la temida frase imperativa «haga el favor de acompañarme», tan de aquella siniestra época de dictadura. Lo detuvieron junto con otros ochenta aficionados y le llevaron a la comisaría de Collblanc, donde permanecería hasta las cuatro de la madrugada. Después, lo soltaron, con una multa impuesta por «desorden público».

581. AQUELLAS PANCARTAS

Hacer oposición no implica abandonar el sentido del humor. Jacint Borràs ya combatía el largo mandato de Núñez cuando protagonizó una anécdota casi olvidada. Todos recordamos aún, a pesar de los años transcurridos, aquella célebre pancarta que rezaba «Maria Lluïsa, llévatelo al cine», ingeniosa réplica a las palabras previas del presidente eternizado, siempre dispuesto a presentar su silla como el peor potro de tortura del planeta. No sería esta la única pintada de éxito realizada por Borràs. Al margen de otorgarle, ya para siempre, la paternidad de la dedicada al cine como solución para que los culés pudieran sacarse de encima a su presidente, Borràs había «ensayado» antes con otra también de traca.

Tiempo atrás, Núñez había declarado que no dejaba el cargo por decisión de su esposa, Maria Lluïsa Navarro. Por lo que parece, no le dejaba, y ella era la que mandaba en los asuntos domésticos. Pues bien, ni corto ni perezoso, Borràs se presentó con una sábana en el Camp Nou en la que se podía leer: «M.ª Lluïsa, déjale irse». Pam, contundencia pura y primera entrega de la corta serie de «pintadas» encabezadas con el nombre de la presidenta consorte.

Preparando este volumen, *Sintu* Borràs, hijo mayor de Jacint, recordaba la peripecia que supuso entrar el cartel en el Camp Nou: «Yo acompañaba a mi padre, supongo que para no levantar sospechas, e íbamos con un señor de L'Hospitalet que se había enrollado la pancarta en la barriga para no llamar la atención de los porteros. Recuerdo que se armó jaleo, una vez colocada en la grada, porque nos decían que tapaba la publicidad. No sé si se pudo ver durante todo el partido, pero seguro que no se hizo tan famosa como la del cine».

582. EL NOMBRE DEL FILIAL

Borràs también era íntimo amigo de Laureano Ruiz, uno de los ideólogos del modelo azulgrana. En dos épocas alejadas en el tiempo, bajo la directiva Montal y después con Laporta, llegaría a ser presidente del Barça Atlètic. Desde los viejos tiempos, le quedó una costumbre: jamás nombraba el filial como B. Siempre se refería a él con el apelativo «Atlètic» que la RFEF se encargó de erradicar sin mucho sentido por el capricho de colocar la segunda letra del diccionario. Durante muchos años, formó parte en todos los «contubernios» culés que buscaban un relevo para Josep Lluís Núñez. Primero formaría parte del Grup d'Opinió Barcelonista, al lado de gente como Ricard Huguet o Armand Carabén, y, años después, se integraría en el grupo fundacional de L'Elefant Blau, la plataforma que acabaría aupando a Joan Laporta hasta la presidencia del club. Barcelonista y catalanista a ultranza, sufrió en los últimos años la acción de responsabilidad dictada contra sus excompañeros de junta. Por suerte, meses antes de su deceso, quedó liberado de toda culpa junto con otros dieciséis directivos.

583. AQUEL MINUTO DE SILENCIO

Era evidente que la memoria de Jacint Borràs merecía un minuto de silencio en el estadio. Desgraciadamente, la norma protocolaria del club solo contemplaba este homenaje póstumo en caso de muerte de antiguos jugadores azulgranas de reconocido prestigio, de jugadores en activo de fútbol y secciones, así como de antiguos presidentes o vicepresidentes. También en caso de duelo decretado por la Federación Española o por grandes catástrofes. Así pues, no se guardó un minuto de silencio en memoria de Borràs durante los prolegómenos del Barça-Eibar del 19 de septiembre de 2017.

Según el club, la idea era realizar el homenaje en el siguiente partido en el Miniestadi, Barça B-Lugo, el día 25 de septiembre. Sin embargo, días después, el FC Barcelona decidió rendirle el minuto de silencio que tanto había merecido en el mismo Camp Nou, casi veinte días después de su muerte. Tenía que ser durante la visita de la U. D. Las Palmas del 1 de octubre del 2017, la fecha de referéndum de autodeterminación prohibido por el Gobierno español. Sin embargo, aquel partido finalmente se disputó a puerta cerrada, como protesta por la brutalidad policial contra los pacíficos votantes que solo querían decidir el destino de Cataluña. Y Jacint Borràs, finalmente, tuvo su minuto de homenaje póstumo el 21 de octubre antes del Barça-Málaga, cuarenta días después de su óbito.

584. EL AMIGO TORTOSA

Josep Tortosa, aquel entusiasta e incansable seguidor culé, nos dejó el 9 de mayo de 1998, con apenas cincuenta y ocho años. Los aficionados de más edad no habrán olvidado su inconfundible figura, habitual en el Camp Nou desde la década de los sesenta. Tortosa daba la vuelta a las gradas del estadio empezando por la zona de tribuna, de cara al público, levantando los brazos y animando sin parar con su vozarrón. Dos años después de su muerte, el 6 de mayo de 2000, el grupo Amics de Josep Tortosa descubrió una placa de homenaje en su memoria en la puerta 37 del Camp Nou. Por desgracia, la placa se fue deteriorando hasta llegar a presentar un estado lamentable, de vergüenza ajena. El club decidió retirarla el 17 de noviembre de 2017 porque resultó que los Amics de Josep Tortosa no eran una peña oficial y, por lo tanto, no tenían derecho a tener una placa en el estadio.

585. NUJEEN PARA SIEMPRE

El 27 de julio de 2012, Nujeen Mustafá, una niña con parálisis cerebral nacida el 1 de enero de 1999, comenzaba con su silla de ruedas en Alepo un viaje de casi seis mil kilómetros para huir del horror de la guerra civil en Siria. En septiembre de 2015 llegaba a Alemania tras mil vicisitudes. La historia de Nujeen la convirtió en el símbolo de la capacidad de superación del ser humano y en la imagen personificada del derecho de millones de refugiados a vivir con dignidad. Esta joven kurda, además, es una gran seguidora del Barça. Desde siempre, su sueño infantil consistía en conocer a sus ídolos, los futbolistas azulgranas. Nujeen asegura que se hizo culé a los cinco años, como reacción a que su hermana mayor fuera del Madrid.

En 2017, la maravillosa historia de esta chica inspiró la campaña de Navidad del FC Barcelona. «El sueño de Nujeen» originó un anuncio y un documental que el Barça utilizó para enviar su mensaje navideño al mundo, una emotiva historia humana protagonizada por la inspiradora Nujeen Mustafá. En el documental se recogía el viaje de Manu, chófer del primer equipo del Barça, quien, por encargo de Gerard Piqué, iba a buscar a Nujeen hasta Colonia, donde vive actualmente, con el objetivo de llevarla a Barcelona. Ya en las inmediaciones de la capital catalana, el conductor le preguntaba si quería pasar por la Sagrada Familia. «No, vamos directamente al Camp Nou», respondía nuestra protagonista. En el estadio pudo presenciar el Barça-Celta de Liga del 2 de diciembre y, posteriormente, conoció a todos sus ídolos en persona. Tras la experiencia, Nujeen no mostraba dudas: «El Barça es más que un club porque ayuda a cumplir los sueños». Para siempre, ella pasó a ocupar un lugar en el corazón azulgrana, simbolizando la mejor cara de la entidad: la que se ocupa de brindar felicidad al prójimo.

586. APARECE, DESAPARECE

Josep Suñol i Garriga, el presidente mártir del FC Barcelona, debería gozar permanentemente de un lugar de honor en el Museu del club. Por desgracia, tradicionalmente no ha sido así. De hecho, Josep Suñol ha sido más bien un «presidente Guadiana», por aquello de que aparece y desaparece. Y no exageramos: cuando se inauguró el Museu, el 24 de septiembre de 1984, no existía ninguna referencia a Suñol, y no fue hasta el 31 de julio de 1996 cuando se inauguró una vitrina dedicada a su figura. Por desgracia, tal vitrina desapareció el 13 de junio de 2010, con motivo de la remodelación del Museu. Tal como decíamos en *Barça insólito*, la carencia quedó solucionada el 26 de marzo de 2015, con la puesta en marcha de un nuevo «Espacio Suñol» que debía ser permanente. Sin embargo, el 29 de marzo de 2017 se inauguró un «Espacio Wembley 92» en el lugar donde estaba el «Espacio Suñol», desmontado días antes.

De cualquier modo, el ámbito dedicado a los campeones de la primera Copa de Europa era temporal y, en teoría, debía permanecer solo hasta el 30 de septiembre. Finalmente, el 15 de enero de 2018, donde antes figuraba el Espacio Wembley se abrió una nueva y curiosa muestra mixta, dedicada conjuntamente a las figuras históricas de Joan Gamper y Josep Suñol. En principio, el ámbito Gamper-Suñol del Museu del Barça será permanente...

587. TAL COMO ES

Tras esta descripción del vaivén museístico de la figura de Josep Suñol, conviene recordar que, en un principio, la directiva de Josep Lluís Núñez se mostró claramente reticente a rendir homenaje al presidente asesinado por el franquismo. Sin cortapisas, argumentaban que el mejor tributo que se le podía realizar consistía en «continuar trabajando por la grandeza del club». Es decir, no hacer nada. Lo mejor era olvidar a Suñol, no fuera que su memoria incomodara vete a saber a quién. El mismo Suñol que, en marzo de 1930, escribió: «Lo que nunca podremos hacer, pase lo que pase, será perdonar la pasividad de hombres nacidos en Cataluña».

588. UNA FIGURA INCÓMODA

El 25 de julio de 1998, en un artículo publicado en el diario *Avui*, el siempre lúcido Manuel Vázquez Montalbán explicó mejor que nadie el porqué de esta inicial inacción de la junta barcelonista ante la incómoda figura de Suñol: «Me imagino a los directivos, procedentes la mayoría de la burguesía engordada bajo el *francoporciolismo*, teniendo que reivindicar la figura de un mártir republicano. Me imagino al señor Gaspart, que estuvo a punto de ser cabeza visible de Alianza Popular en Cataluña, teniendo que rendir homenaje a un rojo separatista. Una gran parte de directivos debían pensar que si Franco había fusilado a Suñol, alguna cosa debía haber hecho, que es lo que pensaba casi toda la burguesía catalana parafranquista».

589. AMIGOS DEL RÉGIMEN

En el mismo artículo, MVM daba en la diana de esta deseada amnesia histórica: «Bajo el franquismo, el Barça fue dirigido por militares, falangistas y empresarios bien vistos por el régimen, excepto en el periodo de Narcís de Carreras, que, pese a ser colaboracionista del franquismo, recuperó o no perdió por completo sus sensibilidades democráticas, democratizado finalmente el club con gran esfuerzo por la directiva de Montal hijo. Después llegaron estos posmodernos ahistoricistas que se proponían destruir la imagen de que el Barça era más que un club, propósito hecho explícito por Núñez muchas veces, hasta que se dieron cuenta de que era la única manera de justificar que el Madrid ganara más ligas por culpa del centralismo arbitral».

590. CANT DEL BARÇA

Josep Maria Espinàs, coautor del *Cant del Barça* junto con Jaume Picas, siempre ha tenido claro que el club azulgrana ha sido, desde sus inicios, un factor decisivo de integración entre catalanes y recién llegados. En enero de 2018, Espinàs escribió en un artículo: «Cuando el Futbol Club Barcelona me pidió que escribiera la letra para un himno del Barça lo hice, aunque puse este título: *Cant del Barça*. Ya sé que todos le llaman himno, y lo entiendo. Pero un canto me parece menos pretencioso, más popular. Somos, sencillamente, *la gent blaugrana*». Mucho mejor así.

591. PEÑA EN LA CÁRCEL

El 10 de febrero de 2018, el periodista Jordi Basté visitó a Oriol Junqueras y Joaquim Forn, antiguos *consellers* de la Generalitat, en el Centro Penitenciario de Estremera (Madrid). Como sabéis, se encontraban ingresados allí en prisión preventiva desde el 2 de noviembre de 2017 por un presunto delito de sedición contra el orden constitucional español. Entre otros muchos asuntos, Basté explicaría que en Estremera había más culés que merengues y que

Forn aseguraba estar estudiando la posibilidad de crear una peña del Barça. Los otros presos les gritaban «¡Viva la República, viva Cataluña y visca el Barça!». ¿Recordáis el informe policial de 1940?: «El primer presidente del FC Barcelona fue un tal Gamper, de nacionalidad suiza y de ideas separatistas...»

9

La opinión publicada

Una plantilla de primer nivel salta ahora al terreno de juego. Los autores hemos disfrutado buscándolos para ficharlos y aplaudimos entusiasmados en agradecimiento a su contrastada calidad, realmente digna de todo un Barça. Repasados los nombres que la integran, hablaríamos sin exageración de un *Dream Team* de las letras vinculadas al fenómeno azulgrana, denominador común que hermana sus contribuciones. Hay de todo y en abundancia incontestable de talento. Repasamos el listado, no ya simple alineación limitada a once integrantes, en riguroso orden de aparición conforme avancen las próximas páginas: Daniel Carbó, *Corre-cuita*, Antoni Rovira i Virgili, Josep Pla, Josep Suñol, Albert Maluquer, Rafael Tasis, Lluís Solà, Josep Maria Gironella, Manuel Vázquez Montalbán, Joan Fuster, Paco Candel, Xavier Benguerel, Alexandre Cirici, Andreu Mercè Varela, Josep Antoni González Casanova, Oriol Pi de Cabanyes, Eric Hobsbawn, Albert Balcells, Ramon Besa y Sergi Pàmies. Y nos olvidamos de alguno, pero estos ocupan las líneas de portería, defensa, centro del campo y ataque con solvencia ampliamente demostrada en sus campos de procedencia o referencia, se trate de la política, la literatura, el periodismo y otras letras imprescindibles para mejorar nuestra comprensión del mundo. Azulgrana, en este caso. Seguro que, acabado el capítulo, el lector habrá profundizado en el conocimiento teórico de este fenómeno social, tanto como gozará del repaso. Ellos han escrito, dejado descripciones, ideas, argumentos, definiciones y lemas para pensar, para comprender el amplio, inabarcable significado de este club. De sus plumas e ingenio brota el retrato de la evolución social a través del tiempo, el fortalecimiento y calado político de la entidad. De cada época, su estilo y su visión.

Son ellos quienes nos legaron, caso de los más antiguos, odas patrióticas que deseaban representar gracias a los azares del balón la sublimada idea de una Cataluña plena y respetada. Repasaremos un completo tratado de identificación del club con la identidad y reivindicación del territorio. Decía el intelectual Rovira i Virgili, por citar apenas un brillante ejemplo, que la «cosa que menos se nos perdona a los catalanes es la de ganar». Y se trataba de vencer, sentirse triunfador con la afortunada excusa de la pelota y el marcado final de cada lance, hoy, ayer y hace casi un siglo, que es cuando el autor del célebre artículo «*El cop de pilota*» acuñó esta reflexión. Golpe de balón con la constante intención de un golpe de hoz simbólico, siguiendo su razonamiento. En el fútbol también se resistía y se crecía para aguantar los vientos adversos, la incomodidad manifiesta ante una realidad tozuda que poco agradaba y convencía a los estudiosos del barcelonismo. De la capacidad observadora y descriptiva de todo un Josep Pla sacaremos, aunque el genial escritor fuera un incrédulo ajeno a la fuerza de las franjas azulgranas, definiciones de un acierto mayúsculo, como, por ejemplo, «Kubala es un caso de sugestión popular formidable». No se puede escribir mejor ni con mayor economía de palabras un concepto épico de históricas proporciones.

En efecto, y en otros ámbitos de análisis, «la primera puerta abierta a la integración de los inmigrantes» ha sido el Futbol Club Barcelona, tal como leeréis en las próximas anécdotas, reunidas bajo el paraguas de opiniones publicadas por gente que vale la pena escuchar, por artesanos de la palabra capaces de sintetizar en verbo sentimientos, emociones, trayectorias, realidades que van más allá de la epidermis y consiguen penetrar en el alma de este complejo monstruo de cuerpo infinito. Todos ellos dibujaron los hechos con la lógica de los argumentos. Si aceptáis el consejo, conviene aflojar la marcha de lectura para saborear mejor lo que ahora hallaréis, manjar intelectual, proteína para el espíritu. Eran y son buenísimos, y merecen que mantuviéramos vivas sus reflexiones, a menudo excelsas. Hemos recuperado papeles olvidados, opiniones que burlan así el riesgo de pasar desapercibidas a las nuevas generaciones de barcelonistas que, más allá del marcador, también se preguntan el porqué de su singularidad, tan única y especial.

592. EL BOLETÍN OFICIAL

El FC Barcelona estrenó la publicación de sus boletines oficiales en febrero de 1921, bajo la presidencia de Gaspar Rosés. En aquel entonces, el club vivía un momento dulce: en apenas tres años, el Barça había saltado de los cuatro mil abonados a contar con más de once mil.

Aquellas primeras publicaciones, en formato de cuartilla, eran mensuales y estaban escritas en catalán. Por lo que respecta a sus contenidos, anunciaban altas y bajas de socios; recogían acuerdos de la junta directiva y recordaban los próximos partidos del equipo. Al margen de tal información de servicio, también aparecían artículos firmados por periodistas de la época con la intención de generar debate deportivo. Pese a la buena acogida, dejó de ser editado al cabo de una decena de números.

593. CARBÓ, EL PASIONAL

Deportivamente hablando, por aquel entonces el club vivía su primera edad de oro y la ciudad condal se hallaba en pleno *boom* futbolístico, propulsado por la pujanza de los colores azulgranas. Al abrigo de tan eufórico ambiente, en el número 2 del *Butlletí Oficial del FC Barcelona* (marzo de 1921), el periodista Daniel Carbó, *Correcuita*, se desató con uno de sus habituales ramalazos líricos. Bajo el título de «Victoria», redactaría este enardecido artículo, que traducimos del catalán (como podemos...):

> ¡Barcelona!..., ¿escuchas?... El ritmo cálido y vibrante de las horas solemnes zumba en el espacio, renovando, en tu honor, la canción victoriosa, la canción sonora y confortante que exalta tu suprema fortaleza. ¿Escuchas?... Es el mismo himno ardiente de tiempos pasados... Ha de ser el mismo himno triunfal de los tiempos futuros...
>
> En todo entorno y en toda lejanía se abre la encendida flor de la admiración fervorosa a tu nombre dilecto y a tus resonantes epopeyas; en cualquier tierra, aquí y más allá de las fronteras, flamean, en la mente y en la evocación de los recuerdos preciados, los colores fulgurantes de tu bandera sagrada, como un ideal, como un símbolo, como una afirmación heroica de esplendorosa plenitud. ¡Que nunca, Barcelona, el prestigio universal que aureola tu nombre, de estallidos luminosos de amor y respeto, pueda ser confundido, por falta o flaqueza tuya, en la mezcla informe y lastimosa de las cosas olvidadas!
>
> Hoy, como ayer, Cataluña futbolística te aclama vencedor; hoy,

como ayer, en la lucha épica y encarnizada, los laureles de la victoria circundan tu frente... ¡Más allá!....

Menuda pasión, la de Carbó, chico...

594. IDEAS MUY CLARAS

Para comprender mejor el apasionamiento épico de Carbó, subrayemos que el estilo encomiástico y patriótico resultaba una constante en aquellos primeros boletines barcelonistas de 1921, como quedaba patente en este artículo de portada, firmado por el presidente Gaspar Rosés en el número de mayo:

> Digámoslo con el orgullo sano y reconfortador de quien ha realizado una obra magna para el bien de la patria y la fortaleza de la raza: nuestro club ha alcanzado las alturas gloriosas nunca codiciadas por el anhelo de nadie, en tierras ibéricas. Era superior al ideal limitado de los horizontes deportivos peninsulares, el luchar con los mejores... y vencer. Nosotros mismos dudábamos, pero había fe por encima de todo, y la fe vivificadora del esfuerzo nos llevaba a todos adelante y nos situaba en el límite de las magníficas epopeyas con el corazón sereno. Y la gloria bajaba del cielo para coronar tanto esfuerzo magnánimo. ¡Hurra! Ahora es el momento más que nunca, ¡hurra!, nuestro club, el de nuestra Barcelona, invencible como ella, como ella digna y arrogante, contra todos los rivales de la rastrera conjura. Los nombres sagrados de nuestro amor sin desfallecimientos se identifican en un solo grito: ¡viva el Barcelona! ¡Viva la ciudad central de la patria!

Tampoco se andaba por las ramas el señor Rosés, impagable por otra parte con eso de «la rastrera conjura».

595. ELLAS, TAMBIÉN

El elemento femenino del club tampoco se quedaba atrás llegado el momento de escribir soflamas patrióticas y entusiastas en el boletín azulgrana. Para ejemplo, la socia María Muntané en el número de julio de 1921:

> Así, airoso como siempre, de cara al sol risueño de día festivo, se levanta nuestro Barcelona al grito de ¡adelante!...

> Tres lemas coronan su testa: el honor, la gloria y el patriotismo.
>
> La nueva tarea que ahora emprenderá augura días espléndidos que se convertirán en fieles testimonios de su porvenir carente con el enderezamiento de hoy.
>
> El buen deseo y el alto sentido de confraternidad que proclama el ideal, por el cual lucha, hará que alargue su mano amistosa a cuantos quieran ser de él buenos amigos; no mirará estamentos ni categorías, pero sí que desde ahora quedan descartados de su calor aquellos que de su actuación y fin no han hecho más que combatir sistemáticamente y en cualquier momento nuestro club; con esos nada sabrá.
>
> El Futbol Club Barcelona se ha señalado un recto camino y lo emprenderá con firme ardor sin desfallecer en su cometido; a pesar de que en costosas sendas le salgan al paso sombras que le inviten a detenerse, él seguirá adelante, haciendo su camino solo o acompañado, pero ¿qué importa? Cuando se lleva buen fin, no existe el miedo a perderse.

Menuda debilidad por la retórica inflamada lucía aquel personal...

596. TRIUNFALISMO

Gráfico ejemplo de artículo futbolístico exageradamente triunfalista. Lo escribió, de nuevo, nuestro conocido Daniel Carbó y fue publicado en *La Veu de Catalunya* el 17 de abril de 1922, tras la apoteósica victoria de aquel formidable Barça de la primera Edad de Oro sobre el equipo inglés del Crook Town por un abrumador 8-1: «Hoy el Barcelona se halla a un nivel tan insuperable en toda la gama de la técnica futbolística, todos los elementos que componen el primer equipo han alcanzado una compenetración tan perfecta y saben de tal manera unificar su acción conjunta que no queda otro remedio: para que un equipo le haga conocer las angustias de una victoria difícil, ya que la derrota se aleja más de sus dominios, debe ser uno de los bandos que figure entre los mejores de Europa, sea de aficionados, sea de profesionales». Este tipo de *hooliganismo* periodístico (impagable eso de «las angustias de una victoria difícil») nos recuerda, en cierto modo y salvando las enormes distancias literarias, aquella eufórica frase leída en la web del Barça a finales de los noventa: «¡No perdemos ni al parchís!». En cualquier caso, el panorama casa fatal con la humildad, en teoría uno de los valores universales del club.

597. *LA CAMPANA DE GRÀCIA*

El mismo día en que se inauguraba el estadio de Les Corts, 20 de mayo de 1922, el semanario satírico, republicano y anticlerical *La Campana de Gràcia* le dedicó la portada al Barça, decisión sorprendente al tratarse de una publicación que aspiraba, como decían ellos, a «dar una batalla cada semana» en su dedicación a temas sociales y políticos. En cualquier caso, la portada, lejos de ser amable con el club que entonces presidía Joan Gamper, incidía más bien en la idea izquierdista del fútbol como opio alienante del pueblo, distracción que le olvidaba de sus problemas y de las arbitrariedades de los poderosos, cosa que iba de perlas para los intereses de las élites gobernantes. En la cubierta, titulada «*Barcelona triomfant*», se veía a un feliz futbolista azulgrana situado sobre un globo terráqueo con forma de balón, mientras a su alrededor se aprecian nubes con las palabras «Marruecos», «recargos», «patíbulos», «política ful», «miseria» y «subsistencias». Indiferente a estas calamidades, el futbolista exclama en el dibujo: «El mundo es un balón y yo soy el amo del mundo».

598. EL GOLPE DE PELOTA

Curiosamente, esta diatriba antifutbolística convivía con el famoso artículo «El golpe de pelota» de Antoni Rovira i Virgili, publicado en la página siguiente del mismo número. Como sabéis, seis días antes, el Barça había ganado el Campeonato de España ante la Real Unión de Irún, y el artículo, lejos de definir el fútbol como un mero escapismo del mundo real, incidía en la entonces ya asumida identificación del fenómeno barcelonista con la reivindicación catalanista. En el texto, Rovira i Virgili escribía frases como «la victoria del Barcelona ha sido recibida, en Cataluña y fuera, como un símbolo de una victoria catalana mayor» y «todos los golpes catalanes causan daño en Madrid». Para este intelectual de referencia, «hay muchas cosas que no se nos perdonan a los catalanes, y la cosa que menos se nos perdona es la de ganar». En definitiva, «el griterío de protestas e insultos que este triunfo ha suscitado es una muestra más de la tirria anticatalanista» y «en el golpe de pelota catalán hay hoy toda la intención del golpe de hoz simbólico». Un texto básico entre las referencias históricas del barcelonismo y una portada de *La Campana de Gràcia* que, a pesar de la divergencia de criterio, también merece recordarse.

599. GRANDILOCUENCIA

Más del hiperbólico Daniel Carbó y su estilo literario pomposo y grandilocuente hasta el empacho. En el prólogo de su «Historial del FC Barcelona (1899-1924)», la primera historia del Barça publicada desde su fundación un cuarto de siglo antes, Carbó se explayó a gusto cantando las excelencias del club azulgrana, aquel que lleva el nombre de su ciudad. De esta lírica forma iniciaba el texto:

> ¡FC BARCELONA!... Hete aquí el nombre augusto que, al pronunciarlo, lleva a todos los labios, amigos y enemigos, impaciencia de mágica evocación. El acierto del primer día, la decisión afortunada de quienes lo engendraron y velaron el nacimiento y festejaron el bautizo... Porque, tanto como su acción fecunda, tanto como las gestas resonantes que lo han rodeado de un aura de grandeza y de majestad, lo que ha elevado a plenitud su prestigio, lo que ha hecho resonar más allá de las fronteras la vibración de su vivir intrépido y zumbador, lo que ha levantado monumentos de amor y hogueras de pasión y montañas de odio, de envidia y de despecho, ha sido esta circunstancia felicísima: llamarse BARCELONA.

600. LOS ENEMIGOS

El apodado *Correcuita* acababa su prólogo con una furibunda diatriba contra los enemigos internos y externos del FC Barcelona —por lo que parece, los ha tenido desde la génesis de los tiempos—, rematada con un final desconcertante con referencia incluida a la escena final de la obra teatral *Terra baixa*, de Àngel Guimerà:

> En todos los tiempos de su historia, ha visto el Barcelona alzarse ante él, como una amenaza de exterminio, todo el furor de la impotencia, de la envidia y del despecho, que manifestándose diversamente, unas veces con embestidas directas, otras con maquinaciones disfrazadas y ocultas, y, no pocas, por medio de la difamación innoble, han intentado enroscársele al cuello para ahogarlo.
>
> Pero... en la tiniebla de la desdicha, en las horas amargas de la adversidad, ante la explosión del rencor enemigo, ha sido cuando el alma del Barcelona ha vibrado con más coraje y entusiasmo, enardeciendo y exaltando los sentimientos de la colectividad sana y

fervorosa, la cual, acometiendo, osada, contra la estulticia y la fechoría de dentro y contra la presión y el ultraje de fuera, ha podido, en todo momento, hacer exclamar al gran club como el excelso poeta de Cataluña: «¡He matado al lobo! ¡He matado al lobo!».

601. DÍAS SOMBRÍOS

El 20 de junio de 1925 se cumplían seis días de la pitada al himno español en el campo de Les Corts y apenas quedaban cuatro para que las autoridades militares decretasen, como represalia, la suspensión de toda actividad en el club durante medio año. A lo largo de aquellas jornadas de tensa espera, la impresión general coincidía en intuir que al Barça le caería un puro muy gordo. Aquel 20 de junio, *La Campana de Gràcia* vaticinó días sombríos para el club azulgrana con un artículo sin firma que, en aquella época de censura gubernativa, constituía un ejercicio magistral de elipsis, ya que, sin citar en ningún momento, al FC Barcelona se le entendía absolutamente todo. El texto se titulaba «Peloterías»:

> Parece que se preparan días malos para la pelota. Parece que ha llegado la noche triste de los peloteros, que será una noche más noche que ninguna y más triste que una anchoa. Parece que se ha terminado el reino de las vacas gordas y que comienza el de las vacas flacas.
>
> Hasta hoy al fútbol le habían cantado las cupletistas. Le habían cantado con mejor o peor voz, aunque eso carezca de importancia: ya es sabido que para una cupletista la voz es una cuestión de menor cuantía.
>
> Ahora al fútbol le deberán cantar los poetas elegíacos, los más elegíacos que haya. Ya no se escribirán elegías a la amada o a la esposa muerta. Se escribirán elegías a la pelota, y no a la de la olla, precisamente, porque aquí ya llevamos tiempo sin tirar pelotas a la olla. Nos referimos a la pelota de fútbol.
>
> De repente, la pelota se ha vuelto peligrosa. ¿Qué ha pasado con la pelota? No lo sabemos. Nosotros no sabemos nada de nada. Nadie sabe nada. Pero lo cierto es que el pobre fútbol está de pega. Lo cierto es que la pobre pelota no está para músicas.

602. JOSEP PLA

Josep Pla (1897-1981), figura universal de la literatura catalana del siglo XX, escribió un artículo en el boletín del Barça de enero de

1929. La colaboración de Pla se titulaba «El deporte y la cultura», y la única referencia directa al FC Barcelona se hallaba en las líneas iniciales del primer párrafo:

> Un amigo me pide un artículo para el Boletín del FC Barcelona. ¿Qué queréis que diga, de todos modos, en las páginas de la revista de esta formidable entidad? Esta sociedad cuenta con todas mis simpatías. Es una sociedad fuerte, muy bien organizada, que nos deja bien allá donde va. He pensado muchas veces que, si este país resolviera sus problemas con el empuje que suele resolver las cuestiones de deporte, con el entusiasmo que pone en estos temas, viviríamos en el rincón del mundo más agradable del planeta. El deporte está en manos de gente diligente, activa, abnegada. Si al frente de todas las manifestaciones de nuestra vida colectiva tuviéramos personas de una capacidad y un entusiasmo similar, las cosas nos irían de manera muy diferente».

Consejo del gran Pla aún pendiente de aplicar, por lo que parece.

603. ESPORT I CIUTADANIA

La figura del presidente mártir del FC Barcelona, Josep Suñol i Garriga, ha quedado forzosamente asociada al lema que difundió en los años treinta a través de su semanario *La Rambla*. Cualquier culé conoce la unión de los dos conceptos: *esport* y ciutadania. Aunque sean palabras sencillas cargadas de simbolismo, en febrero de 1931, la publicación se encargó de aclarar su significado de manera diáfana, por si quedaban dudas: «Cuando decimos DEPORTE, queremos decir raza, entusiasmo, optimismo, lucha noble de juventud. Cuando decimos CIUDADANÍA, queremos decir civilidad, catalanidad, liberalismo, democracia, generosidad, amplios anhelos espirituales». Por desgracia, la definición quedó truncada con el estallido de la guerra civil, víctima de la intolerancia y el fanatismo. Aunque también los franquistas se apuntaban a fondo al concepto de la «raza», hoy en día tan políticamente incorrecto, lo mires desde el lado político que lo mires.

604. LA EVOLUCIÓN SOCIOLÓGICA

Como sabéis, Albert Maluquer, secretario general del Barça en los años 1941-1958, publicó en 1949 la *Historia del Club de Fútbol*

Barcelona. En el prólogo destacaba una circunstancia que resume la evolución sociológica del club desde su fundación hasta las bodas de oro: «El club que escogió el nombre de Barcelona para que le sirviera de escudo, al amparo del cual poder más fácilmente subsistir, ha llegado a ser —¡bella paradoja!— el orgullo de los barceloneses y a enaltecer con su propio nombre el nombre mismo de la ciudad. Ni en los mejores momentos de su juvenil entusiasmo pudieron llegar nunca a suponer los fundadores que su obra tendría tan sobrado desenvolvimiento».

605. COMO LOS CHORROS DEL ORO

En el mismo prólogo, Albert Maluquer desvelaba una característica de aquel primer medio siglo del Barça que hoy mantiene plena vigencia:

> Año tras año [el club] ha adquirido, por derecho propio, y aparte de los trofeos que se hayan conseguido, la autenticidad en el uso del título más preciado y del que estamos más íntimamente orgullosos: el de deportistas. Ningún club español ha podido jamás al Barcelona en cuanto a caballerosidad y conducta deportiva. Su juego estuvo siempre exento de marrullerías. Es, según frase siempre repetida, «el club que más deja jugar». Es un club «señor», añadimos nosotros, que juega y trata con «guante blanco». Gana cuantas veces puede, pero si debe inclinarse ante un conjunto mejor, sabe hacerlo sin olvidar su condición de deportista.

Insistimos: el texto es de 1949.

606. PLA *DIXIT*

Volvemos a tan singular personaje: Josep Pla, periodista y escritor ampurdanés de enorme categoría literaria. Conservador, posibilista y pragmático, Pla convivió con el franquismo en una especie de exilio interior, pero en la intimidad nunca abandonó su condición de catalanista, por mucho que se le tuviera por traidor a la causa, visto y comprobado su comportamiento cómplice y acomodaticio con la dictadura. En papeles recién hallados y publicados, llegaba a escribir que la España de Franco era «un pantano de mierda de enormes dimensiones». Bien, dejemos su vertiente pública y política para adentrarnos en lo que toca aquí. También es conocido que su proverbial escepticismo vital le llevó a un evidente alejamiento de lo que llamaríamos «el fenómeno futbolístico».

Aun así, curioso por naturaleza, Pla tampoco andaba desconectado de la actualidad azulgrana. Así, en 1953 publicaría un artículo titulado «Espectáculo de masas», dedicado a una tarde de fútbol que el escritor había vivido bastantes meses antes en el estadio de Les Corts, en concreto un encuentro de Liga entre el Barça y el Athletic de Bilbao disputado el 16 de septiembre de 1951. Parece ser que Pla no gozó de excesiva suerte en aquella aproximación al balón, ya que, en opinión de sus acompañantes, el partido resultó de ínfima calidad. Las crónicas confirman plenamente esta impresión. Por ejemplo, la publicada en *Vida Deportiva* por el excelente periodista Celestí Martí Farreras, desgraciadamente olvidado como cronista culé y gran crítico teatral, que arrancaba con estas palabras: «Media docena de partidos como el del domingo y me pasaba a los toros sin vacilar».

607. EL FENÓMENO KUBALA

Volviendo a Pla, digamos que, a pesar de su escepticismo futbolístico, en aquel domingo de septiembre en Les Corts el escritor ampurdanés se sintió irremediablemente interesado por aquel fenómeno sociológico conocido por Ladislao Kubala. Traducimos del catalán:

> Jugaba el célebre Kubala, este atleta húngaro que, tras haber oído hablar tanto —mañana, tarde y noche—, tenía que ver para no exponerme, en sociedad, a pasar por un payés misantrópico o por un solitario inhibido. Kubala ha sido, estos años, un caso de sugestión popular formidable, el hombre de quien más se ha hablado y que se ha convertido en una especie de mito. Ahora, claro, aunque sea con retraso, toca estar al corriente, pese a tener la convicción de no poder añadir nada más o menos divertido a cuanto se ha dicho ya. Parece que el número de gatos y perros a los que se ha puesto el nombre del gran jugador es considerable. Esto es la gloria, evidentemente. Cuando he presenciado la escena del abuelo de la casa que dice, acariciando a su nieto «Tú eres un Kubala pequeño...», me doy cuenta de lo que sucede en este momento. La frase es una repetición de lo que había oído decir en Canaletes a mi inolvidable amigo, el abogado Enric Jardí. Un señor que llevaba un nieto a hombros le decía: «Tú eres un Zamora pequeñito...».

Son casos de saturación social popular que, en este país y estos años, solo ha producido el fútbol. Es natural que en un país de dictadura, o sea, de misterio y aburrimiento, el hecho se aproveche a velas desplegadas para distraer a la gente.

608. VISIÓN DE ESCRITOR

Ya que estamos, ¿cuál era la valoración de Josep Pla sobre el futbolista Kubala? Pues esta, pretendidamente diletante, aunque muy original:

> Creo que fue el único jugador que salió del campo físicamente fresco, tranquilo, el que menos se fatigó entre los que pasaron de una parte a otra del campo, sin parar un momento. Es decir, Kubala hizo cuanto le dio el juego. No se dedicó ni a la furia ni a rematar sus atribuidos misterios. Es decir, a mi modesto entender, el mayor mérito de Kubala consistió en la paciencia, en la espera, en la colocación para hacer el gol posible, que es, en definitiva, lo que quiere la gente, quiero decir el público, la gente. Siempre anduvo colocado, a la espera. Ahora bien: esta espera, en general, fue en vano, porque los colaboradores fueron escasísimos. Jugó el auténtico fútbol, el de la colaboración, el de la asociación. Los otros jugaron a su manera, desconectados, para lucirse, para exhibirse. [...] Kubala es un jugador de fútbol, no es una sorprendente y milagrosa *vedette*. [...] Kubala, con otro colaborador, es un gran jugador. Sin colaboradores es muy poca cosa, generalmente nada.

Por cierto, aquel partido lo ganó el Barça por 1-0 gracias a un gol del propio Kubala en el minuto sesenta y seis, tras culminar una extraordinaria jugada personal con un trallazo que impactó en el travesaño antes de batir al portero vasco Carmelo.

609. CAÑA POR EL CAMP NOU

Rafael Tasis (1906-1966) fue un escritor y político republicano catalán. Exiliado en París al final de la guerra civil, en 1948 regresó a Barcelona, donde ejerció como corresponsal clandestino de *Pont Blau*, revista cultural catalana que se editaba en México. El 24 de septiembre de 1957, *Pont Blau* publicó un duro artículo de Tasis sobre la inauguración del Camp Nou que comenzaba con estas palabras: «Sí, desde la Mercè, tenemos un estadio nuevo. El señor Miró-Sans, falangista de viejo cuño y socio ferviente del Espanyol, igual que del Barcelona, ha cumplido su palabra. ¿Qué importa que se hayan gastado Dios sabe cuántos millones, sin contar los que se deberán, para afrontar su construcción? Tenemos campo nuevo. Tenemos estadio».

610. EL NOMBRE DE LA COSA

A continuación, Tasis indicaba: «Apenas existe un pequeño detalle que se ha quedado por el camino. El nuevo campo tenía que llamarse Estadi Joan Gamper. No ha podido ser, porque a última hora se han dado cuenta de que el señor Gamper era suizo, protestante y que, incluso, se había suicidado, lo que, evidentemente, lo convierte en imposible para dar su nombre a un campo de fútbol en nuestra España católica e imperial. El nuevo campo se llama, pues, solo "Estadio del C. de F. Barcelona". Así lo proclama el suntuoso programa que ha sido repartido entre las personas de mayor rango y que cuenta, como sutiles concesiones al virus *rojo-separatista,* con un soneto en catalán del señor Josep M. de Segarra (firmado) y con un dibujo de Pablo Picasso (sin firmar). Me olvidaba de consignar que el pregón por la inauguración del nuevo estadio (que aún no sabemos si se dirá Miró-Sans o, simplemente, y como correspondería, Estadio Francisco Franco y Bahamonde, ya que nuestro caudillo ha presidido el comité de honor que lo ha hecho posible) fue encargado a un académico de la *lengua,* castellano y especialista en toros, que se llama don José María de Cossío».

611. LOS VENDEDORES

De cuando el espectáculo se hallaba también en las gradas del estadio. Lluís Solà nos dejó en su magnífico libro *De Gamper a Cruyff* un artículo costumbrista de aquella época, hacia los años sesenta, cuando el Barça de los Benítez, Fusté, Eladio, Pereda y Zaldúa hacía lo que buenamente podía, con escaso éxito, pero la afición se lo pasaba igual de bien en los partidos de casa: «Aquellos eran los tiempos de los vendedores ambulantes, la mayoría con chaqueta blanca, que ahora me apetece recordar con nostalgia, tanto por el tipismo como por la manera tan especial que tenían para realizar la propaganda de su producto. Los que vendían unas galletas, pequeñas y redondas, con un agujero en el centro, proclamaban: "a la rica sardana, ¿quién la toma?", o "al rico chupón caramelo", que eran aquellas barritas de caramelo envueltas con papel de distintos colores según los gustos, o aquel que vendía cacahuetes y que gritaba "*¡il cacuru* [*sic*] a peseta el paquete!", y también el hombre que carreteaba una neverita portátil y que nos proporcionaba aquellos deliciosos *frigolinos*, de vainilla o de chocolate, que aún hoy me pregunto por qué desaparecieron». Cada cual guarda su crónica sentimental de la atmósfera del estadio bien grabada en el alma de los mejores recuerdos. El aroma de la hierba recién cortada, de los *frankfurts* cocidos, de los habanos y, antes que nos pongamos demasiado románticos y nostálgicos, el tradicional grito de «¡burro!» cuando algún delantero torpón fallaba un gol fácil.

612. EMPRESA COLECTIVA

El escritor gerundense Josep Maria Gironella (1917-2003) publicó el 21 de mayo de 1969 un artículo en *La Vanguardia* titulado «El Barça, empresa colectiva». Nos hallábamos entonces, recordémoslo, en plena travesía por el desierto de éxitos deportivos, cuando en el ánimo de la afición azulgrana convivían en perfecta simbiosis la frustración futbolística con la indisoluble fidelidad a un club tan simbólico. Gironella analizaba así este fenómeno:

> Hace muchos años, un ampurdanés socarrón [Josep Pla] me dijo que en Cataluña había tres instituciones: la *Verge* de Montserrat, *el renec* (la blasfemia) y el Barça. Tal vez no anduviera del todo equivocado. Además, estudiando el asunto, no creo que fuera difícil encontrar una cierta conexión entre dichas instituciones: cuando el Barça se encuentra en apuro, o cuando un zurdazo de Fusté se estrella en el larguero, la afición barcelonista pasa del *renec* al *«Mare de Déu!»* con sorprendente velocidad y con escasas diferencias fonéticas. Si consiguiéramos imaginar, por un momento, que Freud era socio del Barça, llegaríamos sin duda a conclusiones insospechadas. [...]
>
> El Barça es una institución. Una especie de caja de ahorros del sentimentalismo, de los ríos emocionales de Cataluña. Una empresa colectiva que está por encima de las etapas de esplendor y de las etapas de secano del club. En el Barça puede equivocarse todo el mundo: directivos, entrenador, asesores técnicos, jugadores, y todo seguirá lo mismo. Algo parecido a lo que ocurre en Inglaterra con la Casa Real. *«L'any que ve guanyarem»* (El año que viene ganaremos). Es el amuleto, es el himno breve, es la fe. Los socios más antiguos, que no pierden ocasión de enseñar el número de su carné, recitan de memoria los

nombres de las «viejas glorias» y de vez en cuando se dan un garbeo por las cercanías de las Corts; y hablan de Alcántara, de Sancho y Samitier como si hablaran de seres de la familia».

613. UN MILAGRO

Para el autor de *Un millón de muertos*, aquella época de sequía de títulos e injusticias diversas no había disminuido un ápice el apoyo popular al club, realidad empírica que, en su opinión, era una especie de milagro que merecía eterno reconocimiento:

> Andamos un poco a la deriva y el *renec* y el «*Mare de Déu*» se suceden con ciertos matices de decepción. Pero aquí radica, precisamente, el milagro: la afición no ha disminuido. *L'any que ve guanyarem*. Llegan autocares de pueblos limítrofes, y hasta de Tarragona y de Portbou; ondean pancartas y banderas; se han integrado en el club incluso una buena porción de inmigrantes —*els altres catalans*— que gritan «¡Barça, Barça!» con acento andaluz o gallego hasta perder la voz. Y el estadio se llena. La empresa es, pues, colectiva, como antes dije, y vibra al margen de las victorias y las derrotas. [...]
>
> Confieso que ese milagro me impresiona hasta tal punto que creo que se merecería un monumento. Y no es metáfora. En efecto, me atrevería a sugerir que se levantara, delante del Camp Nou, una estatua que simbolizara tan admirable fidelidad: la estatua de un catalán de clase media, con un puro en la boca, con la insignia del Barça en la solapa, sosteniendo un paraguas. Dicho paraguas significaría que el aficionado lo aguanta y lo resiste todo: los días de lluvia, los fichajes insólitos, el desorbitado profesionalismo, los tejemanejes de las federaciones, los caprichos de los árbitros, etcétera.

614. CAUSA PERDIDA

Tremenda confesión la que Manuel Vázquez Montalbán realizaría en un artículo de marzo de 1971: «A mí el Barcelona me sirve de compensación épica y todas mis cartas y mis fichas victoriosas las juego con el Barça. Entonces, la única posibilidad de que acabe el año triunfalista es la de que el Barça gane la Liga, porque las otras bazas épicas que he jugado desde que nací las tengo perdidas». Tremenda porque creemos que es una de las mejores explicaciones del significado original del *més que un club*. En época de dictadura, el Barça era un sucedáneo deportivo y emocional de sublimes causas perdidas...

615. RADIOGRAFÍA

En aquel mismo artículo, MVM dibujó una rápida y acertada radiografía sociológica del Barça de comienzos de los setenta: «La base del Barça se encuentra en la pequeña burguesía y en un sector del proletariado catalán e inmigrante. Pero también siente los colores azulgranas lo que podríamos llamar burguesía nacional catalana, con algunos toquecitos oligárquicos». El interclasismo y transversalidad del Barça, ayer y hoy.

616. JOAN FUSTER

Joan Fuster (1922-1992), recordado escritor y ensayista valenciano, no era un hombre futbolero. De niño sí, aunque, según propia confesión, su interés por el deporte rey desapareció de golpe cuando una vez seguía como espectador un partido de barrio y un balón le impactó con furia en el rostro. Desde entonces quedó vacunado contra el fútbol para siempre. De hecho, solía resumir su ideal político con el lema «sin banderas, sin himnos, sin vivas», consignas que casaban mal con el mundo del fútbol, siempre tan simbólico y gritón. A pesar de todo, Fuster publicó un artículo en la revista *Barça* en diciembre del 72 donde analizaba el fenómeno futbolístico bajo el significativo título de «Reflexiones de un profano».

Tras proclamar que le resultaba más divertido «leer versos o pornografía, escuchar música o ir al cine», Fuster reconocía el valor emblemático de los clubes de fútbol, y del Barça en particular, como elementos sustitutivos de algo más trascendente en aquellos tiempos de *tardofranquismo*: «Los clubs son un pequeño "país" sectorial y ligeramente parlamentario. Más vale eso que nada, deben pensar los afectados. A falta de pan, buenas son tortas, y el servicio de "sustitución" funciona. Funciona, además, como cauce de euforias geográficamente circunscritas tremendamente vivas. Produce una inevitable cosquilla sentimental ver como los más feroces "barcelonistas" son, a menudo, inmigrantes recientes, de idioma aún no del todo aprendido: vecinos para quienes las cuatro barras emblemáticas quizá nunca sean rojo y gualda, sino elementalmente azulgrana...».

617. LA GRAN *VEDETTE*

El 2 de febrero de 1974, Josep Pla publicó en *Destino* un artículo dedicado a la victoria del Barça sobre el Atlético de Madrid en el Camp Nou, vivida semanas antes, el 22 de diciembre de 1973. El siempre escéptico y resabiado Pla analizaba así la actuación del equipo y, en particular, de su gran estrella Johan Cruyff:

> El equipo del Barcelona —y ello para mí fue una grata sorpresa— me pareció muy diferente del que en los últimos años había visto raramente: mucho mejor organizado, más disciplinado, más positivo. Tiene jugadores buenos y otros regulares. La mejora del conjunto es evidente. Hoy el Barcelona tiene un equipo frente al cual hay un hombre que dirige y que manda —sin que lo parezca—. En este país saber hacerse obedecer, saber mandar, implica mucha inteligencia. Es casi seguro que esta ha sido la obra mejor que ha hecho el jugador holandés en esta aventura de su vida. En todo caso, lo más serio. En definitiva, los goles que ha hecho y los que ha hecho hacer, provienen de esta asociación, sin la cual, digo, este deporte es una sucesión de exabruptos aburridísima. Haber creado una situación semejante implica mucha inteligencia y mucha bondad en sus compañeros. Cruyff es hoy una gran *vedette,* pero a diferencia de lo que suelen ser esta clase de tipos es una *vedette* más unitiva que separativa.

618. ADMIRADOR DEL ASTRO

En el escrito, titulado «Los goles del jugador Cruyff», Pla se confesaba rendido al astro holandés: «En el transcurso del partido admiré, en la actuación del holandés, los siguientes hechos: su admirable decisión en no hacer cosas inútiles, geniales o descabelladas; siendo marcado por dos jugadores adversarios, su admirable paciencia; su constante habilidad para no caer lesionado, ni para lesionar a nadie; sus dotes de observador constante y positivas. [...] En todo caso, dudo de que tenga alguna táctica específica y personal muy subjetiva. Quizá no tiene más que una: la que a veces tiene el ser humano, aquella mezcla de observación, de inteligencia, de habilidad y de decisión, cuando hace una cosa en serio —quiero decir en serio—. Son pocos los que siguen este camino, y ante el público, poquísimos. Es muy posible que el señor Cruyff sea uno de ellos». Ahora ya podéis comparar este análisis sobre la figura de Johan Cruyff con el que él hizo del propio Kubala veintiún años antes. También sirve la pregunta obligada, ya que hablamos de mitos: ¿qué habría opinado Josep Pla de Leo Messi?

619. PALABRA DE PACO

El legado de Paco Candel (1925-2007) bien lo merece. Al margen de su mencionada amistad con Eduard Manchón, la relación del recordado periodista y escritor con el Barça era prácticamente inexistente. El hombre que tanto luchó por la integración de los inmigrantes en la sociedad catalana no era nada amante del balón.

Que no le gustara el fútbol, de todos modos, no resultó impedimento para que, en el mes de noviembre de 1974, publicara un artículo de corte sociológico titulado «El Barça en los barrios inmigrantes». Repasarlo destaca la gran capacidad de observación del autor:

> Donde no existen matizaciones deportivo competitivas es en los chavales de barrio, en los hijos de estos inmigrantes. Ellos son siempre barcelonistas. Hasta el inmigrante al que alguna soterrada causa le hace ser partidario de un equipo contrario al Barça, probablemente para demostrar su anticatalanismo, no consigue convencer al hijo. En los equipos de futbolista, regalo de Reyes, de santo o de cumpleaños que los niños ostentan, no ves nunca, o casi nunca —dejemos un resquicio para esas excepciones confirmadoras de reglas— una camiseta que no sea del Barça. Los chicos son más triunfalistas que los mayores. Ellos son siempre de los que ganan. Y su inmediato victorioso es el Barcelona y sus jugadores. Ellos se sienten Rexach, Cruyff, Asensi, Marcial... Como antes se sintieron Gallego, Reina, yo qué sé, pues yo, de estas cosas, pez.

620. PASIÓN EN EL BAR

En el mismo artículo, más adelante en la redacción, Paco Candel describía a su peculiar manera el fenómeno popular del barcelonismo:

> Volviendo a los bares, que son los principales centros de relaciones sociales en los barrios, diremos que si hoy, y debido a la propia abun-

dancia de televisores, los partidos se presencian más que nada en casa, en el bar se establece la cátedra discursiva sobre tan rizador rizo como es el fútbol. Y entre *barrecha* o carajillo, vermut o cerveza, café o cortado, depende de la hora, se baraja o polemiza todo cuanto se vio en la pantalla o en el campo, se oyó por radio o se leyó en los diarios, lanzando pullas a los minoritarios del equipo que no es del Barça, sobre todo si resultaron perdedores, y más aún si perdieron frente a este equipo que a ellos los polariza y une.

Una dinámica eterna, por lo que comprobamos.

621. DEL CONGO CULÉ

Y ya para despachar el mismo artículo, Candel desvelaba una clarificadora anécdota que él mismo presenció:

> A uno que se le llenaba la boca hablando del Barcelona fue y le dijo otro:
>
> —Anda y no presumas tanto de ser del Barcelona, que tú hace cuatro días que llegaste del Congo.
>
> El que se lo decía y se arrogaba el derecho de ser el acaparador de ese equipo, hacía ocho que había llegado del Congo. O diez. Es lo mismo.

Dicho de otro modo, el Barça como señal de integración de los recién llegados, aumento de autoestima personal… y creador de castas entre quienes llegaron primero o un poco más tarde.

622. XAVIER BENGUEREL

Hijo del barrio del Poblenou, el escritor barcelonés Xavier Benguerel i Llobet (1905-1990) recordaba en diciembre de 1974 como, en los años veinte, el Júpiter jugaba en las fiestas mayores de su barrio contra el Barça, traducimos del catalán original, «de los malabarismos de Samitier, el pecho de buey de Sancho y la fortaleza de Zamora». Y añadía el autor de *Icària, Icària:* «Después, a la hora de terminar, cuando ya se iniciaba el crepúsculo, la gente formaba corrillos a la salida del campo, y cuando los jugadores subían a su autobús todos gritaban "Barça! Barça!" como si entonaran un himno. Cuando el autobús pasaba por la Rambla del Poblenou —con las barracas de la feria, los caballitos, los churreros, las carpas—, todo quedaba unos momentos paralizado, y la gente, con un entusiasmo que a distancia aún me conmueve, gritaba "Barça! Barça!" como en un grito colectivo de victoria…».

623. UN CLIMA DISTINTO

Exiliado tras la guerra civil a Francia y más tarde a Chile, Benguerel regresó a Cataluña en 1954. De nuevo en casa, su primer paso consistió en ingresar como socio en el FC Barcelona. El escritor vio una ciudad «deprimida, abatida, con aires de ausencia, de tristeza honda», pero al entrar en el estadio de Les Corts, «el clima era distinto, reencontraba aquella especie de ruidosa e ingenua alegría que era un denominador común de los barceloneses, de los catalanes, antes de 1936. ¡Dios, cómo chillaba la gente así que el equipo salía a la palestra! ¡Qué delirio cuando se producía el gol! Qué miradas enigmáticas entre unos y otros con el cigarro del triunfo entre los labios y un raro resplandor en la mirada… ¡Barça! ¡Barça! ¡Barça! ¿Venían a ser o eran los mismos gritos que profería la gente del Poblenou cuando recibíamos la visita de nuestro gran equipo cuando llegaba la Fiesta Mayor de la barriada? No lo sé bien, pero yo volvía a sentirme redivivo en aquel peculiar y delicioso estado de ánimo…».

624. FUERZA NUEVA

La revista de extrema derecha *Fuerza Nueva*, nacida en 1967 como respuesta ultra a la «excesiva liberalización» de la dictadura franquista, cargó duramente contra el Barça en un artículo publicado a comienzos de 1975:

> El FC Barcelona se trata de un enorme partido político de tendencias separatistas, con un peso en lo social, económico, cultural y deportivo importantísimo. Todo está en catalán: anuncios, revistas, carnés de socios, ambiente, etc. ¿Quién está detrás de esta entidad? Una gran mayoría de sus socios son recalcitrantes separatistas de la época de la Generalidad de Cataluña; otros, llegados de otras provincias españolas, están absorbidos por esas mismas doctrinas separatistas, pues no se olvide que el separatismo retorcido y obtuso es el «no catalán».
>
> El Fútbol Club Barcelona cumple, más que una función deportiva, una función política. Estas cosas no se pueden decir, y si se

> dicen nos tachan de ver fantasmas, pero *Fuerza Nueva* y un montón de buenos españoles conscientes sabemos con quién nos jugamos el tipo...

Francamente, eso de «con quién nos jugamos el tipo» sonaba a sutil amenaza...

Una vez digerido este artículo ultra podríamos compararlo con el informe policial de 1940 dedicado al Barça. Aquel que, recordad, arrancaba así: «Este club se fundó, aproximadamente, hace unos cuarenta años, siendo su primer presidente un tal Gamper, de nacionalidad suiza y de ideas separatistas. Ya en el año 1920, a este club le rodeaba un ambiente izquierdista». Para los *camaradas* de *Fuerza Nueva* —revista que en octubre de 1976 se convirtió en partido político neofranquista—, resultaba evidente que la guerra aún no había terminado.

625. VIDA NUEVA

Tras esta demostración de bilis, saltemos por contraste a un significativo párrafo del libro oficial del septuagésimo quinto aniversario del FC Barcelona, *Més que un club*, de Alexandre Cirici y Andreu Mercè Varela. El texto es de abril de 1975, más o menos contemporáneo del artículo de *Fuerza Nueva* antes citado. Comparad el tono y el mensaje:

> Aquello que distingue entrañablemente al Barça es su carácter popular, abierto, sin barreras, que no exige ningún título de ningún tipo, donde caben todos, donde las clases poderosas, los grupos cultos, conviven con los desposeídos. Para muchos que están comenzando una vida nueva y no tienen más que sus manos para hacerlo, que acaban de llegar a una tierra nueva, para ellos este talante del club les habrá representado la primera puerta abierta. El primer sitio donde miles de personas les habrán recibido como uno de los suyos, para vibrar a la vez, y les habrán dado el calor humano insustituible, la sensación confortable de pertenecer a una comunidad.

626. EL ATREVIDO MONTAL

En el transcurso de su presidencia, unos cuantos interesados se empeñaron en desmontarle la imagen, a negarle el pan y la sal. Y como eran poderosos, consiguieron crear cierta imagen caricaturizada que no se correspondía en absoluto con sus palabras y acciones. Nos referimos a Agustí Montal i Costa, y ahora explicaremos un jugoso episodio. El antes mencionado *Més que un club* fue publicado siete meses antes de la muerte del dictador Francisco Franco. Con visión histórica, este detalle temporal aún brinda mayor valor a la introducción escrita por Montal, un sencillo e idílico texto que no escondía una atrevida reivindicación democrática y catalanista:

> El Barça es mucho más que un club.
>
> Uno de los éxitos del Barcelona es su poder como entidad integradora de la gente que llega a nuestra tierra y se identifica, a través de nuestro club, con nuestra manera de ser.
>
> Es significativo el hecho de que nuestra danza sea la sardana; estas manos que avanzan unidas son nuestra fuerza.
>
> El Barça es cultura y deporte, y con la cultura y el deporte hacemos país.
>
> Me gusta que el Barça sea un club democrático.
>
> El Barcelona es un reflejo de las corrientes de opinión de la ciudad y del país, que son democráticos y liberales.
>
> Se quiera o no, se debe aceptar que es la entidad más representativa de Cataluña.
>
> Nos interesa tener un Barça grande porque nos dará la imagen de lo que, con unidad, puede conseguir nuestro pueblo.
>
> El club está abierto a todos. Contamos con muchos miles de socios no nacidos en Cataluña que sienten y vibran como nosotros con las victorias del club.
>
> Amor es la palabra que nos une alrededor del Barça.
>
> ¡Que no muera jamás este espíritu que hemos vivido en la conmemoración de los setenta y cinco años!
>
> Nuestro Barça es de todos: es el símbolo de los sentimientos de unos hombres.

627. ANTORCHA Y BANDERA

El 23 de diciembre de 1975, la revista *Barça* publicó su número extra de Navidad. Con el dictador muerto un mes antes, la situación iba cambiando poco a poco y los conceptos se podían ir expresando con mayor claridad, sin tantos circunloquios, realidad que, para este fenómeno sociológico llamado barcelonismo, implicaba un significativo avance. Como quedó escrito en el editorial del extra navideño de *Barça*, «este es un fenómeno único, realmente singular: aquí se puede no saber nada de fútbol, pero no se ignora qué es y qué representa el Barça». Más adelante se sintetizaba esta idea: «Un club que es como una antorcha y una bandera».

628. SÍMBOLO EN LIBERTAD

Esta definición simbólica del barcelonismo del editorial de *Barça* quedaba desarrollada sin tapujos en la página siguiente, en un artículo del abogado, escritor y político socialista Josep Antoni González Casanova titulado «El Barça, bandera democrática de Cataluña». Tras definir al club azulgrana como interclasista y catalanista, el autor nos ofrecía su particular vaticinio sobre el futuro del significado simbólico del Barça en la incipiente época de libertades:

> Mientras Cataluña no alcance ese ideal democrático que desea para ella misma y para todo el Estado español, y que es inseparable de un reconocimiento de su personalidad histórica colectiva dentro del respetuoso marco de una amplia comunidad política de pueblos, unidos en la causa de la justicia y de la libertad, el FC Barcelona y cualquier otra institución catalana de importancia semejante serán, ante todo, un símbolo movilizador y unitario. Pero en el momento en que ese ideal democrático se haya alcanzado con suficiente consolidación y continuidad, esta y otras instituciones, que hasta ahora han servido para mantener viva la tradición de nuestro pueblo, perderán ese peculiar y admirable carácter de banderas unitarias.
>
> He dicho en alguna ocasión que, hoy, el Camp Nou es una gigantesca asamblea, cuya unanimidad, consciente o no, puede interpretarse como un plebiscito en favor de una esperanza. Cuando esta se cumpla, no tendrá sentido hablar ya de plebiscito, ni tal vez de fútbol, con la pasión y el secreto simbolismo con que ahora lo hacemos. Quedará tan solo algo que es mucho y que será por siempre inolvidable: el recuerdo de una bandera popular y de un grito: «¡Barça! ¡Barça! ¡Barça!», que quería decir, simplemente, «¡Catalunya!».

Coincidimos en el fondo de este análisis, aunque el problema surge al intentar establecer de manera objetiva cuándo se ha logrado el ideal democrático de Cataluña y cuándo se han cumplido las esperanzas colectivas de los catalanes...

629. PI DE CABANYES

Nacido en 1950, el escritor catalán Oriol Pi de Cabanyes publicó en el boletín oficial del club de marzo de 1977 una de las defensas de la vinculación del Barça con el catalanismo más desinhibidas y directas que se puedan leer. Traducimos del original:

> Nosotros, los barcelonistas, siempre hemos pensado que ser barcelonista era una manera más de ser catalán. Catalán consciente, quiero decir, y no catalán descafeinado, o traidor. Y ser catalán, para nosotros, era la manera más natural de llegar a ser un buen barcelonista. Y que nadie se deje enredar: somos catalanes todos los que vivimos, trabajamos o amamos Cataluña, que con el País Valenciano y las Islas Baleares y Catalunya Nord y Andorra formamos eso que se llama los Países Catalanes. Que nadie nos quiera engañar, ahora, diciéndonos que solo es catalán, por ejemplo, quien habla catalán. Somos catalanes todos cuantos nos sentimos catalanes. Y ya basta para comenzar. Hasta hace poco, ni eso nos dejaban ser, ni decir. Somos catalanes porque nos da la gana, pueden argumentar algunos. Y es que la razón es muy sencilla. Del mismo modo que, puestos a elegir, hemos escogido al Barça como nuestro equipo de fútbol. Porque nos apetece. Y si a alguien no le gusta, que se ponga hojas de morera, que refrescan...

630. TRUCOS Y AÑAGAZAS

Llegados a este punto, Pi de Cabanyes daba las claves de la especial animadversión extradeportiva que, desde siempre, el Barça ha despertado en ciertos ambientes:

> Por ello pienso que haber aguantado tantos y tantos años animando al Barça, cosa que en algunos tiempos se ha convertido en bastante difícil y heroico, ha sido nuestra manera más sencilla de reaccionar ante quienes nos querían descolorar, ante quienes envidiaban nuestro amor a los colores, ante los que hacían, y aún hacen, cuanto pueden para evitarnos la satisfacción de ver compensados nuestros esfuerzos con el triunfo. No hace falta repetirlo más: el Barça es más que un club. Y nosotros, más que socios o simpatizan-

tes. Y ellos también lo saben. De aquí, todos los trucos y añagazas, todos los palos en las ruedas que nos quieren frenar.

Un curso acelerado de barcelonismo en forma de artículo, el de Pi de Cabanyes.

631. SOLO UN CLUB

En aquel 1977, Nicolau Casaus era un tenaz opositor a Agustí Montal, cuya presidencia empezaba a dar muestras de haber iniciado su cuenta atrás. Casaus, por su parte, sumaba décadas como Pepito Grillo de presidentes anteriores, siempre muy crítico con la gestión ajena desde plataformas como la poderosa Peña Solera. Sin afirmarlo aún de manera pública, Casaus ya aspiraba a suceder a Montal en el palco presidencial si podía vencer en las primeras elecciones democráticas del club desde el final de la guerra, comicios que acabarían celebrándose el 6 de mayo de 1978.

Mientras tanto, deseoso de marcar distancias con aquel *establishment* que había convertido el lema *més que un club* en una bandera de reivindicación extradeportiva, Casaus publicó el 12 de abril de 1977 un artículo en la revista *RB* que era toda una declaración de intenciones. En su argumentario, defendía de manera contundente que, en democracia, ya no era necesario que el Barça mantuviera su singularidad extradeportiva. Según decía, quedaban felizmente superados todos los condicionantes que, bajo la dictadura, habían posibilitado este estatus tan especial, este rasgo de identidad. Nos referimos a lo que significa el *més que un club*, naturalmente.

Escribía Nicolau Casaus:

> El país, en los últimos meses y especialmente en ciertos aspectos, ha sufrido un cambio fundamental. Hoy no solo no es delito gritar a todo pulmón «*Visca Catalunya!*» y hacer ondear a los cuatro vientos nuestra bandera, sino que se legalizan partidos políticos netamente catalanes. He aquí, pues, el momento de hacernos la pregunta: ¿el Barça es algo más que un club de fútbol? Personalmente y respetando todas las opiniones más valiosas que la mía, contesto rotundamente: ¡NO! El Barça no ha de ser nada más, ni nada menos, que el FC Barcelona [...] Para añadir que, una vez normalizada la vida política en nuestro país, se ha de desterrar toda otra actividad que la deportiva o cultural. El Barça debe ser para todos porque es de todos.

> Izquierdas y derechas, centros y extremos, de todo hay en la larga lista de asociados y siempre hemos convivido civilizadamente. Dejemos pues la política para los políticos y vamos a hacer lo que es nuestra obligación: el mejor equipo de fútbol del mundo, la mejor entidad deportiva del país. No sea que vayamos hablando de que somos más que un club de fútbol y nos encontremos un día sin equipo de fútbol. Y entonces, ¿qué haremos? Más que un club de fútbol, no, el mejor equipo de fútbol, sí, este es mi Barça.

El argumentario de Nicolau Casaus ya expresaba por dónde iría el camino posterior: la larga presidencia de Núñez y el deseo de borrar cualquier connotación «política» de la entidad.

632. SE QUEDÓ A GUSTO

Uno de los artículos más abyectos nunca escritos sobre el Barça y su entorno se publicó (sin firma) en la *RB* del 28 de noviembre de 1979. El texto partía de la premisa de que, en las elecciones presidenciales del año anterior, la izquierda y el catalanismo político habían apoyado a Ferran Ariño, el candidato derrotado por Josep Lluís Núñez. Nada que objetar a tal planteamiento, por otro lado bastante verosímil, pero repasad la lista de barbaridades que, bajo esta excusa argumental, llegaba a escribir el anónimo redactor de la revista:

> La izquierda no entendió en el momento que con euforia apoyó al señor Ariño, que si el club tenía una derecha y una izquierda definida para siempre, su columna básica, en época del general Franco, por una cuestión de nacionalidad era de centro izquierda, pero que una vez pudo saciar su necesidad con la venida de Tarradellas y todo lo que representa, y por contra sufrió huelgas, vandalismo, violaciones en las personas de sus hijas, robos, pánico nocturno, crisis económicas, etc., se situó en un centro de derechas que es lo que representa Núñez. Se olvidaron de que el Barcelona es un club que por sus muchos socios engloba toda la esfera social, pero por encima de todo está nutrido de pequeños y medianos comerciantes, artesanos e industriales.

Dejando al margen el pseudoensayo de sociología barcelonista, discutible como todo en esta vida, lo que repugna del artículo es la comparación de la dictadura franquista —donde se desprende que imperaba la paz, el orden y el bienestar— con un régimen democrático y apocalíptico que ha comportado «huelgas, vandalismo, violaciones en las personas de sus hijas, robos, pánico nocturno, crisis económicas...». Vaya, un texto que habría firmado perfectamente cualquier periodista de un panfleto de la derecha más reaccionaria.

633. TENER MEMORIA

Xavi Torres, periodista siempre punzante, publicó el 24 de febrero de 2017, uno de sus artículos de opinión en el diario *L'Esportiu* en el que realizaba un devastador compendio de lo que habían sido los años ochenta en Can Barça hasta la llegada de Johan Cruyff como nuevo técnico azulgrana:

> La década nos dejó un Barça perdedor. Una única Liga, la de Terry Venables en el curso 84-85, la terrible final de Sevilla contra el Steaua, el motín del Hesperia... Un club *celebrarrecopas* y Copas de la Liga, una organización deportiva presidencialista que cambiaba de entrenador, de futbolistas y de proyecto cada año, con medianías pagadas a precio de oro y con estrellas como Schuster y Maradona apagadas por tanta mediocridad general. ¿La Masia? Era solo un edificio, sin plan, sin objetivos, sin ningún éxito. Y décadas de grúas en el Camp Nou. Y las secciones como cortina de humo permanente. La llegada de Johan Cruyff en 1988 comenzó a ordenar las cosas, pero el desorden era tan grande que incluso Josep Lluís Núñez (inicialmente) tuvo que dar la cara por él. Una locura que dio pie a la maravillosa obra de arte del Dream Team y a su legado, que, por cierto, ha servido para convertir al Barça en el mejor club del mundo en el siglo XXI.

634. UNA INMOBILIARIA

El 13 de abril de 2002, el diario *Avui* publicó un lúcido artículo de Manuel Vázquez Montalbán titulado «*Ser més que un club*», del que queremos reproducir aquí su parte final, para nosotros significativa. Traducimos del catalán: «El caso sorprendente es que en 2002 —convertidos simbólicamente el Barça y el Real Madrid en víctimas de la globalización del mercado de trabajo, es decir, convertidos en dos equipos formados por legiones extranjeras y enriquecidos por marcas deportivas y cadenas televisivas más que por la contribución de los seguidores—, aún tenga sentido proclamar que son alguna cosa más que un club. Sentimentalmente, los feligreses de las catedrales del Camp Nou o del Santiago Bernabéu necesitan continuar creyendo que pertenecen a una comunión de los santos, y Florentino Pérez y Joan Gaspart dicen que sí, que son más que un club. Probablemente sea cierto. Son más que un club. Probablemente son una inmobiliaria». Insistimos por si no ha quedado claro: el gran y añorado teórico del barcelonismo escribió esta pieza redonda en 2002.

635. UNA ENSAIMADA

Apenas un año antes, el 14 de abril de 2001, Vázquez Montalbán ya había usado el más crudo de sus sarcasmos, que ya resulta decir mucho, para mofarse de la adulteración del intrínseco carácter simbólico de la entidad: «*Desguardiolizado* y *desgamperizado*, el Barça corre el riesgo de dejar de ser más que un club para convertirse, por ejemplo, en una ensaimada». *Desguardiolizado* porque el futbolista Josep Guardiola, que dejaba entonces el club, había sufrido por parte de ciertos sectores del nuñismo y algunos medios de comunicación una sistemática campaña en su contra, «molestos por su excesivo carácter emblemático». Y *desgamperizado* porque ya quedaba claro que el estadio no llevaría jamás el nombre de Joan Gamper, frustrando así a quienes habían creído realmente en tal posibilidad «el día que nacieran las cerezas y volviera la democracia».

636. MANOLO V, EL LÚCIDO

No desvelamos ningún secreto si decimos que Manuel Vázquez Montalbán (1939-2003) se erigió durante muchísimos años en el intelectual de referencia cuando tocaba analizar al barcelonismo en su vertiente sociológica. El 26 de abril de 2003, seis meses antes de morir, publicó en el diario *Avui* un afilado y retrospectivo análisis de la cruda situación azulgrana de aquel instante. Y lo tituló «Elogio desmesurado del barcelonismo lúcido», como quien no quiere la cosa. Cabe recordar que entonces el Barça estaba pasando uno de los momentos más delicados de su historia, con la directiva de Enric Reyna cargando fecha de caducidad y a la espera de elecciones, la economía del club bastante hundida y con el equipo eliminado de la Champions, a veinticuatro puntos del líder Real Madrid y a siete de las posiciones del descenso a falta de ocho jornadas. Un poema, vaya. Ante el peligro de la pérdida de categoría, Vázquez Montalbán repasaba el pasado más negro:

> El Barça estuvo a punto de bajar a Segunda apenas terminada la guerra civil, y los barcelonistas de entonces lo habrían asumido como una consecuencia más de la derrota total. Una sublevación de militares terrorista que te empieza fusilando al presidente del club, diputado en Cortes por Esquerra Republicana, y que recién ocupada Barcelona ya se plantea convertir el campo de Les Corts en un aparcamiento de tanques, solo podría conducir a la desaparición del club o al paso expiatorio por el purgatorio de segunda división. Desde el final de la guerra, el club tuvo dos intelectuales orgánicos cohabitando: la directiva, elegida entre barcelonistas y figuras que merecieran la confianza del franquismo, y el público, un corazón nacional popular interclasista, escorado hacia la insubordinación en la medida que era posible. Hasta el *gurucetazo*, no cabía mucho. Una vez superadas las directivas elegidas a dedo por el ejército de ocupación, se formaron otras vinculadas a la burguesía catalana del textil y franquistas en casi todo, menos en la valoración de los árbitros, considerados como una especie de División Azul, una centuria nacionalsindicalista enemiga, manejada por el centralismo estatal.

637. LA DERECHA CATALANA

A partir de aquí, Vázquez Montalbán ofrecía un retrato inmisericorde del momento que entonces vivía el barcelonismo y una crítica acerada del nuñismo:

> Nunca más peligró la supervivencia del Barça en primera división hasta hoy. Harían falta cinco o seis resultados adversos para que el equipo se acercara al pozo seco del descenso por malas gestiones deportiva y económica, no política, si tenemos en cuenta que, al margen del interregno de Suñol durante la Segunda República y el de Montal jr.-Carabén al inicio de la Transición, el club socialmente más insubordinado ha sido dirigido por la derecha económica catalana, pura, dura y a veces incluso la más especuladora, insisto, especuladora, no especulativa. Disipado el espejismo de que se podía ganar la Copa de Europa de 2003, veinticuatro, cuarenta y ocho horas después del reencuentro con la realidad, la

directiva residual se retira y se convocan elecciones presidenciales, que tendrán para el barcelonismo una importancia emocional equivalente a las municipales, las autonómicas e incluso las generales en su día. Después de casi un cuarto de siglo de nuñismo que inicialmente significaba que en plena Transición democrática los empresarios de la construcción a la medida del porciolismo se apoderaban de las riendas del Barça, la batalla por la presidencia es ahora una obra más o menos abierta, salvo que cuaje este frente neonuñista que acaricia la posibilidad del retorno de un presidente que duró demasiado y que apenas consiguió la Liga de Venables y todo aquello que le permitió lograr el Dream Team de Cruyff. Núñez sin el Dream Team habría representado un largo recorrido por el limbo diseñado al estilo Núñez y Navarro, de declaración transcendental en declaración transcendental.

638. PENSAMIENTO DE RIVAL

Vázquez Montalbán en estado puro, con una lucidez singular cuando tocaba analizar. Y no se paraba aquí. En la recta final del artículo ofrecía la profunda razón de ser de la rivalidad Barça-Madrid, y expresaba el deseo de un decidido cambio de rumbo en el club:

> Antes que nada se debería evitar bajar a segunda división, cosa que sería una tragedia porque no se producirían choques epopéyicos como los que propician los encuentros con el Madrid. A pesar de que a muchos madridistas les entusiasme la simple posibilidad de que el Barça vaya a Segunda, son más, muchos más, los que no podrían entender una Liga sin el Barça-Madrid y viceversa, algo así como si, de repente, el señor José Ortega y Gasset hubiera tenido que prescindir del Ortega o del Gasset. El sujeto colectivo más amenazado por este descenso sería el PP, no ya solo porque perdería el control político del club tras un cuarto de siglo de ejercerlo, sino porque desaparecidos los Barça-Real Madrid no es fácil encontrar una fórmula sustitutoria equivalente que ayude tanto a la reafirmación de la razón de Estado. Así como bajo los socialistas el Barça se benefició de la evidencia de que Felipe González era del Betis, ya hemos comprobado el madridismo del presidente del Gobierno actual, que, implicado hasta la muerte en la guerra de Irak, estaba más preocupado por el resultado del partido sagrado, Madrid-Barça, que por los posibles regalos que recibiría de Bush si enviaba la Legión al desfile de la victoria, con cabra incluida.

Elecciones abiertas deberían significar la retirada a la oposición del PP y la llegada al club de gente sensata y que, sin despertar entusiasmo, sepan expresarse mediante oraciones compuestas y creen un poder deportivo consciente de que el Barça es una cosa más que un club, pero no solo cuando el árbitro o el presidente de Gobierno están a favor del Real Madrid.

639. ERIC HOBSBAWN

Eric Hobsbawn (1917-2012) fue un prestigioso historiador marxista británico, considerado como uno de los intelectuales de referencia en el siglo XX. Como tantos otros pensadores de reconocida categoría, Hobsbawn también se interesó por el fenómeno sociológico del fútbol. Así, en noviembre de 2007, dejó escritas estas palabras: «El fútbol es una buena manera de analizar las manifestaciones nacionales o de cualquier otra colectividad que puede movilizar las emociones. Once hombres en el campo dan realidad a la comunidad de la nación, que de otra manera sería imaginaria. De todos modos, yo no creo que sea sensato trazar una identificación clara entre la pasión deportiva por el equipo y las emociones más amplias que puede expresar esta pasión».

En el mismo texto, también se refería explícitamente al caso azulgrana con preguntas retóricas incluidas: «El FC Barcelona se ha identificado con el nacionalismo militante catalán desde comienzos de 1920. Pero ¿era solo un club nacionalista? ¿Sabemos cuántos anarquistas eran aficionados del FC Barcelona y lo vitoreaban, aunque oficialmente rechazaban el deporte burgués?».

Interesante la reflexión histórica que dejaba caer el maestro Hobsbawm. En la década de los años veinte del siglo pasado, el combativo C. E. Júpiter, entonces nacido y situado en el barrio del Poblenou, era el club barcelonés anarquista y revolucionario por antonomasia, a pesar de contar entre sus asociados con una fracción claramente separatista. En cualquier caso, no tendríamos que despreciar el componente obrero de aquel Barça, aunque siempre haya sido identificado monolíticamente con un nacionalismo catalán que, en aquella época, era considerado de raíz burguesa. En 1968, Manuel Vázquez Montalbán ya abogaba por la base social obrera y anarquista del barcelonismo de la década de 1920 en los primeros versos de aquel poema titulado «Desarmado ejército simbólico de una memoria desarmada»:

Fundado por Joan Gamper

el *Noi del Sucre* puso las masas
la patronal la tribuna de diseño.

640. LUGARES DE MEMORIA

Albert Balcells, catedrático de Historia Contemporánea y prestigiosa autoridad en el estudio del pasado de Cataluña, publicó en el 2008 el libro *Lugares de memoria de los catalanes*. Para el autor, esta definición se puede aplicar a un espacio o un monumento dotado de capacidad conmemorativa, alrededor del cual giran rituales cívicos de contenido político. De este modo, Balcells pasaba revista a diversos espacios tan emblemáticos para la identidad catalana como, por citar algunos, el monumento a Rafael Casanova, el Fossar de les Moreres, el Born, la montaña del Canigó, el monasterio de Ripoll, el santuario de Montserrat, el Palau de la Generalitat y el Palau de la Música Catalana. El capítulo final, casi un epílogo, estaba dedicado al Camp Nou y al Museu del Barça. Así, Balcells situaba al coliseo azulgrana a la misma altura de lugares tan sagrados para el sentimiento catalán y equiparaba cualquier partido de fútbol del FC Barcelona (especialmente si era contra el Real Madrid) con un ritual civil de contenido político. Sí, lugares de memoria culé con argumentos bien fundados.

641. EL ANÁLISIS HISTÓRICO

Seguimos con el profesor Balcells. Vamos con un extracto de su preciso análisis del fenómeno azulgrana en clave catalanista, escrito hace diez años, en tiempos inmediatamente anteriores al estallido del sentimiento independentista catalán que muchos expertos sitúan en la Diada de 2012:

> El fútbol es, sin duda, asunto de Estado. Los Estados, que se organizan a partir de la guerra, se vuelven a encontrar ante un enemigo exterior con el deporte. Y como Cataluña no dispone de Estado propio, el Barça «hace país», y el nacionalismo catalán no quiere dejar escapar un instrumento tan útil como el fútbol para alimentar el sentimiento de identidad colectiva y presentar la nación catalana al mundo. La Plataforma Pro Seleccions Esportives Catalanes recogió más de medio millón de firmas en 1997. El nacio-

nalismo español se opone. Solo puede existir una selección nacional: la española. Figurar en la FIFA es tan importante o más que formar parte de la ONU. Cataluña es una de tantas naciones sin Estado que ha visto en el fútbol el único instrumento de reconocimiento exterior. Un taxista de Atenas que trabajaba para el Instituto Cervantes, cuando supo que yo era catalán, me elogió al Barça y, sin que yo dijera o insinuara nada, mostró hostilidad hacia el Real Madrid por ganas de complacerme.

642. LA INTEGRACIÓN

Siguiendo adelante con el mismo análisis, Balcells recordaba la tradicional importancia del Barça como sencillo factor de integración de los inmigrantes llegados a Cataluña en búsqueda de un futuro mejor: «Aprender la lengua catalana es el principal requisito para ser considerado plenamente catalán, aunque a todos los efectos "es catalán quien vive y trabaja en Cataluña y no le es contrario", según el lema de los tiempos de la Transición. Pero existe una manera más rápida y más sencilla que aprender catalán para sentirse "uno de los nuestros" o, como mínimo, de hacer un paso previo a la plena "integración", y es convertirse en seguidor del Barça. De este modo, el club funciona como una máquina integradora. El barcelonismo ha sido una manera básica de insertarse en el cuerpo simbólico catalán, de emprender el complejo y largo proceso de integración de los llegados desde fuera para vivir en Cataluña, de ellos y de sus hijos».

Y seguía Balcells: «La adhesión al Barça es tan polisémica y tan ambigua que permite una posición positiva en relación con la catalanidad sin necesidad de hablar el catalán ni votar a los partidos catalanistas. Caben desde el habitante de Cataluña, que la ve como una simple región española hasta el soberanista más radical, a pesar de que, en este último caso, la catalanidad del Barça suele considerarse demasiado inocua y poco existente. Apenas permanece fuera del gran círculo el nacionalismo español militante que queda para los habitantes del principado partidarios del Real Madrid, y cabe advertir que este es el segundo club de fútbol de Cataluña, con el 18 % de los encuestados en el año 2002. El Espanyol es el tercero con el 3 %». Tratado de sociología a partir del fútbol.

643. SIN ERÓTICO RESULTADO

El 30 de diciembre de 2009, la actriz Clara Sanchís, habitual colaboradora de *La Vanguardia,* publicó en este diario barcelonés un artículo titulado «Pelotas». Sanchís confesaba en el texto que ella ni era aficionada ni entendía de fútbol, pero que siempre se alegraba cuando ganaba el Barça, porque, una vez que perdió, sufrió problemas sentimentales. Sucedió que, años atrás, tuvo una relación amorosa con un chico que era acérrimo aficionado barcelonista. Y en una maldita noche, lo que debía ser una cena romántica con erótico resultado se fastidió por una dolorosa derrota azulgrana en un partido trascendental.

El mozo llegó a la cita completamente abatido y destrozado, sin ganas de nada. Y ella, insensible a su dolor, reaccionó así, según transcribiría en el artículo: «Bueno, al fin y al cabo es un juguecito de pelota, dije, tampoco es para ponerse así. Para mí es muy importante, dijo con un tono tan dramático que daba risa. Y no me pude contener. No sé qué te hace tanta gracia, masculló con rabia, cada vez más transformado. Pues me hace gracia que a un adulto le afecte de esa manera una cosa tan tonta, dije sin poder parar de reír. Mucho más tontas son tus cosas, dijo él, y eso ya sí que me sentó mal. Pero en lugar de lanzarle un par de insultos directos, me dio por hacer una investigación temática. Cuando te amargas así, por un juego que no repercute para nada en tu vida, ¿en qué armario guardas tu inteligencia? ¿Dónde queda tu raciocinio, cuando casi lloras aquí mismo, a tu edad, delante de este pollo, por no hablar de mí y mi tanga de lunares, solo porque unos tipos, a los que no conoces de nada, pierden un partido? ¿Crees que ellos sienten algo por ti? ¿No ves que pones tus sentimientos en manos de un negocio que te induce a formar parte de algo inexistente? ¿Qué se te pierde a ti en ese césped? ¿Honor grupal? ¿Orgullo pelotero?». Lo escribía una profana en la materia, claro.

644. DESLUMBRADOS

En 2013, el periodista chileno Juan Pablo Meneses publicó el libro *Niños futbolistas,* en el que denunciaba la inmoralidad instalada en el mundillo del fútbol, un deporte donde el negocio muestra prioridad sobre cualquier otra consideración. En una entrevista publicada por el diario madrileño *ABC* el 4 de julio de aquel año, Meneses constataba el hecho de que los niños del planeta, deslumbrados por el fenómeno Messi, anhelaban jugar en el Barça. Pero, ay, en palabras del periodista chileno: «Messi ha sido muy mal ejemplo, ya que el suyo es un caso único. No se puede repetir, y sin embargo muchos intentan hacerlo». Con resultados totalmente frustrantes, claro.

645. UN RECUERDO AGRADECIDO

El prestigioso periodista Ramon Besa publicó en *El País* el 17 de diciembre de 2016 un memorable artículo titulado *Azulgrana en blanco y negro*. Besa realizaba un ejercicio de nostalgia dedicada a los tiempos ya caducos del periodismo, en el que se dedicaba a recordar a antiguos empleados del Barça, figuras entrañables de la intrahistoria azulgrana. Algunos son viejos conocidos nuestros porque ya los mencionamos en *Barça inédito* y en *Barça insólito*: el *speaker* Manel Vich, el portero de los vestuarios Pere Cusola, el descubridor de talentos Oriol Tort, la telefonista Trinidad Turmo, los masajistas Ángel Mur (padre e hijo) y los encargados de material *Papi* Anguera y Txema Corbella.

Pero además de estos ilustres miembros del Dream Team de los trabajadores que han hecho al Barça grande con su esfuerzo y ejemplo, Besa añadía otros nombres, también conocidos (y reconocidos) por los autores de estas líneas: el guardia de seguridad Fernando Calderón, imponente con sus grandes bigotes; la entrañable señora de la limpieza de la tribuna de prensa, Alfonsa García, notabas si había pasado algo especial en Can Barça solo por el tono que imprimía a su voz cuando contestaba al saludo de los periodistas; los sucesores de Cusola en la sacrosanta puerta de los vestuarios del primer equipo, los siempre eficientes Manuel Bustos y José Muñoz; el encargado desde principios de los sesenta del ya desaparecido bar de la prensa delante de los vestuarios, Francesc Martí; el cocinero de la ahora cerrada Masia del Camp Nou, Avelino Blasco; la secretaria de dirección general Mercè Garriga, al pie del cañón durante treinta y dos años, entre 1984 y 2016, ahora felizmente retornada al club; y también aquel sereno de mirada bizca y nombre nunca averiguado que velaba las noches del Camp Nou y que, en cierta ocasión, recibió una propina de cinco mil pesetas por parte de una pareja que quería pasar la noche de bodas en el gol sur del estadio.

646. LA MEMORIA

Más de Ramon Besa. El 28 de enero de 2017 publicó, otra vez en *El País*, un artículo sucintamente titulado «Memoria». En esta ocasión, Besa reflexionaba sobre una triste cuestión, el deterioro cognitivo de las personas mayores y citaba los ejemplos de antiguos mitos del fútbol como Fidel Uriarte, Ferenc Puskas y Juanito Segarra. Tal como había publicado tiempo antes Santiago Segurola, otro periodista deportivo excepcional como Besa, Uriarte, aquel interior del Athletic Club que fuera pichichi en la Liga 1967-68, ya no reconocía a nadie en sus últimos meses de vida, con setenta y un años, pero era capaz de realizar nostálgicos toques de cabeza con una pelota impulsada por su nieto pequeño, igual que cuando remataba de manera magistral en el viejo San Mamés.

Pancho Puskas, ausente de todo y de todos en un homenaje que le dispensaron en Budapest en agosto de 2002, no reconoció a antiguos compañeros madridistas como Marquitos y Santamaría, pero cuando se le acercó Di Stéfano, se le iluminó el rostro, pareció llorar y finalmente dijo «¡Cógeme, Alfredo!». Besa continuaba:

> Puskas sufría a los setenta y cinco años una esclerosis cerebral y Uriarte era víctima del alzhéimer, la misma enfermedad que dejó en fuera de juego a Juanito Segarra, el gran capitán del Barça, el mismo que en compañía de Rodri se alineó con el Perafita en la fiesta mayor de 1969 para disputar un amistoso contra el Pradenc. Jamás le pude preguntar por qué dejó al equipo de mi pueblo en el descanso con 2-0 y permitió la victoria por 2-5 de los vecinos de Prats de Lluçanès, capitaneados por el periquito Baget. Segarra nos ayudó a muchos en los inicios periodísticos cuando le pedíamos que nos contara historias del Barça. [...]
>
> Ahora mismo me maldigo por no haber podido preguntar a Segarra por qué nos dejó a mitad de aquel partido de fiesta mayor en Perafita. El día que quise, ya era demasiado tarde, porque entonces, como dice el título de la película de Mercero, me respondió: «¿Y tú quién eres?».

647. RECUPERAR EL RELATO

En otro momento de su emotivo relato, Ramon Besa recordaba:

> Aseguraba José Félix Pons que, antes de transmitir un partido de fútbol, tarea para la que se entrenó durante un año en un estudio de Radio Nacional, leía poesía, y como prueba recitaba con los ojos cerrados la «Oda a Platko» cada vez que se lo pedía Pere Escobar en Ona Catalana. Los periodistas estamos cada vez más incomunicados en la era de la comunicación, nos desprecian tanto los clubes como los futbolistas y nos dejan los lectores, cansados de nuestra cháchara, de manera que se imponen soluciones convencionales como la de recuperar el relato de Uriarte, Puskas y Segarra.

648. EN CASTELLANO POR RESPETO

Artículo publicado el 28 de marzo de 2017 en las páginas del diario *Ara*. El periodista Jordi Borda realizaba un llamamiento para no olvidar cuál es el auténtico espíritu intrínseco del FC Barcelona, aquel que convive en perfecta armonía con el cuerpo estrictamente deportivo, a pesar de que a menudo quede escondido bajo la realidad cotidiana:

> El Barça mantiene su condición de embajador de la catalanidad en todo el mundo. No lo valoramos porque lo vemos como el padre que ve a su bebé crecer un centímetro cada semana, pero los que ya hemos cumplido cuarenta años recordamos como a Rexach le preguntábamos, en las ruedas de prensa lejos de casa, en castellano «por respeto». El catalán se ha homologado en el ámbito deportivo en Europa y en España de la mano del Barça. Y eso, es de justicia que se sepa, bebe directamente de la herencia de Agustí Montal y de su junta directiva, que en el momento más difícil posible fijaron las bases para la recuperación de la identidad catalana del club.

649. LEMA MUTANTE

El 13 de enero de 2018, cuatro días antes del quincuagésimo aniversario del lema *més que un club*, Sergi Pàmies escribió un artículo en *La Vanguardia* dedicado a esta afortunada y emblemática locución, pronunciada por el presidente Narcís de Carreras el 17 de enero de 1968. En su escrito, titulado «El tatuaje de la tribu», Pàmies indicaba que el lema «evoluciona como un mutante, alternando momentos de elegancia descriptiva y otros de monstruosamente enfáticos. Se mire como se mire, es un acierto que, basado en hechos reales, permite que los culés de cualquier condición lo interpreten libremente, sin un manual de instrucciones que especifique hasta qué punto el *més* debe ser social, histórico, político, tradicional o simbólico. Es una suma de todo y, por lo tanto, funciona».

650. LOS FRANKFURTS

Pàmies no recordaba ninguna polémica interna seria entre los culés con respecto a la utilidad simbólica de la famosa divisa, «y eso, en un club en que se discuten tanto la textura de los *frankfurts* del Camp Nou como la vida nocturna de un suplente de lateral derecho es un milagro antropológico». De esta manera, el *més que un club* cohesiona la identidad y, en ese contexto, «consigue hacer compatible la tensión entre quienes subrayan el valor de significación patriótica encarnada por el *procés* (independentista) y quienes, a rebufo de la globalización y de unos círculos concéntricos de adhesión cada vez más distanciados del Camp Nou, acaban creyendo que el lema es el equivalente a una frase mercadotécnica».

651. EL MUSEO DE ÁNGEL MUR

David Carabén, líder del grupo musical Mishima e hijo del antiguo gerente del Barça Armand Carabén, ha sido siempre un firme defensor de la pervivencia de la memoria histórica azulgrana. El 27 de enero de 2018, *La Vanguardia* publicaba un artículo suyo significativamente titulado «La tiranía del momento», del que reproducimos el párrafo final: «Recuerdo que, cuando Àngel Mur se jubiló, le preocupaba mucho que conservaran el pequeño museo que había ido construyendo, junto a las literas de masaje, a base de objetos de las glorias que habían pasado por el vestuario del primer equipo del Barça. Unas botas, unos guantes, no lo recuerdo. De Koeman, de Krankl, vete a saber. Explicaba que era la manera de que las jóvenes estrellas que se incorporaban, tras rutilantes fichajes millonarios, comenzaran a agachar un poco la cabeza. Porque, más allá de la actualidad y de las portadas de diarios, está la memoria». Una evidencia que, desgraciadamente, mucha gente desprecia.

652. SER CULÉ

El periodista Joaquín Luna publicó el 1 de febrero de 2018 un artículo fascinante que tituló «Guía para dejar de ser seguidor del Barça», enunciado que ya avanzaba la temática de un texto que arrancaba en positivo, al revés del título: «Aficionarse al Barça es relativamente sencillo. Basta con ir a la escuela de pequeño y querer hacer amigos en la hora del patio. O llegar al mundo en una dinastía de socios, de aquellos que cuelgan una foto de la criatura indefensa con una gorrita azulgrana. De repente, un día, ya eres culé».

653. RENUNCIAR A LA FE

Llegados a este punto, Luna se planteaba si se podía renunciar a la fe azulgrana. Teóricamente, existían cuatro argumentaciones de peso que confirmaban esta posibilidad, a saber: poco compromiso de los jugadores («¡son unos *pepas*!»); emolumentos desorbitados de los cracs («con lo que ganan los jugadores del Barça se podrían erigir, mantener y renovar diez hospitales en el Sahel»); rencor contra el presidente de turno («un poco como un *Duelo en OK Corral*: o él, o yo») y también, «los extraños y siempre millonarios fichajes de perlas extranjeras, con sus correspondientes comisiones». En cualquier caso, Luna lo tenía claro: «Razones para dejar el Barça y el fútbol sobran. No valen la pena: el único damnificado eres tú». No puede decirse que la teoría vaya desencaminada, no.

10

Cajón de sastre

Cuando los autores afrontábamos fijar el índice del primer título de esta trilogía, *Barça inédito,* experimentamos una variante del *eureka* clásico al comprobar que la historia del Futbol Club Barcelona se distinguía nítidamente en once capítulos. Vaya, como los integrantes de un equipo, perfecto. Después, cuando tocaba plantearnos los compartimentos que formarían el *Barça insólito,* optamos por aquello tan sensato que recomienda no tocar nada si no está roto. Si el esquema funciona, sigamos con él, once más de contenido genérico, en aquel caso. Y entre secciones y mujeres azulgranas, por citar dos ejemplos muy concretos, se nos apareció, también con sorprendente naturalidad, la posibilidad de crear un cajón donde cupiera todo aquello que no nos parecía de vida cómoda metido en los apartados que habíamos decidido. Brotó sin esfuerzo un concepto que nos parecía precioso, gráfico, casi familiar porque todos lo hemos visto y todos tenemos un cajón de sastre en nuestras vidas. De aquí que lo mantengamos en la última entrega de nuestra trilogía de anecdotario, este *Barça olvidado* que tenéis en las manos.

Cajón de sastre, lugar eternamente pendiente de organizar donde te puedes encontrar, si optas por el gozo de revolver y disfrutar, cualquier pequeña maravilla que creías abandonada, perdida, lejos de tus esquemas rutinarios de gobiernos. Igual deberíamos comenzar por explicar a las jóvenes generaciones qué era eso del cajón de sastre. O que era un sastre, oficio en extinción, encargado en la vieja época de hacerte sentir vestido como un duque, en caso de que pudieras permitirte sus servicios. Allá, junto a aquel señor con cinta métrica eternamente colgada al cuello, encargado de tomarte medidas personales y preocuparse de que no te estirara la sisa en la primera prueba, al lado del espejo, acostumbraba a residir el caótico nido donde descansaban tijeras, tizas, botones y botoncitos, todo tipo de hilos y colores y herramientas de nombre indescifrable que solo dominaba el profesional. Tú le dejabas hacer, plantado como un pasmarote, consciente de que él gobernaba aquel aparente desgobierno que sorprendía al cliente profano. Pues aquí, trasladado al papel, exactamente igual. Se irán sucediendo anécdotas, detalles y temas incapaces de guardar ninguna relación con el precedente y el posterior, pero que, al fin y al cabo, merece la pena conocer aunque parezcan tan desvalidos como los calcetines desparejados.

Veremos, a vistazo de águila, estatutos presionados por las normas sociales de cada época. Definiciones pintorescas, atrevidas, del término «culé», que tan claro parecíamos tener, teorías peregrinas que conviven con tótems como Pompeu Fabra metidos por medio. Repasaremos secciones como el baloncesto o el balonmano en tiempos de pioneros e inicios que hoy resultarían sorprendentes. Personalidades inverosímiles, sean de concreto apellido o de gente que, en vida civil no deportiva, desempeñó otras profesionales nada comunes. Cartas inflamadas de socios, astutas jugarretas de viejos futbolistas enfadados con compañeros, pinceladas de una peculiar prensa rosa teñida de azulgrana y con voz de soprano. Sabremos cuando se estrenaron los banderines blancos de los hoy asistentes y antes *liniers*, del mismo modo que nos chocará comprobar que el Barça aplicó los palos redondos de las porterías mucho antes de sufrir el drama de Berna porque, por una vez en la vida, fuimos delante de los europeos en materia de innovaciones. Quien chutó al palo por primera y última ocasión, hoy que la estadística y el dictado del *big data* parece haber entrado en el mundo del balón para quedarse.

Precisaremos el primer lance femenino celebrado en el Camp Nou, hablaremos de prohombres como Dalí y Cela, conoceremos al auténtico ídolo y referente de Johan Cruyff y homenajearemos actores emblemáticos que protagonizaban las mejores películas de Berlanga y al tiempo sabían representar al culé tópico, ninguno a la altura del cómico Cassen. Niños que querían ir a un Trofeo Gamper, convertido en la gran ilusión de su corta existencia, laboralistas que rogaban mediación de las altas esferas de la entidad. Detallaremos obras, estados de hierba y vigilantes peculiares de la catedral azulgrana. Pasearemos por el filo de la navaja de este riesgo derrotista, de este catastrofismo siempre presente como un abismo del que conviene resguardarnos para evitar una grave caída de ánimo. De restaurantes y museística, y aquí nos detenemos para expresar una sentida reclamación: ¿cuándo volverá el club a exponer sus recuerdos históricos al completo? Nos parecería profesar el debido respeto al tiempo pasado, a lo que nos ha hecho así. Reivindicamos, de paso, espacio permanente y de acceso universal, también, para el fondo de obras de arte recopiladas en el club a través de los años, geniales creaciones de artistas diversos, ninguna de ellas tan especial como el busto de Joan Gamper realizado por el gran Llimona. Da igual, no nos extendamos. Poned curiosidad y removed a fondo entre las setenta y dos piezas de este peculiar cajón de sastre, quizá caótico, seguramente interesante. Fijaos en lo que valdría hoy Cruyff en caso de que aplicáramos el estricto aumento del coste de la vida y sentid la entrañable complicidad humana, para rematar el traje a medida, de lo que hemos llamado *Guateculé.*

654. LA MORAL

Podríamos repasar la mentalidad y evolución de las sociedades y regímenes políticos de diversas épocas revisando los estatutos del FC Barcelona y deteniéndonos en el apartado que versa sobre las distintas causas que pueden comportar la exclusión de los socios por alguna vulneración grave de los códigos. Ausente en los estatutos de 1902 y 1911, el concepto «comisión de acto inmoral» como motivo para la expulsión de los asociados barcelonistas aparece en el texto estatutario de 1921 y repite en 1932. Vaya, que los *gays* que salían del armario lo llevaban fatal, si es que hemos entendido bien.

En 1940, ya bajo la dictadura franquista, se estipuló que el consejo directivo «podrá acordar la baja de los socios que por su comportamiento moral, social o político se hagan acreedores a dicha sanción». Entonces, al margen de los homosexuales, a la categoría de apestados debían añadirse los llamados *rojo-separatistas* por el léxico oficial. Sin embargo, en los nuevos estatutos de 1950, se vuelve a presentar solo como susceptible de exclusión «el que cometiese, o indujese a cometer, algún acto inmoral». Menos mal... Puede parecer increíble, pero este artículo homofóbico aún seguía presente en los estatutos de 1981, ya en plena democracia, y no desaparecería hasta la redacción de la nueva norma estatutaria en 1992. Tócate la tripa, que diría un maño...

655. NUNCA JAMÁS

Ya que nos hemos metido en el tema de las leyes fundamentales barcelonistas, conviene recordar que los primeros estatutos del club, redactados en 1902, estipulaban que «la sociedad no podrá tener nunca carácter político», en estos rotundos términos. Una gran obviedad que, en 1911, se vio completada con una apostilla no menos obvia: «ni religioso». Tales evidencias ya no serían citadas en los estatutos de 1921. Tampoco era preciso complicarse la vida por escrito.

656. CULTURAL, TAMBIÉN

Aún hay más curiosidades. A partir de 1932 y hasta nuestros días, todos y cada uno de los estatutos del FC Barcelona han dejado muy claro en sus primeros artículos que el Barça es una asociación de carácter cultural y deportivo. De hecho, hasta 1981 la palabra «cultural» iba por delante de «deportivo», en una bella y romántica figura retórica. Sin excesiva traslación práctica, deberíamos lamentar aquí.

657. TEORÍA CULÉ

La tradición oral indica que la palabra «culé», el apelativo popular del seguidor barcelonista, proviene de la visión desde la calle de los culos alineados de los aficionados sentados en una tapia del campo de la calle Indústria (1909-1922). Incluso existe una fotografía muy conocida y gráfica que ayudaría a corroborar esta teoría. No obstante, si la génesis es tan antigua, resulta extraño que el uso del apelativo «culé» (*culer*, en el original catalán), no se generalizara hasta comienzos de los setenta. De hecho, basta con investigar un poco para comprobar que abundan las teorías sobre tal alias. Nos dedicaremos a repasarlas en las próximas anécdotas.

658. CAMPOS DE COLES

El 24 de marzo de 2009, en un artículo publicado en *La Vanguardia*, Anton M. Espadaler defendía una versión alternativa que le habría explicado años atrás una hija de uno de los compañeros contemporáneos de Joan Gamper. Según esta teoría, menos grosera y más heroica que la oficial, el nombre derivaría de la evidencia: los primeros campos donde jugaban los pioneros del fútbol, también los azulgranas, eran un auténtico desastre, pura calamidad irregular. O dicho en lenguaje coloquial, aún hoy usada como expresión en Cataluña, unos auténticos «campos de coles». Pasar de «col» a «*coler*» y después generar en «*culer*» habría sido, según este argumentario, un proceso lógico e inmediato.

659. ORIGEN ETIMOLÓGICO

De hecho, en junio de 2004, el escritor Francesc Xavier Baladia ya había defendido la teoría de las coles como origen etimológico de la palabra «culé», aunque con un punto de vista distinto... y quizás un tanto cogido con pinzas. Según el escritor, descendiente del vicepresidente azulgrana Jaume Baladia —asesor técnico en la construcción del estadio de Les Corts—, el apelativo quedaría establecido tras la medición que Pompeu Fabra, el padre del catalán normativo, realizó de un campo de coles. Parece ser que Fabra, ingeniero de profesión, buscaba un nuevo terreno para el club y fue detenido, entre gran escándalo, bajo la acusación de invadir la propiedad privada del amo de un campo de coles. Cuando lo soltaron, algún bromista le puso el alias de «*coler*». Queda escrito, pues.

660. ¿VULGARIDAD?

Aún hay más, y de las buenas. El 23 de marzo de 1976, *La Vanguardia* publicó la carta al director de un tal J. Combalia, en la que el lector expresaba su deseo de que Manuel Meler, presidente del RCD Espanyol, dejara de dirigirse al seguidor barcelonista con la «malsonante» palabra «culé». Según expresaba en la carta el indignado señor Combalia, «esta palabra vulgar quiere decir (o quería decir, si es que ya se ha perdido ese sentido entre las nuevas generaciones), "perversión del sentido genésico con inclinación a los individuos del propio sexo", "relación sexual entre hombres" (sodomía). Ya se comprenderá, pues, que este mote solo puede ser pronunciado por una persona de mala intención, si sabe su significado, o, como supongo, ignorando completamente su verdadero sentido». Venga, alegría. Solo faltaba la homofobia para redondear la fiesta...

661. VAYAN SUMANDO...

Más madera, que diría el referente Groucho Marx. Pocas semanas más tarde, el 10 de abril de 1976, llegaría más información sobre el tema, también en formato de carta al director de *La Vanguardia*. Francisco Carceller, un aficionado de ochenta años, fue el encargado de exponer una nueva versión sobre el origen de la palabrita. Según Carceller, en los estertores de la temporada 1913-14, el Barça habría conseguido el fichaje de cinco destacados jugadores del equipo barcelonés del España, justo antes de la disputa de la final del Campeonato de España entre el Athletic Club y el conjunto *espanista*. Con el once prácticamente desmantelado, los de la zamarra roja vendieron cara su piel antes de caer ante los vascos por 2-1. Nunca sabremos qué habría ocurrido si el España hubiera dispuesto de aquellos cinco integrantes huidos al FC Barcelona. Obviamente, los perdedores de tan importante duelo acabaron muy enfadados, echando pestes. Carceller fue a recibir a la expedición derrotada y en el apeadero ferroviario del paseo de Gràcia, Antoni Baró, uno de los jugadores rojos, le soltó sin manías: «¡Los del Barça son unos culés!». Definición nacida de la indignación del momento que, según Carceller y coincidiendo con Combalia, contenía la palabra grosera que entonces se usaba para referirse a los homosexuales.

662. ÚLTIMA HIPÓTESIS

Ya para cerrar este tema, nos queda la última versión, explicada por un aficionado azulgrana en carta enviada al Centre de Documentació del club en 1996. Este seguidor argumentaba que, en realidad, todo se había originado en la Liga 1941-42, cuando el Barça estuvo a punto de bajar a Segunda y solo se salvó al ganar la promoción. Después de la novena jornada, el 23 de noviembre de 1941, los hombres que entrenaba Ramon Guzmán cayeron al último lugar de la clasificación tras perder ante el Atlético Aviación por 5-4. Aunque solo fuera por una semana, el Barça era, en efecto, el colista de la Liga, y con este ignominioso apelativo de *cuer* (colista) lo calificaron insistentemente sus adversarios. Con tanta frecuencia y fortuna popular que la palabra habría quedado para la posteridad, ya modificada en «culé». Más difícil todavía.

Ya que estamos, y por asociación de ideas, recordaremos que el apócope «Barça» apareció por vez primera en 1922 en las páginas de la revista humorística *Xut!*, aunque el diminutivo no se popularizaría plenamente hasta décadas después. Los aficionados más veteranos aún dicen «el Barcelona» cuando se refieren al equipo, detalle que suena a las nuevas generaciones como un anacronismo, mira por dónde. Un apodo, eso seguro, no cuaja en cuestión de horas. Como el vino, necesita su tiempo de maduración. Sea Barça, sea culé...

663. 4-0... EN BALONCESTO

Demos ahora un nostálgico repaso a los orígenes heroicos de algunas secciones del Barça, arrancando por el deporte de la canasta. El baloncesto azulgrana inauguró su primera pista propia, situada en el complejo deportivo del Sol de Baix, con un partido contra el Gimnàstic Tiberghien disputado el 27 de febrero de 1927. Bien, eso de «pista» quizá resulte excesivo, porque en realidad era una porción de terreno al aire libre delimitada por estacas de madera, unidas entre sí por una cuerda. El terreno de juego, pura tierra, piedras incluidas. En tan precarias condiciones, el Barça alineó a siete jugadores, como marcaba la normativa de la época, mientras su rival apenas reunió a seis. A pesar de la inferioridad numérica, el Tiberghien vendió cara su piel y solo perdió por un raquítico 4-0. Sí, habéis leído bien: 4-0, con canastas de Rodoreda y Cardús para los azulgranas.

En el descanso, estos esforzados del baloncesto de escasa puntería habían mantenido el resultado inicial de 0-0. Como recordaría muchos años después el jugador barcelonista Narcís Armada, «las defensas eran entonces muy duras y para que los árbitros señalasen falta personal tenía que ser una acción de una violencia terrible. No había tampoco expulsiones por un determinado número de faltas, como ahora, y las medidas del campo eran además casi el doble de las actuales». Excusa aceptada. Aun así, un 4-0 en baloncesto...

664. NO HAY MANERA

Armada también explicó una curiosa anécdota vinculada a las dificultades de este primitivo baloncesto cuando tocaba meter el balón por el círculo, que era (y es) de lo que se trataba. El jugador hablaba de un encuentro, suponemos que amistoso, entre el Barça y el Martinenc: «El partido estaba a punto de finalizar sin que ni unos ni otros hubiésemos conseguido un solo tanto. Al final, nuestro jugador Gómez, cansado de aquel 0-0 que no había medio de cambiar, le dio el balón a un contrario, diciéndole: "¡Toma, marca de una vez!". Le dejó tirar tranquilamente y perdimos por 0-2». Digno de película, sí.

665. EL PERRO DE PLATTKÓ

La última de aquellos tiempos épicos del baloncesto, propia también de *typical* película costumbrista. La historia, relatada también por Narcís Armada, sucedió en un Europa-Barça de finales de los años veinte, que los visitantes disputaron con reservas al no haberse presentado ningún integrante del primer equipo. Así las cosas, el Europa ganaba claramente el enfrentamiento, presenciado por el portero del Barça Ferenc Plattkó, acompañado por un perro de formidable e intimidatoria presencia. A pesar de su superioridad, los europeístas bregaban con extrema dureza, hecho que obligó al árbitro (solo pitaba uno) a expulsar tres jugadores locales. Expulsados, no eliminados, porque entonces no se realizaban cambios, aspecto del reglamento que comportó que el Europa se quedara solo con cuatro jugadores. El partido ya estaba en el bolsillo del Barça, y en consecuencia, en palabras de Armada, «el público quería comerse vivo al árbitro y a todos nosotros». ¿Cómo consiguieron salir ilesos de tan terrible compromiso? Muy fácil: «Parapetados detrás del perro de Plattkó, los furibundos hinchas no se atrevieron a acercarse. El can de Plattkó nos permitió salir de allí sanos y salvos». Jolín, qué panorama.

666. GOL O AGUA

Cambiemos de sección para dedicarnos a los tiempos pretéritos del balonmano azulgrana, cuando se jugaba con once jugadores y en campos de fútbol. Ya que antes hablábamos de situaciones extremas, el jugador azulgrana Pep Morillo recordaba cómo, en la década de los cincuenta, el campo del equipo alicantino Obras del Puerto (predecesor del mítico Calpisa), se hallaba en pleno puerto. Además, justo detrás de una de las porterías quedaba, directamente, el mar. Según precisaba Morillo, «o metías gol, o ibas a buscar el balón al agua». Tal peculiaridad fomentaba una trampa escandalosa: «Cuando ellos iban ganando con un marcador apretado, sus jugadores lanzaban a propósito la pelota al mar para perder tiempo». Y no quedaban más pelotas, dicho quede sin segunda intención, ojo.

667. VAYA CAMPOS

Continuamos con batallas del balonmano vetusto. Uno de los campos más peligrosos de aquella época, en palabras del azulgrana Guillem Portabella, era el de Altos Hornos de Sagunto. Allí vivió una anécdota de armas tomar: «Una vez vi a un chico en la grada que llevaba una piedra y le pregunté: "¿Qué haces con eso?". Y me respondió: "Es por si pasa algo, estoy preparado para tirarla al campo"».

Aquella era plaza arriesgada y, a la vez, de servicios bastante precarios, según Portabella: «Habían situado los vestuarios en un cine, con duchas de agua helada. De hecho, tenías que ducharte con una manguera». Desde luego, para aguantar todo aquello, se precisaba una afición al deporte a prueba de bombas.

668. CORTAR LA TRANSMISIÓN

El primer partido de balonmano retransmitido en directo por televisión fue un Atlético de Madrid - FC Barcelona de Liga, jugado en el Palacio de los Deportes de Madrid, al mediodía del domingo, 17 de octubre de 1965. El balonmano llevaba años ya jugándose en versión moderna, con siete jugadores y en pista cubierta. TVE interrumpió la transmisión del lance a diez minutos del final para dar paso al programa religioso *El día del Señor*, que debía empezar inexorablemente a las dos de la tarde. Y eso, pese a que ya habían televisado la misa dominical a las once. Si sirve de consuelo, cuando cortaron la transmisión ya no había emoción porque el Barça perdió claramente (27-17). Para redondear aquel aciago día, el equipo de fútbol también cayó contra los colchoneros por 1-4.

669. CONCURSO DE CARTELES

En febrero de 1923, el FC Barcelona convocó un concurso público de carteles que sirvieran para anunciar los partidos en el estadio de Les Corts. El jurado calificador estaba formado por Joaquim Figuerola, de las Artes del Libro; Ramon Rigol, del Real Círculo Artístico; y, por parte del club, el atleta Josep Mestres, el exdirectivo Joan Maria Guasch y el vicepresidente Ricard Cabot.

El concurso resultó un completo éxito, al presentarse más de cincuenta carteles, la mayoría «de verdadero valor y gusto artístico», según quedó escrito en las crónicas. En abril, el jurado otorgaría los siguientes premios: primero, de 1000 pesetas, a Gerard Carbonell; segundo, de 500, a Heliodor Otero; tercero, de 400, a Josep Segrelles, y cuarto, de 250, a Josep Alumà. Además se concedieron dos accésits de 50 pesetas, a Alexandre Coll y, de nuevo, a Segrelles. En realidad, el pintor e ilustrador valenciano, a pesar de quedar tercero en el concurso, era *de facto* el cartelista oficioso del Barça, ya que suyo había sido el cartel de la inauguración del campo de Les Corts (20 de mayo de 1922) y suyo sería también el de las bodas de plata del club, en noviembre de 1924. Unos carteles preciosos, añadimos, los de Segrelles, que además era socio del Barça.

670. LA DIVA ESPERA

Ser solidario no resulta fácil. Y como muestra, un botón. En cierta ocasión, Conxita Supervia (1895-1936), *mezzosoprano* lírica catalana afamada en su tiempo, comprobó gracias al FC Barcelona la certeza de aquella sentencia que reza «las cosas de palacio van despacio». Con la mejor de las intenciones, la diva Supervia envió el 20 de diciembre de 1928 una carta al club, acompañada de una artística copa que, según la sugerencia de la cantante, el Barça podría disputar en un amistoso a beneficio de la mutua del club. La señora lo ponía todo, pero, aunque parezca mentira, la directiva no se enteró de la carta y la iniciativa hasta medio año después, el 6 de junio de 1930, y reconociendo que «a pesar del tiempo transcurrido no se ha cumplimentado». De repente, les entró la prisa: a la postre, el lance benéfico sería doble y se celebraría en Les Corts el 22 y 24 de aquel mes entre el Barça y el Red Star de París, con dos victorias de los azulgranas por 5-2 y 2-0, y correspondiente conquista de la Copa Concepció Supervia. Para seguir con las frases hechas, bien está lo que bien acaba, y más si tenemos en cuenta que como previa del segundo partido se jugó un Barça-Real Madrid de rugby, acabado con victoria barcelonista por 39-5. Vaya, que fue una fiesta completa...

671. *JOGO BONITO* EN LOS AÑOS 30

El 15 de noviembre de 1931, el Barça venció a domicilio al FC Palafrugell por 0-1 en lance correspondiente al Campeonato de Cataluña, gol de Samitier en el minuto setenta y cinco. Digamos que el partido no fue ninguna maravilla, aunque el equipo barcelonista, pese a estar en decadencia tras la fantástica Edad de Oro de los años veinte, podía lucir aún un señor equipo como este: Nogués, Zabalo, Alcoriza, Arnau, Arocha, Castillo, Piera, Goiburu, Samitier, Ramón y Sagi-Barba. La actuación de tan míticos nombres fascinó al cronista deportivo del diario *Ara* de Palafrugell, inspirado para escribir esta glosa dedicada al juego de toque preciosista azulgrana, fácil de reconocer casi noventa años después:

> El FC Barcelona, club entre los más antiguos de las tierras ibéricas, desde los tiempos remotos de los Gamper y de los Valdés, ha venido actuando según un sistema determinado de jugar. Existe una escuela de juego barcelonista como existe un juego vasco; del mismo modo que en Inglaterra, cuna del fútbol, existen bien distintas y destacadas dos concepciones diferentes de juego: juego inglés, juego escocés».
>
> La técnica barcelonista, pase corto, raso, oblicuo y rápido; vínculo constante en los ataques entre delanteros y medios, es práctica y anima al espectador si la pueden ejecutar once maestros del fútbol. El Barcelona ha tenido en épocas pretéritas de su largo historial ocasiones de imponer este juego por encima del juego vasco hecho a base de piernas, de improvisaciones y de vigor físico que hacen menos ostensible el escaso mérito de un juego rudimentario por completo. Fue entonces cuando los barcelonistas tenían a los Amechazurra, los Massana, los Wallace, los Peris, los Steel.
>
> Fue más tarde también cuando tuvieron con plenas facultades a los Zamora, los Sancho, los Alcántara, los Samitier, y cuando comenzaba a destacar el que hoy es de los mejores hombres del Barcelona: Piera».

Aquí disponéis, pues, de otra prueba: este estilo de juego tan propio y característico es parte del ADN culé desde tiempos remotos...

672. VIDAL DE CÀRCER

La biografía de Manuel Vidal de Càrcer (1906-1998) resulta muy curiosa. Nacido en el pueblo ilerdense de Tàrrega, siendo joven se refugió en Cuba huyendo del servicio militar obligatorio. En la isla caribeña, destacaría como portero de fútbol, jugando en los equipos del Cataluña y el Iberia, que no hace falta ni precisar de dónde venían, comprobado que la afición nativa por el balón resultaba más bien escasa. Con el advenimiento de la República, en 1931, aprovechó para regresar a casa. Naturalmente, se ofreció al Barça y sería suplente de Pepe Nogués durante dos temporadas. Vidal de Càrcer, portero que destacaba por su espectacularidad, solo disputaría diecisiete partidos oficiales con el Barça, pero se metió a la afición en el bolsillo por su carisma y simpatía. En alguna vieja fotografía se le puede ver, atractivo y arrogante, con un jersey que llevaba su nombre bordado. Por si alguien no lo conocía...

Tiempo antes de la guerra civil, en 1933, Vidal de Càrcer colgó los guantes con apenas veintiséis años. Entonces, el club le encargó, de acuerdo con el directivo Lluís Tudó, la reorganización del fútbol base de la entidad. La primera medida tomada consistió en un llamamiento público a los jóvenes, animándolos a realizar una prueba para ingresar en el FC Barcelona. Por lo que deducimos, el criterio de selección debía parecer un examen de los difíciles, ya que, de los seiscientos aspirantes reclutados, apenas una esmirriada treintena pasaría el corte. Dos décadas después, ya en 1956, la media anual de futbolistas a prueba con el Barça era de unos trescientos, cifra que le parecía muy insuficiente a Josep Samitier, a la sazón secretario técnico. El mítico Sami consideraba que el ideal consistía en sopesar las habilidades de unos cinco mil jugadores al año con la ambición de llevarse a los mejores de cada cosecha.

673. EXPLICAR A QUÉ JUEGAN

A veces, contemplando algunas injustificadas protestas de los futbolistas contra las decisiones arbitrales, cualquier aficionado al fútbol tiene la impresión de que muchos profesionales desconocen las normas de su deporte. Aquello que se conoce como «el reglamento», por si no queda claro. Seguramente, los responsables de la Comisión de Fútbol del Barça de antes de la guerra debían pensar lo mismo. Así, el 6 de septiembre de 1934, decidieron «dar unas conferencias a los jugadores por el árbitro señor Llovera sobre extremos del reglamento». Parece ser que ya estaban hasta las narices de las polémicas semanales sobre el *offside* o sobre si las manos habían sido voluntarias. Unas cuantas lecciones magistrales y solucionado. O no, pues aún arrastramos ese problema.

674. ATAQUE CON RETIRADA

Cuando terminaba enero de 1944, el socio Josep Maria Bellido envió al pasaje Méndez Vigo una carta dirigida a la directiva del FC Barcelona. En la misiva, el intrépido señor Bellido expresaba sus ideas, casi antitéticas con la política que llevaban a cabo los dirigentes. En la respuesta de la junta, por lo que se ve picada en su amor propio, se calificaba lo planteado por el socio en la carta de marras como «conceptos equivocados» que convenía aclarar en persona, cara a cara. Con tal panorama, Bellido fue citado en las oficinas del club «para aclarar sus objeciones». Vaya, que el hombre debía escribir algo muy gordo para generar esta situación tan poco habitual. Normalmente, ni antes ni hoy se llamaba a capítulo a ningún socio por el simple hecho de llevar la contraria. Desconocemos si al final asistió a la cita o se arrugó, aunque el 4 de abril, la junta recibiría una contrita carta de Bellido en la que se retractaba de sus «manifestaciones molestas para el Consejo Directivo». Marcha atrás a toda máquina y aquí no ha pasado nada. Lástima que desconozcamos el contenido de la crítica original. ¿Discrepancias políticas? Solo así se justifica que, en aquel contexto histórico, alguien pasara tan rápido de lobo a cordero.

675. «SERVICIO SOCIAL»

Aunque haya pasado muchísimo tiempo, aún no comprendemos cómo decidieron aplicar esta majadería. Fijaos en la severa orden dada por el FC Barcelona el 4 de septiembre de 1945: «Dar de baja como asociadas del club a cuantas señoras o señoritas no presenten los certificados de haber cumplido el Servicio Social o de estar legalmente exentas». Para aquellos lectores, seguramente jóvenes, ignorantes de este fregado, explicaremos que, bajo la dictadura franquista, el «Servicio Social» femenino consistía en una prestación teóricamente obligatoria para todas las mujeres solteras de diecisiete a treinta y cinco años. Impartido por la Sección Femenina de la Falange, su función primordial pasaba por, seguimos en la teoría, preparar a la mujer con el objetivo de que se hiciera cargo del hogar y la familia. Enseñarle, sin rodeos, a ser buena madre y esposa sumisa, según los esquemas idealizados de un régimen que era el colmo del machismo. La duración de este sucedáneo de «mili» sin armas pensado para mujeres era de seis meses, divididos en tres de educación teórica y otros tres dedicados al servicio de trabajo en comedores, hospitales, oficinas, etcétera.

En aquellos tiempos, el certificado de cumplimiento o exención del Servicio Social femenino era necesario para acceder a plazas públicas, a la empresa privada y en la obtención de cualquier certificado de estudios. Tales requisitos pueden entenderse bajo la lógica totalitaria, aunque pedir aquel certificado para ser socia del Barça es pasarse tres pueblos. De hecho, ya que la premisa básica que enseñaban en el Servicio Social se basaba en que «la única misión que tienen asignadas las mujeres en la tarea de la patria es el hogar», entonces lo más coherente habría sido que las socias del Barça se hubieran quedado en casa para esperar a sus maridos, en lugar de acompañarlos al fútbol. Y era el siglo XX, dicen.

676. ¿VIDA CARA?

Francisco Amorós (1921-1985) era un centrocampista manchego que jugó en el Barça, con escaso éxito, entre los años 1946 y 48. Curiosamente, el 23 de marzo de 1948, la junta se dio cuenta de que, durante cierto tiempo, le había estado pagando «injustamente y por equivocación» un suplemento económico denominado «vida cara». Lógicamente, a partir de entonces, Amorós recibió la cantidad mensual que en realidad le tocaba, pero, en un raro gesto de magnanimidad, la directiva decidió condonar el reintegro de cuanto le habían concedido erróneamente. Qué demonios, en aquella época, la vida era cara para cualquiera. Añagazas en los contratos que vienen de lejos. Hoy serían primas de fichaje, de renovación de contrato o vete a saber qué eufemismo. La vida, eso sí, continúa siendo cara. Mucho.

677. BRONCA EFECTIVA

Media parte (como se decía antes, cuando los aficionados no hablaban nunca de «descanso») del partido Barça-Deportivo de La Coruña celebrado en Les Corts el 26 de septiembre de 1948. El resultado provisional es de 1-1, pero los gallegos están dando un auténtico baño a un desorientado conjunto azulgrana. Y aún gracias de que, en el minuto treinta y tres, los locales han logrado el empate aprovechando una jugada bastante habitual (hoy diríamos de estrategia) en aquella época: Basora saca un córner y remate de cabeza a la red de César, en carrera hacia el primer palo. De repente, ya en los vestuarios para descansar el preceptivo cuarto de hora, Josep Gonzalvo le monta un escándalo a voces al encargado de material, Modesto Amorós:

—¿Por qué nos ha dado una pelota tan mala? ¡Usted es el responsable del resultado!

Modesto no entiende nada y apenas traga saliva. Silencio y expectación entre los presentes. Y Gonzalvo II, indignadísimo, añade:

—Sí, la pelota que nos ha dado era cuadrada. ¿O no es verdad, compañeros, que todos la hemos visto cuadrada?

Tal vez la inteligente ironía de Gonzalvo II, su manera de sacudir a los compañeros, actuó como revulsivo. El caso es que el Barça acabaría venciendo por 5-1. Y seguro que nadie le dio después un abrazo cómplice al pobre Modesto, que aún debía arrastrar el disgusto por la inesperada bronca.

678. ESTRENO CON ESCOTE

Aquel Barça-Deportivo fue día de estrenos en Les Corts. De entrada, se repartiría gratis en las gradas el primer programa oficial de partido en la historia del club. A partir de la jornada siguiente, ya tenías que rascarte el bolsillo y pagar la peseta que costaba cada ejemplar. Este debut del número inicial resultaba un tanto chocante. En la portada se podía ver el dibujo de una joven atractiva enarbolando una bandera azulgrana. Hasta aquí, nada especial. Pero la bella dama vestía un vaporoso vestido de pronunciado escote que, visto desde los puritanos ojos de la época, debía parecer del todo escandaloso. Ahora, claro, nos reiríamos. En cualquier caso, deducimos que, aquel preciso día, la rígida censura franquista que tanto velaba por la moralidad y las buenas costumbres andaba un poquitín despistada. Le colaron un gol por la escuadra.

679. BANDERINES Y PALOS

Las restantes novedades de aquella jornada consistieron en que, por vez primera, los jueces de línea llevaban banderolas blancas y la instalación de postes ovalados en las porterías. Vayamos por partes con el par de cambios. Primero, se antoja extraño que tan elemental instrumento para la señalización de faltas y fueras de juego en manos de los *linesmen* tardara tantos años en llegar. Y segundo, queremos entonar un *mea culpa,* ya que en *Barça insólito* escribimos por error que el estreno de los palos ovalados en Les Corts había tenido lugar el 14 de setiembre del 1952. Pues no, fue cuatro años antes, quede constancia de la rectificación.

Aun así, sigue siendo extraño que se tardara tanto en erradicar los palos cuadrados, tan peligrosos para la integridad de los participantes en la fiesta. Por cierto, a César le correspondió el honor de adjudicarse el estreno de esta nueva forma geométrica, con un gol de chut lejano marcado en la segunda mitad que antes tocaría el travesaño para acabar en la red, significando el transitorio 2-1 contra la portería defendida por el legendario Acuña. Dos semanas antes, en un *match* contra el Oviedo en el mismo Les Corts, el delantero azulgrana Antonio Noguera había lanzado un tiro contra el palo, aún cuadrado. En aquel momento, ya en espera de las innovaciones, el público quedó convencido de que el lanzamiento habría sido gol de contar con maderas curvas.

Para proseguir con las sorpresas, aún extraña más que las porterías del Wankdorf Stadion no hubieran incorporado los palos circulares casi trece años después, cuando el Barça disputó la final de la Copa de Europa con el Benfica, el 31 de mayo de 1961. Recordemos que, en la maldita final perdida en Berna por 3-2, Kocsis, Kubala y Evaristo enviaron otros tantos balones contra aquellas anacrónicas maderas cuadradas. Y el chut de Kubala, encima, topó contra ambos palos. La historia habría cambiado de manera radical, mira por dónde, de haber contado con lo que Les Corts ya lucía desde la década anterior. Y eso que Suiza formaba parte de la moderna Europa...

680. LA BODA DE GRACE

Ahora, un toque de prensa rosa. El 19 de abril de 1956, el príncipe Rainiero de Mónaco contrajo matrimonio con la actriz norteamericana Grace Kelly. El Barça fue invitado a Montecarlo para celebrar un amistoso que formaba parte del inacabable programa de actos de aquella espectacular boda. En el pequeño principado se reunieron una surtida colección de famosos de la época, como el magnate griego Aristóteles Onassis o figuras de Hollywood del nivel de Ava Gardner, David Niven o Gloria Swanson. En cambio, las casas reales europeas prefirieron declinar la asistencia con la excusa de que Grace era plebeya y, claro, les costaba digerir la ausencia de sangre azul. El regalo del FC Barcelona para Grace Kelly consistió en una elegante mantilla negra. Nada de darle una camiseta con el nombre en la espalda, tal como se haría hoy en una ostentación de previsible vulgaridad. El detalle era de tal categoría que, cuando Grace falleció en 1982 tras un accidente de tráfico, su hija Carolina asistió a los funerales luciendo la mantilla del Barça sobre sus insignes hombros.

681. EL ESPÍA LECUBE

La temporada 1959-60, Juan Gómez Lecube (1902-1966) fue entrenador del Condal, filial azulgrana entonces en Segunda. Un personaje, el tal Lecube. En cierta ocasión, el equipo volaba para jugar a Mallorca y el avión entró en una zona de terribles turbulencias. Viendo que el técnico estaba tan tranquilo, el jugador Ernesto Domínguez le preguntó si él no tenía miedo. Su respuesta fue: «Yo nunca tengo miedo porque estoy en manos de Dios». Antiguo jugador del Atlético de Madrid en los años 1928-30, Lecube escondía un turbio pasado: durante la Segunda Guerra Mundial había sido espía de los nazis bajo el alias de «Espina». En 1942 fue capturado por los británicos, pero, a pesar de sus esfuerzos, nunca lograron que Espina facilitara ninguna información de sus actividades. Lecube sería liberado en 1945, una vez consumada la derrota nazi, y los ingleses lo despacharon calificándolo como «el prisionero más problemático y difícil que hemos tenido en toda la guerra». Con este currículum, es fácil concluir que manejar un vestuario no debía resultar excesivamente difícil para Lecube.

682. GORDON PIRIE

Gordon Pirie (1931-1991) fue un excepcional atleta inglés de media distancia, medalla de plata en los 5000 metros en los Juegos Olímpicos de Melbourne 56. En octubre de 1961, de visita en Barcelona, se entrenó en la zona deportiva del Camp Nou. Estaba previsto que, el día 15 de aquel mes, Pirie protagonizara una exhibición atlética en el descanso del partido de Liga entre el Barça y el Betis, pero la Federación Catalana de Atletismo denegó el permiso, vete a saber la razón, y los contemporáneos se quedaron con las ganas. Aún era habitual ver atletas en los estadios, en vez de futbolistas, práctica ya perdida en la noche de los tiempos.

683. ADIÓS CON INFANTILES

Un recuerdo totalmente ignorado. El último partido celebrado en el viejo campo de Les Corts fue la final del Campeonato de Fútbol Infantil O.A.R, disputado entre el Infantil A del Barça y el Infantil del UB Catalonia el 10 de julio de 1965. Como director técnico de los niños culés, Oriol Tort, legendario descubridor de jóvenes talentos. Y en el equipo, un centrocampista de quince años llamado Joan Saura que, con posterioridad, realizaría carrera política en las filas del PSUC e Iniciativa per Catalunya. Las gradas semivacías del coliseo fueron testigo de la victoria de los infantes barcelonistas por 3-1.

Acabada la final, el estadio de Les Corts cerró puertas a la competición deportiva para siempre. Por desgracia, lo dejaron abandonado, sin el mínimo servicio de mantenimiento o limpieza. Y así, la antigua catedral azulgrana se convirtió en almacén de basura y nido de ratas. Pocos meses después, en febrero de 1966, sería derribado y, en mayo, el solar sería vendido a la empresa constructora Habitat.

684. DE VÉRTIGO

Podéis ver la imagen en el complemento fotográfico de este libro, y el calificativo que se nos ocurre es el de aterrador. Corresponde a un partido sin identificar en el Camp Nou, situado en la década de los sesenta. Obviamente, por lo que se desprende de la foto, el choque debía ser muy importante, con las gradas llenas hasta arriba, aunque en la foto apenas se vislumbre una pequeña porción de la tercera gradería, en el gallinero del estadio. Genera escalofríos ver al público sentado encima de los paneles publicitarios, en precario equilibrio y a la respetable altura de unos cincuenta y cinco metros. Queremos pensar que ya resulta irrepetible, que hoy las medidas de seguridad impedirían una imagen similar, de puro vértigo, que expresa hasta qué punto se jugaban la vida tales aficionados. Menuda temeridad.

685. FALSIFICACIONES

Perdonad la revelación del presunto secreto, ya de entrada. Debemos confirmar, y conste que nos disgusta, que durante largos años muchas de las firmas que estampaban los futbolistas del FC Barcelona en camisetas o balones eran, en realidad, falsificaciones realizadas de manera magistral por trabajadores del club que debían dedicarse, por orden superior, a tan peculiares actividades, aunque sus contratos y obligaciones de trabajo no especificaran tal extremo.

Lo sentimos por si algún lector, de pequeñito, recibió obsequios con el autógrafo de su ídolo. Igual sí, tal vez lo firmó el personaje auténtico, aunque mucho nos tememos que, si fue entre el 65 y el 86, la autoría correspondiera al añorado Pere Cusola, un artista en la imitación de las rúbricas de tantos y tantos cracs azulgranas. Tras la jubilación de Cusola, les tocaría a diversos empleados coger el relevo. Las falsificaciones de este tipo durarían hasta bien entrada la década de los noventa. Ahora ya llevamos largo tiempo sin que eso se haga, naturalmente. Hoy, de todos modos, muchos productos vinculados con los colores ya llevan la firma «de fábrica», gentileza del *marketing*.

686. EXPERIMENTO DE NAVIDAD

Años atrás, Radio Nacional de España en Barcelona acostumbraba a organizar unas populares y muy seguidas campañas benéficas para ayudar a los desfavorecidos. En 1967, el Camp Nou fue protagonista de la velada con un partido entre dos onces formados por futbolistas en activo del Barça, Espanyol y Sabadell, con el gran Lázsló Kubala como estrella invitada a sus cuarenta años. El duelo pasó a la historia por un detalle singular. Como, en aquellos días, el mundo del fútbol andaba preocupado con las tácticas defensivas y la sequía de goles generalizada, que comportaba notorio descenso en el espectáculo, alguien decidió realizar un experimento y colocar porterías gigantes. Medían, atención, diez metros de longitud y dos y medio de altura, cuando las reglamentarias son de 7,32 x 2,44 metros.

En estas condiciones, la lluvia de goles quedaba garantizada y el partido acabaría con un elocuente 9-6, con tantos de Kubala (3, uno de penalti fácil), Fusté (3), Re (3), Pereda, Seminario, Palau, Camps y Vidal (2). Curiosamente, el público no se mostró en exceso complacido con tamaña facilidad goleadora, lo que vendría a demostrar que el principal atractivo del fútbol radica, precisamente, en la intrínseca dificultad de ver puerta. Ni la RFEF, ni la UEFA, ni la FIFA, que tengamos noticia, hicieron el mínimo caso del experimento, que ha quedado en la historia olvidada de las anécdotas jugosas sin continuidad.

Nosotros, siempre dispuestos a trabajar en pro del espectáculo deportivo, proponemos desde aquí una innovadora idea a los rectores del fútbol mundial: en caso de empate final, el partido debería ganarlo el equipo que ha disfrutado más tiempo de la posesión del balón. Ello conllevaría el fin del férreo *catenaccio* defensivo y favorecería la apuesta por el juego combinativo.

687. MUJERES A ESCENA

Se disputó un pintoresco, disculpad el adjetivo, partido de fútbol femenino entre dos conjuntos expresamente formados para la ocasión. Uno era el Picadero-Damm, y el otro, claro, el FC Barcelona. Ciertamente, poco que apuntar sobre lo sucedido en el césped, pero que conste para la posteridad que aquella fue la primera ocasión en que las mujeres jugaban al fútbol en el Camp Nou desde su inauguración en 1957. Recordemos que la auténtica génesis del fútbol femenino azulgrana llegaría cuatro años después, el 25 de diciembre de 1970.

688. DALÍ Y ELADIO

Sí, surrealista es el adjetivo indicado, aunque suene fácil. Escena vivida en verano de 1970, en un restaurante de Figueres donde se hallaba el defensa barcelonista Eladio Silvestre. En estas que entra Salvador Dalí y se da cuenta de la presencia del futbolista. El pintor se acerca a la mesa del entonces lateral izquierdo y le suelta: «Usted es jugador. Defiende los colores del Barcelona y se llama Eladio». A continuación, Dalí le dedicó un autógrafo mientras a Eladio aún le duraba la sorpresa. Según publicaba la revista *RB* el 4 de agosto, cuando volvió en sí, Eladio aprovechó para pedir al genial artista que le dedicara una de sus obras, petición que vio satisfecha a la mañana siguiente. El mundo al revés, que diría la abuela: el genio famoso, pendiente de un mortal futbolista.

689. UNA PELI...

A principios del 1971, Manuel Vázquez Montalbán y el autor teatral Jaume Lorés tuvieron la idea de redactar el guion de una película sobre el FC Barcelona que debía dirigir Antoni Ribas. Para hablar de esta iniciativa, el 20 de marzo la revista *Barça* entrevistó a Vázquez Montalbán, ya convertido en intelectual de cabecera del barcelonismo desde la publicación en las páginas de *Triunfo* de su mítico artículo sociológico «Barça, Barça, Barça» el 25 de octubre de 1969. De hecho, no era casual que el film en proyecto llevara el mismo título que el citado artículo.

690. ... FALLIDA

El guion de la película quería tratar la relación entre el club y sus aficionados. El papel de protagonista principal debía interpretarlo Casto Sendra, *Cassen*, un actor de comedia famoso en la época que, según declaraba Vázquez, «encaja perfectamente en el tipo de *xarnego* nacido en Cataluña que ha perdido la dureza física inicial del inmigrante y que, al conseguir un mínimo nivel de vida, ha redondeado sus aristas, convirtiéndose en un pequeño burgués, que es la base del público del Barcelona». El guion pretendía reflejar la vida rutinaria de este culé, que solo vivía para conocer a los futbolistas del Barça, su máxima ilusión. De hecho, la peli había de finalizar con los jugadores azulgranas explicando a los espectadores algunos aspectos de su vida «real». El proyecto contaba con las colaboraciones de otros relevantes artistas de aquellos días, como Guillermina Motta, Joan Manuel Serrat, Mary Santpere, Paco Martínez Soria, Raimon y Salomé. A la postre, la película no se rodó, ya que la directiva del Barça no parecía muy convencida. Por cierto y sin deseo de llevar la contraria al genio MVM, Cassen había nacido en Tarragona y había comenzado a trabajar como ordenanza en su diario local hasta que se dedicó a la actuación. De charnego, poco...

691. SIEMPRE CASSEN

De todos modos, el destino parecía empeñado en que Cassen protagonizara alguna película encarnando a un fanático aficionado del FC Barcelona. Al final, lo logró: se titulaba *Furia española,* dirigida por Francesc Betriu y rodada en 1974. El argumento del film era bastante sencillo. Sebastián, inmigrante y culé empedernido, decide integrarse en una peña del Barça, donde conoce a Juliana (Mónica Randall), con la que se casará el mismo día en que el Real Madrid y el Barça de Cruyff se disputen la Liga. El largometraje era una comedia ácida y esperpéntica con muy mala uva, donde se mezclaban caóticamente el fútbol, el sexo y la crítica social. Sufrió graves problemas con la censura del tardofranquismo y no sería estrenada hasta la muerte del dictador, aunque recortada por aquellos señores que velaban por la moral pública. Según algunas fuentes, Franco la llegó a ver meses antes de su fallecimiento y se llevó un buen disgusto. El propio Betriu lo confesaba divertido: «Quizá fuera *Furia española* la última película que vio Franco. No puedo confirmar que ese susto le diera el tiro de gracia, aunque eso me dijeron». Seguramente, al dictador le dio un patatús cuando vio escenas como la de Mónica Randall vestida con ropa interior azulgrana cantando «azul y grana es nuestro color...», mientras un excitadísimo Cassen se la llevaba a la cama.

692. POCA BROMA

El añorado Josep Tortosa, el incansable animador del público del Camp Nou, tenía una breve aparición en *Furia española*, donde hacía de sí mismo. Tortosa se enfadó de verdad mientras rodaba una escena en la que el tartamudo Finito (interpretado por Ovidi Montllor) era el hazmerreír general cuando recitaba a su manera la transmisión radiofónica de un gol del Barça. Todos los presentes reían de verdad, incluidos los que estaban fuera de cámara. De repente, cayó una bandera azulgrana y las carcajadas se dispararon. Tortosa se ofendió, convencido de que se burlaban de la enseña y cuanto simbolizaba. Tanto se mosqueó que no quería continuar en la película. Un poco de sentido del humor también conviene, aunque sea para las cosas que algunos consideran más sagradas.

693. PAPELERAS TARDÍAS

Diréis que parece un detalle sin importancia, pero todo cuenta. Aunque parezca mentira, el Camp Nou no dispuso de papeleras para la basura hasta junio de 1971, cuando el coliseo azulgrana ya sumaba casi catorce años de existencia. Obviamente eran de modelo único, nada de reciclaje aún, por lo que papeles, vasos, botellas, cigarrillos y restos de comida acababan juntos en el mismo recipiente y no en el suelo, como había sucedido hasta entonces. Y continúa pasando hoy, a pesar de la proliferación actual de contenedores en el estadio, tampoco nos vamos a engañar. La gente parece no haber avanzado demasiado en materia de atención por la limpieza de los espacios comunes.

694. EL ÍDOLO DEL ÍDOLO

En julio de 1974, Johan Cruyff concedió una entrevista al diario uruguayo *El País* donde explicaría sus primeros pinitos en el fútbol: «A los cinco años, mis padres tenían problemas todos los días con un vecino porque con mis pelotazos se estropeaban las rosas de su jardín. El hombre cortaba las pelotas, con una navaja y yo me quejaba a mi padre, él protestaba al vecino y yo obtenía una pelota nueva».

Más adelante, el astro holandés confesaba quién había sido su ídolo futbolístico: «Hay un hombre a quien admiré y admiro: Di Stéfano. Siempre me gustó su tipo de fútbol, yendo hacia todos los sectores de la cancha y haciendo de todo un poco. Él hacía el trabajo más difícil, y además era técnicamente muy bueno. Soy su seguidor ahora, tratando de hacer lo mismo, pero de una manera muy propia». Así pues, cuando Alfredo Di Stéfano triunfaba en el Real Madrid, Cruyff trataba de emularle mientras subía escalones en las categorías inferiores del Ajax, época de formación que duraría desde 1957 hasta 1964.

695. CON LA SEAT

En el inicio de 1975, Barcelona hervía en conflictividad social. El 15 de enero, los dirigentes de la empresa automovilística SEAT adoptaron una decisión draconiana tras la huelga y *lockout* vividos, con el despido de quinientos obreros. Trece días más tarde, diecinueve trabajadores despedidos escribieron esta carta al presidente azulgrana, Agustí Montal:

> Los que suscriben, trabajadores de la empresa SEAT, despedidos en este mes de enero, ante los graves problemas planteados en esta empresa de Barcelona, queremos hacerle llegar nuestra opinión. A este fin le adjuntamos fotocopia con diversos documentos.
>
> El centro del problema es el derecho que los trabajadores reivindicamos a elegir libremente a nuestros representantes, es decir, el problema de la libertad sindical, la ausencia de cauces y derechos internacionales reconocidos.
>
> Nos dirigimos a la entidad que usted preside con el fin de que se interese ante las autoridades por la readmisión de los 500 despedidos y se abran las puertas del diálogo y la negociación en la empresa SEAT. Creemos que la dimensión social y el prestigio del Barça hacen necesarias y posibles las gestiones a que hemos aludido, porque en definitiva nuestro problema afecta a la gran mayoría de sus socios.
>
> A fin de poder explicarle más ampliamente estas cuestiones, solicitamos la oportuna entrevista en el plazo más breve posible.

Como resulta fácil suponer, la entrevista de Agustí Montal con los obreros despedidos de la SEAT no se celebraría, por la sencilla razón de que el presidente azulgrana no contestó la carta. Tras leerla y releerla unas cuantas veces, a buen seguro que Montal debía pensar que una cosa era considerar al Barça el ejército simbólico desarmado de Cataluña, y otra, bien distinta, meterse en líos sindicalistas. Y encima, con «la lucecita de El Pardo» aún encendida. No creemos que sea necesario aclarar que el empresario textil Montal se sentía bastante más cercano al pactista dirigente catalanista Jordi Pujol que del combativo líder del PSUC, Gregorio López Raimundo.

696. ADIÓS, PROPINAS

Una de las primeras decisiones tomadas por Jaume Rosell (padre del expresidente Sandro Rosell) cuando lo nombraron gerente del Barça, en verano de 1975, consistió en prohibir que el personal del club aceptara propinas por parte de los visitantes del estadio. Obviamente, la medida generó cierto malestar entre los empleados azulgranas, en especial aquellos que velaban por las dependencias del Camp Nou durante el verano, época entonces propicia a las visitas organizadas de turistas con bolsillo generoso.

697. CELA, EL CULÉ

Camilo José Cela (1916-2002), escritor gallego y premio Nobel de Literatura, se declaraba, aparentemente, barcelonista. Así, por lo menos, lo confesaría el 10 de diciembre de 1976 en una carta dirigida al presidente azulgrana, Agustí Montal: «¿Sabía usted que en Madrid, hace treinta años, el Barça tenía dos partidarios, José María de Cossío y yo? Todos los contertulios de la tertulia de Baviera, cervecería cuyo encargado era el catalán Manyà y a la que solía asistir el gran Pepe Samitier, son testigos de la verdad de cuanto digo». Cinco días después, llegaría la respuesta de Montal: «He sido asiduo lector de sus obras y admirador suyo desde aquella *Familia de Pascual Duarte* que llenó tantos años de desierto integral. Me alegra que sea barcelonista, aunque no me sorprende en absoluto, pues creo sintoniza usted perfectamente con este sistema de signos que representa nuestra entidad y que trasciende lo puramente deportivo». Decimos lo de «aparentemente» porque Cela había sido censor franquista, oficio que no pegaba ni con cola con el espíritu democrático y la simbología barcelonista. En fin, si él lo afirmaba, dejémoslo así. La respuesta de Montal, por cierto, acertadísima en el tono diplomático.

698. MACHISMO PURO Y DURO

Utilizando su léxico peculiar, tan *sui generis*, la *Revista Barcelonista*, atenta por sistema a los más desconocidos sucesos internos del Barça, denunció el 30 de agosto de 1977 un flagrante caso de discriminación machista en el estadio: «A nosotros, los que llevamos bigote, pantalones y el pelo más o menos corto y tenemos el pecho liso, nos basta para entrar a trabajar al Camp Nou con presentar el pase de prensa proporcionado por el club. A las chicas periodistas no. Ellas, además, deben acreditar, mediante un certificado del periódico para el que trabajan, su condición de periodistas deportivas para que las dejen entrar». Tras anunciar que habían sido testigos directos en el caso de Isabel Bosch, periodista del *Diario de Barcelona*, los desinhibidos redactores de la *RB* la fastidiaron con esta última aseveración: «En el caso de esta compañera nosotros si fuéramos porteros la dejaríamos pasar hasta sin documentación, ¡palabra!». Quejarse de machismo siendo un machista, vamos.

699. EL FUMADOR DE OPIO

El presidente Montal andaba convencido de que la asamblea de compromisarios del 1 de septiembre de 1977 aprobaría la futura instalación de una sala de bingo del Barça, situada entre el Palau Blaugrana y la Pista de Gel. Habían presupuestado una partida de catorce millones de pesetas para su construcción y unos beneficios anuales previstos entre los quince y veinticinco millones. El negocio era evidente, pero a Montal le salió el tiro por la culata, ya que la propuesta institucional fue rechazada, detalle insólito en cualquier asamblea del Barça. Algunos de los compromisarios expresaron su oposición en voz alta, alegando que unos millones de pesetas no podían justificar que la imagen del club quedara manchada por fomento del juego. Uno de los opositores al bingo, bastante indignado, llegaría a decir: «Así se empieza y después, como también es negocio, aquello se convertirá en un fumadero de opio». Meticulosos lo eran, entonces. A veces, parece que los tiquismiquis hayan decidido mirar hacia otro lado cuando toca poner la mano con según quién y recaudar ingresos. Aquí también se nota cierta evolución en los principios y costumbres.

700. BINGO AZULGRANA

Años después, hablando de juego, Josep Lluís Núñez no mostraría tantas manías. Sin que la cuestión pasara previamente por la asamblea, el 16 de diciembre de 1983 se oficializó, con la presencia incluida de numerosos directivos, el Bingo Blaugrana, un local ya desaparecido situado en la calle Trafalgar. Moquetas azulgranas, posavasos con el escudo del club, diversas copas ganadas por el Barça y cuatro grandes cuadros que representaban a Pep Samitier, Carles Rexach, Bernd Schuster y Diego Armando Maradona decoraban el interior del Bingo Blaugrana. Eso sí, lejos del Camp Nou, quizá para disimular un poco.

701. ORGULLO Y SATISFACCIÓN

Una noticia peculiar vinculada a la realeza, rama borbónica. La reproducimos tal como fue publicada en el diario Avui el 20 de julio de 1978: «La Agrupación de Antiguos Jugadores del Barcelona nos envía una nota en castellano en la que se nos comunica que su Majestad el rey Juan Carlos ha concedido el ingreso en el Orden de Beneficencia a la citada agrupación. La solicitud fue cursada por el senador [de la UCD] José Luis López Henares de Palencia, ya que el Barcelona ha jugado diversos partidos amistosos con carácter benéfico en esta ciudad». Pues vale, pues bueno. Seguro que el titular de la Corona se sintió lleno de orgullo y satisfacción, como decía a menudo en sus discursos.

702. LA CALLE REBAUTIZADA

Como ya saben los lectores de nuestra trilogía, la avenida Arístides Maillol, donde están situadas las oficinas del Barça, se llama así desde el 20 de diciembre de 1979, cuando el Ayuntamiento de Barcelona decidió dedicar tal calle al escultor, pintor y grabador catalán. Acertada elección, aunque el listón fuera bajo, ya que el nombre anterior de la avenida era «División Azul», con todos los recuerdos y sectarismos que comportaba. Una elección, la de Arístides Maillol, que tampoco llegaría exenta de polémica, ya que desde la *Revista Barcelonista* presionaron proponiendo *Joan Gamper* como alternativa, olvidando que el fundador del Barça ya disponía de una calle dedicada en el barrio de les Corts, cerca del Camp Nou.

703. CORRECTOR DE CATALÁN

El 27 de enero de 1982, un seguidor barcelonista dirigió por escrito esta queja a las oficinas del Barça: «Una lástima que el club, que puede emplear dinero en muchas cosas, no pueda pagar un corrector de catalán para los anuncios que se publiquen en la prensa. Hace un par de días leí *"nort"* y *"vert"* en un anuncio, cuando lo correcto es *"nord"* y *"verd"*; por desgracia, no es la primera vez». Ahí va la respuesta del club: «Tenga la seguridad de que cualquier texto, y aún más los anuncios, pasan por el corrector del club, y es normalmente después de caer en manos de los linotipistas de los medios de información que no se editan en nuestro idioma cuando sufren estas variaciones que somos los primeros en lamentar». No era una excusa. Los humanos son falibles y los linotipistas de entonces así lo certificaban. Aún no existía el «copiar y pegar».

704. ESPÍRITU DE CLUB

El 18 de mayo de 1982, el directivo Josep Casals se despachó a gusto en plena reunión de junta. Precisemos que acertó en su improvisado y coherente discurso: «Me preocupan los sistemas de funcionamiento del club. Alguna cosa falla, porque parece que los jugadores no están orgullosos de pertenecer al FC Barcelona. Falta espíritu de club en la plantilla. Cuando fichamos a un futbolista, queda plenamente satisfecho por ingresar en el Barça, pero entonces considera que ya ha alcanzado su meta profesional y por ello no intenta superarse, sino que, por el contrario, se limita a mantenerse».

Sin ninguna duda, tan lamentable conformismo se ha repetido con un montón de futbolistas de diversas épocas. Conviene recordar, ya que estamos, que aquel era un momento especialmente abonado para las quejas amargas, ya que se producía tras la lamentable pérdida de la Liga 81-82. Sí, aquella en que el equipo desperdició, en apenas seis jornadas finales, la ventaja de cinco puntos de que disponía sobre la Real Sociedad, aumentada a seis si contamos el *goal average*. Una calamidad de proporciones bíblicas que ni la posterior conquista de la Recopa pudo mitigar.

705. TRABAJO «INFANTIL»

Anécdota que conmueve. El 3 de agosto de 1982, un trío de amigos formado por dos niñas de trece años y un niño de apenas diez enviaron una carta a Josep Lluís Núñez donde le pedían este inverosímil favor: «Nos gustaría mucho ir al torneo Joan Gamper, pero no tenemos bastante dinero, y como no tenemos edad para trabajar no lo podemos conseguir. Por eso le querríamos pedir que, a cambio de tres entradas, pudiéramos hacer cualquier trabajo que usted nos mandara (barrer el campo, lavar las sillas o lo que sea). Nos ilusionaría mucho que nos dijera que sí y nos pasaríamos el rato que nos pidiera. Espero que nos conteste enseguida, tanto si es que sí (pues es lo que deseamos), como si es que no». El club no contestó a la insólita propuesta. Seguramente, para no generar precedentes ni entrar en cuestiones familiares.

706. GUARDERÍA

Desde los años noventa, en los días de partido, los socios con hijos pequeños disponían gratuitamente de una guardería en el Camp Nou. Situada en la zona lateral del estadio, en la puerta 68, este servicio abría sus puertas una hora antes del comienzo del partido y cerraba cuando ya no quedaba ningún niño que cuidar. Sus monitores eran miembros de la Fundació Pere Tarrés, emblemática entidad dedicada a los servicios educativos y la formación a través del ocio. Por desgracia, a finales de 2013, el club cerraría la guardería definitivamente, ya que, según datos oficiales, apenas acogía una media de cuatro niños por partido. Cifras que contrastaban, por cierto, con las facilitadas por algunos padres que aprovechaban el servicio y calculaban una ocupación media situada entre los quince y los veinte infantes.

707. MALA HIERBA

En verano de 1994, el Camp Nou sería remodelado de nuevo. Se eliminó la general de pie de la primera gradería y se suprimió el foso de seguridad que rodeaba el terreno de juego. Ya puestos, se rebajó el nivel del campo de juego en unos dos metros y medio, alteración que provocó un cambio de hierba. Las obras de la primera gradería y el foso fueron encargadas a Ferrovial, mientras que Hidroplant, empresa de jardinería propiedad de Marta Ferrusola, se responsabilizaba del nuevo césped.

La hierba, plantada con tepes importados de Francia, no arraigó de manera conveniente. Cómo sería la cosa que, en febrero de 1995, un grupo de socios barcelonistas demandó a Hidroplant por haber perpetrado graves deficiencias en la tradicional alfombra verde del Camp Nou, provocando así las lesiones de Hagi, Nadal, Eusebio y Ferrer. La reacción de Francesc Pulido, el directivo responsable de patrimonio, resultó un tanto grosera, al decir públicamente que «la denuncia me resbala». Tras oír a Marta Ferrusola justificando que la culpa del mal estado de la hierba era de la climatología adversa, el juez desestimó la demanda, pero quedó para la posteridad la imagen de un desinhibido Stoichkov corriendo por el terreno de juego del estadio durante un entrenamiento mientras gritaba a pleno pulmón «¡esto es una mierda!» y trozos de césped saltaban por los aires. Con el mayor respeto hacia el directivo, y también para el juez, quien recuerde cómo estaba aquel sucedáneo de campo de patatas se alineará en el bando del búlgaro. Aquello era infumable, por mucho que fuera la esposa de Jordi Pujol quien pusiera la firma.

708. TROTSKI Y DEMON

En la campaña 94-95 el Barça «contrató» a cuatro vigilantes bastante especiales para velar por la seguridad del Camp Nou durante los días de partido. Recordemos que las obras de remodelación del estadio en verano del 94 habían eliminado el foso que separaba las gradas del rectángulo de juego. Por lo tanto, solo se podía evitar una hipotética invasión del campo con la presencia persuasoria de los miembros de seguridad del club. Pues bien, aquel cuarteto de vigilantes cumplía con creces su función disuasoria, ya que eran perros de la raza Rottweiler, canes fuertes y musculados, aparentemente tranquilos, aunque feroces si alguien los provoca.

Como el comportamiento del público del Camp Nou era ejemplar, cinco años después la seguridad del Barça decidió recortar su plantilla canina y solo quedaron dos rottweilers, *Trotski* y *Demon*. En cierta ocasión, uno de ellos había demostrado a los espectadores del estadio lo que era capaz de hacer cuando un balón le impactó por casualidad. Enloquecido ante el «ataque» y a la vista de todos, el perro se encarnizó de manera escalofriante con el esférico. Eso sí fue un anuncio disuasivo... Por cierto, ¿quién fue el crac que bautizó a un rottweiler como *Trotski*? ¿Quizás algún rencoroso estalinista? Caramba, en qué había quedado la figura del fundador del Ejército Rojo soviético...

Más de los cánidos. En 1999, por esas cosas que entraña trabajar en Can Barça, uno de los autores de este libro tuvo que quedarse hasta bien entrada la noche en su puesto del Centre de Documentació. De repente, el silencio monacal imperante en este santuario de la memoria histórica azulgrana quedó roto por el sonido del teléfono. Llamaba un jefe de seguridad del club para preguntar por qué la luz del Centre continuaba encendida a horas tan intempestivas. «Estoy trabajando», fue la obvia respuesta. Entonces, el de seguridad, en tono áspero, replicó: «Pues más valdrá que cuando salga tenga cuidado, porque de noche soltamos a los perros por las instalaciones del Camp Nou para que vigilen». Por suerte, el amenazado no se lo tomó muy en serio, aunque al salir tarareara inconscientemente la melodía de *Indiana Jones*, mientras la por aquel entonces numerosa colonia de gatos que habitaba en las entrañas del estadio lo miraba con absoluta tranquilidad. Afortunadamente, ni *Trotski* ni *Demon* asomaron el hocico en ningún momento. Qué ganas de amedrentar gratuitamente al personal, jolín...

709. UN PROYECTO MÁS

En junio de 1996, la Comissió de Cultura i Museu del club planteó una propuesta a la directiva dedicada a los hipotéticos actos de conmemoración del ya inminente centenario del FC Barcelona, que debía celebrarse entre noviembre de 1998 y noviembre de 1999. La ambiciosa sugerencia incluía como exposición estelar la llamada «El FC Barcelona, Barcelona y Cataluña», que se celebraría en el Centre de Cultura Contemporània, con el objetivo de «presentar aquello del FC Barcelona, Cataluña y el mundo, tanto desde el punto de vista deportivo como del social y cultural». Con una idea tan atractiva, lástima que el proyecto, finalmente, no se convirtiera en palpable realidad.

710. FESTIVAL DE CANCIÓN

Sigamos con las ideas de la Comissió de Cultura i Museu que no se realizarían durante las fiestas del Centenario del Barça. Por ejemplo, un festival de canción catalana en el Camp Nou, con Raimon, Lluís Llach, Joan Manuel Serrat y Maria del Mar Bonet encabezando el cartel. También, otro de rock catalán que habría convertido el Miniestadi en escenario para grupos como Sopa de Cabra, Els Pets, Sau y Sangtraït. Al final, nada de nada. Si vale la comparación, recordaremos que en las fiestas del septuagésimo quinto aniversario del Barça, celebradas en noviembre de 1974, actuaron los artistas Guillermina Motta, Núria Feliu, Salomé, Manolo Escobar y Peret, y los grupos La Trinca, Nubes Grises, Los Valldemosa y Rumba Tres.

711. MÀGIC BARÇA

El desaparecido restaurante Màgic Barça tenía carácter temático, dedicado al mundo azulgrana. Situado a pie de playa, en el puerto olímpico de Barcelona, el local disponía de mil doscientos metros cuadrados con gran despliegue de medios tecnológicos y ornamentación barcelonista. Por ejemplo, la reproducción de las vallas de Les Corts. El Màgic Barça fue inaugurado el 7 de noviembre de 1996 con una fiesta a la que asistieron unas setecientas personas. Josep Lluís Núñez estrenó el restaurante con un saque de honor, como si comenzara el partido. Le acompañaban los directivos Nicolau Casaus, Josep Mussons, Francesc Pulido y Francesc Ventura, así como catorce jugadores del primer equipo. La fiesta tuvo su momento culminante con un castillo de fuegos artificiales de color azulgrana.

Una inauguración muy bonita y lucida. Lástima del triste y miserable epílogo. Acabadas las celebraciones, sin invitados a la vista, entraron en el local los operarios de la brigada de limpieza. Los currantes, que aún no habían cenado, vieron atónitos como ante sus propias narices se tiraban al cubo de la basura la infinidad de canapés sobrantes, sin que la dirección del restaurante tuviera el detalle de invitarlos. Y cogieron un cabreo descomunal, claro...

712. HISTÓRICOS RECUERDOS

Nacido en Barcelona en 1949, Pablo Ornaque es un hombre de corazón españolista. Fue candidato a las elecciones presidenciales del RCD Espanyol de 1989 y promotor de la plataforma Salvemos Sarrià, que en 1997 intentaría evitar sin éxito la venta y derribo del histórico estadio *perico*. A pesar de tan inequívoco currículum, Ornaque puede presumir de ser la persona que más ha trabajado por la recuperación del patrimonio histórico del FC Barcelona. Coleccionista de objetos relacionados con el deporte desde los doce años, con el tiempo recopiló un fondo museístico impresionante. De esta manera, el 13 de marzo de 1998, el Museu del Barça inauguró su colección «Futbolart», un universo de curiosos y antiguos objetos vinculados al fútbol y al deporte.

Una de las joyas de la colección era una fidedigna ambientación del Gimnàs Solé, con elementos originales de la sede fundacional del club, así como un repertorio de esculturas de fútbol y otras disciplinas deportivas de épocas pretéritas, algunas fechadas en el siglo XIX.

713. NADIE ES PERFECTO

El día de la inauguración de la exposición Futbolart, el Museu del Barça rebosaba euforia historicista. Josep Lluís Núñez, transportado por la emoción del momento, llegaría a declarar que, gracias a Futbolart, había ganado cinco años de vida. El presidente azulgrana se sentía muy agradecido con Ornaque, del que meses después diría que «es una buena persona, aunque sea socio del Espanyol». El club era consciente de que esta magnífica exposición no se podía perder, y más tarde decidió comprarla para convertirla de temporal a permanente. Así, en lugar de desmontarla el 31 de octubre de aquel 1998, tenía que quedarse como parte inamovible del Museo para siempre. Desgraciadamente, por aquellas cosas del destino, en 2009 Futbolart fue desalojada del Museu del FC Barcelona, con lo que el club azulgrana perdió un patrimonio histórico extraordinario. Una auténtica lástima, visto su formidable nivel.

714. LA SILLA DE WEMBLEY

Aún más sobre Pablo Ornaque. En mayo de 2001, el incansable coleccionista consiguió infiltrarse en la subasta de reliquias del antiguo estadio de Wembley y se llevó algunos de los más valiosos tesoros de la catedral del fútbol, erigida como símbolo desde 1923 hasta el año 2000. Entre ellos, la silla de la reina de Inglaterra, reservada para Isabell II cada vez que acudía al estadio, o los tornos de acceso al recinto. Se cumplían apenas nueve años de la conquista de la primera Copa de Europa en el viejo Wembley por parte del Barça y Ornaque había acudido de incógnito a la subasta siguiendo órdenes del presidente Joan Gaspart, que deseaba preservar el recuerdo del mítico campo londinense en el Museu azulgrana. De todos modos, las citadas piezas nunca se expusieron en el Museu President Núñez y se les perdió la pista hasta que, en junio de 2017, aparecieron en las Minas de Riotinto, localidad de Huelva, como parte integrante de su futuro museo dedicado a la cuna del fútbol en España.

715. AQUEL CHEVROLET

Ya que nos hemos metido en memoria histórica, esta depauperada Cenicienta del fútbol, dedicaremos unas líneas a un autobús Chevrolet bastante conocido. El 13 de marzo de 1998, el club instaló en la explanada de tribuna del Camp Nou una réplica construida en 1957 del vehículo que servía para los desplazamientos del equipo. Esta pieza formaba también parte de la colección Futbolart de Pablo Ornaque. Dentro del autobús, un precioso Chevrolet amarillo atravesado por una banda con los colores azulgranas, se podían ver sentados a los maniquíes que encarnaban legendarias figuras futbolísticas, como Kubala, Ramallets, César, Eusebio, Pelé, Di Stéfano, Parra, Zarra, Bobby Charlton y el entrenador Helenio Herrera. Pero..., ay, vete a saber por qué razones, en 2011 una mano anónima trasladó el autocar a otra área del Camp Nou, y poco después, desaparecería de las instalaciones. En mayo de 2012, un periodista lo descubrió en la Ciutat Esportiva de Sant Joan Despí, escondido en un rincón apartado, entre restos de obra y medio tapado tras unas vallas. Finalmente, el autocar de 1957 fue de nuevo trasladado a los terrenos de la antigua Masia del Camp Nou, junto a la calle Maternitat. Para no disponer de motor, vaya con el autobús viajero... Y allí lo tenemos hoy, ya sin las reproducciones de los míticos futbolistas, como un peculiar cuerpo extraño alejado de las miradas de los turistas.

716. EXPO DEL CENTENARIO

El 29 de noviembre de 1999, cuando el Barça cumplía y celebraba su centenario, se inauguró la exposición «*Cent anys de passió azulgrana*» en la antigua fábrica modernista Casaramona, en Monjuïc, nueva sede de la Fundació La Caixa. En el transcurso de la velada, un entusiasmado Josep Lluís Núñez agradeció el apoyo de la entidad bancaria, antes de declarar que el club se veía obligado a dar continuidad a tan completa y celebrada exposición en cuanto acabara, al cabo de medio año. Núñez se tiró a la piscina anunciando que ampliaría el Museu del Barça para incluir aquella muestra en el recinto. La exposición, un logrado paseo por el pasado y presente culés, valía la pena. Básicamente, consistía en una excelente, meritoria y realista escenificación de los diversos episodios y escenarios de la historia azulgrana, así como de las instalaciones contemporáneas del club. Merecía, pues, el paso de provisional a perenne.

717. ESPIONAJE

Hasta aquí las mieles de la exposición del centenario. En realidad, un sector del club andaba frontalmente enfrentado con la dirección de La Caixa por razones de índole particular y no veía bien la exposición. En coherencia, un empleado del museo recibió un mandato singular de un ejecutivo azulgrana. Se trataba de ir «de incógnito», como si fuera un detective, a visitar la exposición de Casaramona para buscar hipotéticos fallos en los textos explicativos, imprecisiones históricas y detalles similares. Como diría Woody Allen, erratas como, por ejemplo, escribir «hermenéutica» cuando querían decir «heurística». A pesar de no lucir gabardina ni gafas oscuras, el empleado cumplió discretamente con su deber y elaboró un detallado dosier con la relación de las comas y acentos mal colocados en los plafones informativos de la exposición de La Caixa.

Eso sí, entre las minucias que incluyó en tan inquisitorial informe, el abnegado funcionario se dio cuenta de un error ciertamente importante: en el primer ámbito de la exposición se veía un maniquí sentado ante una mesa de época que representaba a Joan Gamper firmando el acta de constitución del FC Barcelona, en aquel histórico día del 29 de noviembre de 1899. El problema es que entonces el suizo era un jovencito imberbe y delgado de veintidós años, pero la figura que se veía en Casaramona representaba la típica imagen de Gamper como presidente del FC Barcelona, es decir, un orondo señor con grandes bigotes y de unos cincuenta años.

718. AL FINAL, NADA

El corolario de esta cuestión llegaría en mayo de 2000, cuando estaba previsto que la muestra recalara en el Museu del Barça. Finalmente, a pesar de los deseos expresados por Núñez, no llegaría nunca a destino y el material de la exposición fue diseminado sin criterio por diversos destinos. Una parte acabaría en un almacén del Centre de Documentació: en realidad, solo una caja con objetos de la escenificación de la clausura del club en 1925, cuando el escándalo del abucheo a la Marcha Real, así como enseres de diversas secciones deportivas del club. Del resto, vete a saber. Al final, apenas recibida la caja de marras, un joven empleado del museo aprovecharía el batiburrillo del material de 1925 y las secciones para disfrazarse de belicoso guardia civil, con tricornio y bate de béisbol a modo de porra, y perseguir a sus desternillados compañeros con fingida ferocidad. Total, del solemne deseo de perpetuar la exposición a la broma de un travieso trabajador. O cómo ir de máximos al mínimo.

719. MOCIÓN FALLIDA..., MOCIÓN ESTÉRIL

El final de la presidencia de Joan Gaspart estuvo amenizado con la presentación de un par de mociones de censura finalmente frustradas. El 9 de diciembre de 2002, el presidente del grupo Alternativa Blaugrana, Iván Carrillo, decidió poner en marcha una moción de censura contra Gaspart y su junta directiva. Carrillo, que había dejado atrás la decisión de presentar la moción en septiembre tras recibir una oferta de Gaspart para formar parte del consejo directivo, decidió finalmente tirar adelante el voto de censura tras desestimar tal propuesta. El presidente de Alternativa Blaugrana tenía que recoger en catorce días las 4505 firmas necesarias, el cinco por ciento de la masa social del club, para poder llevar a cabo la moción. Finalmente, el 3 de enero de 2003, Carrillo aceptó su fracaso en el intento de promover la moción de censura al no obtener el número necesario de firmas, ya que solo acumuló 4286 adhesiones.

Apenas un mes después, el 3 de febrero, el exdirectivo Ramon Fusté presentaría una nueva moción de censura contra Gaspart y su directiva, pero el mismo día fue rechazada por el club alegando que no había transcurrido un año desde el último voto de censura (condición indispensable según los estatutos de la entidad) y le negó las papeletas. Bien pensado, no era necesario: nueve días después, el 12 de febrero, Joan Gaspart dimitió como presidente del FC Barcelona.

720. EL BUSTO DE LLIMONA

Un clásico: cuando el club decidió ofrecer un homenaje a su fundador en el estadio de Les Corts, el 25 de febrero de 1923, alguien tuvo la feliz idea de encargar un busto de Joan Gamper al insigne artista Josep Llimona. Desde aquel día de agradecimiento, la obra permanecería en un lugar de honor del palco presidencial de la antigua catedral hasta terminada la guerra en Barcelona, el 26 de enero de 1939. Entonces fue retirada discretamente y entregada al hijo pequeño del fundador, Joan Ricard Gamper (1912-1994), por miedo a que algún energúmeno la hiciera desaparecer. No olvidemos que, a ojos del fascismo triunfador en la guerra, la figura del suizo-catalán arrastraba estigmas tan malditos como los de catalanista, demócrata y protestante. Joan Ricard custodió el busto de su padre toda su vida, aunque pasara el último tramo de su existencia en una residencia geriátrica. Cuando falleció, su hija, Emma Gamper, ofreció el busto al geriátrico como agradecimiento por el buen trato dispensado a su padre.

Años después, se metería por medio el tenaz coleccionista Pablo Ornaque, quien convenció primero a Emma y después al geriátrico de que el mejor lugar para el busto de Joan Gamper no era otro que el Museu del Barça. Las negociaciones resultarían complicadas, pero finalmente fructificaron. En consecuencia, el 25 de marzo de 1999, el museo inauguró el nuevo Espacio Gamper, con el busto realizado por Llimona como joya de la corona.

Por desgracia, acabaremos esta peripecia sin final feliz. En 2009, cuando fue desmantelada la exposición Futbolart del museo azulgrana, Ornaque se llevó todas las piezas que eran de su propiedad, como era el caso del busto de bronce de Gamper de 1923. Hoy en día, se encuentra en el Museo de la Federación Española de Fútbol, en Madrid.

721. ¿EN QUÉ PIENSAN LOS AUSTRALIANOS?

Xavi Narro, un aventurero que daba la vuelta al mundo en bicicleta, fue entrevistado por el diario *Sport* en junio de 2013. Por lo que parece, el hombre era un culé recalcitrante y realizaba su odisea vestido con la camiseta del Barça. El periodista le preguntaba si así lograba algún rédito en su viaje. La respuesta de Narro, tajante: «Sí, es mejor que el pasaporte. Vas a un rincón recóndito de China y la conocen. Todo el mundo la reconoce, excepto en Australia, donde casi nadie sabe quién es Messi. ¿Te lo puedes creer?». Peculiares, estos australianos. No es lo mismo vivir en las antípodas que estar en la pura inopia. ¿Hay alguien en este mundo que no haya oído hablar nunca de Leo Messi? Simple y pura retórica, no es preciso responder.

722. BRAZALETE DOBLE

El 21 de octubre de 2014, el Barça venció por 3-1 al Ajax en el Camp Nou, partido correspondiente a la tercera jornada de la liguilla de Champions League. En el minuto 76, con 2-0 en el marcador, Andrés Iniesta fue sustituido por Rafinha, y antes de abandonar el campo cedió la capitanía del equipo a Gerard Piqué. Aquel día, a causa de la normativa europea, el brazalete distintivo del capitán era doble. El de color verde fosforescente, característico de esta competición cuando toca diferenciar al capitán de cada equipo, tapaba el tradicional azulgrana, de las cuatro barras rojas sobre fondo amarillo. Piqué se colocó el brazalete y, sin manías, se entretuvo un rato hasta dejar al descubierto la señera catalana. Si tras esta acción alguien se rasgó las vestiduras, es señal de que no ha entendido nada sobre la identidad del club desde tiempos casi inmemoriales.

723. COSTE ACTUALIZADO

En estos tiempos de traspasos desorbitados en el mundo del fútbol, cuando parece que todos se hayan vuelto locos, bueno es rescatar un curioso reportaje que publicó Héctor Martínez en las páginas del diario *As* el 10 de enero de 2018. En el texto, el periodista desvelaba que los cien millones de pesetas que el Barça pagó al Ajax por Johan Cruyff en 1973, hoy equivaldrían a solo 9 829 057 euros, una vez aplicado el aumento del coste de la vida experimentado en el tiempo transcurrido desde entonces. Ahora, comparad esa cantidad con las cifras estratosféricas que se pagan actualmente por las rutilantes estrellas futbolísticas...

724. GUATECULÉ

Pobre país, al que solo mencionamos para aplicar aquello tan gráfico y castellano de «ir de Guatemala a Guatepeor»... Valga, pues, como pequeño homenaje, este ejemplo de «Guateculé». Evidentemente, y ya nos repetimos con ello, la globalización ha provocado que la pasión azulgrana se haya trocado en planetaria. Hoy, la marca Barça se distingue en cualquier lugar, incluso en el punto más exótico o recóndito del planeta. En abril de 2018, en la revista *Gent del Masnou,* apareció publicado un texto de Joan Muray dedicado a una peculiar experiencia vivida en primera persona en un pueblo de la región de los mayas de Guatemala. Muray lo exponía así:

> Por Guatemala City, la capital de la República, me llamaban ya la atención las camisetas azulgranas que lucían algunos, pero lo que nunca había visto, ni aquí, era que coches y furgonetas lucieran en la puerta o en la carrocería el escudo del Futbol Club Barcelona. El guía me avisó de que allí resultaba bastante común la pasión azulgrana y que ya lo iría viendo. Y así fue en otras localidades del país. Según me contó, el día que juega el Barça y se transmite por televisión, el país detiene su latido.

Si os ha sorprendido la descripción costumbrista, esperad, que va en aumento:

> Pero el súmmum llegó en una localidad a orillas del lago Atitlán, un lago seis veces mayor que el de Banyoles y multiplicados por diez sus kilómetros cuadrados. Allá existe un pueblo de pescadores y de turismo, Santiago de Atitlán, donde la pasión azulgrana llega hasta la muerte, y nunca mejor dicho. En este pueblo, donde la mayoría es culé, su devoción llega a tal extremo que, cuando alguien muere, su ataúd va hasta el cementerio cubierto con la bandera azulgrana, y en su tumba, en el suelo, colocan una lápida donde ponen, esculpido, el escudo del Barça.

Culés hasta la muerte y más allá. Para toda la eternidad. En efecto, el FC Barcelona guarda algo especial, extraordinario cuando logra generar situaciones de este calibre a más de nueve mil kilómetros de distancia. Ante anécdotas así, aún quedamos maravillados, sorprendidos.

725. RÉCORDS ESPECIALES

Íbamos a calificarlos como curiosos, aunque, mejor pensado, merecen la etiqueta de especiales. Al margen de la inacabable cantidad de plusmarcas de todo tipo coleccionadas por el Futbol Club Barcelona, existen cuatro que merecen subrayarse como colofón de este cajón de sastre. Más que nada, para tenerlas presentes, ya que generan orgullo. Comenzamos las singularidades: no hay club en Europa con himno más antiguo que el ideado por el militar gallego José Antonio Lodeiro Piñeiroa para el FC Barcelona en 1910. Segundo, ya que tanto hablamos (y con razón) sobre la igualdad de género, tampoco existe entidad europea que supere la marca azulgrana con Edelmira Calvetó, la primera socia admitida en 1913, cuando las sufragistas, por citar un ejemplo clásico, aún batallaban a fondo por un mínimo reconocimiento de la mitad de la población. Los ingleses, pioneros en el arte del balón, no aceptarían mujeres hasta más adelante.

Tercero, aunque de alcance exclusivamente catalán: el Barça también es el primer club deportivo que celebró la Diada. Lo hizo el 11 de septiembre de 1919, a los pocos meses de terminada la Gran Guerra, cuando la reivindicación política catalanista crecía efervescente. Y el último en este póquer de «récords» singulares: volvamos a las féminas para glosar la figura, desgraciadamente medio olvidada, de Anna

Maria Martínez-Sagi, la primera mujer directiva en un club de fútbol europeo, nombrada para el cargo en tiempos de la Segunda República, en 1934, cuando desempeñó una extraordinaria labor al frente de la Comisión de Cultura. Desgraciadamente, la Sagi, deportista, periodista, poeta y feminista de la época heroica, nunca se sintió a gusto en aquel mundo tan lleno de espesa virilidad, cosa que demostró con sus sistemáticas ausencias de las juntas directivas azulgranas. Cuando dimitió, el 13 de junio de 1935, solo había asistido a cinco reuniones de un total de cuarenta y siete. Demasiada testosterona para ella.

11

Desde el Barça con humor

Humor para todo, humor como herramienta imprescindible para flotar en este naufragio llamado vida (es ironía, conste). Vital aplicarlo al Barça, si apuestas por el riesgo de seguir y amar a los once de azulgrana que eliges como representantes sobre la hierba para hacerte sentir deportivamente ganador (y no por norma, todo lo contrario). Humor como salvoconducto: o lo tienes de sobra, o más vale que no te apuntes, que en el mundo existen otras apuestas seguras. Esta impagable virtud debería ser reclamada *sine qua non* antes de aceptarte en el club, hay que tenerla para dar, vender y regalar. Y en según qué épocas, ya ni te cuento, que cargar la cruz se hace ligero si sabes reírte de ti mismo, del muerto y de quien lo vela, siguiendo la arraigada tradición catalana. Y de tus colores del alma, por supuesto.

Humor para tragar sapos, resbalones clamorosos, marcadores adversos y directivas que no acostumbran a gestionar nunca como satisfaría plenamente a la masa social. Humor entre líneas o entre los trazos de un dibujo para evitar censura, situación anómala en democracia y tan común durante el largo último siglo. Ingenio heredado de tiempos inmemoriales para intentar comprender que los futbolistas son, ante todo, jóvenes irreflexivos y perdonarles aquello que, según tú y mirando el marcador desfavorable, no tiene perdón del Altísimo. A diferencia de en *Barça Insólito*, cuando estrenamos esta curiosa neurosis por el tema, en las próximas páginas ya no nos limitaremos al paseo por el magnífico jardín de las fantásticas publicaciones satíricas de los viejos tiempos, como *Xut!*, *Onze* o *Barrabàs*, sino que ampliaremos el espectro a todo tipo de circunstancias y situaciones de aquellas que no te dejan impertérrito. Tiene su gracia que, hace más de un siglo, fuera un presidente del club quien instigara el «dopaje» de sus futbolistas, como tiene narices que esta manía por vigilar cualquier expresión que supere los límites de lo políticamente correcto nos niegue hoy la posibilidad de una buena carcajada, la única vitamina que deberíamos consumir a diario, gratis y recomendada por el Colegio de Médicos. No es necesario reírnos de costillas ajenas, hay que respetar al prójimo. Más bien, llevarnos por el simple placer de activar un instante de felicidad, que es buena para la salud y dicen que prolonga la vida.

Bien mirado, existen muchos pasajes y épocas de la trayectoria azulgrana imposibles de digerir sin una enorme dosis de cachondeo. Hay instantes, como la gira por la Argentina de 1928, que no podríamos entender desde la distancia si nos hubiéramos quedado huérfanos de esta mala leche terapéutica marca de la casa, nacida para minimizar catástrofes y como el mejor remedio a mano para relativizar las penas del balón, que son muchas, aunque no deban ser graves ni irreversibles. La recreación de algunas anécdotas olvidadas provoca forzosamente un sentimiento de empatía, de humana solidaridad, como la merecida por aquel socio que decidió pagar la cuota con una prenda en difíciles tiempos de guerra. Repasaremos manías, supersticiones y fallos colosales, no por humanos más fáciles de comprender. Confirmaremos que las posiciones de la prensa y sus oráculos, sesgados por sistema y casi por vocación, han permanecido estables a través de los tiempos. Viviremos situaciones inverosímiles, como la de chutar contra tu propio portero para que no se aburra y, encima, reaccionar violentamente cuando te piden explicaciones.

Jornadas de hermandad que acaban con el presidente hospitalizado. Dibujos que reflejan la personalidad colectiva culé, en la que se manifiesta una resistencia a prueba de bombas. Humor y más humor de todos los colores. Negro, el primero, por supuesto y solo faltaría. Político, también. De charcutería, si hace falta, a la salud de unos chorizos usados como arma arrojadiza. Hay que lucir gracia y anchas espaldas para representar al Barça y encontrarte metido en una cena que huele a final con orgía. Hay que mostrar talante deportivo y británica elegancia para mantener la bonhomía cuando vives por costumbre en factor de riesgo máximo, el de ver y comparar cómo le va la existencia a los blancos en contraste con la tuya. Con humor, sentiremos también nostalgia por un maravilloso anuncio del Camp Nou que sintetizaba de modo insuperable las fases de la personalidad azulgrana con la excusa de promocionar habanos. El amor y el enamoramiento, digno de románticos irreflexivos, que brotaba en los primeros tiempos de convivencia con Cruyff. Patinazos verbales, por escrito, directivas y humanas, de sacerdotes, paranormales, de actores y parodias, de princesas azulgranas, de casas de dudosa reputación. Hay de todo y bastante, como si abriéramos una tienda con un amplio espacio para el escaparate. Que nunca nos falte humor, que somos culés y podemos prescindir de todo menos de eso. O hay coña, o caeremos seriamente enfermos, y eso sí que no tiene remedio.

726. LA PRIMERA AUCA

La primera muestra de humor referida al fútbol catalán surgió en fecha tan remota como 1902, cuando un ingenioso personaje anónimo que jugaba en el Català escribió una divertida y extensa *auca* dedicada a cuarenta y ocho futbolistas de la época. En 1949, Albert Maluquer, en su fundamental *Historia del Club de Futbol Barcelona,* publicó las rimas referidas a jugadores azulgranas, catorce en total con el añadido de una estrella invitada. Mantenemos el catalán en que fueron ideadas estas aleluyas, realmente intraducibles en rima de otro idioma:

> *Com que en Parsons no té greix / per atrapar-lo n'hi ha un feix. / En Green, malgrat no ésser vell / és el que té més cervell. / Coses força enraonades / fa, jugant, el noi Terrades. / Com que no li ve d'una pela / juga elegant l'Urruela. / De les coses em faig creus / que fa Gamper amb els peus. / Penso contemplant en Reig / que jugar amb barba és lleig. / No hi ha res al mon que irriti / al catxassut Artur Witty. / En Meyer en sap un niu / i això que sols fa un ull viu. / Sembla talment que no hi és / i es troba arreu en Valdés. / Se'n pot dir Déu n'hi doret / de lo que juga en Llobet. / Quan està la gent distreta / ve i fa el gol en Lassaleta. / L'Albèniz és tot bufó / però es fa dir sí senyor. / De gols te'n ficarà un carro / si acàs bades, en Cenarro. / Sembla l'Ossó un bon minyó / i et fa el gol de trascantó. / En Solé no sol garlar, / però talla el bacallà.*

La estrella invitada era este último, Francisco Solé, el propietario del Gimnasio Solé, sede fundacional del FC Barcelona el 29 de noviembre de 1899 y local social del club hasta 1910.

727. NAVIDAD EN FRANCIA

A finales de 1907, el Barça celebró las fiestas navideñas con una excursión por Francia que le llevaría a Sète, Nimes y Marsella. El primer partido se disputó el día de Navidad ante el Olympique Cettois y acabó con victoria barcelonista por 1-4, con goles de Paco Bru, Romà Forns y Quirante (2). El centrocampista José Quirante, capitán del equipo, ejerció el papel de tutor y controlador de aquellos jóvenes con ganas de pasarlo bien en *la nuit* de Sète. Al día siguiente tenían que volver a jugar, pero la noche es la noche, aunque fuera la de Navidad. Quirante solo consiguió enclaustrar a medias a aquellos fogosos futbolistas, si nos fiamos de lo que escribió su compañero Albert Almasqué en *El Mundo Deportivo* el 2 de enero de 1908: «Quirante tuvo todas las penas para conducir su equipo a la cama. Al fin lo logró, pero después se le escaparon la mitad...».

728. EL CENTRALISTA

El 6 de junio de 1909, el Barça venció cómodamente al equipo barcelonés del Central por 5-0. El partido se disputó en el campo del Espanyol y correspondía al torneo Club Deportivo Español, patrocinado por el Ayuntamiento de Barcelona. A Daniel Carbó, periodista que no escondía su tendencia catalanista, le salió la vena irónica al comentar tan desigual enfrentamiento con una sola frase: «El Barcelona se limitó a demostrar a su contrincante que por el camino del centralismo no lograría nada bueno». Chiste fácil con el nombre del equipo contrario, aprovechando que el Pisuerga pasa por Valladolid...

729. DE CINE MUDO

Como si de una película cómica muda se tratara: blanco y negro, pianista en la sala y genios como Charlot o Harold Lloyd en la pantalla. Sería el envoltorio ideal para esta anécdota, tal como la relató el periodista Daniel Carbó, testigo directo del enfrentamiento en el campo de la calle Indústria disputado el 22 de marzo de 1914 entre el Barça y el equipo francés del Lillois (4-1). De locos. Así lo explicaba Carbó: «Los de Lille marcaron el primer gol. Incurren aquellos en *penalty* descarado; el árbitro disimula: el público, excitado, lo increpa vivamente, y Ruete [el árbitro], indignado, abandona el campo. Lo sustituye Ros y ordena tirar el *penal-*

ty contra los franceses; estos intentan retirarse; se los disuade y el *penalty* es transformado en gol, produciéndose el empate. Consigue el Barcelona forzar nuevamente la red del Lillois y por segunda vez los franceses hacen amago de retirarse. Se discute largo rato y, al reemprenderse el juego, marcan los azulgranas dos goles más. Acaba el partido y... la retirada es general». Leído el jaleo, digno de vodevil, solo faltaba rematarlo con una de aquellas épicas batallas con pasteles de nata tan propias de aquel cine.

730. ¡DOPAJE!

Los aspectos oscuros del deporte también disponen de un precedente. Podemos afirmar que, en la temporada 1915-16, el Barça usó por primera vez el dopaje para sus futbolistas. Entonces, antes de comenzar los partidos y en el descanso, el propio presidente Rafael Llopart suministraba a los jugadores unos comprimidos de Kola Astier, medicamento que, según la propaganda de la época, «favorece el rendimiento físico y es el compañero inseparable del campeón». Su composición se basaba en nuez de kola y azúcar. Vaya, pretendían ser pastillas de una rudimentaria «Poca Lola», como se decía con gracia en la revista infantil *Pulgarcito* para evitar la publicidad gratuita de cierta famosa bebida carbónica de cola. Y ahora, pongámonos rigurosos: ¿eso podría ser considerado *doping* o pasaría los controles sin problemas?

731. PRIMER CHISTE

El primer chiste gráfico de la historia sobre el FC Barcelona se publicó en el número de estreno de *Xut!*, el 23 de noviembre de 1922. La viñeta, obra de Valentí Castanys (quién si no), era un inocente e infantil juego de palabras con el apellido del delantero azulgrana Climent Gràcia. Dos amigos se encontraban por la calle y entablaban este diálogo:

—Usted es barcelonista, ¿verdad? Pues a mí, el Barcelona me hace reír.
—¿Por qué le hace reír?
—¡Hombre, porque tiene Gràcia!

Os podemos asegurar que en lo sucesivo Castanys se esforzaría bastante más...

732. MEDIO AÑO DESPUÉS

El 25 de diciembre de 1925, cumplidos finalmente los seis meses de suspensión del club por la pitada al himno español, los muy aliviados aficionados culés pudieron ver de nuevo a los Sancho, Piera, Samitier, Alcántara y Sagi haciendo de las suyas en el estadio de Les Corts. El motivo era el partido de Navidad y, el rival, el First Viena. Aprovechando la ocasión, en las páginas del semanario *L'Esport Català* se podía leer esta sociológica reflexión, publicada cuatro días después: «El buen barcelonista ya esperaba, ya, la reapertura de su club, que le había de solucionar el pasar las tardes de los domingos sin la enojosa obligación de llevar a la mujer y los niños a cuestas». Más claro y más políticamente incorrecto, imposible. Según el redactor, así retornaron las familias a su rutina dominical. Cuarenta años después, la italiana Rita Pavone aún se lo preguntaba, cantando aquello de «Por qué, por qué, los domingos por el fútbol me abandonas...». Pues porque los hombres no tienen remedio. Ni en los años veinte, ni en los sesenta, ni con el siglo XXI en marcha.

733. AQUELLA GIRA

Como ya explicábamos en *Barça inédito,* en agosto de 1928, el Barça de Piera y Samitier realizó una gira desastrosa por Argentina, con el balance de una victoria, dos empates y cinco derrotas, cinco goles a favor y diecisiete en contra. Debemos ser comprensivos y considerar lógico tal aquelarre. Una gira por ultramar en pleno verano, después de la triple final de Copa contra la Real Sociedad, con las piernas cargadas de fútbol hasta extremos y con Carlos Gardel dispuesto al papel de perfecto anfitrión de la noche bonaerense no presagiaba grandes maravillas ni proezas deportivas. No era necesario ser un experto para darse cuenta, ¿verdad?

Digamos que la afición barcelonista no fue tan empática como nosotros con sus futbolistas y encajó fatal la debacle americana. Y como muestra, un botón: por aquellas fechas, circuló un folletín satírico titulado *Barça en la Argentina,* una parodia de los tangos de moda en aquella época dedicados al FC Barcelona, un equipo que, en palabras de los autores, había realizado «un ridículo más grande que el templo de la Sagrada Familia cuando esté terminado». Pues si que lo consideraban gordo...

734. TANGO INCLUIDO

Os ofrecemos una hilarante sátira del tango *Celosa* titulada *El celoso,* una de las brillantes piezas incluidas en *Barça en la Argentina* dedicadas al ridículo azulgrana por tierras de Carlos Gardel:

Celoso, que me importa que me digan,
si es cierto que siempre me entusiasmaron
los *xuts* de aquel hombre langosta
y que esta vez la ha *diñao.*

Celoso, no he de estarlo, madre mía,
si el club que era toda mi ilusión
fue allá y dio un tropezón
y se fue a la enfermería.

Hay más clubs, me dice la gente,
y los socios nos van a olvidar
y se irán al club de enfrente
i quedarem quatre gats.

Nos querrán aumentar la cuota,
nos harán perder la afición,
que busquen otra mascota
estos reyes del balón.

Celoso, como un fuego en las entrañas,
me muerde la vergüenza que he pasado
porque el club ya iba entrenado,
pero el tango los ha *embobao.*

Si llegan a estar más en la Argentina,
de goles traerían un vapor,
cada cual con su Ford,
cada cual con su mina.

Hay más clubs, me dice la gente,
y los socios nos van a olvidar
y se irán al club de enfrente
i quedarem quatre gats.

Un artista, el del añadido de los cuatro gatos, pesadilla de entonces para el culé de pro.

735. EL FENÓMENO SAMI

A pesar de aquellos puntuales fracasos, durante los años veinte Josep Samitier se convirtió en un auténtico fenómeno social en Cataluña, como en los cincuenta lo sería Kubala, en los setenta Cruyff y hasta hace poco lo era Leo Messi. En el caso de Sami, la particular idiosincrasia del personaje, extrovertido, mundano y cosmopolita, favorecía su condición de figura mediática a la que, encima, le encantaban los focos de la fama. Samitier acostumbraba a figurar en banquetes, cenas y homenajes públicos, algunos de ellos tan *naif* como el que reproducimos en las fotos de este libro. Como el alias popular del mito era «el Hombre Saltamontes», en el año 1929, en un banquete ofrecido en su honor en el hotel Oriente, a alguien se le ocurrió colocar, a la manera de decoración *kitsch*, un saltamontes gigante sobre las cabezas de los reunidos. Realmente, el artefacto parecía un monstruo mutante digno de película de serie B, a punto para devorar a sus incautas víctimas.

736. *CHERCHEZ LA FEMME*

Francisco Gárate fue un excelente delantero que pasó prácticamente toda su carrera en el Athletic Club, donde jugó entre 1935 y 1946, aunque, en teoría, no estaba destinado a tal camino. Nos explicamos. Nacido en Durango en 1917, a los dieciocho años se le consideraba una promesa de gran futuro tras una temporada excelente en la Cultural Durango. Aquel verano del 35 llegó al Barça acompañado de su padre. El segundo día de estancia, tras el preceptivo entrenamiento en Les Corts, Gárate se fue a un rincón del campo para ponerse a llorar a moco tendido. Extrañados, sus compañeros le preguntaron el motivo de su pena, en vano. El joven vasco seguía sollozando como una magdalena. Por fin, llegó su padre y lo aclaró todo: «Es nostalgia... El pobre tiene la novia en el pueblo y la echa de menos». Al oír eso, temiendo que cualquier día le pillara otro berrinche en pleno partido, los directivos azulgranas decidieron repatriar a este remedo de Romeo añorado. Y así, Gárate acabaría en Bilbao, cerca de su Julieta. Y ahora, fondo de violines, por favor.

737. PAGAR EN PRENDA

La triste etapa de la guerra civil (1936-39) provocó, obviamente, que el fútbol pasara a ocupar el último lugar entre las preocupaciones de la inmensa mayoría de los barceloneses. Aun así, los heroicos seis mil socios que todavía mantenía el Barça en enero de 1937 hacían verdaderos milagros económicos para poder pagar la cuota de socio del club de sus amores. Uno de ellos, llamado B. Garriga, comprobó que las cuentas no le cuadraban. Si quería satisfacer sus necesidades básicas, no podía liquidar los atrasos de las cuotas y le darían de baja. ¿Solución? Propuso pagar en especias mediante la entrega de una mesa de pimpón y unas cuantas pelotas de tan entretenido deporte. El club lo aceptó y puso a la venta todo el material por el mismo importe de los recibos pendientes. El epílogo a esta peculiar historia llegaría años después, cuando la directiva ofreció al señor Garriga la venta en exclusiva de las almohadillas de Les Corts.

738. AY, LA ESPERA

Un ritual del futbolista: el desasosiego que acompaña a cualquier jugador en los instantes previos a un importante duelo. En ocasiones, los nervios y la responsabilidad consiguen que pierdan el *oremus*. Así, Claudio Pellegero, el histórico cuidador de material del Barça, recordaba cómo algunos futbolistas (en plural) sufrían la manía de sentir que su pantalón de siempre les apretaba y no se encontraban cómodos. Sistemáticamente, pedían al santo Job de Claudio que se los cambiara por otro. Gato viejo, Pellegero confesaba que cierto día pasó de todo, y le dio a Jaume Sospedra, aquel delantero azulgrana de los años 1939-47, el mismo pantalón que instantes antes le oprimía de mala manera, sin remedio. Para su sorpresa, Sospedra lo encontró fantástico y le comentó que este sí le caía como un guante. Ya lo sabemos, con las supersticiones y manías da para escribir un libro.

739. APELLIDO APROPIADO

El gran portero Juan Zambudio Velasco debutó con el Barça el 6 de junio de 1943. En su época previa en el Mollet, el nombre futbolístico había sido «Zambudio», apellido paterno, y así se transcribió en las crónicas del primer partido que el portero murciano se puso bajo los palos, un Barça-Badalona jugado en Les Corts, correspondiente a un llamado «torneo de clasificación regional». De todos modos, en la ficha oficial del partido no apareció como Zambudio, si no como Velasco. La explicación de este curioso cambio se podía leer en el apartado (con el titular impreso en catalán) «*Observacions*»: «Debuta oficialmente el guardameta Velasco, apellido materno, puesto que el paterno (Zambudio) no parece muy apropiado para exhibirse en público». ¿Perdón? Vaya, por lo visto en Can Barça de aquella época se la cogían con papel de fumar. Ni que se hubiera llamado Stalin, el pobre.

740. EL FUMADOR DE HABANOS

Cuando el Barça obtuvo la Liga 1944-45, la segunda de su historia, la popularidad del entrenador Josep Samitier, mítica vieja gloria del club, subió como la espuma entre la masa social barcelonista. Resultó como una resurrección tras la inmensa notoriedad ya conseguida en sus tiempos mozos, cuando era un crac del balón. Los siempre agudos redactores de *El Once* se hicieron eco de tal circunstancia en esta cómica entrada de la letra «S» de su «Pequeño Diccionario Futbolístico», publicada el 30 de septiembre de 1945, con impagable referencia final a Winston Churchill incluida: «Samitier. El Mago, el Hombre Langosta, el Gran Pep, Emperador del País del Sidral y actual Míster del C. de F. Barcelona. Figura cuya descripción rebasa las posibilidades de este *Pequeño Diccionario Futbolístico* y reclama a voz en grito la monografía en tricomía y purpurina. Después del *premier* británico es el fumador de puros de más acusada personalidad». Eso de meter a Churchill por medio para aumentar la coña se debía, imaginamos, al lema franquista que consideraba a Telmo Zarra, leyenda del Athletic Club, como la segunda cabeza más importante de Europa después de *sir* Winston. Zarra, a cabezazos. Samitier, a humo de habano. Buena analogía bajo el denominador común del político inglés.

741. ¡MÚSICA, MAESTRO!

Ya que repasamos papeles añejos, en aquella misma edición, *El Once*, nunca sabremos si en serio o en broma, desveló una fabulosa primicia sobre una pieza musical totalmente desconocida dedicada al campeón de Liga. Recalcamos nuestra duda, pero apostamos por la retranca de sus artífices: «Probablemente, no conocen la marcha deportiva dedicada al Club de Fútbol Barcelona, de la cual nos han asegurado que es autor el señor Maluquer. Siempre justicieros y deseosos de ayudar a las buenas obras a pasar a la posteridad, reproducimos con la emoción retratada en el papel esta marcha, que es el "apaga y vámonos" de todas las marchas que han venido haciendo las delicias de varias generaciones». La composición, presuntamente obra del secretario general azulgrana Albert Maluquer, es realmente una delicia *naif*. Lástima que, ya puestos, no desvelaran de paso la presunta música y su correspondiente partitura:

Es el Barça en el deporte
buen decano señorial
orgullo, prez y soporte
de nuestra afición local.
La afición barcelonesa
que en Las Corts tiene un hogar
y vibra unida en la empresa
de ver a su equipo triunfar.

BAR-CE-LO-NA,
Club de Fútbol Barcelona,
tantas veces campeón,
con el cielo en tus colores
y el fuego de una ilusión.
BAR-CE-LO-NA.
Del deporte gran señor,
la vieja enseña aprisiona
de la ciudad un gran amor.

Desde al noble al simple obrero,
corazón con corazón,
van siempre tras tu sendero
prendidos de una pasión;
al compás de tus colores,
del buen juego la expresión,
bordando van tus jugadores
encajes con el balón.

BAR-CE-LO-NA,
Club de Fútbol Barcelona,

tantas veces campeón,
con el cielo en tus colores
y el fuego de una ilusión.
BAR-CE-LO-NA.
Con entusiasmo y tesón,
conmigo canta y entona:
es el Barça campeón.
¡Campeón!
¡¡Campeón!!

742. ¿DE QUÉ ME SUENA?

El 11 de abril de 1948, el Barça se proclamó campeón de Liga tras superar al Athletic de Bilbao por 3-0 en lance de la última jornada celebrado en Les Corts. El segundo clasificado, el Valencia, quedó a tres puntos del campeón, mientras que el Real Madrid, a la sazón en horas bajas, quedó cuarto por la cola, a dieciséis puntos del equipo azulgrana y manteniendo la categoría por los pelos. Tres días después, *El Once* publicó una supuesta encuesta sobre el desenlace de la Liga. Destacaremos aquí la concisa respuesta de unos apócrifos Gojenuri y Mazagatos, dos árbitros de descarada tendencia antibarcelonista: «¡Todo ha sido inútil!». Por su parte, un redactor inventado del diario *Marca* lanzaba balones fuera cuando le preguntaban qué pensaba: «La Liga de este año no ha tenido ningún interés ni ninguna importancia. Veremos si la Copa vale más la pena. Creo que se ha llevado el título un equipo llamado Club de Fútbol Barcelona, muy poco conocido en *Madriz...*». Parece que llevemos toda la vida sin movernos del mismo sitio.

743. ENTRE LÍNEAS

Frase con tela que se podía leer en *El Once* del 28 de abril de aquel 1948: «A falta de partidos políticos, municipios y concejalías, un cargo del directivo del Barcelona, con vistas a la Casa Gran, viene a ser un substitutivo ideal para calmar las apetencias electoreras». Magistral: en una sola sentencia se tildaba sutilmente al régimen franquista de dictadura sin juego político mientras se denunciaba el oportunismo de algunos directivos barcelonistas, que solo querían el cargo por interés personal, como una suerte de promoción social en búsqueda de alguna concejalía en el Ayuntamiento de Barcelona. Y la censura, en la luna.

744. RESPUESTA RÁPIDA

El jueves, 9 de septiembre de 1948, el Barça goleó al Sporting de Lisboa por 4-1 en un amistoso celebrado en Les Corts, con sendos dobletes de aquella pareja diabólica que formaban César Rodríguez y Estanislau Basora en su delantera. Un locutor radiofónico portugués, bastante superado por el resultado, halló la ocasión para vengarse a su modo, cuando, en un intervalo, le soltó a su colega Cortés, de Radio Nacional: «Este campo es pequeño en comparación con los nuestros». Cortés, con buenos reflejos, no se cortó un pelo y le contestó muy serio: «El campo grande lo tenemos en Badalona. Este se destina especialmente para entrenamientos. No olvide que hoy es día laborable y va poca gente al fútbol».

Aun así, debemos reconocer que el burlado locutor lusitano había puesto el dedo en la llaga. A pesar de la inminente ampliación del gol de abajo, ya era evidente que el estadio de Les Corts se había quedado pequeño, tal como hemos comentado repetidamente. Casi todos los culés coincidían en que la solución, a corto o medio plazo, consistía en construir un nuevo campo, parecido al nuevo Chamartín de Madrid, inaugurado el 14 de diciembre de 1947 y con capacidad para 75 145 espectadores, y que era la envidia del barcelonismo.

Con este panorama, el 2 de noviembre de 1948, el semanario *Vida Deportiva* prefirió enfocar el tema con humor. Por lo tanto, ofrecían esta original situación: «Hacer un campo más pequeño. Nos referimos al que emplean los jugadores en sus evoluciones. Con borrar las líneas actuales y marcar un rectángulo mucho más pequeñito habría espacio vital para estos aficionados que ven el partido desde la banda de juego, y tienen que apartarse cuando se tira un córner. Si tal cosa se hiciera, solo habría que pedir a Curta que contuviese un poco sus ímpetus al despejar largos balones bombeados».

745. PITO INTERIOR

Diez días después de aquel partido con el Sporting de Lisboa, el Barça consiguió una victoria por la mínima en Chamartín ante el Real Madrid (1-2), gracias a los goles de Florencio y Basora, y, también, a una gran actuación del portero Velasco. De todos modos, es necesario precisar que la victoria azulgrana habría resultado más holgada si el árbitro Asensi Martín no se hubiera tragado tres clarísimos penaltis en el área madridista. En el semanario *Vida Deportiva*, que en ocasiones imitaba el estilo de *El Once*, se tomaron la actuación arbitral con sutil ironía: «El señor Asensi gasta mucha serenidad en la mitad del campo. Es escrupuloso, entonces, y no admite desviaciones del reglamento. El señor Asensi sería un gran árbitro sin las porterías. Ante el área de penalti su pito se va debilitando, hasta convertirse —así lo esperamos— en un pito interior». No, nada de chistes fáciles.

746. ETERNOS INSATISFECHOS

Va con el ADN culé. Aunque el equipo atraviese una época espléndida, siempre habrá alguien disconforme con su juego. Y eso no es nuevo. Mirad lo que publicaba *El Once* del 2 de diciembre de 1951, cuando el Barça de Kubala comenzaba a funcionar y a imponer su ley: «Se ganó al Zaragoza por una notable diferencia, pero algunos críticos no quedaron satisfechos. Se ganó al Celta por 6 a 1, y persistió la misma insatisfacción. Incluso hubo algunos que encontraron que Kubala había marcado demasiados goles [cinco] él solo. Si esta temporada, el Barcelona se proclama campeón de Liga —nada hay imposible—, ya solo faltaría que algún insatisfecho escribiera: "El equipo del Barcelona, sin entenderse, ni chutar, ni dar la sensación de gran equipo, tiene la desfachatez de proclamarse campeón de Liga..."». Así es la vida, el Barça y el fútbol, sí.

747. ¡NO TE DUERMAS!

El 4 de julio de 1954, ya despachada oficialmente la temporada 1953-54, el Barça jugó un amistoso en Vic contra el equipo local. Como es natural, el partido se convirtió en un monólogo azulgrana, por lo que el portero visitante, Pere Caldentey, se aburría como una ostra. Su compañero *Juanitu* Segarra se apiadó de su compañero y, de repente, desde fuera del área pegó un cañonazo contra su propia portería, obligando a Caldentey a realizar la gran parada de la tarde. Terminada la pachanga, el directivo Enric Llaudet entró en el vestuario hecho un basilisco, chillando improperios contra Segarra, al que recriminaba tan frívola acción. El capitán barcelonista, que no debía de tener ganas de aguantar broncas, no se lo pensó dos veces y lanzó una de sus botas a Llaudet. El improvisado proyectil no impactó de milagro contra el apasionado directivo, aunque este salió corriendo sin abrir boca y nunca comentó tal episodio. A la postre, nunca más volvería a entrar vociferando en el vestuario, ni siquiera cuando fue presidente del club.

748. HACERLO EN CATALÁN

El periodista Pere Ferreres explicó en cierta ocasión la anécdota que presuntamente protagonizaron el sempiterno presidente madridista Santiago Bernabéu y un amigo suyo catalán, culé acérrimo, en la noche del 21 de noviembre de 1954. Conste lo de «presuntamente», que no tenemos forma de contrastar la fuente en este caso. Aquella tarde, el Madrid había derrotado al Barça en Chamartín por un claro 3-0 y el colega catalán andaba, evidentemente, un tanto deprimido. Bernabéu decidió animarlo con una visita a una casa de profesionales del sexo de la capital española. Al poco de entrar, el amigo del presidente pidió a la *madame* una prostituta que lo supiera hacer en catalán. La señora se quedó asombrada, pero una chica de la vida se levantó para realizar una proclama ante tan extraña petición: «No tengo ni puñetera idea de lo que quieres. Es más, no creo que exista eso de hacerlo en catalán, pero me da igual. Yo hago lo que tú me digas. Me enseñas cómo se hace, y si me gusta, te cobro la mitad». Y el catalán le contestó: «Ya lo has aprendido, no te hace falta nada más». Con el tufillo de chiste fácil que desprende, probablemente este episodio no pase de ser un simple chascarrillo explicado por Bernabéu. En cualquier caso, resulta del todo coherente y muestra el talante peculiar del personaje, un hombre que, entre mil de idéntico patrón y una biografía suficientemente conocida de todos, era capaz de afirmar que amaba Catalunya a pesar de los catalanes.

749. *PEDRUSCO FC*

José Peñarroya (1910-1975) fue un gran dibujante de tebeos infantiles. A partir de los años cuarenta, vivió su periodo álgido de creación y popularidad, cuando todo el mundo hablaba de tebeos y el concepto *comic* no llegaba siquiera a neologismo. De Peñarroya, seguro que los lectores veteranos recuerdan entrañables dibujos, como los personajes de Don Pío, Gordito Relleno o Don Berrinche, por citar apenas tres. Apasionado del fútbol y seguidor culé, Peñarroya también crearía Pepe el Hincha, aquel entusiasta seguidor del Pedrusco FC que, desde 1962, distraía a los pequeños y también a quienes ya se afeitaban con la desmesurada pasión por su equipo del alma, a pesar de las sistemáticas derrotas que sufría a pies de su eterno rival, el Menisco F.C.

750. ELIGE, NENA

Al margen de sus fabulaciones de tebeo para los más pequeños, Peñarroya también colaboraría en la revista *Barça*, donde publicaba un chiste semanal en los años cincuenta y sesenta, reflejando en clave de humor su punto de vista sobre la agitada actualidad azulgrana. Destacaremos algunas de estas píldoras humorísticas, también bastante descriptivas de la personalidad colectiva del culé en aquellos tiempos. Por ejemplo, comenzaremos con el chiste publicado el 2 de marzo de 1956, en el que se veía a un atribulado seguidor con problemas económicos que le decía a su esposa: «¡Pepita, hay que decidirse..., o modelitos de entretiempo, o abono a nuestro gran estadio!». Parece broma, pero seguro que más de uno tuvo que plantear este dilema en la intimidad de su hogar. A estas alturas, el lector ya es consciente de los tiempos que corrían, de cómo iba entonces el club y de los sacrificios que realizaban las clases populares para mantener la llama de su barcelonismo.

751. DIBUJOS PUNZANTES

Más retorcido y con peor uva resultaba el chiste publicado por Peñarroya en *Barça* el 5 de enero de 1961. La imagen, demoledora, presentaba al *Avi* del Barça realizando precarios equilibrios sobre una especie de rectángulos a punto de caer en los que se podía leer estas lapidarias frases: «Lesiones simuladas», «Exigencias», «Vive como quieras», «Indisciplina» y «Ningún amor al club», en indisimulada referencia a la actitud de los jugadores barcelonistas del momento. La escena se completaba con el entrenador Ljubisa Brocic echando tranquilamente la siesta y con unos mosqueados seguidores comentando «¡cualquier día de estos se dará un batacazo!», mientras el rival del siguiente domingo, el león que eternamente simbolizaba al Athletic de Bilbao, quería aprovechar tan delicada situación intentando que el *Avi* cayera de su precario pedestal.

A la postre, Barça y Athletic empataron a dos tras una tarde de poco fútbol, y Peñarroya, en su dibujo del 12 de enero de 1961, fue despiadado. Un enfurecido socio barcelonista perseguía al deprimido *Avi* del Barça con una gigantesca inyección que llevaba estas palabras impresas: «Batalla del pañuelo», «Silbidos» y «Palmas de tango». No, realmente aquellos no eran tiempos propicios para el chiste optimista y regenerador del ánimo barcelonista.

752. AIRE PURO

Páginas atrás hablábamos de Alfonso Rodríguez, el entrañable Foncho, aquel defensa canario aterrizado en el Barça en 1960 que sería titular en la maldita final de la Copa de Europa de Berna, el 31 de mayo de 1961. Precisamente, en el hotel de la capital suiza donde se alojaba la expedición azulgrana en espera del gran lance, Foncho compartía habitación con el crac Ladislao Kubala, quien a sus casi treinta y cuatro años continuaba tan fornido como de costumbre. En aquella primavera helvética del 61, hacía un frío polar. En la misma mañana de la final, Foncho aún seguía en la cama, tapado con una gruesa manta hasta las orejas, cuando, de repente, observó como un Kubala medio desnudo abría la ventana para respirar profundamente: «Fonchito, oxígeno puro, aire puro, bueno para el partido». El canario, asustado, tuvo que pedirle a gritos que cerrara la ventana si no quería pillar una pulmonía. Anécdota que casa a la perfección con la personalidad de Kubala. El hombre era así, un deportista puro y muy atrevido.

753. RETRATO DE LLAUDET

Ya hemos repasado algunas del gran humorista, gráfico y escrito, Joaquim Muntañola. Este artista, bastante popular en su época, la clavó en esta brillante descripción telegráfica del vehemente presidente azulgrana Enric Llaudet, publicada en su sección «Humor cuadriculado» de la revista *Barça,* el 26 de octubre de 1961. En aquella época de zozobra deportiva y económica del barcelonismo, Muntañola opinaba que Llaudet «tiene alma de... creso; cree que el fútbol es... aventura; a veces tiene tentaciones de... marcharse; no comprende cómo hay... pobres; lo que ha hecho hasta hace poco era... pagar; pero ahora... sufre; su característica es ser... impulsivo; ha demostrado que su fuerte es... la cartera; causó impacto el día que... triunfó; de él dicen que es... dictador; pero en verdad es... fabricante; su preocupación son... los números; necesita... socios dadivosos; en un mal momento... se metió en esos berenjenales; nadie se atreve a negar su... buena fe; a pesar de lo cual, cualquier día la gente... lo echará». Peculiar estilo, aunque, precisemos, común en el periodismo de aquella época, cuando el lenguaje «de telegrama» aún existía y no era un anacronismo.

754. CONTRASTES CRUELES

Disputada la décima jornada de la Liga 1961-62, el Real Madrid era líder destacado, con cinco puntos de ventaja sobre el Barça. En el mundo azulgrana reinaba el desánimo más completo, con la perspectiva de un equipo segundón (y ya sin Kubala) que no podía igualar al pletórico conjunto de Di Stéfano, condicionado, encima, por la deuda y con la economía a punto de quiebra. Con el horizonte teñido de negro, desde las páginas de una revista oficialista como *Barça* se lo tomaban con humor. O con morboso masoquismo, una de dos. Así, Joaquim Muntañola publicaría el 2 de noviembre de 1961 una sardónica y a la vez sangrante comparación entre Barça y Madrid. Para Muntañola, mientras los aficionados merengues estaban acostumbrados a ganar, los culés lo estaban a pagar; la situación del Madrid era de salud espléndida, y la del Barça, enfermiza; los jugadores madridistas eran los ídolos de Europa, los azulgranas, unos interesados; el Madrid ofrecía espectáculo a sus seguidores, y el Barça, bonos de caja. El Bernabéu siempre estaba lleno, mientras que el Camp Nou era demasiado grande; el club blanco no tenía entonces preocupaciones, y el FC Barcelona no tenía «una gorda»; el conjunto merengue tenía como principal capital a su todopoderoso dirigente Raimundo Saporta y el Barça solo podía presumir de historia. Seguimos, que la inmisericorde comparación de Muntañola no acababa aquí.

Según el dibujante y humorista, cuando el Madrid pretendía hacer negocio, «se ha ido a jugar contra el Patatitas de Cochichumba», en cambio al Barça solo le quedaba la opción de traspasar a Luis Suárez; los blancos, para estar contentos, solo debían repasar el presente, y los azulgranas, conformarse con el pasado. Acabamos. El socio del Barça agitaba el pañuelo cuando se enfadaba, mientras que el del Madrid, sencillamente, no se cabreaba nunca porque no tenía motivos para ello. Y la guinda cruel de tan agrio pastel: mientras el Madrid estaba abocado al título, el Barça andaba destinado «a la quiebra». Demonios, pero qué dura fue la travesía del desierto azulgrana...

755. SIN MANÍAS

El miércoles 7 de marzo de 1962 se celebró en el Camp Nou el entonces tradicional partido anual entre un equipo formado por directivos del Barça y otro once integrado por empleados del club. El acto se inició de modo un tanto surrealista, con los currantes entrando en el terreno de juego tocados con aparatosos gorros de cocina y empujando un coche antiguo, con la matrícula 11 de Gerona. Como si fuera un hoplita macedonio, uno de los empleados llevaba una larguísima escoba en la mano que, suponemos, venía a ser una especie de emblema del equipo.

Tras la entrega de un ramo de flores a la señora del presidente Llaudet se inició la pachanga ritual, concluida con el triunfo de los directivos por 4-2. Por los vencedores marcaron Enric Llaudet y Enric Piera, dos goles por barba, mientras que por parte de los empleados anotaron el masajista Manuel Andreu y Francesc Martí, el entrañable camarero del bar situado en la entrada de los vestuarios.

El presidente Llaudet protagonizaría la pésima noticia de la velada. Por si no padecía bastantes jaquecas con la dirección de un club hundido de tesorería, Llaudet se rompió el menisco tras la violenta entrada de un rival no identificado que vete a saber si mantenía alguna cuenta pendiente con el *presi*. Ahora bien, a pesar del dolor, Enric Llaudet no perdonó el ágape posterior, donde la hambrienta concurrencia se zampó cinco corderos y cincuenta metros de butifarra para cumplir con la tradición, hoy olvidada.

756. LOS DETALLES

En febrero de 1963, los socios del Barça pudieron gozar de un excelente reportaje fotográfico, publicado en el boletín oficial del club, sobre la sede social azulgrana, entonces situada en la Vía Layetana, número 180. En las imágenes publicadas se podían observar las diversas dependencias donde los empleados barcelonistas realizaban su tarea diaria, oscura pero efectiva. Sin embargo, antes de que el fotógrafo emprendiera su labor, nadie advirtió un par de detalles que chirriaban un poco. En primer lugar, en el departamento de caja, donde se efectuaban los cobros y pagos —en aquella época siempre en efectivo—, un aparatoso banderín del Real Madrid presidía la estancia. Además, en la oficina de reclamaciones y sugerencias de los socios, se podía ver una papelera llena hasta los topes. Ay, los detalles...

757. LA LEYENDA DEL PERRO

El Boletín Oficial del FC Barcelona correspondiente a marzo de 1963 publicó una noticia jugosa y divertida. Por aquel tiempo, corría una leyenda urbana: en la pista de hockey sobre patines del Calafell, si el equipo local iba perdiendo el partido, sus aficionados se encargaban de soltar un enorme perro que causaba el pánico entre los jugadores visitantes. Según esta información, presuntamente rigurosa, ahí radicaba el secreto de las victorias del Calafell en su pista. El 3 de marzo le tocaba al Barça visitar aquella pista en un partido de la primera división catalana. Y, claro, estaban obligados a reaccionar por si acaso. Por lo tanto, los aterrorizados jugadores azulgranas tuvieron la genial idea de llevarse a una linda perrita, llamada *Blanquita,* que se encargaría de «aplacar» el instinto agresivo del temible perro de Calafell. Al final, el efecto psicológico de *Blanquita* resultó un éxito, ya que el Barça venció por un rotundo 2-8 mientras la perrita dormía tranquilamente al sol, lejos de la pista y sin que el inexistente «terror de Calafell» asomara el morro en ningún momento.

758. EL AMISTOSO DE NAVIDAD

Como ya sabéis, durante larguísimo tiempo perduró la tradición del amistoso de Navidad en el campo del Barça. Se jugaba por sistema contra un equipo extranjero, costumbre que los socios más veteranos recordarán con nitidez, ya que no desapareció hasta 1970. Ayer, como quien dice. Esta especie de trofeo Joan Gamper de invierno tenía su gracia, reflejada por Manuel Amat el 21 de diciembre de 1966 en las páginas de la revista *Barça,* donde redactaba una irónica crónica evocadora de los partidos navideños en el viejo campo de Les Corts bajo la óptica de quienes hoy día llamaríamos «tribuneros»:

> En las matinales de Navidad, las señoras abonadas no solían asistir al partido y tal ausencia de rostros femeninos resultaba un índice claramente revelador de la importancia de la gastronomía navideña en el seno de nuestras familias.
>
> —Señor Mas, ¿y su señora?

—Mi esposa, el día de Navidad, prefiere quedarse vigilando el pavo. No se fía ni de la criada.

Por si algún joven lector se nos despista, la comida de Navidad reunía a toda la familia, y las mujeres se encargaban durante horas (y días) de preparar las viandas, mientras los señores se iban al fútbol para no molestar en casa. Como si fueran alérgicos a la cocina, vaya. Y sí, eso de la igualdad de género no se había inventado ni como concepto. En el siglo XXI, cuesta entender estas tradiciones, lo comprendemos, pero entonces la sociedad funcionaba así, qué le vamos a hacer...

759. EL REVUELTA

El santanderino Martín Revuelta fue encargado del material del primer equipo del Barça desde los años sesenta hasta iniciados los ochenta. Su carácter, cordial y abierto, le hizo muy querido entre los jugadores. De hecho, era tan abierto que, en los vestuarios y haciendo honor a su apellido, no escondía su condición de simpatizante comunista en aquella época de dictadura, cuando la política era tema tabú para todos. A Revuelta, en cambio, no le costaba martillear a los jugadores del Barça con frases tipo «cuando lleguen los míos, ya veréis, entonces otro gallo cantará». Y «los suyos» llegaron finalmente, aunque vestidos de futbolistas, ya que en agosto del 70 el equipo ruso del Dinamo de Moscú participó en el trofeo Joan Gamper. En los días anteriores, Revuelta andaba excitado, convencido, bendita ingenuidad, de que la presencia de los soviéticos en Barcelona resultaría un detonante para la revuelta popular contra Franco. Naturalmente, no sucedió así y el encargado de material filocomunista quedó decepcionado: «Tantos años esperando a los míos y cuando vienen se ponen a jugar al fútbol y tan amigos».

760. CARTERAS Y ZAPATOS

Cuesta imaginar la cantidad de objetos perdidos en un partido del Barça en el Camp Nou, antes y ahora. En 1970, a falta de los modernos móviles y *tablets*, lo más habitual era extraviar y encontrar carteras —ya vaciadas de contenido por los ladrones—, pipas, paraguas, bolígrafos, llaves y gafas. De vez en cuando, sin que resultara extraño, aparecía algún zapato solitario, sin su tradicional pareja.

¿Cómo se explica eso? No descartamos que se tratara de improvisados proyectiles contra el árbitro de turno. En cualquier caso, imaginad cómo debía ser el regreso a casa con un solo zapato y en metro o autobús. En coche particular, bueno, pues aún...

761. ORGÍA POLACA

El 16 de septiembre de 1970, el Barça jugó en Katowice (Polonia) un partido de la antigua Copa de Ferias, aquella competición que al año siguiente pasaría a llamarse Copa de la UEFA. Como jefes de la expedición azulgrana en aquel viaje más allá del Telón de Acero a un país entonces comunista, con el equipo viajaron el vicepresidente Raimon Carrasco y el directivo Josep Lluís Vilaseca. Atención a su testimonio porque debieron de vivir una experiencia inolvidable, si atendemos a las propias palabras de Vilaseca, recogidas en su libro de memorias *Que conste en acta*:

> Recuerdo que fuimos con Fabià Puigserver, que se encargaba de la traducción porque sabía polaco, entre otras muchas lenguas. Todo un lujo. Cuando llegamos, nos invitaron a una cena. Enseguida nos fijamos en que todos eran hombres y que había una serie de chicas muy guapas, vestidas al estilo folclórico, que se paseaban arriba y abajo, sirviendo bebidas a destajo. Tardamos un poco en cenar y nos anunciaron que estábamos esperando al ministro de Minas, que había anunciado su asistencia al ágape. También nos dijeron que al término de la cena nos obsequiarían con una orgía. Nos lo hicimos repetir por Puigserver, que tampoco se lo creía. Nos quedamos de piedra. ¡Una orgía! «¿Estás seguro de que han dicho eso?», le preguntábamos a Puigserver. La traducción era exacta y precisa: después de cenar, los polacos nos obsequiaban con una bacanal. Empezamos a entender la presencia de tantas camareras y la, digamos, tensión que planeaba en el ambiente de la cena. Cuando el ministro llegó, enseguida vimos que iba trompa. Muy trompa. Aquella gente bebía una cantidad de vodka impresionante. Las botellas iban de un lado a otro y se acababan rápidamente. Las camareras no paraban de llenarnos los vasos. Disimuladamente, yo iba tirando el contenido del mío en una planta que tenía detrás. Nadie se dio cuenta. Tiré tanto vodka que pensé que la planta estaría ya muerta al día siguiente. Raimon Carrasco, por cierto, no se enteró de la jugada y se lo iba bebiendo todo. Teníamos los ojos puestos en el señor ministro. Pocas veces he visto a alguien con una

castaña tan enorme encima. Al final, cayó redondo. Nunca había vivido algo igual. De repente, el ministro se vino al suelo, a peso. La fiesta se acabó. No sé lo que habría ocurrido si el ministro de Minas no se hubiera desmayado.

No se asusten, que siempre hay precedentes históricos. Al atónito Vilaseca le habrían podido recordar las peripecias de aquellos futbolistas del Barça que participaron en una gira por la Argelia francesa en mayo de 1932. Ellos se pasaron tres días en un harén por invitación de un magnánimo potentado de la zona. Sí, un harén, tal como suena. Sí, tres días, y eran los futbolistas del Barça, sin ninguna duda ni leyenda urbana que valga. Verdad de la buena y contrastada.

762. GRAN ANUNCIO

Buscamos de nuevo la complicidad del aficionado con largas horas de vuelo. Seguro que ellos recordarán que, en los años sesenta, existía sobre la tercera grada del lateral del Camp Nou (tocando al gol sur) una enorme valla publicitaria de puros habanos. Premio a quien recuerde su lema: «Fume y regale puros habanos importados de Cuba». En la valla se apreciaba el rostro de un seguidor culé, creado por el lápiz de José Peñarroya. La gracia del anuncio gigante consistía en que la faz del aficionado mostraba tres expresiones distintas, que variaban según la marcha del marcador. La primera, cara de circunstancias cuando el lance iba empatado. La segunda, roja de rabia, mordiendo el puro, cuando el Barça perdía. Y, por último, una sonrisa de oreja a oreja cuando el equipo azulgrana ganaba. Si décadas después aún nos acordamos —y más de un lector con suficiente memoria también lo hará—, señal de que el correspondiente creativo publicitario consiguió dar en la diana con esta iniciativa. El efecto que alcanzaba el dibujo de Peñarroya era realmente espectacular.

763. ADIÓS, CHORIZOS

2 de enero de 1972. El Barça acababa de derrotar al Burgos en El Plantío por 2-3, con goles azulgrana de Dueñas (2) y Asensi. La expedición barcelonista se encaminaba al autocar, aguantando los insultos constantes de una parroquia local que no había encajado nada bien la derrota. De repente, una señora, cargada con un

paquete, se acerca al central visitante Francisco Fernández *Gallego* y le pide un favor peculiar: «Perdone, ¿podría llevar este paquete de embutidos a un familiar de Barcelona?». El defensa, amable y sencillo, no se extraña y acepta. Mientras tanto, los insultos de la enfurecida afición burgalesa no ceden. Antes de que Gallego llegue al autocar, a uno de los radicales se le ocurre insultar a su madre. Sin pensarlo, el defensa se acerca al agresor verbal y le pega en la cabeza con lo primero que encuentra a mano. Sí, con el paquete de embutidos. Como consecuencia de la acción, la mayoría de los chorizos y longanizas se desparraman por los suelos.

Y allá se quedaron, porque Gallego abandonó la escena pies en polvorosa para subir al autocar del equipo. Ya de regreso a Barcelona, el pobre hombre sudó la gota gorda para explicarle al destinatario del paquete la razón por la que apenas le entregaba una muestra... Según confesión propia, le costó lo suyo convencerlo de que los embutidos desaparecidos no habían terminado en su estómago.

764. ¿Y EL HIMNO?

En los dos primeros partidos de la Liga 1972-73 disputados por el Barça en el Camp Nou, contra el Deportivo y el Oviedo en septiembre del 72, la salida del equipo azulgrana al terreno de juego no se vio acompañada, como era tradicional, por las notas del himno de entonces, que no era otro que el *Himne a l'Estadi*, compuesto en 1957 con motivo de la inauguración del Camp Nou. ¿Y a qué fue debido aquel inesperado silencio? Pues simplemente a que el disco de vinilo donde estaba grabado el himno fue robado a finales de agosto y el club tardó un largo mes en comprar otro. De este modo, en el partido de Copa de Ferias contra el Porto del 27 de septiembre, ya volvieron a sonar las notas del himno en el estadio. Muy rápidos de reflejos no eran, francamente. Un mes para ir a comprar un simple disco.

765. TÁCTICA SECRETA

En el Barça-Madrid (1-0) disputado en el Camp Nou el 1 de octubre de 1972 se produjo una escena ciertamente cómica. Y con las cámaras de televisión presentes en directo, para mayor realce del episodio. A la media hora del primer tiempo, aún con empate sin goles en el marcador, el portero madridista Miguel Ángel sacó de portería con la mano con tan poca maña que envió el balón directamente a córner. Vaya, que casi se mete el autogol más ridículo en la historia del fútbol. Sí, es una auténtica lástima que no se haya conservado el vídeo de la jugada.

De todos modos, en las páginas de *Barrabàs* sacaron partido a la cantada de Miguel Ángel con un chiste donde se veía a un aficionado madridista que le decía a un culé: «¿De qué te ríes, *chalao*? ¿No ves que esto es la señal para empezar la táctica secreta?». La respuesta del barcelonista, afilada: «¿Cuál? ¿El tirarse al suelo, a ver si pica el árbitro?». Otra vez más, parece que, en el mundo del fútbol, el tiempo se ha congelado...

766. CARTERO ERRADO

No se nos escapa ni una. O al menos, eso nos decimos los autores cuando queremos animarnos en la tarea de compilar y redactar la información de estos volúmenes dedicados a explicar la desconocida historia del Barça en pequeñas dosis. Por consiguiente, atentos: el 4 de julio de 1973 llegó a las oficinas del FC Barcelona una carta dirigida a Manuel Meler, presidente del RCD Espanyol. Curiosamente, la dirección de las oficinas del club blanquiazul estaba correctamente escrita, ya que en el sobre se leía calle Còrsega, n.º 300. En cambio, acabó en el distrito de Les Corts, muy lejos en el callejero, inexplicable situación que acentúa la inverosímil pifia del servicio de Correos. No queremos aventurar hipótesis sobre el funcionamiento del subconsciente en los carteros de aquellos tiempos. Imaginamos que la carta terminó en manos del destinatario, claro, para evitar todo un conflicto diplomático.

767. CORBATA NEGRA

El 30 de agosto de 1973, un periodista presente en la asamblea general de socios del FC Barcelona pescó al vuelo este diálogo entre dos compromisarios que comentaban los rutilantes fichajes de Johan Cruyff y Hugo Sotil:

—Con este par de elementos, ¡el Barça campeón de calle!

—Ya lo veremos...

—¿Qué te apuestas?

—Nada, hombre, nada.

—Tu eres muy pesimista, me recuerdas aquel vecino de localidad que lleva trece años con la corbata negra porque dice que el Barça está de luto desde el traspaso de Luis Suárez.

Realmente, este par se parecía a dos personajes contemporáneos de tebeo, Don Óptimo y Don Pésimo, creados por el magistral lápiz de José Escobar, que personificaban actitudes vitales opuestas.

768. LA IMAGEN DEL 0-5

Los autores, que ya tenemos una edad, lo disfrutamos por la tele y, por tanto, podemos corroborarlo en primera persona. Cuando el Barça de Cruyff venció por 0-5 al Madrid en aquella legendaria noche del 17 de febrero de 1974, la euforia se desató entre los culés como no ocurría desde los gloriosos tiempos de *Les Cinc Copes*. Y la revista *RB,* en consonancia con el ambiente, se dejó de remilgos y éticas periodísticas: en la portada de su número del 19 de febrero solo se veía la enorme pata de un elefante a punto de aplastar a un pobre pollito. Y debajo, R. Madrid, 0 - Barcelona, 5. Una imagen tan impactante, en efecto, valía más que mil palabras.

769. GRAN PORTADA

Algo había cambiado tres años más tarde cuando, el 22 de marzo de 1977, en la portada de *RB* se veían las enfangadas posaderas de un futbolista azulgrana no identificado, caído en el barrizal del campo del Burgos, tituladas de modo contundente con un «¡Vamos de culo!». Era la forma más gráfica y directa de explicar la situación del Barça tras caer eliminado en los cuartos de final de la Copa de la UEFA ante el Athletic de Bilbao y de perder en la Liga ante el modesto Burgos por 1-0. Hoy ya no se diseñan portadas tan simbólicas. Y si alguien mostrara arrestos para atreverse, sería *trending topic* o se lo comerían crudo en las redes sociales.

770. IDOLATRÍA

A partir de agosto del 73, la idolatría de los culés hacia la figura de Johan Cruyff llegaría hasta límites inauditos, en especial tras el mítico 0-5 del Bernabéu del 17 de febrero del 74, resultado histórico convertido en el bálsamo perfecto para olvidar tantos años de derrotas y decepciones. Cruyff era el ídolo indiscutible, el dios supremo. Volvamos con Muntañola, porque un humorista tan sagaz como él supo sacar punta a esta situación con cuatro chistes publicados en la *RB* del 26 de marzo. En el primero, un hombre cobra cincuenta pesetas a la gente para entrar en un habitáculo donde podrán admirar «el pañuelo con el que se sonó Cruyff cierto día». En la segunda viñeta, un señor le explica a un abogado matrimonial el motivo de su divorcio: «Mi esposa opina que Cruyff no es nada del otro jueves». Tercer dibujo: un enfurecido padre le pregunta a un director de escuela, «¿de veras no hay plaza para mi hijo en el colegio? Y cuando le diga que el domingo se retrató con Cruyff, ¿qué?». Y para rematar, el cuarto y definitivo: un oficinista, sentado a su mesa de trabajo, mira ensimismado una fotografía enmarcada. Detrás, se encuentra su mujer, quien, compungida, murmura: «No me habías dicho que has sustituido mi foto con los nenes por la de Cruyff...». Ya se imaginan el embelesado ambiente que se vivía aquellos días alrededor del redentor Johan, ¿no? Lástima que el efecto Cruyff apenas durara una temporada.

771. CULPA DE LOS ASTROS

Ya volvíamos a las andadas. Tras el fracaso de la siguiente campaña, más de lo mismo: concluida la jornada 24 del campeonato 1975-76, el Barça ya daba prácticamente la Liga por perdida. Los azulgranas habían caído en Santander por 2-1, con una deficiente actuación de Johan Cruyff, y eran terceros en la clasificación, a cinco puntos del Real Madrid y a cuatro del Atlético de Madrid. Parecía evidente que aquel no era el mejor año de Cruyff con la camiseta del Barça, pero por suerte entendimos qué pasaba el 2 de marzo de 1976, gracias a un reportaje publicado en *Don Balón*. En el texto, el conocido astrólogo esotérico *profesor* Lester desvelaba el secreto que justificaba la mala racha del astro neerlandés: «Cruyff tiene el Sol a tres grados y cincuenta minutos de Tauro, la luna en Géminis y un fabuloso gran trígono de fuego entre Marte, Mercurio y Plutón». Claro, ahora lo entendemos. Así era imposible. Con tan inapelables explicaciones, solo nos queda remitirnos a Felipe II, el rey español que, consumado el desastre de la Armada Invencible ante los pérfidos ingleses, pontificó con aquello de «yo no envié mis naves a luchar contra los elementos».

772. SOFROLOGÍA

Y aún hay más: en el mismo reportaje, el profesor Lester aseguraba disponer de la varita mágica capaz de revertir la situación como si de un calcetín se tratara: «Con un tratamiento sofrológico a los jugadores y entrenador del Barça se solucionarían todas las tensiones y todos los problemas del club». El texto concluía con un ruego dirigido al presidente Montal, conminándolo a que cogiera el teléfono y llamara al astrólogo. Incluso publicaban el número de Lester, suponemos que para facilitar aún más la tarea. Ya solo les hubiera faltado eso...

773. EL ATLETA FANTASMA

La revista *RB* publicó el 6 de diciembre de 1978 una noticia titulada «El estadio tiene su fantasma». Tranquilos, no aviséis todavía a Íker Jiménez, que no se refería a espantosas apariciones espectrales nocturnas en las entrañas del Camp Nou, sino a algo más terrenal. Según detallaba la publicación monotemática barcelonista, llevaban cierto tiempo en que, una vez al mes, a las seis y media de la mañana, aparecía por el estadio un hombre «muy bien atildado y no menos equipado», que, durante una hora, realizaba en el interior del recinto todo tipo de ejercicios físicos, sin que nadie le preguntara ni cómo entraba ni cómo salía. En *RB* no sabían con certeza quién podía ser aquel misterioso personaje tan madrugador, pero tenían la sospecha de que era un importante banquero alojado en el hotel Princesa Sofía. Este hotel de cinco estrellas pertenecía entonces a la cadena Husa, propiedad de la familia del vicepresidente barcelonista Joan Gaspart, así que todo quedaba en casa. A falta de gimnasio o eso tan habitual hoy de correr por las calles, qué mejor que un entrenamiento en el estadio, signo de distinción.

774. HUMOR MUY NEGRO

Inefable, Helenio Herrera, aunque esta resulte de un humor incalificable. Sucedió en febrero de 1981, en el transcurso de un desayuno informal que H.H. ofrecía a los informadores que cubrían la actualidad azulgrana. De repente, el técnico barcelonista suelta que piensa invitar a Pere Cusola al último partido de Liga, que debía disputarse el 26 de abril ante el Sevilla en el Ramón Sánchez Pizjuán. Herrera quería que el inolvidable conserje de los vestuarios del Camp Nou actuara como talismán para ganar el encuentro y después, «para hacer los redobles de palmas en la juerga por sevillanas que celebraremos tras el partido», supuestamente para festejar el título de Liga que el optimista entrenador ya veía en el bolsillo. Cusola, presente en la reunión, agradeció la invitación e ignoró esa frase final. Más que nada, porque le faltaba el brazo izquierdo desde que sufriera un accidente cuatro décadas antes. Finalmente, ni el Barça ganó aquella Liga, ni Cusola fue invitado a Sevilla. Ay, Herrera...

775. LA CORBATA DE H. H.

En verano de 1981, cuando dejó definitivamente el banquillo azulgrana, Helenio Herrera se instaló en Venecia, retiro dorado donde residiría hasta su muerte en 1997. Tiempo después del óbito, el periodista Pere Ferreres revelaría esta anécdota: «Hace unos años, me hallaba en Italia realizando reportajes y pensé que, antes de regresar a Barcelona, valdría la pena que me acercara a Venecia para entrevistar al Mago. No le había avisado previamente, ni concertado cita con él. Tenía su dirección y me presenté. Él mismo me abrió la puerta. Le solicité la entrevista y solo me pidió que esperara cinco minutos en la puerta. Cuando volvió, llevaba puesta una corbata del Barça que no era la que lucía al verle. Entonces me dijo que él siempre vestía aquella corbata con los colores azulgranas en recuerdo de su etapa barcelonista». Todo un personaje, don Helenio. Y hecho con la madera de aquellos políticos siempre dispuestos a decir aquello que el auditorio quiere oír, aunque no coincida exactamente con la realidad.

776. RACISTAS Y JUDÍOS

El mejor antídoto contra fanáticos y descerebrados consiste en tomárselos a broma o ignorarlos. Por lo tanto, incluiremos esto, enorme como una catedral, en el capítulo humorístico. El 28 de enero de 1983, en las oficinas del Barça recibieron esta visceral carta, escrita en Argelès-sur-Mer, en los Pirineos Orientales franceses:

> Al presidente del Fútbol Club Barcelona:
>
> Me dirijo a ti para decirte que me avergüenzo de encontrarme

ligado a una familia catalana y ver que en toda Cataluña no hay un catalán que sea digno de admiración ni como persona ni como español. [...]

El Barcelona está cosechando enemigos por todas partes de España. La afición le ha vuelto la espalda a este club por la antipatía de sus dirigentes, ya que de por sí a los catalanes no los quieren en el resto de España por el solo hecho de creerse superiores a los demás, y debéis de convenceros de que nadie es más que nadie, lo único que sí sois más que los del resto de España es racistas.

Para colmo y desgracias del club, ponéis un presidente que es un charavaca, que cuando no tiene de quién hablar habla de su mujer, cree que ella es una de las embarazadas por Juanito, también habla mal del Real Madrid, cuando este club puede comulgar sin pasar por el confesionario, al Madrid lo quieren en España entera, gracias a él hemos visto los españoles fútbol grande en televisión, tanto si ha jugado dentro como fuera de España. Lo que hemos visto del Barcelona es marcharse los millones de pesetas al extranjero, a cambio de una epatiti [*sic*], así que sois la vergüenza de España, además de racistas y judíos.

Con el placer de un trabajador español que se encuentra al otro lado de los Pirineos con la esperanza de poder volver a mi España querida, no a Cataluña.

De todo hay en la viña del Señor, sí.

777. APUESTA ATREVIDA

Casi siempre, el arrebato irracional acaba siendo contraproducente. Como ejemplo, lo que le sucedió a un seguidor culé de Villanueva de Lorenzana (Lugo). Firme defensor de los colores azulgranas en una tierra que entonces era de mayoría madridista, el fichaje de Maradona le convenció de que la Liga 1982-83 tenía que ser culé por fuerza, sí o sí. A pesar de que sus recursos económicos eran exiguos, la euforia le empujó a una temeraria apuesta: si el FC Barcelona no ganaba aquella Liga, invitaría a sus amigos merengues, que eran muchos, a un banquete pantagruélico, compuesto por todas las viandas que eligieran.

Como el título, finalmente, se lo llevó el Athletic Club, el pobre aficionado gallego comprobó, horrorizado, como la factura del restaurante, símbolo de su derrota, ascendía hasta la astronómica cifra de 14 540 pesetas. No era de extrañar, ya que sus aprovechados gorreros se habían zampado a su salud 3,8 kilos de centollos, al margen de diversas raciones de almejas, cordero, postres variados y licores. El atribulado culé no pudo satisfacer tan elevada cuenta, por lo que decidió enviarla, con fecha 3 de mayo de 1983, al FC Barcelona, a la atención de su presidente Josep Lluís Núñez, con el ruego de que el club se hiciera cargo de la deuda contraída con el restaurante. Nunca recibió respuesta, seguramente porque nadie encontró las palabras oportunas. Las fórmulas protocolarias no dan para tanto.

778. SILENCIOSO RECIBIMIENTO

Humor, debemos creer que involuntario, protagonizado por un pletórico Josep Lluís Núñez. En la asamblea del 23 de julio de 1985, dentro del siempre jugoso apartado final de «ruegos y preguntas», un socio opinó que el Barça estaba obligado a mejorar su imagen para que el equipo fuera bien recibido en los campos donde iba a jugar. El presidente le respondió que, en los últimos tiempos, ya se había mejorado la imagen del club. Y el sempiterno presidente lo argumentaba afirmando que el equipo había sido saludado con aplausos en Valencia, Zaragoza y San Sebastián, y «en el campo del Real Madrid el equipo fue recibido en silencio». Tampoco hacía falta exagerar. ¿El Barça, recibido en silencio en el Bernabéu?

779. ELS JOGLARS Y EL MOTÍN

Como recordaréis, la temporada 1987-88 fue desastrosa. El equipo, absolutamente desorientado, acabó la Liga a veintitrés puntos del Real Madrid y con los futbolistas enfrentados a la directiva, en una auténtica olla de grillos rematada el 28 de abril de 1988 con el llamado Motín del Hesperia. Vaya, un caldo de cultivo ideal para que los humoristas sacaran tajada a costa de las jaquecas del Barça. La noche del 23 de febrero de aquel 88 estalló el escándalo con la emisión por TVE de una despiadada parodia protagonizada por el grupo teatral catalán *Els Joglars*, incluida en el programa *Viaje con nosotros*, presentado por el cantante y *showman* Javier Gurruchaga.

El *sketch*, basto, grosero y provocador, caricaturizaba con un humor bastante discutible (más propio de una función escolar de fin de curso) a los jugadores del Barça, presentados como niños consentidos, estúpidos y amanerados. También salía un Jordi Pujol repartiendo billetes y la Virgen de Montserrat hablando como la criada negra de Scarlett en la película *Lo que el viento se llevó*. Y como guinda, el niño Jesús vistiendo la camiseta del Español y la Moreneta desenmascarándose como Tommy N'Kono, el portero camerunés del equipo *perico*. Dejando al margen la dudosa calidad de esta pretendida muestra de humor, nada que objetar desde el punto de vista de la libertad de expresión.

780. ENFADO TOTAL

Como era de prever, la reacción en Can Barça ante la parodia del grupo de Albert Boadella no se hizo esperar. Al día siguiente, 24 de febrero, se reuniría la Comisión Delegada del FC Barcelona con carácter extraordinario. Asistieron el presidente Núñez, los vicepresidentes Casaus y Gaspart, el secretario Muntañola y el gerente Parera. Acabado el cónclave, se hizo pública la siguiente nota oficial, redactada por Casaus:

> La Comisión Delegada del Futbol Club Barcelona, en reunión extraordinaria celebrada en el día de hoy e interpretando los sentimientos de sus asociados y deportistas, ha acordado hacer público su rechazo al programa *Viaje con nosotros*, dirigido por el señor Javier Gurruchaga, en el *sketch* efectuado por Els Joglars, ayer, día 23.
>
> Imágenes, instituciones, símbolos de Cataluña y personas en su representación no pueden ser tratadas con el menosprecio y la falta de respeto que lo hicieron en el citado programa.
>
> Por tal motivo, elevamos nuestra más enérgica protesta a los responsables de tan desgraciado hecho y pedimos las explicaciones precisas que puedan paliar las gravísimas ofensivas recibidas.

781. BORRADOR CON BALA

Sin embargo, esta nota no fue la única redactada. Previamente, se había escrito un primer borrador, finalmente desestimado. La nota provisional, bastante más contundente que la definitiva, decía:

> La Comisión Delegada del FC Barcelona, reunida en sesión extraordinaria en el día de hoy, bajo la presidencia del señor Josep Lluís Núñez y con asistencia de todos sus miembros, toma los siguientes acuerdos:

Hacer notar nuestro malestar y elevar la más enérgica protesta por el hecho de que se utilice un medio de difusión tan importante como TVE, que depende directamente del gobierno central, para atacar e intentar ridiculizar los símbolos más sagrados que pueden existir para el pueblo catalán y los catalanes, símbolos que son, en estos momentos, la culminación de los anhelos de libertades democráticas por cuya recuperación un gran número de catalanes han luchado toda su vida.

Entregar al Gabinete Jurídico del FC Barcelona el contrato firmado entre nuestro club y TVE para que estudie la posibilidad de rescindirlo. Pedir a los responsables de este ataque que recapaciten si la forma de actuación que han tenido es la ideal para conseguir un clima de paz, libertad y concordia al que todos tenemos derecho a aspirar.

782. UN *SPIN-OFF*

Uno de los telespectadores del polémico invento de Els Joglars sobre el Barça fue el periodista Alfons Arús, que quedó prendado con la novedad. Arús entendió aquel día que el complicado club azulgrana y su poliédrico entorno podría resultar una inagotable fuente de comicidad audiovisual. Se le encendió la bombilla y tiempo después, el 17 de septiembre de 1990, estrenaba el programa humorístico *Força Barça* en el circuito catalán de TVE. Sus impagables imitaciones de personajes como Núñez, Cruyff, Di Stéfano o el presidente madridista Ramón Mendoza se hicieron muy populares y, en ocasiones, el grado de vitriolo de sus parodias bordeaba el de Els Joglars, aunque nunca se quejó nadie. Quizá porque el programa de Alfons Arús solo se podía ver en Cataluña, y ya sabemos que las vergüenzas pueden mostrarse en la intimidad, pero no en el exterior.

783. SANGRE, SUDOR Y LÁGRIMAS

No, esta no la protagoniza Winston Churchill, pero su legendaria frase va de maravilla para expresar un sentimiento muy culé, una manera eterna de sentir y analizar la realidad. El 19 de enero de 1991, el Barça derrotó al Real Madrid por 2-1 en el estadio tras un clásico recordado por un clamoroso gol en propia puerta del defensa blanco Predrag Spasić. Era el último encuentro de la primera vuelta en la Liga 1990-91 y el equipo que entrenaba Johan Cruyff se proclamaba así campeón de invierno, con cuatro puntos de ventaja sobre el segundo clasificado, el Atlético de Madrid, mientras el equipo merengue caía a la quinta posición, a diez puntos del líder. El Barça estaba desplegando un juego vistoso y espectacular, aunque el aficionado no las tenía todas consigo al ver cómo, a pesar del liderato, el gafe parecía perseguir al equipo con las lesiones de larga duración de Ronald Koeman y Albert Ferrer. De propina, se sumaba la sanción de dos meses y dos partidos a Hristo Stoichkov por haber pisado al árbitro Urízar Azpitarte en un partido de la Supercopa de España, también ante el Real Madrid. Con este panorama, los culés recelaban de que el Barça acabara consiguiendo la Liga, sensación coherente con el secular pesimismo propio de la casa, alimentado aún más por la evidencia de que, desde 1960, el club solo había obtenido dos Ligas, las de 1974 y 1985.

En aquella época, el dibujante Óscar Nebreda colaboraba semanalmente en *El Periódico* con un chiste muy seguido por el barcelonismo, en el que comentaba el último partido del Barça en clave irónica. Aprovechando el honorífico «campeonato de invierno», este diario publicó un suplemento titulado «¡Ya tenemos media Liga!» que incluía todas las viñetas de Óscar en aquella triunfal primera vuelta azulgrana. El arranque del texto introductorio resultaba muy descriptivo sobre el talante culé en aquellos sufridos tiempos: «¿Para qué sirve haber ganado media Liga? Si lo miramos bien, solo para una cosa: para sufrir más. Durante la segunda vuelta del campeonato, el Barça tiene algo que perder, porque esta vez no lo ha perdido todo antes, como era tradicional. Y eso significa sangre, dolor y lágrimas hasta el último momento».

Ante la incertidumbre casi unánime de los seguidores culés sobre el desenlace de aquella Liga 90-91, en la contraportada del suplemento, Óscar se curó en salud plasmando un singular chiste sin dibujos, completado solo con texto. Tras las palabras «Este año...» se podía leer una retahíla de expresiones pensadas para rematar la frase, todas muy coherentes con los tópicos y sentimientos característicos de la afición. Aquí va la lista, que alternaba catalán con castellano: «¡Quizá!; ¡Tampoco!; ¡Hombre!; ¡No creo; ¡No!; ¡Nada!; ¡Sí!; ¡De calle!; ¡Eso parece!; ¡Vaya usted a saber!; ¿Qué dice?; ¡Ya estamos!; ¡Pero es que sin bajarnos del autocar!». Y la más rotunda: «*¡Prrtz!*», imitando el sonido del característico gesto de poner los dedos en la boca y soplar en tono de burla. Como colofón, las instrucciones: «Marque con un círculo la palabra o frase que más le convenza y mire al final de la Liga si acertó».

Al final, acertarían los optimistas. Sí, el Barça ganaría aquella Liga, la primera de las cuatro consecutivas del *Dream Team*, con diez puntos de margen sobre el Atlético de Madrid. Y conste que el éxito llegó a pesar de la última desgracia de aquel campeonato, la insuficiencia coronaria sufrida por Johan Cruyff el 26 de febrero de 1991, a la postre felizmente superada.

784. AMULETO DE LA SUERTE

Pep Guardiola viajó a la final de Wembley 92 con un poderoso amuleto de la suerte: un elefantito con la trompa elevada en dirección a la puerta principal del mítico estadio londinense. Como resulta público y notorio, el amuleto hizo sus deberes. Siete meses después, el Barça perdería en Japón la Copa Intercontinental ante el São Paulo brasileño. Pep había ido con el amuleto, pero después de la final, ya en el hotel, se dio cuenta de que la trompa estaba rota. Pura casualidad, vaya. Si fuera cierto que los talismanes sirven para resolver marcadores, los equipajes de los equipos rebosarían herraduras, tréboles de cuatro hojas, patas de conejo y material similar. Y la energía enfrentada entre ambos onces podría generar un cataclismo sideral, como suele suceder en las legendarias batallas entre Son Goku y Freezer en la serie japonesa de dibujos animados *Dragon Ball.*

785. ESCENA PECULIAR

Un día del año 1993, el césped del Camp Nou vivió una escena bastante peculiar, muy alejada del fútbol. Era un lunes sin un alma en el Camp Nou, ya que entonces el Museu del Barça cerraba sus puertas y no había ningún tipo de actividad. De repente, en el escenario de los partidos aparecieron el exportero azulgrana Javier Urruticoechea, otro futbolista anónimo y la *vedette* cómica de revista Lita Claver, *La Maña,* seguidos por unos cámaras de televisión que grababan sus movimientos. El futbolista y Urruti pelotearon en una de las porterías hasta que, de repente, el portero fingió sufrir una grave lesión, cayendo al suelo entre muestras de supuesto gran dolor. La Maña corrió hacia el héroe herido, dándole masajes por todo el cuerpo de manera cómicamente lasciva, mientras gritaba: «Pobre Javier, cariño mío. ¿Qué te ha pasado? ¿Te gusta este masaje que te da tu nena?». La escena tenía su gracia si bajabas completamente el listón, pero no nos consta que fuera finalmente emitida por ninguna cadena de televisión. El añorado Urruti, por si hay que recordarlo, era un cachondo de categoría...

786. LA MADRE QUE LO PARIÓ

No nos cansamos de repetir que el Centre de Documentació del FC Barcelona es un tesoro donde se pueden hallar auténticas joyas. Escondido en las profundidades del archivo histórico azulgrana reposa un papel manuscrito que algún directivo o ejecutivo del club escribió en 1995. El texto es un apresurado esbozo de propuesta de animación del Camp Nou, con frases, gritos y canciones «populares y que enganchen», como dice textualmente. Para realizar difusión y llevarlo a la práctica, hacía falta, según el ideólogo «alguien que toque la trompeta» y «los miembros de una peña civilizada». El anónimo autor de tan singular texto prefería «no aceptar ningún grito que imite los del país vecino», como, por ejemplo, «este partido lo vamos a ganar». La parte más divertida del documento radica en las hilarantes y no muy educadas propuestas de canciones de animación que este inspirado personaje ponía negro sobre blanco. La primera, traducida del catalán sin acertar plenamente en la rima, con la música de *Yellow submarine*, de *The Beatles*:

El árbitro nos está robando
y debemos decirle cantando.
Nos quiere robar este partido:
¡la madre que lo parió!

No vuelvas nunca más aquí al Camp Nou.
No vuelvas nunca más, no vuelvas nunca más.

Vete a cobrar a los del Bernabéu
que se te ve el plumero, se te ve el plumero.

Eso sí, después de «¡La madre que lo parió!», el autor, misericordioso, añadió entre paréntesis: «se puede cambiar». Menos mal...

787. EL SEÑOR RAMóN

Aún hay más. Repasad este grito acompasado, ejemplo de elaboración inteligente, en traducción libérrima y sin rima, que no es lo nuestro: «Árbitro, tienes mucho morro / demuestras que eres un gamberro». Y qué opináis de este sutil y delicado estribillo, cantable con la música de la canción tradicional catalana *El señor Ramón persigue a las criadas*. Respetamos la composición original en catalán, no sin antes añadir que debía usarse en exclusiva durante los derbis contra el Espanyol:

> *Els de l'Español* [sic]
> *la veuen ben quadrada.*
> *Els de l'Español*
> *no saben ni fer un gol.*
> *Tots els periquitos*
> *s'han acollonit.*
> *Tururut, tururut,*
> *l'Español està fotut!*

Y como guinda del pastel, esta grosera y directa alusión al entonces presidente madridista Ramón Mendoza y a los problemas económicos que sufría el club merengue. A cantar siguiendo el patrón de la tradicional *Volem pa amb oli*, un «queremos pan con aceite» más cachondo que reivindicativo:

> Queremos que el Barça sea campeón
> y es necesario que lo sea porque es el mejor.
> Y si el Mendoza como siempre hace el perro,
> primero que pague, primero que pague a los acreedores.

788. PIOLÍN PACÍFICO

El 11 de mayo de 1995, el FC Barcelona y la célebre compañía Warner Brothers firmaron un convenio destinado a la comercialización por parte del club azulgrana de los personajes de dibujos animados *Looney Tunes*. El acto se celebró en el Museu del Barça y tenía su gracia ver al presidente Núñez rodeado por Bugs Bunny, el canario Piolín, el pato Lucas, el gato Silvestre y el demonio de Tasmania. El señor que llevaba el disfraz de Silvestre, o iba un poco despistado, o era del Madrid, una de dos, ya que al principio no quería acercarse a Núñez para las fotos. En cambio, Piolín no tuvo problemas en ponerse junto al presidente. Va, no seáis malos, que aún quedaban dos largas décadas para introducir «policía» como sinónimo del canario amarillo, tan majo...

789. ENTRE COLEGAS

Todos tenemos un pasado y un currículum. En la temporada 1996-97, uno de los autores de estas líneas trabajó como portero en el Camp Nou los días de partido, concretamente en la puerta del acceso 18, destinada a los poseedores de pases federativos e invitaciones. La experiencia resultó de lo más curiosa, ya que todos los listos que deseaban ver los goles de Ronaldo Nazario por la cara accedían invariablemente a tal puerta con cualquier picaresca. Destacaremos aquí el caso de aquel hombre que, cierto día, esgrimió un carné de empleado del Espanyol como infalible salvoconducto para acceder a las gradas del estadio. Cuando se le notificó que aquel documento no valía, soltó una respuesta de lógica débil: «¿Cómo que no sirve, si somos colegas? Yo soy empleado del Espanyol, y tú, del Barça. Anda, déjame pasar, hombre…». Al serle reiterada la negativa, se largó mascullando alguna palabrota. Puede que creyera que tenía razón.

Hombre, algo hemos mejorado. ¿Os imagináis lo que representaba ser portero del estadio de Les Corts en la puerta de pases e invitaciones en los años cuarenta? Aquello sería un desfile continuo de falangistas, excombatientes nacionales, veteranos de las guerras de Cuba, Filipinas y Marruecos, de gente gritando «usted no sabe con quién está hablando», «déjame pasar, que yo he dado mi sangre por liberar este pedazo de España del marxismo y el separatismo», y cosas así…

790. FRASES GASTADAS

Estaremos de acuerdo en que las celebraciones de los títulos del Barça, antes en la plaza Sant Jaume y ahora en el Camp Nou, mantienen un detalle que chirría de manera sistemática. Nos referimos a los breves parlamentos que los eufóricos futbolistas suelen dirigir a la afición, que habitualmente consisten en palabras rebosantes de tópicos y amparadas en frases hechas. Tras la conquista de la Liga 1997-98, el periodista y escritor Xavier Bosch bromeó con la elaboración de un listado de las frases más repetidas por los jugadores del Barça, fuera en el balcón del Ayuntamiento o el de la Generalitat, en las celebraciones de la plaza Sant Jaume desde aquella Copa del Rey de 1978. Debía de costarle un montón. Según él, la frase más repetida era «sois cojonudos» (73 veces), seguida per «*Visca el Barça i visca Catalunya*» (54) y «ahora no sé qué decir» (39). Bosch precisó también que «*ziga-zaga*» y «Jordi Pujol es el rey de Cataluña» solo se habían pronunciado en una ocasión.

Cuesta salir del guion y optar por el ingenio, como en aquel «gracias a Kevin Roldán, contigo empezó todo», que tantas «amistades» procuró a Gerard Piqué durante la celebración del triplete del 2015 en el Camp Nou. Por si alguien lo ha olvidado, Kevin Roldán es el cantante colombiano que amenizó la fiesta de cumpleaños de Cristiano Ronaldo horas después de que el Real Madrid perdiera con estrépito por 4-0 ante el Atlético de Madrid.

791. RESBALÓN DIALÉCTICO

Añadid esta a la larga lista protagonizada por el personaje, a quien los dioses no distinguieron, precisamente, con el don de la oratoria. Las cosechó de todas las categorías, desde famosas o inolvidables, y alguna, como la que nos ocupa, aún inédita para el gran público. Disculpad la introducción, que puede despistar, aunque muchos lectores ya puedan intuir a quién nos referimos. En efecto, el expresidente Josep Lluís Núñez, empeñado en resbalar verbalmente también en materia de balonmano.

El 9 de junio de 1998, el destacado lateral madrileño Demetrio Lozano firmó contrato con el Barça, procedente del Ademar de León. Por lo que parece, Lozano y sus padres eran muy culés. En coherencia, aquel día vivían lo que el tópico resume como un sueño convertido en realidad. Casi dos décadas después, el 15 de marzo de 2018, el periodista Joan Poquí desvelaría una gran anécdota. En el momento de incorporarse a las filas azulgrana, el padre de Lozano confesó al presidente barcelonista que él siempre había dicho que no se quería morir sin ver a su hijo jugando con el Barça. Pues bien, según Poquí, Núñez le respondió sin inmutarse: «Ahora ya puede usted morirse». No podemos aplicar aquí ni una referencia al humor negro, francamente. La cara que debía quedársele al pobre señor…

792. LA PINACOTECA

En 1999, Josep Lluís Núñez cometió dos nuevos deslices dialécticos, en este caso idénticos y con pocas semanas de diferencia. El 25 de marzo, con motivo de la inauguración del Espacio Gamper en el museo, se refirió a la «gran hemeroteca de pinturas» que atesoraba el club. Poco después, el 22 de abril, repetiría la jugada: «Durante los últimos quince años hemos reunido una gran hemeroteca de pinturas». Pinacoteca, presidente, se dice pinacoteca.

793. ¿CÓMO QUERÉIS QUE VAYA?

El 14 de abril de 2001, el Barça empató a cuatro con el Zaragoza en partido de Liga disputado en el Camp Nou. El equipo aragonés dio un auténtico baño a los hombres que entrenaba Llorenç Serra Ferrer, que aún tuvieron la fortuna de empatar con un gol *in extremis* de Rivaldo en el minuto 92. Tras este tropiezo, el Barça quedaba a catorce puntos del líder, el Real Madrid. Imaginaos, pues, el estado de ánimo.

Aquel día, el vicepresidente Joan Castells actuaba como presidente accidental ya que Joan Gaspart se hallaba de vacaciones de Semana Santa en Suiza. Según revelaría días después el periodista José Luis Carazo en las páginas del diario *Sport*, acabado el lance y de pésimo humor, algunos directivos rogaron a Castells que bajara corriendo al vestuario para pedir explicaciones a los futbolistas. Según Carazo, la respuesta de Castells fue antológica: «¿Cómo queréis que baje a los vestuarios si no sé ni cómo ir?». Debemos creer que Castells bromeaba y se desmarcaba así de la exigencia de la directiva. Bien pensado, prefería que esperaran el regreso de Gaspart, especialista por vocación y cargo en tragarse sapos de este respetable tamaño.

794. EL MODELO BLANCO

El 18 de mayo de 2002, el presidente del Real Madrid, Florentino Pérez, se desplazó al Camp Nou para dar el último adiós a Ladislau Kubala, fallecido el día anterior. Florentino fue recibido con grandes aplausos por parte de los culés presentes. El detalle del jefe rival generó algunas perlas, lanzadas como gritos de apoyo. Por ejemplo, «¡Qué clase tienes!; Eres todo un caballero; Tú sí que eres un buen presidente y no lo que tenemos aquí». Antes de extrañarnos con tan caballerosas relaciones y tanta admiración, es preciso situar el episodio en contexto. Entonces el Barça estaba inmerso plenamente en una grave zozobra bajo la presidencia del controvertido Joan Gaspart. De aquí que se lanzaran tan desmesurados piropos a *Su Florentineza*, como le llamaban en el desaparecido programa de TV3 *Crackòvia*.

795. CANCIÓN PROTESTA

Conforme la convulsa época de Gaspart se acercaba a su fin, la oposición a su gestión crecía de manera exponencial. Al final, el rechazo parecía prácticamente unánime, lo que también tiene su mérito. Una de las muestras del espíritu crítico azulgrana contra el *gasparismo* provino del no muy mediático cantante ilerdense Frank Charles, quien, en diciembre de 2002, presentó su composición *President, fot el camp* (traducible por «Presidente, lárgate»), con un mensaje claro como el agua. Meses después, en enero de 2004, cuando el Barça sufría una crisis deportiva en los primeros tiempos del presidente Joan Laporta, Frank Charles decidió apoyar al equipo y compuso *Un crit per a tu, Barça* («Un grito para ti, Barça»). En el verano de 2008, cuando las cosas volvían a ir mal y la junta se enfrentaba a una moción de censura, el cantante recuperó su vieja composición multiusos *President, fot el camp,* aunque esta vez dirigida contra Laporta. El veleidoso Frank Charles había inventado un remedo de canción protesta en tono culé que no ha gozado de mucha continuidad.

796. ME LLAMO BARÇA

Agarraos bien, que vienen curvas: desde el 19 de julio de 2010, el FC Barcelona cuenta con un socio que se llama Barça Beeckman. El tal Barça era un bebé belga de tres meses nacido el 26 de abril, que vivía en Nieuwerkerken, a unos sesenta kilómetros de Bruselas. Sus padres, Wesley Beeckman y Anneke Maes, obviamente una pareja de culés empedernidos, habían decidido poner este nombre a su primer hijo mientras veían por televisión un partido del equipo azulgrana. Además, para redondearlo, habían acordado también que si era niña se llamaría Lona...

La natural preocupación de Wesley y Anneke radicaba en que, cuando Barça alcanzara su uso de razón, comprendiera las razones paternas para predeterminarle sus aficiones futbolísticas de una manera tan descarada. La criatura tiene ahora once años y suponemos que es culé, qué remedio. Perdonad el chiste fácil, pero se nos pasa por la cabeza que siempre podrá entonar el *Cant del Barça* con una simple y decisiva variación en la persona del verbo: «Tengo un nombre, todos lo saben: ¡¡¡Barça, Barça, Barça!!!».

797. LA CASITA BLANCA

Miles de barceloneses recuerdan este icónico inmueble de la capital catalana. La Casita Blanca era un famoso *meublé* (ya nos entendemos, ¿verdad?) situado en la calle Bolívar, en el barrio de Gràcia, que ofreció sus servicios entre 1912 y 2011, cuando cerró las puertas para ser derribado. En casi cien años, solo cesó sus actividades sexuales en el intervalo 1971-1977 a causa de una tardía censura. Este punto de encuentro de adulterios discretos y amores clandestinos era el preferido por muchos aficionados culés que, los domingos por la tarde, engañaban a su mujer con la excusa del partido en Les Corts o el Camp Nou. Para redondear la coartada del fútbol, el cliente mentiroso disponía en La Casita Blanca de los resultados de la jornada de Liga convenientemente escritos en un panel (hablamos, obviamente, de la época previa a la actual revolución tecnológica). De este modo, el pillo no se quedaba en blanco cuando, de regreso a casa, la ingenua esposa le preguntaba: «¿Cómo ha ido el partido?». En caso de gran victoria azulgrana, el calavera siempre podía contestar, sin decir ninguna mentira, que se lo había pasado de fábula.

798. LA PRINCESA AZULGRANA

Ramon Pujol fue el responsable de dirigir las relaciones institucionales y el protocolo del Barça entre 2005 y 2015, con los presidentes Joan Laporta, Sandro Rosell y Josep Maria Bartomeu. En noviembre de 2017, durante una entrevista en la radio RAC1, Pujol explicó una curiosa anécdota acaecida el 7 de agosto de 2013. El Barça tenía que jugar en Bangkok un amistoso contra la selección nacional de Tailandia, incluido en la gira asiática de pretemporada, y las autoridades tailandesas comunicaron al club que la princesa real de aquel país asistiría al partido. El problema surgió cuando se planteó que el rígido protocolo tailandés obligaba a los representantes azulgranas, los vicepresidentes Bartomeu y Cardoner, a arrodillarse ante Srirasmi Akrapongpreecha, que así se llamaba la princesa. El Barça tuvo que convencer a los anfitriones que, bajo parámetros occidentales, aquello no podía ir así. Finalmente, alcanzarían una solución de compromiso: Bartomeu y Cardoner cumplimentarían a Srirasmi con el saludo tradicional tailandés, juntando las manos como si rezaran, con una leve inclinación y retirándose de espaldas.

Y al final, tanta reunión en vano, que la realidad acostumbra a deparar sorpresas. Cuando los directivos entraron en el palco del estadio nacional Rajamangala de Bangkok esperaban ver una rígida figura hierática adornada con joyas de toda clase, pero se encontraron con una jovial princesa vestida con una camiseta azulgrana y saludándoles con un entusiasta «*¡Visca Barça!*». Junto a ella, el primer ministro tailandés también lucía una zamarra del FC Barcelona. A partir de aquel instante, el protocolo se fue al garete.

799. NI EN MISA…

Esta anécdota es delirante, digna de una película de Luis García Berlanga. Día, 30 de abril de 2017. Escenario, la misa de domingo en la iglesia de Nuestro Padre Santo Cristo de La Yedra (Jaén). Protagonista, el sacerdote Jesús Manuel Monforte. Este cura mostró su nula caridad cristiana al echar a un niño de ocho años cuando vio que llevaba una camiseta azulgrana, con el nombre y el dorsal 10 de Leo Messi. Monforte, reconocido madridista, interrumpió su sermón al percatarse de la presencia del niño en las primeras filas del templo. De repente, le echó del templo y le instó a no volver alegando que «es una falta de respeto venir a la casa de Dios con ese atuendo» y que «aquí defendemos una España unida y no hay lugar para independentistas». En cambio, otro chico con la camiseta blanca y morada del Real Jaén no recibió idéntico trato. Igual no era ni independentista, ni culé, el angelito, no como el otro, que debía ser un enviado del mismísimo demonio en misión provocadora… El día que san Pedro pille al cura Monforte, tal vez le pida explicaciones por tan demencial episodio. Y si se encuentra a mosén Lechuga, más le vale estar preparado.

800. HABAS A LA CATALANA

El siempre lúcido Antonio Franco escribió en 1974 un texto sobre la eterna simbología azulgrana que, a pesar del tiempo transcurrido, no ha perdido vigencia. Lo redactó con un toque de ironía que, como todo el mundo sabe, supone la mejor manera de describir las evidencias palmarias:

> A los catalanes les gusta decir que el Barça es algo más que un equipo de fútbol. Lo dicen y luego, a continuación, pegan un codazo o guiñan un ojo o esbozan una sonrisa socarrona como para subrayarlo. «¡Toma del frasco, que es ahí donde duele!», parece que digan. Y efectivamente es ahí. […]

El culé se parece a un aficionado cualquiera. Está un poco loco, toca bocinas, pasea banderas, luce corbatas llamativas, lleva escuditos, grita, canta, aúlla, silba, pita, aplaude, llora, ríe, calla, ruge. Quizás está un poco más loco. [...] Al decir que el Barça es algo más que un club de fútbol, todos se refieren a que la satisfacción que puede llegar a producirle a un culé un 5-0 en campo contrario, en según qué campo, en un campo determinado, es superior a la que produce a sus seguidores cualquier otro equipo de fútbol que consiga un resultado tan bueno, brillante, humillador, apabullante, histórico, definitivo y sublime.

Narcís de Carreras, un expresidente, dijo un día que el Barça es lo que es y representa lo que representa. Eso es lo que los culés entienden por ser más que un simple club de fútbol. En el Camp Nou importan las Ligas, pero no solo las Ligas. En el Camp Nou interesan los goles, pero no solo los goles. Ya sé que en todas partes cuecen habas, pero allí se cuecen a la catalana, de una manera muy de la casa.

A buen entendedor, pocas palabras bastan...

EPÍLOGO

Cuidemos nuestra memoria histórica

por ALEXIA PUTELLAS

Yo soy culé de nacimiento. Y desde que era muy pequeña me ha gustado dar patadas a un balón. Tenía muy claro que quería ser futbolista de mayor y tuve mucha suerte con mi familia, que me apoyó en todo momento. En cambio, otras chicas de mi edad que también querían ser jugadoras de fútbol pasaron por un auténtico calvario. Ahora somos profesionales y mediáticas, pero muchas han tenido que recorrer un largo y tortuoso camino. ¿Por qué os cuento esto? Pues porque leyendo este Barça olvidado he podido confirmar, una vez más, que la situación era mucho peor para las mujeres de hace medio siglo que solo querían jugar al fútbol y recibieron a cambio el desprecio más absoluto.

Para saber cosas como estas es útil un libro como este. Con su lectura descubrimos aspectos insólitos del pasado que nos hacen poner una cara de incredulidad, una cara de decir «parece mentira que en aquella época pasaran cosas como esta». Pues sí, en un club tan complicado y que representa tantas cosas como el FC Barcelona se han vivido muchas historias humanas, y de todo tipo: divertidas, dramáticas, heroicas... 122 años dan para mucho. Todas y cada una de las 800 historias de este libro tienen su interés, pero a mí me han llamado especialmente la atención los vasos de té con coñac que tomaron los jugadores del Barça antes de un derbi con el Espanyol jugado en Sarrià en diciembre de 1963, y que entiendo que entonces era práctica habitual en el vestuario azulgrana. Nosotras, las jugadoras del Barça femenino, solo hemos tomado una vez una bebida alcohólica tan catalana como la ratafía, y fue por gentileza de Laia Codina, para celebrar la clasificación para la final de la Champions League de Göteborg de este año.

Con la trilogía que cierra este libro (con un total de 2400 anécdotas del pasado culé), Manel Tomás y Frederic Porta nos dan toda una lección magistral de historia azulgrana de la buena, de la que huye de los edulcorados relatos oficiales, los que magnifican las victorias y dignifican las derrotas. Este es un relato desde dentro, desde las entrañas del barcelonismo. Trata de aquellas peculiares vicisitudes del pasado que no suelen salir en los libros de historia. Hemos descubierto, por ejemplo, que las mujeres futbolistas de la década de los setenta sufrían el escarnio cotidiano de una parte de la prensa escrita, con unos periodistas deportivos que se jactaban de su machismo ante un amplio público que les reía las supuestas gracias. Pero también hemos sabido que a los antecesores masculinos de finales del siglo XIX no les iba mucho mejor: incluso podían ser detenidos por la policía por el delito de escándalo público por jugar al fútbol en la calle y en ropa interior. Y más adelante, ya con espectadores en rudimentarios campos, aquellos sacrificados futbolistas podían sufrir el ocasional impacto de alguna pedrada, gentileza de un público rival rupestre hasta el infinito. En definitiva, queda claro que en el mundo del fútbol cualquier tiempo pasado fue peor. Tanto en el masculino como en el femenino.

Para finalizar, me permito daros un consejo. A pesar de que algunos episodios pueden llegar a ser dramáticos, tomad este libro y leedlo con mirada despreocupada. Leedlo por puro divertimento. Relativizad el deporte, el fútbol y el Barça. Todo es un juego que a veces nos hace felices y a veces nos deprime, pero un juego al fin y al cabo. Los y las deportistas azulgranas entrenamos con intensidad y cada partido nos dejamos la piel en el campo con esfuerzo y trabajo por este Club, como no puede ser de otra manera. Y la afición nos anima como siempre lo ha hecho, sufre con nuestras derrotas y disfruta con nuestros triunfos. Pero disfrutad también de la historia azulgrana, de sus lados más inéditos, insólitos y olvidados. Os lo pasaréis bien, no lo dudéis. No olvidéis que el Barça ni es ni puede ser solamente los goles del pasado domingo. Tenemos un tesoro que se llama memoria histórica. Y es un tesoro inmenso. Cuidémoslo mucho.

ALEXIA PUTELLAS
Capitana del FC Barcelona

Este libro utiliza el tipo Aldus, que toma su nombre del vanguardista impresor del Renacimiento italiano, Aldus Manutius. Hermann Zapf diseñó el tipo Aldus para la imprenta Stempel en 1954, como una réplica más ligera y elegante del popular tipo Palatino

Barça olvidado
se acabó de imprimir
un día de otoño de 2021,
en los talleres gráficos de Liberdúplex, s.l.u.
Ctra. BV-2249, km 7,4, Pol. Ind. Torrentfondo
Sant Llorenç d'Hortons
(Barcelona)